Maicher / Scheruhn (Hrsg.)
Informationsmodellierung

GABLER EDITION WISSENSCHAFT

Harzer
wirtschaftswissenschaftliche
Schriften

Herausgegeben vom Fachbereich
Wirtschaftswissenschaften der FH Harz

In den „Harzer wirtschaftswissenschaftlichen Schriften" werden Beiträge zu aktuellen ökonomischen Fragestellungen veröffentlicht. Die FH Harz in Wernigerode, an der ehemaligen Nahtstelle zwischen Ost und West gelegen, leistet mit dieser Reihe des Fachbereichs Wirtschaftswissenschaften einen Beitrag zur Erfüllung der Brückenfunktion zwischen Theorie und Praxis, zwischen Wirtschaft, Technik und Kultur.

Michael Maicher
Hans-Jürgen Scheruhn (Hrsg.)

Informations-
modellierung

Referenzmodelle und Werkzeuge

DeutscherUniversitätsVerlag

Die Deutsche Bibliothek - CIP-Einheitsaufnahme

Informationsmodellierung : Referenzmodelle und Werkzeuge
/ Michael Maicher ; Hans-Jürgen Scheruhn (Hrsg.).
- Wiesbaden : Dt. Univ.-Verl. ; Wiesbaden : Gabler, 1998
 (Gabler Edition Wissenschaft : Harzer wirtschaftswissenschaftliche Schriften)
 ISBN 3-8244-6742-9

Alle Rechte vorbehalten

© Betriebswirtschaftlicher Verlag Dr. Th. Gabler GmbH, Wiesbaden, 1998
Gabler Verlag, Deutscher Universitäts-Verlag, Wiesbaden

Der Deutsche Universitäts-Verlag und der Gabler Verlag sind Unternehmen der
Bertelsmann Fachinformation GmbH.

Das Werk einschließlich aller seiner Teile ist urheberrechtlich geschützt. Jede
Verwertung außerhalb der engen Grenzen des Urheberrechtsgesetzes ist
ohne Zustimmung des Verlages unzulässig und strafbar. Das gilt insbesondere für Vervielfältigungen, Übersetzungen, Mikroverfilmungen und die
Einspeicherung und Verarbeitung in elektronischen Systemen.

http://www.gabler-online.de

Höchste inhaltliche und technische Qualität unserer Produkte ist unser Ziel. Bei der Produktion
und Auslieferung unserer Bücher wollen wir die Umwelt schonen: Dieses Buch ist auf säurefreiem und chlorfrei gebleichtem Papier gedruckt.

Die Wiedergabe von Gebrauchsnamen, Handelsnamen, Warenbezeichnungen usw. in diesem
Werk berechtigt auch ohne besondere Kennzeichnung nicht zu der Annahme, daß solche
Namen im Sinne der Warenzeichen- und Markenschutz-Gesetzgebung als frei zu betrachten
wären und daher von jedermann benutzt werden dürften.

Lektorat: Claudia Splittgerber
Druck und Buchbinder: Rosch-Buch, Scheßlitz
Printed in Germany

ISBN 3-8244-6742-9

Vorwort der Herausgeber

Informationsmodellierung, so der Haupttitel dieses Sammelbandes in der Reihe der Harzer wirtschaftswissenschaftliche Schriften, steht gegenwärtig im Mittelpunkt des Interesses in Wissenschaft und Forschung als auch in der Praxis. Unter Informationsmodellierung verstehen die Herausgeber gemäß dem Untertitel:

Referenzmodelle und Werkzeuge

Die Abbildung 1 zeigt die Beitragsreihenfolge als Wertschöpfungskette sowie eine Zuordnung zu den jeweiligen Autorinnen und Autoren.

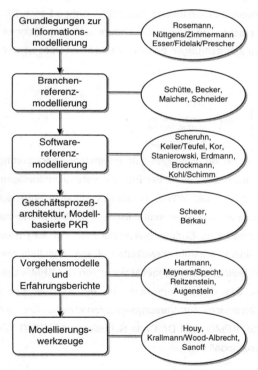

Abb. 1: Beiträge und Autoren als Wertschöpfungskette

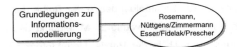

Im Rahmen des ersten thematischen Bereiches „Grundlegungen zur Informationsmodellierung" referiert Dr. Michael Rosemann von der Westfälischen Wilhelms-Universität (WWU) in Münster zu seinem aktuellen Forschungsgebiet, den „Grundsätzen ordnungsmäßiger Modellierung". Dr. Markus Nüttgens und Volker Zimmermann vom Institut für Wirtschaftsinformatik (IWi) in Saarbrücken regen in ihrem Beitrag eine Integrationsdiskussion hinsichtlich der objektorientierten Modellierungsmethoden an und stellen die objektorientierte Erweiterung der Ereignisgesteuerten Prozeßketten vor. Den ersten Bereich abschließend, berichten Manfred Esser, Dr. Manfred Fidelak und Dr. Gerold Prescher von ihren insbesondere auch konzeptionell geprägten Informationsmodellierungserfahrungen bei den Stadtwerken Düsseldorf AG.

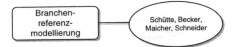

Nach den grundlegenden Beiträgen zur Informationsmodellierung fokussiert der zweite Themenbereich das Gebiet der Branchenreferenzmodellierung. Dr. Reinhard Schütte, gleichsam von der WWU, präsentiert aktuelle, empirische Befunde zur Referenzmodellierung sowie eine methodische Vorgehensweise zur Erstellung von Branchenreferenzmodellen. Sodann beschreibt Prof. Dr. Jörg Becker, WWU, ausführlich das an seinem Lehrstuhl entwickelte Referenzmodell für den Handel. Im Anschluß an diesen Beitrag stellt Michael Maicher von der KPMG Unternehmensberatung, Mannheim, das Utility Framework vor, ein Konzept des Referenzmodellgestützten Benchmarkings für Versorgungsunternehmen. Ein weiteres Branchenreferenzmodell der KPMG stellt Dr. Carla Schneider von KPMG Wien mit dem Versicherungsreferenzmodell vor.

Vorwort der Herausgeber VII

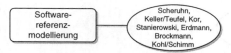

Nach den Ausführungen zu Branchenreferenzmodellen gibt Prof. Dr.-Ing. Hans-Jürgen Scheruhn von der Fachhochschule Harz, Wernigerode, einen kompakten Überblick über die Landschaft von Standardsoftwarereferenzmodellen und deren Integrationsmöglichkeiten. Dr. Gerhard Keller und Thomas Teufel von der SAP AG stellen das von ihnen entwickelte „Iterative Prozeßprototyping" vor, einer Einführungsmethode unter Benutzung des SAP-R/3-Referenzmodells als zentralem Bestandteil. Eine konzeptionelle Brücke zwischen den Anforderungen an eine BPR-Dokumentation und den Möglichkeiten des SAP-R/3-Referenzmodells stellt Dr. Alp Kor von der KPMG Unternehmensberatung Hamburg mit seinem Integrationskonzept vor. Prof. Dr. Magret Stanierowski von der FHTW Berlin beschreibt in ihrem Beitrag die Einsatzmöglichkeiten des ORACLE Designer/2000^{TM} hinsichtlich der Erstellung von Softwarereferenzmodellen für die Einführung von Oracle Applications. Alternativ zeigt Thomas Erdmann einen in der Praxis erprobten Weg auf, um Oracle Applications modellbasiert zu implementieren. Wie sich die Mitarbeiter von BAAN die Einführung ihrer Standardsoftware vorstellen, das zeigen zum einen Hans-Christian Brockmann mit seinem Beitrag zum Einsatz von Referenzmodellen bei der Implementierung von BAAN sowie zum anderen Ullrich Kohl und Guido Schimm, Absolventen der Fachhochschule Harz, mit ihrem Beitrag über das „Dynamic Enterprise Modeling" und schließen damit das Thema „Softwarereferenzmodellierung" ab.

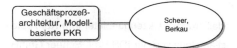

Im Themenkomplex „Geschäftsprozeßarchitektur und Modellbasierte Prozeßkostenrechnung" stellt Prof. Dr. August-Wilhelm Scheer, Direktor des Instituts für Wirtschaftsinformatik in Saarbrücken, die von ihm entworfene Geschäftsprozeßarchitektur „ARIS-House of Business Engineering" vor. Prof. Dr. Carsten Berkau von der Fachhochschule Osnabrück (Standort Lingen/Ems) beleuchtet das Optimieren von Geschäftsprozeßstrukturen unter dem Aspekt der Kostenwirksamkeit. Dabei empfiehlt er den Einsatz der „Modellbasierten Prozeßkostenrechnung", um Verbesserungspotentiale in Geschäftsprozessen aufzudecken.

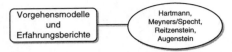

Im folgenden Bereich der „Vorgehensmodelle und Erfahrungsberichte" stellen KPMG-Mitarbeiter Vorgehensweisen in BPR-Projekten vor und berichten über projektspezifische Erfahrungen hinsichtlich des Einsatzes von Referenzmodellen und Modellierungswerkzeugen. Das Thema Vorgehensmodelle leitet Dr. Detlef Hartmann, KPMG Unternehmensberatung München ein, indem er die KPMG-Methode „Business Performance Improvement (BPI)" vorstellt. Welche Projekterfahrungen Klaus Meyners und Rüdiger Specht von der KPMG Unternehmensberatung Hamburg mit einer weiteren BPR-Methode im Umfeld von SAP-Einführungen, der KPMG-PROMET®-Methode, gesammelt haben, stellen sie in ihrem Erfahrungsbericht dar. Im Anschluß daran berichtet Nicola Reitzenstein von der KPMG Unternehmensberatung Stuttgart über den Einsatz des SAP-R/3-Referenzmodells in einem internationalen SAP-Einführungsprojekt. Den Abschluß dieses Themenbereiches bildet der Erfahrungsbericht von Dr. Friedrich Augenstein, in dem er darüber referiert, daß es auch Projektsituationen gibt, in denen ausgehend von individuellen Kundenanforderungen andere Modellierungsansätze entwickelt werden müssen, um die Projektziele des Mandanten zu erreichen.

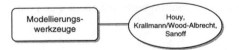

Last but not least stellen Autoren von Modellierungswerkzeuganbieter ihre Konzepte und Produkte vor. Beginnen wird Dr. Christian Houy von der IDS Prof. Scheer GmbH mit einem Ausblick auf die neue ARIS-Toolset-Familie und die Möglichkeiten der einzelnen Komponenten. Auf diesen Beitrag folgend, stellen Prof. Dr. Hermann Krallmann und Gay Wood-Albrecht von UBIS GmbH, Berlin, ihr Modellierungswerkzeug Bonapart® im Detail vor. Die Rubrik „Modellierungswerkzeuge" wird Dr. Stephen P. Sanoff von IntelliCorp Inc. mit seiner Vorstellung des LiveModel®, einem im Kontext zu SAP stehenden Einführungswerkzeuges, beenden und diesen Sammelband schließen.

Um die einzelnen Beiträge in einem gewissen Umfang miteinander zu vernetzen, haben die Herausgeber Querverweise eingearbeitet. Diese sind mit Hilfe von geschweiften Klammern „{*siehe Autor XYZ, Seite xxx* }" dargestellt. Die Herausgeber danken allen Autorinnen und Autoren recht herzlich für ihre Bereitschaft und ihr Engagement, die vorliegenden Beiträge beizusteuern. Des weiteren danken wir der Geschäftsführung der KPMG Unternehmensberatung für ihre freundliche Unterstützung. Besonderen Dank gilt Frau Renate Heitkamp von der KPMG Unternehmensberatung, Düsseldorf sowie Herrn Lars Schwarze von der KPMG Unternehmensberatung, Mannheim, für Ihre Unterstützung bei der Erstellung des druckfertigen Manuskriptes.

Mit diesem Buch wird bereits der dritte Band einer neuen Schriftenreihe des Fachbereichs Wirtschaftswissenschaften der Fachhochschule Harz, Wernigerode, der „Gabler Edition Wissenschaft" herausgegeben. Wir danken Frau Claudia Splittgerber vom Programmbereich Wissenschaftliche Monographien des Betriebswirtschaftlichen Verlages Dr. Th. Gabler für die kooperative und angenehme Zusammenarbeit bei der Erstellung dieses Bandes. Über konstruktive Kritik und Anregungen freuen sich die Herausgeber. Kontakte zu den einzelnen Autoren vermitteln die Herausgeber jederzeit gerne.

Michael Maicher
Hans-Jürgen Scheruhn

Kontaktadressen:

Michael Maicher
KPMG Unternehmensberatung GmbH
Theodor-Heuss-Anlage 12
D-68165 Mannheim
Tel.:   (0621) - 42 67 - 121 (100)
Fax: (0621) - 42 67 - 150
Mobil: (0171) - 690 63 65
email: mmaicher@kpmg.com

Prof. Dr.-Ing. Hans-Jürgen Scheruhn
Fachhochschule Harz
Friedrichstraße 57-59
D-38855 Wernigerode
Tel.:   (03943) - 659 - 200
Fax: (03943) - 659 - 108
Mobil: (0171) - 641 28 49
email: hscheruhn@fh-harz.de

Inhaltsverzeichnis

Grundsätze ordnungsmäßiger Modellierung: Intention, Entwicklung,
Architektur und Multiperspektivität......1
Von Dr. Michael Rosemann, Institut für Wirtschaftsinformatik, WWU Münster

Geschäftsprozeßmodellierung mit der objektorientierten
Ereignisgesteuerten Prozeßkette......23
Von Dr. Markus Nüttgens / Volker Zimmermann, Institut für Wirtschaftsinformatik,
Saarbrücken

Zwischen Evolution und Revolution: Informationsmodellierung in einem
Versorgungsunternehmen......37
Von Manfred Esser / Dr. Manfred Fidelak / Gerold Prescher,
Stadtwerke Düsseldorf AG, Düsseldorf

Referenzmodellierung: Anforderungen der Praxis und methodische Konzepte......63
Von Dr. Reinhard Schütte, Institut für Wirtschaftsinformatik, WWU Münster

Referenzmodelle für den Handel......85
Von Prof. Dr. Jörg Becker, Institut für Wirtschaftsinformatik, WWU Münster

Referenzmodellbasiertes Benchmarking: KPMG Utility Framework für
Versorgungsunternehmen......111
Von Michael Maicher, KPMG Unternehmensberatung, Mannheim

Referenzmodell für Versicherungen......135
Von Dr. Carla Schneider, KPMG Management Consulting, Wien

Integration von Referenzmodellen bei der Einführung betrieblicher
Anwendungssysteme......147
Von Prof. Dr. Hans-Jürgen Scheruhn, FH Harz, Wernigerode

Iteratives Prozeßprototyping: Konfiguration von Wertschöpfungsketten
mit Hilfe des R/3-Systems..169
Von Dr. Gerhard Keller / Thomas Teufel, SAP AG, Walldorf/Baden

Integration von Business Process Reengineering mit dem SAP R/3 System..........201
Von Dr. Alp Kor, KPMG Unternehmensberatung, Hamburg

Einsatz des ORACLE Designer/2000^{TM} zur Erstellung von Referenzmodellen.......227
Von Prof. Dr. Magret Stanierowski, Fachhochschule für Technik und Wirtschaft,
Berlin

Modellbasierte Einführung von Oracle Applications..253
Von Thomas Erdmann, PROMATIS GmbH

Einsatz von Referenzmodellen bei der Implementierung von Baan.......................275
Von Manfred Brockmann, Baan Company, Hannover

Dynamic Enterprise Modeling..291
Von Ullrich Kohl / Guido Schimm, Baan Company, Hannover

ARIS-House of Business Engineering: Rahmenwerk für die Modellierung und
Ausführung von Geschäftsprozessen...317
Von Prof. Dr. August-Wilhelm Scheer, Institut für Wirtschaftsinformatik,
Saarbrücken

Prozeßkostenrechnung als Instrument für das Optimieren von ganzheitlichen
Prozeßstrukturen...333
Von Prof. Dr. Carsten Berkau, Fachhochschule Osnabrück, Standort Lingen

Business Performance Improvement: KPMG´s globaler Ansatz zur
Leistungssteigerung von Unternehmen..353
Von Dr. Detlef Hartmann, KPMG Unternehmensberatung, München

Erfahrungsbericht zu PROMET®-BPR..369
Von Klaus Meyners / Rüdiger Specht, KPMG Unternehmensberatung, Hamburg

Prozeßmodellierung als Hilfsmittel für eine Softwareimplementierung...................383
Von Nicola Reitzenstein, KPMG Unternehmensberatung, Stuttgart

Koordination Vieler durch Prozeßmodellierung...395
Von Dr. Friedrich Augenstein, KPMG Unternehmensberatung, Stuttgart

Die neue ARIS Toolset Familie: Die zukünftige Art der Modellgestaltung,
-auswertung und -ausführung...407
Von Dr. Christian Houy, IDS Prof. Scheer GmbH, Saarbrücken

Werkzeuggestützt modellieren mit Bonapart®...425
Von Prof. Dr. Hermann Krallmann / Gay Wood-Albrecht, UBIS GmbH, Berlin

Nutzen der Modellierung für die Einführung von SAP-R/3......................................439
Von Dr. Stephen P. Sanoff, IntelliCorp

Verzeichnis der Autoren und Herausgeber..451

Die Grundsätze ordnungsmäßiger Modellierung - Intention, Entwicklung, Architektur und Multiperspektivität[1]

Von Dr. Michael Rosemann
Institut für Wirtschaftsinformatik, Westfälische Wilhelms-Universität Münster

Gliederung:

1. Komplexitätstreiber der Informationsmodellierung

2. Die Grundsätze ordnungsmäßiger Modellierung
   2.1. Intention der Grundsätze ordnungsmäßiger Modellierung
   2.2. Entwicklung und Architektur
   2.3. Die sechs Grundsätze ordnungsmäßiger Modellierung

3. Multiperspektivische Informationsmodelle - ein Arbeitsfeld der GoM
   3.1. Zur Notwendigkeit einer multiperspektivischen Modelldifferenzierung
   3.2. Ansatzpunkte zur Perspektivendifferenzierung

4. Résumé und Ausblick

---

[1] Das diesem Beitrag zugrunde liegende Vorhaben 'Grundsätze ordnungsmäßiger Modellierung (GoM)' wird mit Mitteln des Bundesministeriums für Bildung, Wissenschaft, Forschung und Technologie unter dem Förderkennzeichen 01 IS 604 A gefördert. Die Verantwortung für den Inhalt der Veröffentlichung liegt beim Autor.

1. Komplexitätstreiber der Informationsmodellierung

Die Erstellung, Nutzung und Wartung von Informationsmodellen war lange Zeit eine Aufgabe, die bis in die späten achtziger Jahre Softwarentwicklern mit dezidierter Methodenkompetenz vorbehalten zu sein schien. Mittels CASE-Werkzeugen erstellten sie Informationsmodelle, die primär der Entwicklung von Anwendungssystemen dienten. Die Verwendungszwecke und der Adressatenkreis der Modelle waren somit sehr eingeschränkt; vorrangig wurden Daten- und Funktionsmodelle erstellt. Modelle für Aufgaben außerhalb der potentiellen Kontrollsphäre von Anwendungssystemen lagen in Form von Organigrammen oder Ablaufplänen zwar vor, wiesen aber in der Regel keine Bezugspunkte zu den softwarespezifischen Modellen auf. Zwei Entwicklungen haben dazu beigetragen, daß diese Trennung zwischen organisationszentrierter und IV-bezogener Modellerstellung und -nutzung zunehmend aufgehoben wurde.

Maßgeblich war die mit dem populärwissenschaftlichen Werk von MICHAEL HAMMER und JAMES CHAMPY [HaCh94] initiierte *Postulierung einer höheren Prozeßorientierung*. Unter dem Rubrum des Business Reengineering wurde dabei der Informationstechnologie eine Enablerrolle bei der Optimierung der betriebswirtschaftlichen Geschäftsprozesse zugeschrieben. Die verstärkte Auseinandersetzung mit Fragestellungen des Prozeßmanagement ging einher mit der Notwendigkeit, die Geschäftsprozesse in einer Form zu dokumentieren, die so anschaulich zu sein hatte, daß sie für Vertreter aus den Fachbereichen verständlich war. Die Existenz derartiger Anforderungen förderte die *Entwicklung sog. Upper-CASE-Tools* {siehe Scheruhn, S. 151} (z. B. ARIS-Toolset {siehe Houy, Seite 410}, Bonapart {siehe Krallmann; Wood-Albrecht, Seite 425ff.}), welche die Erstellung semiformaler Modelle erlauben, womit vor allem die Erstellung anschaulicher Prozeßmodelle möglich wurde. Diese beiden Entwicklungen - die erhöhte Notwendigkeit, sich mit den Geschäftsprozessen auseinandersetzen und diese hierzu transparent zu beschreiben - münden darin, daß mittlerweile in vielen Unternehmen für

- eine Vielzahl an Verwendungszwecken
- mit einer Vielzahl an Modellierungsmethoden und Modellierungstools
- von einer Vielzahl an Modellierern
- für eine Vielzahl an Modellnutzern
- eine Vielzahl an Modellen erstellt wird.

Diese begrüßenswerte Intensivierung der Informationsmodellierung in praxi ist allerdings mit einer erheblichen *Zunahme der Komplexität* der Informationsmodelle sowie des Prozesses der Informationsmodellierung verbunden, welche die konsistente Pflege der Modelle sowie deren grundlegende Akzeptanz erschwert *{siehe Augenstein, Seite 402ff.}*. Dabei handelt es sich nicht nur um ein quantitatives Problem (Vielzahl der Modelle, Komplexität im engeren Sinne), sondern insbesondere auch um ein qualitatives Problem (Vielfalt der Modelle, Kompliziertheit), welches durch die hohen Freiheitsgrade bei der Informationsmodellierung entsteht [Bron92; Rohp79].

2. Die Grundsätze ordnungsmäßiger Modellierung

2.1. Intention der Grundsätze ordnungsmäßiger Modellierung

Den skizzierten veränderten Erfordernissen an die Informationsmodellierung wird eine vorrangig an syntaktischen Problemstellungen ausgerichtete theoretische Diskussion nicht mehr länger gerecht. Vielmehr bedarf es weitergehender Gestaltungsempfehlungen zur Informationsmodellierung. Derartige normativ wirkende Empfehlungen sollten daran gemessen werden, inwieweit sie die Qualität von Informationsmodellen, ihre Verwendungseignung für die jeweils mit der Modellerstellung verbundenen Aufgabenstellungen, fördern. Ein hieraus abgeleitetes Ziel ist die Reduzierung bzw. Beherrschung der mit der Informationsmodellierung einhergehenden Komplexität, d. h. der Vielzahl und Vielfalt an Informationsmodellen. Entsprechend wird in der Einführung weiterer Restriktionen - trotz der damit verbundenen Einengung der individuellen Freiheitsgrade - sowie im effizienten Management des Verwendungspluralismus ein Beitrag zur Steigerung der Qualität von Informationsmodellen gesehen. Die so formulierten Ziele liegen allen Arbeiten zu den Grundsätzen ordnungsmäßiger Modellierung (GoM) zugrunde.

2.2. Entwicklung und Architektur

Wie die Begriffswahl bereits vermuten läßt, konstruieren die GoM eine Analogie zu den tradierten *Grundsätzen ordnungsmäßiger Buchführung* (GoB), welche die Freiheitsgrade bei der Erstellung des wesentlichen Modells des externen Rechnungswesens, dem Jahresabschluß, in unterschiedlichster Form eingrenzen. Die enge begriffliche Anlehnung an die Grundsätze ordnungsmäßiger Buchführung (in der

Struktur nach BAETGE [Beat94]) findet sich in den ersten Ausführungen zu den GoM [Rose94], in denen diese noch in die allgemeinen Grundsätze (Dokumentations-, Rahmen- und Abgrenzungsgrundsätze) und in die zweckbezogenen Grundsätze (unterteilt hinsichtlich der Beschreibungs- und der Gestaltungsaufgabe) systematisiert waren. Eine besondere Betonung erfuhren dabei anfangs *Strukturanalogien* in Informationsmodellen [Rose94; Beck95]. Dies spiegelt die Hypothese wider, daß in der verstärkten Gleichgestaltung von Informationsmodellen hohe Nutzenpotentiale gesehen werden. Die aus insgesamt sechs Grundsätzen bestehende, grundlegende Struktur der GoM-Architektur wurde erstmals 1995 vorgestellt [BeRSc95]. Die Grundsätze der Richtigkeit, der Relevanz, der Wirtschaftlichkeit, der Klarheit, der Vergleichbarkeit und des systematischen Aufbaus werden im folgenden Kapitel 2 kurz skizziert. Neben den GoB wurde die Ausgestaltung dieser sechs Grundsätze beeinflußt durch eigene Erfahrungen im Rahmen von umfangreichen Modellierungsprojekten sowie durch vergleichbare Arbeiten zum Themenbereich Qualität von Informationsmodellen. Hierzu zählen insbesondere:

- Die von BATINI ET AL. [BaCN92] entworfenen, dort jedoch nicht weiter strukturierten Kriterien für die Qualität von Datenmodellen (zu einer Übersicht über unterschiedliche Ansätze für die Qualität von Datenmodellen vgl. [Maier96]).
- Die sechs von MOODY und SHANKS [MoSh94] aufgestellten Kriterien für qualitativ hochwertige Datenmodelle prägten wesentlich die Strukturgebung in Form von (sechs) Grundsätzen. Der von DARKE und SHANKS [DaSh96] aufgestellte Ordnungsrahmen zur Systematisierung verschiedener Ansätze für eine multiperspektivische Informationsmodellierung besitzt darüber hinaus große Bedeutung im gleichnamigen GoM-Arbeitsgebiet (vgl. Kapitel 3).
- Das sichtenübergreifende Framework von LINDLAND ET AL. [LiSS94] hat mit seiner an der Semiotik ausgerichteten Strukturierung der Qualitätskriterien in syntactic quality, semantic quality und pragmatic quality sowie deren Relativierung durch ein *feasibility* genanntes Kriterium auch in den GoM seinen Niederschlag gefunden. Der hohe Abstraktionsgrad dieses Frameworks erschwert jedoch dessen Operationalisierung.
- Die von ZAMPERONI und LÖHR-RICHTER [ZaLö93] vorgenommene, allerdings ebenfalls nur auf Datenmodelle bezogene Unterteilung der *correctness* in syntaktische Richtigkeit, Widerspruchsfreiheit und semantische Richtigkeit wurde für die Ausgestaltung des Grundsatzes der Richtigkeit herangezogen.

Die sechs allgemeinen Grundsätze ordnungsmäßiger Modellierung bilden die grundlegende Strukturierung der GoM-Architektur und werden jeweils sichtenspezifisch (z. B. für die Datensicht) und methodenspezifisch (z. B. für ER-Modelle) konkretisiert. Umfangreichere Arbeiten liegen hierzu vor allem zur Prozeßsicht respektive den Ereignisgesteuerten Prozeßketten [Rose96; Schm95] sowie zur Datensicht (ER-Modelle) und zur Funktionssicht (Funktionsdekompositionsdiagramme) vor [BeSc96]. Weitere Dimensionen, für die eine Konkretisierung der GoM erfolgt, sind vorrangig die Unterscheidung in unternehmensindividuelle und in Referenzmodelle [Schü98] sowie die verwendungsabhängige Ausgestaltung (z. B. Softwareentwicklung, Organisationsdokumentation).

Am 1. Februar 1996 startete das im Rahmen des Gebietes Softwaretechnologie vom BMBF geförderte, dreijährige Verbundprojekt *'Grundsätze ordnungsmäßiger Modellierung'*[2]. Neben dem Lehrstuhl für Wirtschaftsinformatik und Informationsmanagement, Prof. Dr. Jörg Becker, des Instituts für Wirtschaftsinformatik der Universität Münster, welcher die Projektkoordination inne hat, sind die IDS Prof. Scheer GmbH, Saarbrücken, sowie die Josef Friedr. Bremke & Hoerster GmbH & Co., Arnsberg, beteiligte Projektpartner. Basierend auf der entwickelten GoM-Architektur werden in diesem Projekt primär Bezugspunkte der GoM zu den Themengebieten Referenzmodellierung, Multiperspektivische Informationsmodellierung und Metamodellierung erarbeitet. Neben konzeptionellen Ergebnissen wird dabei stets auch die DV-technische Umsetzung relevanter Resultate angestrebt. Der Beziehungszusammenhang zwischen diesen einzelnen Gebieten wird durch ein Metamodell hergestellt (vgl. Abbildung 1).

Die Ausgestaltung von *Grundsätzen ordnungsmäßiger objektorientierter Modellierung* erfolgt derzeit im Verbundprojekt METHPRO[3], welches ebenfalls im Rahmen des aktuellen BMBF-Schwerpunkts Softwaretechnologie gefördert wird [Kees96]. Im folgenden werden zunächst kurz die sechs allgemeinen Grundsätze charakterisiert (Kapitel 2).

---

[2] Informationen zu GoM im Internet: www-wi.uni-muenster.de/is/projekte/gom/
[3] METHPRO: Methodische Gestaltung der Prozesse zur integrierten Planung und Steuerung von Produktion, Instandhaltung und Qualitätsmanagement, Laufzeit: 1.5.95-31.5.98, Förderkennzeichen: 01 IS 514 #.

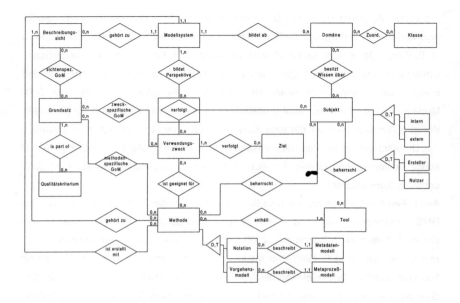

Abb. 1: Metamodell der Grundsätze ordnungsmäßiger Modellierung

Während die Modifikation bzw. Konkretisierung der Grundsätze ordnungsmäßiger Modellierung für die Referenzmodellierung Gegenstand des Beitrags von SCHÜTTE in diesem Buch ist {siehe Schütte, S.65}, werden im folgenden die Arbeiten im Bereich multiperspektivische Informationsmodellierung erörtert (Kapitel 3). Ergebnisse zu den Grundsätzen ordnungsmäßiger Metamodellierung liegen noch nicht vor.

2.3. Die sechs Grundsätze ordnungsmäßiger Modellierung

2.3.1. Grundsatz der Richtigkeit

Der Grundsatz der Richtigkeit besteht aus den zwei Facetten der syntaktischen und der semantischen Richtigkeit. Erstere fordert die Konsistenz und Vollständigkeit eines Informationsmodells zum herangezogenen Metamodell, d. h. die vom Metamodell als unabdingbar definierten Konstrukte sind zu verwenden bzw. die im Modell verwendeten Informationsobjekte müssen durch das Metamodell erklärt werden. Oftmals existiert allerdings zu einer Modellierungsmethode kein explizites Metamodell, gegen das eine derartige Prüfung vollzogen werden könnte. In GoM-Forschungsarbeiten, die diesen Grundsatz thematisieren, werden deshalb für gängige Modellierungsmethoden (z. B. Ereignisgesteuerte Prozeßketten oder diverse Workflowmodellierungsmethoden [RoMü97]) in einer erweiterten ER-Notation Metamodelle erstellt, so daß die syntaktische Richtigkeit von Informationsmodellen geprüft werden kann. Während die syntaktische Richtigkeit die Modellsystem-Metamodell-Relation tangiert, handelt es sich bei dem Postulat nach semantischer Richtigkeit um eine Modellsystem-Objektsystem-Relation. Gefordert wird eine struktur- und verhaltenstreue Beschreibung der Realwelt, d. h. die im Modell enthaltenen Beziehungen müssen - unter Beachtung der modellinhärenten Eliminierung und Abstraktion - konform zu den realen Sachverhalten sein. Die Forderung nach semantischer Richtigkeit eines Modells ist in den Fällen zu modifizieren, in denen es keine 'gelebte' korrespondierende Realwelt zum Modell gibt (z. B. bei Soll- oder (Best Practice-)Referenzmodellen {siehe Schütte, Seite 84}).

Zwischen der Forderung nach syntaktischer und semantischer Richtigkeit läßt sich die Forderung nach Widerspruchsfreiheit zwischen den Informationsmodellen positionieren. Sie besitzt Nähe zur syntaktischen Richtigkeit, weil die Qualitätsprüfung sich hierbei ebenfalls ausschließlich in der Modellwelt vollzieht, und Ähnlichkeit mit der semantischen Richtigkeit, da semantische Aspekte geprüft werden.

2.3.2. Grundsatz der Relevanz

Inwieweit ein Informationsmodell der Forderung nach Relevanz genüge trägt, läßt sich aus zwei Blickwinkeln analysieren: Zum einen ist die Frage zu beantworten, ob alle relevanten Aspekte der Realwelt sich in dem Modell wiederfinden (externe Minimalität). Zum anderen ist ein Informationsmodell dahingehend zu untersuchen, ob die in ihm enthaltenen Informationen für die mit dem Modell verfolgte Zielsetzung erforderlich sind (interne Minimalität). Sofern Modellbestandteile ohne Informationsverlust für den jeweiligen Verwendungszweck entfernt werden können, erfüllt das Modell den Grundsatz der Relevanz nicht. Über diese eher inhaltlichen Aspekte hinaus, zählt zum Grundsatz der Relevanz auch die Betrachtung, ob die gewählte Modellierungsmethode oder das herangezogene Modellierungstool sowohl für den mit dem Modell verfolgten Verwendungszweck (z. B. Simulationsfähigkeit) als auch für die Modelladressaten (z. B. erforderliche Methodenkompetenz) adäquat sind. Die im Arbeitsfeld multiperspektivische Modellierung erarbeiteten Lösungskonzepte (vgl. Kapitel 3) sind eine wesentliche Konkretisierung dieses Grundsatzes.

2.3.3. Grundsatz der Wirtschaftlichkeit

Der Grundsatz der Wirtschaftlichkeit relativiert den Absolutheitsanspruch der anderen fünf Grundsätze und integriert die generelle betriebswirtschaftliche Wirtschaftlichkeitsforderung in den GoM-Ordnungsrahmen. Dieser Grundsatz ist in seiner Intention dem Postulat nach *feasibility* innerhalb des Frameworks von LINDLAND ET AL. [LiSS94] vergleichbar, die ebenfalls ihre Forderungen um ein entsprechendes Adjektiv anreichern (z. B. feasible validity oder feasible completeness). So kann es aus Sicht dieses Grundsatzes durchaus legitim sein, auf die Bereinigung irrelevanter Modellbestandteile oder auf eine Erhöhung der Modellklarheit zu verzichten.

Aufwandsreduzierend wirken:

- die Verwendung von Referenzmodellen,
- die Wiederverwendung von Modellbausteinen,
- die Nutzung eines effizienten Modellierungstools.

Bereits bei der Modellerstellung ist durch Maßnahmen, welche die Persistenz bzw. die Flexibilität eines Modells (bei der erforderlichen Anpassung an Realweltänderungen) erhöhen, dafür Sorge zu tragen, daß die Nutzungsdauer eines Modells - und damit der zur Amortisation der mit der Erstellung eines Modells verbundenen Aufwendungen nutzbare Zeitraum - optimiert wird. Derartige Überlegungen sind insbesondere bei der Wahl des Abstraktionsgrads des Modells von hoher Relevanz. Angesichts der möglichen Größenordnung von Modellierungsprojekten, die in praxi eine erhebliche Ressourcenbindung bedeuten können, stellt die verursachungsgerechte Erfassung der mit der Modellerstellung und -nutzung verbundenen Kosten (Anschaffungskosten für Hard- und Software, Schulungskosten, Kosten für die Erstellung von Konventionen und individuellen Vorgehensmodellen, Modellerstellung und -wartung, Einbindung von Fachvertretern etc.) eine außerordentlich bedeutsame, jedoch nur vergleichsweise selten vorgenommene Aufgabe dar.

2.3.4. Grundsatz der Klarheit

Ein Modell muß dem Grundsatz der Klarheit (vgl. ausführlich [Rose97]) genügen, da nur so gewährleistet ist, daß das Modell für seine Adressaten zugänglich, verständlich und von diesen für ihre subjektiven Zielsetzungen verwendbar ist. Die Klarheit betrifft die Pragmatik, die neben der Syntax und der Semantik den dritten Bestandteil der Semiotik bildet. Gegenstand der Pragmatik ist die Beziehung zwischen Modell und Modellnutzer. Ähnlich wie die Relevanz ist die Beurteilung der Modellklarheit allerdings hochgradig adressatenindividuell. Ein Modellnutzer kann ein syntaktisch falsches oder viele Redundanzen aufweisendes Modell als anschaulich empfinden (weil er es beispielsweise selbst erstellt hat), während es von einem Dritten als unübersichtlich bezeichnet werden würde. Die sich daraus ergebende Notwendigkeit einer adressatengerechten Modellaufbereitung kann auch als *Erhöhung der Kundenorientierung der Informationsmodellierung* interpretiert werden. Entsprechend besteht auch keine Forderung nach maximaler Klarheit - alle Adressatengruppen verstehen alles in den ihnen offerierten Modellen -, sondern nur nach machbarer Klarheit (feasible comprehension, [LiSS94]). Dabei darf der Nutzen, der aus der Aufdeckung eines Mißverständnisses resultieren würde, nicht größer sein als die Aufwendungen, derer es bedarf, um die hierfür notwendige Klarheit herbeizuführen. Generell werden unter dem Grundsatz der Klarheit ästhetische Kriterien wie Strukturiertheit, intuitive Zugänglichkeit (Verständlichkeit), Übersichtlichkeit oder Lesbarkeit subsumiert. Hierarchisierungen im Modell geben diesem eine Leserichtung, erhöhen durch ihre Modellverdichtung die Anzahl möglicher Sichten auf ein Modell und damit dessen bedarfsgerechte Anschaulichkeit. Der Grundsatz der Klarheit gehört zu den Grundsätzen, bei denen der Toolfunktionalität ein besonderer Einfluß zukommt (z. B. Bereitstellung von Methodenfiltern oder Funktionen zur Layoutoptimierung).

2.3.5. Grundsatz der Vergleichbarkeit

Das wesentliche Postulat des Grundsatzes der Vergleichbarkeit ist die identische Anwendung vorgegebener Konventionen bei der Erstellung von in Beziehung zueinander stehenden Modellen, d. h. die modellübergreifend konforme Anwendung der GoM. Dieser Grundsatz trägt dem Tatbestand Rechnung, daß sich - gefördert durch immer anschaulichere Modellierungsmethoden und benutzerfreundlichere Modellierungstools - die Arbeit in einem Modellierungsprojekt verstärkt arbeitsteilig vollzieht (sog. Simultaneous Modelling). Entsprechend ist zu gewährleisten, daß sich die getrennt voneinander entwickelten Modelle einfach konsolidieren lassen oder daß Ist- und Sollmodelle vergleichbar oder sogar als gemeinsamer Prozeßbaustein aus den Modellen extrahierbar sind. Vergleichbarkeit ist somit (anders als beispielsweise die syntaktische Richtigkeit) keine modellautonome Eigenschaft, sondern stets in bezug auf andere Modelle zu bewerten. Die Vergleichbarkeit wird gefördert durch Modellierungsstandards, die zu Beginn eines Modellierungsprojekts erstellt, die Freiheitsgrade bei der Modellierung einschränken. Sollen auch Modelle, die mit unterschiedlichen Methoden erstellt wurden, verglichen werden, kommt der Existenz von Beziehungsmetamodellen eine große Bedeutung bei.

2.3.6. Grundsatz des systematischen Aufbaus

Mit der Modellierung in getrennten Sichten geht die Notwendigkeit der Integration der einzelnen Sichten einher. Dieser Sachverhalt wird durch den Grundsatz des systematischen Aufbaus berücksichtigt. Um diese Forderung erfüllen zu können, ist ein *sichtenübergreifendes Metamodell* erforderlich, das durch separate Projektionen die einzelnen, instanziierten Modelle sowohl voneinander abgrenzt als auch durch Informationsobjekttypen, die in mehreren Sichten Verwendung finden (z. B. Funktionen in Funktions- und Prozeßmodellen), integriert. Das wesentliche Postulat des Grundsatzes des systematischen Aufbaus ist die Forderung nach Integrationsfähigkeit, welche die Positionierung jedes Modells in einer Informationssystemarchitektur, der ein explizites Metamodell zugrunde liegt, voraussetzt.

Die Grundsätze der Widerspruchsfreiheit (als eine Forderung innerhalb der Richtigkeit), der Vergleichbarkeit und des systematischen Aufbaus unterscheiden sich in den nachstehenden zwei Punkten:

- Der Grundsatz des systematischen Aufbaus tangiert mit der Forderung nach einem sichtenübergreifenden Metamodell syntaktische Sachverhalte, während die Konsistenz die Modellsemantik betrifft und die Vergleichbarkeit zur Angleichung bei der Ausgestaltung von Freiheitsgraden führt.
- Konformität zum Grundsatz des systematischen Aufbaus kann für ein einzelnes Modell konstatiert werden, während die Beurteilung der Konsistenz und der Vergleichbarkeit die Existenz von mehr als einem Modell bedingt.

2.3.7. Exemplarische Beziehungen zwischen den Grundsätzen

Die Grundsätze ordnungsmäßiger Modellierung weisen untereinander diverse harmonische, neutrale, aber auch konfliktäre Beziehungen auf. Bereits thematisiert wurde die restriktive Wirkung des Grundsatzes der Wirtschaftlichkeit auf die übrigen Grundsätze. Weitere Beispiele für *konfliktäre* Beziehungen sind:

- Die Einhaltung der vorgegebenen Syntax (Grundsatz der - syntaktischen - Richtigkeit) wirkt nicht immer förderlich auf die Modellklarheit.
- Die Forderungen nach Relevanz und Vergleichbarkeit können im Widerspruch zueinander stehen, da Relevanz eine situativ für ein spezifisches Modell zu konkretisierende Forderung ist, während die Vergleichbarkeit ein modellübergreifendes Postulat ist.

Beispiele für *harmonische* Beziehungen sind:
- Ein nach dem Grundsatz der Klarheit erstelltes, anschauliches Modell erleichtert die Beurteilung der Einhaltung der Relevanzforderung durch Vertreter aus den Fachbereichen [Shan97].
- Der Grundsatz der Vergleichbarkeit fördert generell die konforme Anwendung von Konventionen und trägt damit auch dazu bei, syntaktisch richtige bzw. als klar bewertete Modellbausteine - soweit möglich - mehrfach zu verwenden.

Die Vervollständigung des Beziehungsgeflechts zwischen den Grundsätzen ist ein Gegenstand der derzeitigen Forschung.

3. Multiperspektivische Informationsmodelle - ein Arbeitsfeld der GoM
3.1. Zur Notwendigkeit einer multiperspektivischen Modelldifferenzierung

Erste praxisrelevante Umsetzungen der beschriebenen Grundsätze ordnungsmäßiger Modellierung erfolgten u. a. durch die Erstellung von Konventionenhandbüchern, welche gegenwärtig die Grundlage für die Informationsmodellierung in großen Modellierungsprojekten in den Branchen Energieversorgung {*siehe Esser/ Fidelak/Prescher, Seite 37-62*} und Facility-Management bilden (zu Modellierungskonventionen vgl. auch [BeRo97]). Derartige Modellierungsstandards reglementieren u. a. welche Modelltypen zu verwenden sind, welche Informationsobjekttypen in welchen Modelltypen zu nutzen sind, welches die relevanten Beziehungstypen sind oder welche Attribute zwingend und welche optional zu pflegen sind. Weiterhin enthält ein solcher Modellierungsstandard Vorgehensmodelle für die Modellerstellung, welche die Qualität des Modellierungsprozesses gewährleisten sollen. Auf der Basis der für das Projekt als relevant erachteten Rollen (z. B. Modellierer, Prozeßverantwortlicher, Fachinformant, Systemadministrator, Qualitätssicherer) ist ein Prozedere zu definieren, in dem beispielsweise spezifiziert wird wann und wie der Übergang von der Erstellung und fachlichen Abstimmung eines Informationsmodells zur Qualitätssicherung erfolgt {siehe Esser/Fidelak/Prescher, Seite 52ff.}. Letztere kontrolliert u. a. die Einhaltung der zugrunde liegenden Konventionen sowie die Konsistenz zu den bereits erstellten Modellen. Ein Ausschnitt aus einem solchen Modellierungsstandard ist in Abbildung 2 wiedergegeben.

Objektattributtyp	Konvention	Beispiel	
Name	Namenskürzel des Anwendungssystems, erster Buchstabe in Großschrift.	SAP R/3-FI V. 3.1f	m
Beschreibung/ Definition	Informelle Kurzbeschreibung der funktionalen Änderung der Version.	inkl. Cash-Management	m
Installationsstatus/ im Einsatz seit	Wenn die Anwendung produktiv ist, ist hier das Datum (Format: TT.MM.JJ. oder MM/JJ) des Produktivstarts zu hinterlegen.	'05.01.98' oder '01/98'	r

Abb. 2: Auszug aus einem Modellierungsstandard

Modellierungskonventionen tragen zum Komplexitätsmanagement bei, indem sie durch ihre normative Wirkung bestehende Freiheitsgrade bei der Modellierung reduzieren - und somit Komplexität reduzieren. Für die Herleitung von Gestaltungsempfehlungen, die der jeweiligen Modellierungsintention *individuell* Rechnung tragen, sind derartige Modellierungskonventionen aber noch nicht hinreichend. Vielmehr ist es für eine adressatengerechte Modellausgestaltung notwendig, den jeweiligen Einsatzzweck sowie die involvierten Modellersteller und -nutzer einzubeziehen, d. h. es bedarf weiterer Konzepte zur Beherrschung der verbleibenden Komplexität bei der Informationsmodellierung. Dem GoM-Metamodell (Abbildung 1) ist zu entnehmen, daß die Subjekt-Verwendungszweck-Modellsystem-Relation als *Perspektive* bezeichnet wird (vgl. auch [Opda97; StPa97]).

So erfordern beispielsweise Informationsmodelle, die innerhalb des Requirements Engineering im Rahmen der Softwareentwicklung eingesetzt werden und aus denen CASE-Tools idealerweise automatisiert Programmcode generieren, zwingend syntaktisch einwandfrei richtige Modelle (Primat des Grundsatzes der syntaktischen Richtigkeit ggü. dem Grundsatz der Klarheit). Informationsmodelle hingegen, die für Schulungszwecke verwendet werden, können - sofern es beispielsweise eine kompakte, anschauliche Modellierung unterstützt - aus Gründen der Wirtschaftlichkeit und Klarheit durchaus syntaktische Fehler aufweisen. Über diese unterschiedliche Relevanz der einzelnen Qualitätskriterien hinaus, besitzen die einzelnen Perspektiven auch zum Teil erhebliche inhaltliche Unterschiede. So muß ein Prozeßmodell, welches für die Zwecke der Softwareauswahl herangezogen wird, die relevanten DV-spezifischen Funktionen und den sie verbindenden Kontroll- und Datenfluß spezifizieren, während Prozeßmodelle, die in ein Organisationshandbuch eingehen oder als Basis einer Zertifizierungsdokumentation dienen, vor allem auch rein organisatorische, d. h. nicht DV-gestützte Sachverhalte beschreiben müssen. Einen Eindruck von der Perspektivenvielfalt, die insbesondere auf Prozeßmodelle besteht, gibt Abbildung 3.

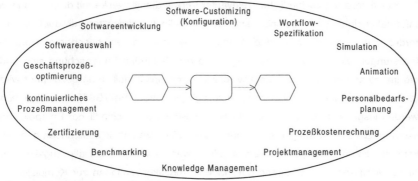

Abb. 3: Perspektiven auf Prozeßmodelle

Einige der in der Abbildung genannten Perspektiven können durchaus gruppiert werden, da sie vergleichbare Anforderungen an Informationsmodelle stellen. Derartige Gruppierungen bedingen jedoch eine gründliche Analyse der Einsatzforderungen. Beispielsweise erscheinen die Anwendungen Workflowmanagement und Prozeßsimulation zunächst intuitiv identisch. Eine nähere Betrachtung zeigt jedoch signifikante Unterschiede auf. So bedingen simulationsgeeignete Prozeßmodelle beispielsweise Angaben über die Eintrittshäufigkeit der Starterereignisse oder die zur Verfügung stehenden Ressourcenkapazitäten, während dies bei Workflowmodellen prinzipiell irrelevant ist. Im Gegenzug müssen Workflowmodelle eine exakte Spezifikation der Datenstrukturen oder instanzbezogene Kontrollflußkonstrukte (z. B. 'Kreditsumme < 15.000 DM') enthalten, während dies bei Simulationsmodellen nicht zwingend erforderlich ist (z. B. '65 % folgen Pfad A, 35 % Pfad B'). Weiterhin werden sich Simulations- und Workflowmodelle gemeinhin durch ihre Granularität unterscheiden.

Im Rahmen des GoM-Verbundprojekts werden die potentiellen Perspektiven - u. a. durch empirische Studien - identifiziert, charakterisiert und zueinander in Beziehung gesetzt. Diese inhaltlich ausgerichtete Aufgabe innerhalb des Arbeitsgebiets multiperspektivische Informationsmodellierung soll im folgenden allerdings weniger im Mittelpunkt stehen als die eher methodisch motivierte Fragestellung, wie die Perspektiven differenziert werden können.

3.2. Ansatzpunkte zur Perspektivendifferenzierung

Die Koexistenz unterschiedlicher, relevanter Verwendungszwecke mit divergierenden Informationsinteressen bedingt eine den jeweiligen adressatenindividuellen Anforderungen gerecht werdende Modellaufbereitung, deren besondere Herausforderungen die Konsistenzforderung sowie die Redundanzbeherrschung sind und die im folgenden als multiperspektivische Informationsmodellierung bezeichnet wird (zu den bisherigen GoM-Arbeiten hierzu vgl. [Rose96a; ReWG97]). Im folgenden werden insgesamt sechs Formen zur Herausbildung unterschiedlicher Perspektiven skizziert. Sie stehen weitgehend in einem adjunktiven Verhältnis zueinander, d. h. sie können - sofern das gleiche Metamodell verwendet wird - auch alle zugleich zur Anwendung kommen. Während aber Modellierungskonventionen zur Komplexitätsreduktion beitragen, indem sie die potentielle Vielfalt einschränken, unterstützen die im folgenden dargestellten Formen eine Beherrschung der verbleibenden Modellkomplexität. Nachstehend wird unterstellt, daß für die zu differenzierenden Perspektiven zumindest der gleiche Modelltyp (z. B. Prozeßmodell, Datenmodell) relevant ist. Es sei allerdings betont, daß oftmals gerade Perspektive und Beschreibungssicht gleichgesetzt werden [Pohl96; Olle91].

3.2.1. Unterschiedliche Layoutkonventionen

Unterschiedliche Layoutkonventionen liegen vor, wenn sich die Modelle zweier Perspektiven hinsichtlich der Anzahl und Benennung der verwendeten Informationsobjekte gleichen, sich aber in ihrer Repräsentation unterscheiden. Diese eher an der Art der Methodennutzung als an inhaltlichen Aspekten ausgerichtete Form der Perspektivendiffenzierung kann vergleichsweise einfach zu realisieren sein, wenn sich die Modellelemente auch in ihrer räumlichen Zuordnung entsprechen und sich der Unterschied auf die Darstellung, Farbe, Größe etc. der einzelnen Informationsobjekte beschränkt. Der Transformation eines aus standardisierten Formen wie Kreisen oder Quadranten bestehenden Modells in ein aus selbsterklärlicheren Icons wie Schreibtischen oder Personen bestehendes Modell kann insbesondere für die Akzeptanzgewinnung in den Fachbereichen eine erhebliche Bedeutung beikommen {*siehe Augenstein, Seite 400ff.; Houy, Seite 410ff.*}.

Weitaus diffiziler wird die Modelltransformation, wenn sich auch die räumliche Zuordnung der Informationsobjekte zueinander verändert. Derartige Unterschiede können sich in Prozeßmodellen auf divergierende Anordnungsregeln wie Durchlaufhäufigkeit, Kosten- oder Schnittstellenintensität beziehen. Beispiele in Datenmodellen wären perspektivenspezifisch unterschiedliche Entitytypen/Relationshiptypen/Datencluster, die in einem umfangreichen Datenmodell im Mittelpunkt des Modells stehen mögen, d. h. eine fixe topologische Modelleinbettung besitzen. Hierzu bedarf es teilweise aufwendiger Algorithmen, welche nach Zielwerten wie Minimierung der durchschnittlichen bzw. maximalen Kantenlänge, Minimierung der Anzahl an Kantenüberschneidungen oder maximale Geradlinigkeit der Kanten die Modelle unter Einbezug von weiteren Kriterien wie Uniformität der Kanten, Positionierung der Informationsobjekte in einem Raster, Kantenziehung nur in zwei orthogonalen Dimensionen (horizontal, vertikal), Verdeutlichung von Symmetrien (z. B. bei Spezialisierungen) oder gleichmäßige Flächennutzung optimieren [BrJM97; BaFN85]. In diesen Fällen sind zwischen den Nutzern respektive den Einsatzbereichen und den Layoutoptimierungsverfahren Beziehungen herzustellen.

3.2.2. Unterschiedliche Namenskonventionen

Zu den Formen der Perspektivendifferenzierung mit der höchsten Relevanz gehört - z. B. bei verteilten, internationalen Modellierungsprojekten oder der synchronisierten Softwareeinführung in multinationalen Unternehmen - die Pflege synonymer Bezeichnungen für die Informationsobjekte.

Um eine Pflege der Synonymbezeichnungen in den jeweiligen Objektattributen zu vermeiden, empfiehlt sich die Verwendung eines Fachbegriffsmodells, in dem die wesentlichen Begrifflichkeiten eines Unternehmens definiert und zueinander in Beziehung gesetzt werden. Wesentliche semantische Relationen sind dabei 'steht in Beziehung mit', 'klassifiziert', 'ist Teil von', 'ist ein', 'ist ein Synonym für' oder 'ist Merkmal von'. Ein Fachbegriffsmodell sollte bestehende Unternehmensglossare konsolidieren und möglichst noch vor Beginn der umfangreichen Prozeßmodellierung erstellt sein. In den Attributen der Fachbegriffe erfolgt die Zuordnung zu besonderen Verwendungsbereichen (z. B. softwarespezifische Vokabel) und nutzerspezifischen Kompetenzen (z. B. spricht Englisch). Die Modellnutzer bzw. die Benutzergruppen, denen diese zugeordnet sind, enthalten ebenfalls eine korrespondierende Attribuierung, durch die die präferierte Benennung und Perspektive einander zugeordnet werden. Abbildung 4 enthält einen Fachbegriffsmodellausschnitt.

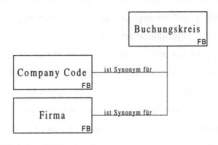

Abb. 4: Ausschnitt aus einem Fachbegriffsmodell

3.2.3. Unterschiedliche Informationsobjekte

Weitaus individueller erfolgt die Perspektivendifferenzierung, wenn sich die Informationsinteressen an einzelnen Informationsobjekten festmachen. So wird ein Workflow Developer in hoher Detailliertheit aufgeführte manuelle Funktionen für seine Zwecke - die Erstellung eines instanziierbaren Workflowmodells - per se als irrelevant erachten. Ebenso könnten beispielsweise rein DV-technische Aktivitäten (z. B. Batchverarbeitung) innerhalb einer für die Organisationsgestaltung genutzten Perspektive oft eliminiert werden. Neben dieser an unterschiedlichen Verwendungszwecken orientierten Motivation können auch unterschiedliche Rollen der Modellnutzer Bedeutung für diese Form der Modelldifferenzierung haben. Beispiele sind Arzt und Patient oder Ersteller und Bearbeiter von Reisekostenrechnungen. Zu dieser Form der Modellaufbereitung gehört beispielsweise auch die Kennzeichnung derjenigen Attribute, die für eine Perspektive relevant sind, sowie unterschiedliche Spezialisierungen in einem Datenmodell oder verschieden weitreichende Hierarchisierungen in einem Funktionsdekompositionsdiagramm. Diese Perspektivendifferenzierung, bei der die Perspektiven sich als einzelne Projektionen auf ein gemeinsames Modellsystem formulieren lassen, d. h. Teilmengen eines alle Informationen enthaltenden Gesamtmodells sind, ist ausgesprochen aufwendig in der DV-technischen Umsetzung, da sie zum einen die Zuordnung jedes einzelnen Informationsobjekts zu Perspektiven erfordert. Zum anderen bedarf es bei der Generierung des perspektivenindividuellen Views eines Konsistenzchecks bzw. gewisser Modellmodifikationen (z. B. Elimination obsoleter Kontrollflußkonstrukte), damit die syntaktische Richtigkeit gewährleistet ist.

3.2.4. Unterschiedliche Informationsobjekttypen

Oftmals werden sich die divergierenden Anforderungen zweier Perspektiven soweit generalisieren lassen, daß auch zwischen den Perspektiven und den Informationsobjekttypen des – gemeinsamen – Metamodells eine Relevanzbeziehung herstellbar ist. So ist beispielsweise für Workflowmodelle das organisatorische Konstrukt 'Rolle' bedeutsam, während es für den Verwendungszweck Prozeßkostenrechnung wichtig ist, die entlang eines Prozesses involvierten organisatorischen Konstrukte mit Kostensätzen zu belegen {*siehe Berkau, Seite 333ff.*}, was bei Rollen, die gemeinhin unterschiedlichen Stellen/ Personen zugeordnet werden, nicht möglich ist. DV-technisch können derartige Anforderungen derzeit bereits durch sog. Methodenfilter [ReWG97] abgebildet werden.

3.2.5. Unterschiedliche Methodennutzung

Über die unterschiedliche Relevanz einzelner Informationsobjekttypen hinaus ist es denkbar, daß auch durch das Metamodell vorgegebene Notationsregeln von den einzelnen Perspektiven divergierend ausgestaltet werden. Ein Beispiel hierfür ist die mit unterschiedlichen Restriktionen belegte Verwendung des OR-Splits innerhalb der Ereignisgesteuerten Prozeßketten. Während in der ursprünglichen Beschreibung des Metamodells die Plazierung eines adjunktiven bzw. disjunktiven Ausgangsoperators nach einem Ereignis untersagt war [HoKS93], findet sich diese Einschränkung in neueren Publikationen aufgrund der möglichen höheren Modellkompaktheit nicht mehr [Scheer97]. Aussagen über Transformationsmöglichkeiten sind bei derartigen Perspektivendifferenzierungen nur noch problemspezifisch möglich. Soweit die GoM methodenspezifisch ausgestaltet sind, werden Gestaltungsempfehlungen gegeben, durch die derartige Differenzen in der Methodennutzung - aufgrund der hohen und jeweils individuell zu regelnden, oftmals nur aufwendig automatisierbaren Transformation -möglichst unterbunden werden.

3.2.6 Unterschiedliche Metamodelle

Die größte Individualisierung erfahren die einzelnen Perspektiven, wenn die Verwendung unterschiedlicher Metamodelle toleriert wird. Eine derartige Ausdifferenzierung einzelner Perspektiven ist z. B. notwendig, wenn für die Prozeßdokumentation Ereignisgesteuerte Prozeßketten, für die Workfloweinführung Petrinetze und für die Beurteilung der Kundenorientierung eines Prozesses Kunden-Lieferanten-Protokolle [Sche93] verwendet werden sollen.

Dabei ist zu beachten, daß die Ausgestaltung bzw. Auswahl einer Modellierungsmethode erheblichen Einfluß auf die - subjektiv empfundene - Komplexität und Kompliziertheit eines Informationsmodells hat [Shan97]. So wird tendenziell die Komplexität eines Modells mit der weiteren Einführung von Informationsobjekttypen, welche modellverkürzend Sachverhalte darstellen, abnehmen, zugleich aber auch die Kompliziertheit des Modells (die Komplexität des zugrundeliegenden Metamodells) zunehmen. Die vereinfachende Abbildung 5 skizziert dies anhand von zwei Modellnutzern, wobei Nutzer A als der größere Methodenexperte charakterisiert werden könnte. Die einzelnen Perspektiven sollten je nach Sachverhalt durch horizontale oder vertikale Transformation auf der Basis von *Beziehungsmetamodellen* [NJJZH96] ineinander überführt werden können. Bei der horizontalen Transformation werden Modelle der gleichen Entwicklungsphase (insb. des Fachkonzepts) ineinander überführt [Volk97]. Bei der vertikalen Transformation erfolgt eine Modellüberführung entlang vordefinierter Phasen eines Vorgehensmodells. So ist beispielsweise im Prozeß des Requirements Engineering eine Überführung von informalen in formale Modele erforderlich [ElKO96], wobei aber im Regelfall allerdings keine streng sequentielle Transformation vorliegt, sondern zumeist die Repräsentation des Sachverhalts in unterschiedlichen Notationen erfolgt [Pohl96].

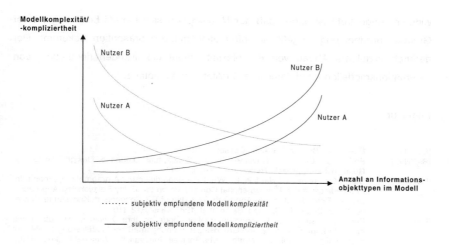

Abb. 5: Komplexität und Kompliziertheit

4. Résumé und Ausblick

Die verstärkte Nutzung von Informationsmodellen für eine Vielfalt an Zwecken führt zu einer erheblichen Zunahme der mit der Informationsmodellierung verbundenen Komplexität, welche die Qualität dieser Modelle gefährdet. Mit den Grundsätzen ordnungsmäßiger Modellierung ist ein Framework geschaffen wurden, welches als Basis für eine systematische Auseinandersetzung mit der Qualität von Informationsmodellen dient. Aufbauend auf den sechs Grundsätzen der Richtigkeit, der Relevanz, der Wirtschaftlichkeit, der Klarheit, der Vergleichbarkeit und des systematischen Aufbaus werden innerhalb des gleichnamigen BMBF-Verbundprojekts primär die Arbeitsgebiete Referenzmodellierung, Multiperspektivische Informationsmodellierung und Metamodellierung problematisiert. In diesem Beitrag wurden neben einer Charakterisierung der Grundsätze Möglichkeiten zur Differenzierung unterschiedlicher Perspektiven vorgestellt. Die weiteren Arbeiten werden sich im Arbeitsfeld multiperspektivische Informationsmodellierung nach Abschluß der detaillierten Definition der potentiellen Perspektiven sowie einer Problematisierung des Konfliktmanagements zwischen den Perspektiven [StPa97; DaSh96; FGHKN93] der DV-technischen Umsetzung dieser Konzeption in einem Modellierungswerkzeug widmen. Angestrebt ist dabei, daß der Modellnutzer sich bereits beim Login einer Gruppe zuordnet und vorgefilterte Informationsmodelle präsentiert bekommt. Der dadurch erzielbare Abbau von Komplexität erhöht die 'Kundenorientierung' von Informationsmodellen - und damit ihre Qualität und Akzeptanz.

Literatur

[Baet94] Baetge, J.: Bilanzen. 3. Aufl., Düsseldorf 1994.
[BaCN92] Batini, C.; Ceri, St.; Navathe, S. B.: Conceptual Database Design. An Entity-Relationship-Approach. Redwood City et al. 1992.
[BaFN85] Batini, C.; Furlani, L.; Nardelli, E.: What is a good diagram? A pragmatic approach. In: Proceedings of the 4th International Conference on the Entity-Relationship Approach - ER '85. Entity-Relationship Approach: The Use of ER Concepts in Knowledge Representation. Ed.: P. P.-S. Chen. Berlin et al. 1985, Seite 312-319.
[Beck95] Becker, J.: Strukturanalogien in Informationsmodellen. Ihre Definition, ihr Nutzen und ihr Einfluß auf die Bildung von Grundsätzen ordnungsmäßiger Modellierung (GoM). In: Wirtschaftsinformatik '95. Wettbewerbsfähigkeit, Innovation, Wirtschaftlichkeit. Hrsg.: W. König. Heidelberg 1995, Seite 133-150.
[BeRo97] Becker, J.; Rosemann, M.: Die Grundsätze ordnungsmäßiger Modellierung - ein Ordnungsrahmen zur Komplexitätsbeherrschung in Prozeßmodellen. In: Workflow-Management in Geschäftsprozessen im Trend 2000. Tagungsband zur Fachtagung am 15. und 16. Oktober 1997. Hrsg.: H.-P. Lipp. Schmalkalden 1997, Seite 18-30.
[BeRSc95] Becker, J.; Rosemann, M.; Schütte, R.: Grundsätze ordnungsmäßiger Modellierung. Wirtschaftsinformatik, 37 (1995) 5, Seite 435-445.
[BeSc96] Becker, J.; Schütte, R.: Handelsinformationssysteme. Landsberg/Lech 1996.
[BrJM97] Brandenburg, F. J.; Jünger, M.; Mutzel, P.: Algorithmen zum automatischen Zeichnen von Graphen. Informatik Spektrum, 20 (1997) 4, Seite 199-207.
[Bron92] Bronner, R.: Komplexität. In: HWO. 3. Aufl., Hrsg.: E. Frese. Stuttgart 1992, Spalte 1121-1130.
[DaSh96] Darke, P.; Shanks, G.: Stakeholder Viewpoints in Requirements Definition: A Framework for Understanding Viewpoint Development Approaches. Requirements Engineering, 1 (1996) 1, Seite 88-105.
[ElKO96] Elgass, P.; Krcmar, H.; Oberweis, A.: Von der informalen zur formalen Geschäftsprozeßmodellierung. In: Geschäftsprozeßmodellierung und Workflow-Management. Hrsg.: G. Vossen, J. Becker. Bonn et al. 1996, Seite 125-139.
[FGHK93] Finkelstein, A.; Gabbay, D.; Hunter, A.; Kramer, J.; Nuseibeh, B.: Inconsistency Handling in Multi-Perspective Specifications. In: Proceedings of the 4th European Software Engineering Conference. Garmisch-Partenkirchen, September 1993. Berlin et al. 1993, Seite 84-99.
[HaCh93] Hammer, M.; Champy, J.: Reengineering the Corporation. A Manifesto for Business Revolution. New York 1993.
[HoKS92] Hoffmann, W.; Kirsch, J.; Scheer, A.-W.: Modellierung mit Ereignisgesteuerten Prozeßketten (Methodenhandbuch, Stand: Dezember 1992). Veröffentlichung des Instituts für Wirtschaftsinformatik Nr. 101. Saarbrücken 1993.
[Kees96] Kees, A.: METHPRO - Methodische Gestaltung der Prozesse zur integrierten Planung und Steuerung von PPS, IPS und QM. In: Statusseminar des BMBF - Softwaretechnologie. Hrsg.: U. Grote; G. Wolf: Projektträger Informationstechnik des BMBF bei der DLR, Berlin 1996, Seite 45-58.
[KrLS95] Krogstie, J.; Lindland, O. I.; Sindre, G.: Towards a Deeper Understanding of Quality in Requirements Engineering. In: Proceedings of the 7th International Conference on Advanced Information Systems Engineering (CAiSE '95). Hrsg.: J. Iivari, K. Lyytinen, M. Rossi. Berlin et al. 1995, Seite 82-95.
[LiSS94] Lindland, O. I.; Sindre, G.; Sølvberg, A.: Understanding Quality in Conceptual Modeling. IEEE Software, 11 (1994) 2, Seite 42-49.
[Maier96] Maier, R.: Qualität von Datenmodellen. Wiesbaden 1996.

[Mood96]	Moody, D.: The Seven Habits of Highly Effective Data Modelers. Database Programming & Design. 4 (1996) 10, Seite 57-64.
[MoSh94]	Moody, D. L.; Shanks, S.: What Makes a Good Data Model? Evaluating the Quality of Entity Relationship Models. In: Proceedings of the 13th International Conference on the Entity-Relationship Approach - ER `94. Business Modelling and Re-Engineering. Hrsg.: P. Loucopoulos. Berlin et al. 1994, Seite 94-111.
[NJJZH91]	Nissen, H. W.; Jeusfeld, M. A.; Jarke, M.; Zemanek, G. V.; Huber, H.: Managing Multiple Requirements Perspectives with Metamodels. IEEE Software, 13 (1996) 3, Seite 37-48.
[Olle91]	Olle, T. W. et al.: Information Systems Methodologies. A Framework for Understanding. 2nd Ed., Wokingham et al. 1991.
[Opda96]	Opdahl, A. L.: Towards a faceted modelling language. In: Proceedings of the 5th International Conference on Informations Systems (ECIS '97). Ed.: R. Galliers et al., Cork 1997, Seite 353-366.
[Pohl96]	Pohl, K.: Process-Centered Requirements Engineering. Taunton et al. 1996.
[ReWG97]	Reiter, Chr.; Wilhelm, G.; Geib, Th.: Toolunterstützung bei der multiperspektivischen Informationsmodellierung. Management & Computer, 5 (1997) 1, Seite 5-10.
[Ropo79]	Ropohl, G.: Eine Systemtheorie der Technik. Zur Grundlegung der Allgemeinen Technologie. München, Wien 1979.
[Rose94]	Rosemann, M.: Beschreibung und Gestaltung der Produktion auf der Basis der Grundsätze ordnungsmäßiger Prozeßmodellierung. In: Re-Engineering-Kongreß. Tagungsband. Hrsg.: IDG. Frankfurt a. M. 1994, Seite 52-86.
[Rose96]	Rosemann, M.: Komplexitätsmanagement in Prozeßmodellen. Methodenspezifische Gestaltungsempfehlungen für die Informationsmodellierung. Wiesbaden 1996.
[Rose96a]	Rosemann, M.: Multiperspektivische Informationsmodellierung auf der Basis der Grundsätze ordnungsmäßiger Modellierung. Management & Computer, 4 (1996) 4, Seite 219-226.
[Rose97]	Rosemann, M.: Der Ordnungsrahmen der Grundsätze ordnungsmäßiger Modellierung aus Sicht der Anthropozentrik. In: Modellierung von Aufbau- und Ablauforganisation: von der Technozentrik zur Anthropozentrik. Hrsg.: H. Paul. Reader des Instituts für Arbeit und Technik 1997-02. Gelsenkirchen 1997, Seite 69-79.
[RoMü97]	Rosemann, M.; zur Mühlen, M.: Evaluation of Workflow Management Systems - a Meta Model Approach. In: Proceedings of the 2nd CAiSE/IFIP 8.1. International Workshop on Evaluation of Modeling Methods in Systems Analysis and Design (EMMSAD '97). Barcelona, 16.-17. Juni 1997. Hrsg.: K. Siau, Y. Wand, J. Parsons. Barcelona 1997.
[Scheer97]	Scheer, A.-W.: Wirtschaftsinformatik. 7. Aufl., Berlin et al. 1997.
[Scherr93]	Scherr, A. L.: A new approach to business processes. IBM Systems Journal, 32 (1993) 1, Seite 80-98.
[Schm95]	Schmincke, M.: Prozeßmodellierung - Zweckorientierte Gestaltungsempfehlungen unter besonderer Berücksichtigung ihrer konzeptionellen Eingliederung in die Prozeßorganisation und die Grundsätze ordnungsmäßiger Prozeßmodellierung am Beispiel der Ereignisgesteuerten Prozeßketten. Diplomarbeit an der Universität Gesamthochschule Essen. Essen 1995.
[Schü98]	Schütte, R.: Grundsätze ordnungsmäßiger Referenzmodellierung. Wiesbaden 1998.
[Shan97]	Shanks, G.: Conceptual Data Modelling: An Empirical Study of Expert and Novice Data Modellers. Australian Journal of Information Systems, 4 (1997) 2, Seite 63-73.
[ShDa97]	Shanks, G.; Darke, P.: Quality in Conceptual Modelling: Linking Theory and Practice. In: Proceedings of the Pacific Asia Conference on Information Systems 1997 (PASIC '97).
[StPa97]	Stanger, N.; Pascoe, R.: Environments for Viewpoint Representations. In: Proceedings of the 5th International Conference on Information Systems (ECIS '97). Ed.: R. Galliers et al. Cork 1997. Seite 367-382.
[Volk97]	Volkmer, M.: Entwicklung objektorientierter Analysemodelle für Informationssysteme auf Grundlage von Prozeßmodellen. Aachen 1997.
[ZaLö93]	Zamperoni, A.; Löhr-Richter, P.: Enhancing the Quality of Conceptual Database Specifications through Validation. In: Proceedings of the 12th International Conference on the Entity-Relationship Approach - ER '93. Ed.: R. A. Elmasri, V. Kouramaijan, B. Thalheim. Berlin et al. 1993, Seite 85-93.

Geschäftsprozeßmodellierung mit der objektorientierten Ereignisgesteuerten Prozeßkette (oEPK)

Von Dr. Markus Nüttgens, Volker Zimmermann,
Institut für Wirtschaftsinformatik, Universität des Saarlandes, Saarbrücken

Gliederung:

1. Einführung

2. Ereignisgesteuerte Prozeßkette (EPK)
    2.1. Grundmodell und Erweiterungen der EPK
    2.2. Ansätze zur Objektorientierung der EPK

3. Objektorientierte Ereignisgesteuerte Prozeßkette (oEPK)
    3.1. oEPK-Modellierung von Geschäftsobjekten und -prozessen
    3.2. oEPK-Modellierung von (Organisations-)Ressourcen

4. Ausblick

1. Einführung

Objekt- und Prozeßorientierung sind zwei zentrale Konzepte zur Modellierung, Implementierung und dem Customizing von Informationssystemen. Mit Konzepten zur statischen Modellierung von Objektklassen liegen zwischenzeitlich methodisch ausgereifte Ansätze vor, welche sich in der Praxis zunehmend bewähren und traditionelle Ansätze wie beispielsweise das Entity-Relationship-Diagramm (ERM) zur Datenmodellierung ablösen.

Diese statischen Objektmodelle können bereits heute durch gezielte Modifikationen und Vereinfachungen zur Modellierung betriebswirtschaftlicher Sachverhalte eingesetzt und anschließend durch Verfeinerung und Spezifikation in DV-technische Implementierungskonzepte transformiert werden [Balz93].

Die Frage nach der Modellierung von Geschäftsprozessen und deren Bezug zu statischen Objektmodellen ist bislang jedoch noch unzureichend behandelt. Auch neuere Entwicklungen im Rahmen der Unified Modeling Language (UML) [RSC97] *{siehe Esser/Fidelak/Prescher, Seite 61-62; Scheruhn, Seite 155}* und die dort enthaltenen Methoden wie Sequenzdiagramme [RBPEL91], Kollaborationsdiagramme [Booch94], State-Charts [Harel87] oder Aktivitätsdiagramme sind aus implementierungsnahen Fragestellungen abgeleitet und für die Betrachtung ablauforganisatorischer Szenarien nur sehr eingeschränkt einsetzbar [Oest97]. In diesem Beitrag wird ein Ansatz zur objektorientierten Geschäftsprozeßmodellierung auf Basis der Ereignisgesteuerten Prozeßkette (EPK) entwickelt. Die Erweiterung der Methode wird als objektorientierte Ereignisgesteuerte Prozeßkette (oEPK) bezeichnet [ScNZ97].

2. Ereignisgesteuerte Prozeßkette (EPK)

Nachfolgend wird zunächst das Grundmodell der Ereignisgesteuerten Prozeßkette (EPK) erläutert[1]. Die Darstellung schließt die zahlreichen existierenden Vergleiche von Prozeßmodellierungsmethoden in der Literatur ein und greift die dort erarbeiteten Ergebnisse auf. Hierauf aufbauend erfolgt eine kritische Auseinandersetzung mit

---

[1] Eine umfassende online-Literaturliste von Veröffentlichungen zur Theorie und Praxis Ereignisgesteuerter Prozeßketten befindet sich derzeit im Aufbau unter: http://www.iwi.uni-sb.de/nuettgens/EPK/epk.htm

den in der Literatur diskutierten Ansätzen zur Objektorientierung der Ereignisgesteuerten Prozeßkette (EPK).

2.1. Grundmodell und Erweiterungen der EPK

Die Methode der Ereignisgesteuerten Prozeßkette (EPK) [KeNS92; Scheer95] wurde im Rahmen der Architektur Integrierter Informationssysteme (ARIS) [Scheer92] zur Modellierung von Geschäftsprozessen {siehe Scheer, Seite 317ff.} entwickelt und hat sich schnell sowohl in der Forschung als auch der Praxis als eine „Standard"-Methode [KeTe97] etabliert {siehe Keller/Teufel, S.180}.
Wesentliches Kennzeichen der EPK ist die Abbildung der zu einem Prozeß gehörenden Funktionen in deren zeitlich-logischer Abfolge. Die Entscheidungslogik wird durch das Konzept der Ereignissteuerung zum Ausdruck gebracht. Die Kontrollflußsteuerung zwischen den Funktionen beschreibt demnach betriebswirtschaftlich relevante Entscheidungen zum Prozeßablauf. Auf der Typebene können hierzu Bedingung formuliert werden, welche in einer Prozeßinstanz auf positive Erfüllung geprüft werden. Ist die Bedingung positiv erfüllt, spricht man von einem „eingetreten" Ereignis. Kombinationen von Funktions- und Ereignisverknüpfungen innerhalb eines Prozesses können als komplexe Regeln abgebildet werden („und", „oder", „exklusiv oder"). Hierzu wurden EPK-spezifische Verknüpfungsoperatoren und Modellierungsgrundsätze eingeführt [KeNS92].

Das Grundmodell der EPK kann um weitere semantische Beschreibungselemente (Ressourcen) ergänzt werden. Ein solcher Diagrammtyp wird auch als erweiterte Ereignisgesteuerte Prozeßkette (eEPK) bezeichnet. Beispiele für Erweiterungen sind die Abbildung von Datenflüssen, Organisationseinheiten oder Anwendungssystemen (vgl. Abbildung 1).
Auf der Grundlage von Arbeiten zur formalen Beschreibung der EPK werden derzeit werkzeuggestützte Konzepte zur Analyse und Simulation entwickelt. Der Ansatz von LANGNER/SCHNEIDER/WEHLER [LaSW97] verfolgt das Ziel, EPK-Modelle in Petrinetze zu übersetzen und die resultierenden Netze maschinell zu verifizieren. Die Ansätze von RUMP [Rump97] und von KELLER/TEUFEL [KeTe97] hingegen basieren auf einer eigenständigen formalen Beschreibung der EPK.

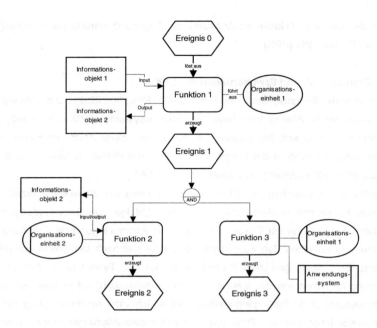

Abb. 1: „Erweiterte" Ereignisgesteuerte Prozeßkette (eEPK)

2.2. Ansätze zur Objektorientierung der EPK

Um den objektorientierten Gedanken stärker in die EPK einzubeziehen, wurde sie in jüngster Zeit um objektorientierte Konstrukte erweitert. Beim Ansatz von BUNGERT/ HEß [BuHe95] werden die Beziehungen der Methoden in der ARIS-Architektur und hier speziell der EPK zu den objektorientierten Konstrukten dargestellt. Zur Vorgehensweise werden sechs Schritte definiert:

1. Definition relevanter Objekttypen und deren Beziehungstypen untereinander,
2. Zuordnung der relevanten Funktionen zu den Objekttypen,
3. Detaillierung und Erweiterung der Objekttypstrukturen aufgrund von Funktionen, die in Schritt 2 nicht unmittelbar zugeordnet werden konnten,
4. Definition der internen und externen Starterereignisse für die Funktionen,
5. Definition der korrespondierenden Endereignisse für die auslösenden Funktionen,
6. Darstellung des Gesamtprozesses als Ereignisgesteuerte Prozeßkette auf der Grundlage der identifizierten Funktionen und Ereignisse.

Der vorgestellte Ansatz stellt eine erste konzeptionelle Grundlage für die Verbindung von Geschäftsprozeßmodellierung und Objektorientierung mit der Ereignisgesteuerten Prozeßkette dar. Vorteile der Wiederverwendung durch die Objektorientierung werden mit den Vorteilen der Prozeßdarstellung verknüpft. Damit können objektorientiert auch Aspekte der Aufbau- und Ablauforganisation betrachtet werden. Eine integrierte Betrachtung von Objekt und Prozeß in einem gemeinsamen Modell findet aber nicht statt. Beim Übergang von Schritt 5 nach Schritt 6 gehen somit die semantischen Informationen über das Objekt verloren.

Einen ergänzenden Ansatz wählt ROSEMANN [Rose96], indem er das im jeweiligen Prozeßabschnitt relevante „Prozeßobjekt" im Diagramm parallel aufführt und die semantische Relation zwischen Ereignis und Prozeßobjekt als den Objektstatus interpretiert. Eine Integration von Geschäftsprozeß und -objekt wird hierbei jedoch ebenfalls nicht explizit modelliert.

VOLKMER [Volk97] beschreibt ein Vorgehensmodell zur Erstellung objektorientierter Analysemodelle auf der Grundlage von Prozeßmodellen. Hierbei werden u.a. Transformationsschritte zur Überführung einer EPK mittels eines sog. „Prozeßtransformationsmodells" formuliert. Aufgrund der sequentiellen und unidirektionale Transformation erfolgt aber ebenfalls keine integrierte Betrachtung von Geschäftsobjekten und -prozessen. Das Vorgehensmodell kann vielmehr als Kritik und Ansatzpunkt zur Weiterentwicklung der zugrunde liegenden Modellierungskonzepte verstanden werden.

3. Objektorientierte Ereignisgesteuerte Prozeßkette (oEPK)

Das nachfolgend dargestellte Konzept der objektorientierten EPK (oEPK) hat zum Ziel, sowohl die Potentiale und Endanwenderakzeptanz der „Standard"-EPK-Methode zu bewahren als auch Konzepte der Objektorientierung zu integrieren. An die Beschreibung der oEPK-Modellierungsmethode schließt sich die exemplarische Darstellung eines konkreten oEPK-Anwendungsszenarios an.

3.1. oEPK-Modellierungsmethode

Ein Geschäftsprozeß wird im folgenden definiert als die ereignisgesteuerte Bearbeitung und Interaktion von Geschäftsobjekten mit dem Ziel der Leistungserstellung.

Zur Leistungserstellung sind korrespondierende (Organisations-)Ressourcen bereitzustellen. Die Definition beinhaltet als zentrale Bestandteile: Geschäftsobjekt/-prozeß und (Organisations-) Ressourcen.

3.1.1. oEPK-Modellierung von Geschäftsobjekten und -prozessen

Geschäftsobjekte (Business Objects) sind die für die Leistungserstellung einer Unternehmung relevanten diskreten, unterscheidbaren Entitäten. Dabei beschreiben Geschäftsobjekte aus Sicht des objektorientierten Entwurfs ein rein konzeptionelles Konstrukt. Sie stellen in ihrer Struktur eine Komposition von Daten, Funktionen und Schnittstellen verschiedener Objektklassen dar. Man kann deshalb auch von Verbund- oder Aggregatobjekt, Objektcluster oder komplexem Objekt sprechen. Abbildung 2 stellt das Modell einer Geschäftsobjektklasse, wie es im Rahmen der oEPK verwendet wird, dar. Als Symbol für eine Objektklasse wird ein Rechteck mit Kopfteil verwendet. Im Kopfteil wird der Klassenname abgetragen. Um die im Objekt zusammengefaßte Daten- und Funktionssicht darzustellen, werden die Instanzvariablen links und die Methoden/Operationen rechts vom Geschäftsobjekt abgetragen.

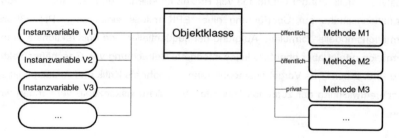

Abb. 2: Modell eines oEPK-Geschäftsobjektes

Beispiele für Geschäftsobjekte sind Aufträge, Produkte, Lieferscheine, Buchungsbelege und Mitarbeiter. Ein „Auftrag" wird selbst wieder - entsprechend der obigen Definition - als komplexe Objekt durch mehrere hierarchisch komponierte Objektklassen repräsentiert. Beispiele hierfür sind die Klassen Auftrag(skopf) und Auftragsposition. Ereignisse beschreiben die Zustandsänderung eines Objektes zu einem bestimmten Zeitpunkt. Die Zustandsänderung erfolgt durch die Ausführung von gekapselten Methoden des Objektes. Welche Methoden ausgeführt werden, ist dabei abhängig von dem alten Zustand des Objektes und dem eingetretenen Ereignis. Die Überführung eines Geschäftsobjektes in einen neuen Zustand wird als Transition bezeichnet. Die Interaktion zwischen Objekten erfolgt über Nachrichten. Sie bilden den Kontrollfluß ab, d.h. mit ihnen werden die Entscheidungs- und Steuerungsmechanismen in einem objektorientierten System definiert und zeitlich-logische Abfolgen von Objektinteraktionen bestimmt.

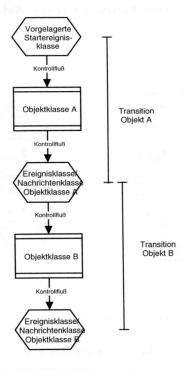

Abb. 3: Modell eines oEPK-Geschäftsprozesse

Es können zwei Typen von Kontrollflußnachrichten unterschieden werden. Ereignisgesteuerte Nachrichten beschreiben den Kontrollfluß und damit die betriebswirtschaftliche Entscheidungslogik. Die Nachricht enthält Informationen über die betriebswirtschaftlich relevanten Zustandsänderungen (Ereignisse). Bildet man den durch ereignisgesteuerte Nachrichten definierten Kontrollfluß graphisch ab, so ergibt sich die in Abbildung 3 entwickelte Grundstruktur eines Geschäftsprozeßmodells.

Auftrags-/Leistungsgesteuerte Nachrichten beschreiben eine Auftraggeber-Auftragnehmerbeziehung. Ein sendendes Objekt verlangt von einem empfangenden Objekt eine Leistungserbringung, die das sendende Objekt zur weiteren Abwicklung seiner Transitionen benötigt. Abbildung 4 zeigt zwei alternative Darstellungsmöglichkeiten für Auftrags-/Leistungsgesteuerte Beziehungen. Sie sind besonders zur Darstellung der Beziehungen zu assoziierten Objekten im Prozeßverlauf relevant. Ihre Betrachtung steht aber bei der Geschäftsprozeßanalyse und Workflowsteuerung nicht im Vordergrund.

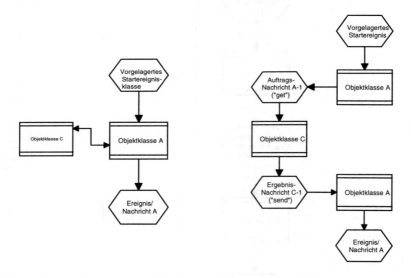

Abb. 4: Auftrags-/Leistungsgesteuerte Beziehungen als gekapselter Kontrollfluß

Mit der Modellierung von Verknüpfungsoperatoren kann die Methode so erweitert werden, daß betriebliche Entscheidungszusammenhänge im Prozeßverlauf abgebildet werden können. Verknüpfungsoperatoren stellen hierzu in Verbindung mit Ereignissen Geschäftsregeln dar. Abbildung 5 stellt in Anlehnung an die Methode der EPK charakteristische Möglichkeiten der Verknüpfung von Objekten über Ereignisse und Verknüpfungsoperatoren dar.

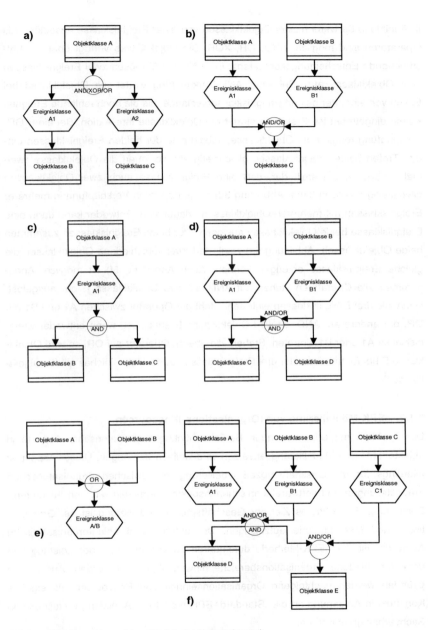

Abb. 5: oEPK-Konnektoren (charakteristische Verknüpfungen)

In Abbildung 5a werden zwei Objektklassen von einer Ereignisklasse ausgelöst. Als Operatoren sind möglich: AND, OR, XOR. Die Objektklasse verfügt über die entsprechende Entscheidungskompetenz. In Abbildung 5b) lösen zwei Ereignisklassen eine Objektklasse aus. Bei einer AND-Verknüpfung wartet die Objektklasse bei Eintritt von einer der beiden Ereignisklassen solange, bis die noch fehlende Ereignisklasse eingetreten ist. Erst dann startet die Objektklasse ihre Aktion. Bei einer OR-Verknüpfung reagiert die Objektklasse, sobald eine der beiden Ereignisklassen eintritt. Treten beide Ereignisklassen gleichzeitig ein, so feuert die Objektklasse zweimal. Abbildung 5c) stellt dar, daß eine Ereignisklasse auch zwei Objektklassen gleichzeitig auslösen kann. Abbildung 5d) zeigt, daß auch Verknüpfungen mehrerer Ereignisklassen mit mehreren Objektklassen erlaubt sind. Entweder kann dann eine Ereignisklasse beide Objektklassen auslösen oder beide Ereignisklassen zusammen beide Objektklassen. Abbildung 5e) zeigt, daß zwei verschiedene Objektklassen die gleiche Ereignisklasse erzeugen können. Auch Abbildung 5f) ist möglich. Angenommen alle Operatoren stehen auf AND, so wird Objektklasse E nur ausgelöst, wenn alle drei Ereignisklassen eintreten. Steht der Operator zwischen A1 und B1 auf OR, der andere auf AND, so wird Objektklasse E ausgelöst, wenn entweder Ereignisklasse A1 oder B1 eintreten. Stehen alle oberen Operator auf OR, so wird Objektklasse E bei Eintritt eines der drei Ereignisklassen ausgelöst. Gleiches gilt für Objektklasse D.

3.1.2. oEPK-Modellierung von (Organisations-)Ressourcen

Das Problem der unzureichenden Berücksichtigung organisatorischer Aspekte in objektorientierten Modellierungsansätzen wird vielfach bemängelt. Dieser Aspekt ist allerdings für die Geschäftsprozeßmodellierung, die zwischen organisatorischen Fragestellungen und softwaretechnischen Aspekten vermitteln will, von besonderer Bedeutung. Ein zentrales Ziel der Geschäftsprozeßmodellierung ist es, Organisations- und Medienbrüche aufzuzeigen. Um aufbau- und ablauforganisatorische Analysen mit der oEPK-Methode durchführen zu können, muß der Leistungsfluß über verschiedene Organisationsbereiche hinweg abgebildet werden. Aus diesen Gründen werden nachfolgend Organisationseinheit und Ressourcen als eigenes Konstrukt in Anlehnung an die „Standard"-EPK modelliert. Abbildung 6 stellt diesen Sachverhalt graphisch dar.

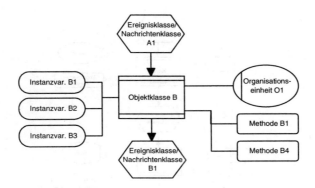

Abb. 6: oEPK-(Organisations-)Ressourcen

3.3. oEPK-Anwendungsbeispiel

Abbildung 7 stellt anhand der entwickelten Methode der objektorientierten Ereignisgesteuerten Prozeßkette (oEPK) ein Szenario am Beispiel der Auftragserfassung dar. Auf Basis der vorangestellten Ausführungen kann auf eine Erläuterung verzichtet werden, da das Modell weitgehend selbsterklärend ist. Aufgrund der komplementären Verwendung von Instanzvariablen/Attributen und Methoden/Funktionen ist eine Umsetzung des oEPK-Modells in ein UML-Klassendiagramm möglich und kann als Grundlage für ein konsistentes DV-Implementierungskonzept dienen.

3. Ausblick

Der dargestellten Methode liegt eine Kombination sowohl strukturierter (sichtenorientierter) als auch objektorientierter Konzepte zugrunde. Diese Auffassung verändert die bislang eher dogmatische Methodendiskussion hin zu einer Integrationsdiskussion und wird auch zunehmend in der Literatur vertreten. Die weitere wissenschaftliche Arbeit im Kontext der vorgestellten objektorientierten Ereignisgesteuerten Prozeßkette (oEPK) wird sich primär auf Fragestellungen der differenzierten Beschreibung der oEPK-Konstrukte, der Entwicklung eines konsistenten Vorgehensmodells und der Abbildung mittels Modellierungswerkzeugen befassen. Desweiteren werden Referenzmodelle zur integrierten Produkt/Leistungs- und Prozeßmodellierung und der Aspekt der Wiederverwendbarkeit von Geschäftsmodellen ein zentraler Gegenstand der Forschungsarbeiten sein.

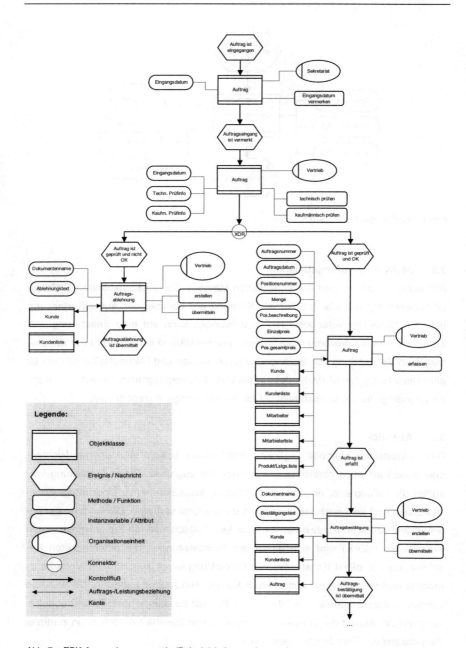

Abb. 7: oEPK-Anwendungsszenario (Beispiel Auftragserfassung)

Literatur

[Balz93] Balzert, H.: Methoden der objektorientierten Systemanalyse, 2. Aufl., Heidelberg et al. 1996.
[Booch94] Heß, H.: Wiederverwendung von Software - Framework für betriebliche Informationssysteme, Wiesbaden 1993.
Booch, G.: Object-Oriented Analysis and Design with Applications, 2nd Ed., Redwood City, CA, 1994.
[BuHe95] Bungert, W.; Heß, H.: Objektorientierte Geschäftsprozeßmodellierung, in: Information Management, 10(1995)1, S. 52-63.
[Harel87] Harel, D.: Statecharts: A Visual Formalism for Complex Systems, in: Science of Computer Programming 8(1987), S. 231-274.
[KeNS92] Keller, G.; Nüttgens, M.; Scheer, A.-W.: Semantische Prozeßmodellierung auf der Grundlage „Ereignisgesteuerter Prozeßketten (EPK)", in: Scheer, A.-W. (Hrsg.): Veröffentlichungen des Instituts für Wirtschaftsinformatik, Heft 89, Saarbrücken 1992, S. 10-15 (http://www.iwi.uni-sb.de/public/iwi-hefte/heft089.zip).
[KeTe97] Keller, G.; Teufel, T.: R/3 prozeßorientiert anwenden: Iteratives Prozeßprototyping zur Bildung von Wertschöpfungsketten, Bonn et al. 1997.
[LScW97] Langner, P.; Schneider, C.; Wehler: Prozeßmodellierung mit ereignisgesteuerten Prozeßketten (EPKs) und Petri-Netzen, in: Wirtschaftsinformatik 39(1997)5, S. 479-489.
[LScW97a] Langner, P.; Schneider, C.; Wehler, J.: Ereignisgesteuerte Prozeßketten und Petri-Netze, in: Valk, R.; Jantzen, M. (Hrsg.): Bericht Nr. 196, Fachbereich Informatik der Univ. Hamburg, Hamburg 1997.
[Oest97] Oestereich, B.: Objektorientierte Softwareentwicklung mit der Unified Modeling Language, 3. Aufl., München et al. 1997.
[RBPEL91] Rumbaugh, J.; Blaha, M.; Prmerlani, W.; Eddy, F.; Lorenson, W.: Object-Oriented Modelling and Design, Englewood Cliffs 1991.
[Rose96] Rosemann, M.: Komplexitätsmanagement in Prozeßmodellen: Methodenspezifische Gestaltungsempfehlungen für die Informationsmodellierung, Wiesbaden 1996.
[RSC97]   Rational Software Corporation (Hrsg.): UML Notation Guide, Version 1.1, Santa Clara 1997 (http://www.rational.com/uml/1.1/html).
[Rump95] Rump, F.: Ereignisgesteuerte Prozeßketten zur formal fundierten Geschäftsprozeßmodellierung, in: Informationssystem-Achitekturen, Rundbrief des GI-Fachausschusses 5.2, 2(1995)2, S. 94-96.
[Rump97] Rump, F.: Erreichbarkeitsgraphbasierte Analyse ereignisgesteuerter Prozeßketten. Technischer Bericht, Fachbereich Informatik, Universität Oldenburg, 1997 (http://www-is.informatik.uni-oldenburg.de/~rump/paper/analyse/analyse.ps).
[Scheer92] Scheer, A.-W.: Architektur integrierter Informationssysteme - Grundlagen der Unternehmensmodellierung, 2. Aufl., Berlin et al. 1992.
[Scheer95] Scheer, A.-W.: Wirtschaftsinformatik - Referenzmodelle für industrielle Geschäftsprozesse, 6. Aufl., Berlin et al. 1995.
[ScNZ97] Scheer, A. W.; Nüttgens, M.; Zimmermann, V.: Objektorientierte Ereignisgesteuerte Prozeßkette (oEPK) - Methode und Anwendung, in: Scheer, A.-W. (Hrsg.): Veröffentlichungen des Instituts für Wirtschaftsnformatik, Heft 141, Saarbrücken 1997 (http://www.iwi.uni-sb.de/public/iwi-hefte/heft141.ps).
[Volk97] Volkmer, M.: Entwicklung objektorientierter Analysemodelle für Informationssysteme auf Grundlage von Prozeßmodellen, Aachen 1997.

Zwischen Evolution und Revolution:
Informationsmodellierung in einem Versorgungsunternehmen

Von Manfred Esser, Dr. Manfred Fidelak, Gerold Prescher
Stadtwerke Düsseldorf AG, Düsseldorf

Gliederung:

1. Das neue Paradigma: Prozeßorientierung

2. Ableitung eines Architekturrahmens für die Gestaltung eines betrieblchen Informationssystems
   2.1. Wirkungszusammenhänge zwischen Umwelt, Unternehmen und IS
   2.2. Forderungen an einen Architekturrahmen
   2.3. Gestaltung eines Architekturrahmens
   2.4. Beispiel für die Anwendung des Architekturrahmens

3. Organisatorische Umsetzung
   3.1. Rahmenbedingungen im Unternehmen
   3.2. Einführung prozeßorientierter Organisationsstrukturen unter funktionalen Rahmenbedingungen
   3.3. Qualitätssicherung
   3.4. Schulungen
   3.5. Die Organisationseinheit Prozeßmanagement

4. Zusammenfassung und Ausblick

1. Das neue Paradigma – Prozeßorientierung

Der Übergang von der Funktions- zur Prozeßorientierung ist ein Wandel in der Betrachtung von Unternehmensabläufen, der unvermindert anhält. Er beeinflußt das Unternehmen in der Gestaltung von Organisationsform und Informationsverarbeitung. Die dazu entwickelten theoretischen Ansätze der Informationsmodellierung reflektieren diese Grundtendenz in den Spiegeln von Architekturen und Modellen zur Organisations- und Informationssystemgestaltung. Die Spiegelbilder sind Grundmuster für unterstützende Methoden und Werkzeuge zur Informationsmodellierung. Für ein Unternehmen stellt sich diese Entwicklung oft genug nur schlagwortartig als ein zu vollziehender Wechsel von der vertikalen zur horizontalen Organisationsgestaltung dar. Die Entwicklung damit verbundener Konzepte für markante Änderungen im soziotechnischen System „Unternehmen" bedarf häufig noch eines erheblichen Leidensdruckes, um auch tatsächlich angestoßen zu werden. In dem hier zu Bericht stehenden Praxisfall – dem Einsatz der Informationsmodellierung im kommunalen Versorgungsunternehmen Stadtwerke Düsseldorf AG (kurz: SWD-AG) – ist das nicht anders. Dennoch unterscheidet sich die hier vorliegende branchentypische Situation von der vieler anderer Unternehmen: Im Jahre 1992 war der äußere Druck des Marktes auf den kommunalen Versorger mit seinen Produkten Strom, Gas und Wasser nicht zuletzt wegen des durch das Energiewirtschaftsgesetz gesicherten Gebietsmonopols nur relativ gering, vgl. [OePH96]. Die heute allen Versorgungsunternehmen auferlegte Frage, wie dem Marktdruck zu begegnen ist – mit evolutionären Mitteln oder, wie von HAMMER [HaCh95], einem der geistigen Väter des Business Process Reengineering gefordert, in radikaler Weise – stellte sich damals nicht. Wenn dennoch in den SWD-AG begonnen wurde, sich mit Fragen der Prozeßorientierung auseinanderzusetzen, so lag dies darin begründet, daß in einem Teilsystem, der Informationsverarbeitung (kurz: IV), reorganisationsbedingt Dynamik und Druck herrschten. Zum einen war dies der Druck von innen, die organisatorische Ineffizienz der dezentral gewachsenen Anwendungssystemlandschaft. Zum anderen bestand aufgrund des technologischen Fortschritts – den Potentialen der Informationstechnik – Modernisierungsdruck von außen.

Es galt, die Potentiale der Informationstechnik über die Informationsmodellierung aus ganzheitlicher, anwendungsorientierter Sicht für die organisatorische Integration – die durchgängige Steuerung der betrieblichen Leistungserstellung – zu nutzen. Ziel dieses Beitrags ist es, ausgehend von der wissenschaftlichen Erarbeitung der

Thematik, das unternehmensspezifische Vorgehen der IV der SWD-AG im Kontext der Informationsmodellierung und deren Umsetzung in betriebliche Informationssysteme (kurz: IS) vorzustellen.

2. Ableitung eines Architekturrahmens für die Gestaltung eines betrieblichen Informationssystems

2.1. Wirkungszusammenhänge zwischen Umwelt, Unternehmen und IS

Wegen der bereits erwähnten Initialisierung der Informationsmodellierung in den SWD-AG durch die IV des Unternehmens wird in den weiteren Ausführungen auf die Belange des IS fokussiert. Die zunehmende Bedeutung des Wissens über das Unternehmens- und Marktgeschehen bedingt einen wachsenden Stellenwert des IS. In diesem Zusammenhang wird unter dem IS der informationsverarbeitende Teil des betrieblichen Diskursbereiches verstanden, der Informationen erfaßt, überträgt, transformiert, speichert und für die Aufgabenträger bereitstellt. Änderungen des Marktgeschehens müssen sich in der Anpassung der Unternehmensziele und -strategien widerspiegeln und diese wiederum in der Entwicklung des IS. Umgekehrt kann ein innovatives IS das Unternehmen besser im Wettbewerb positionieren und damit das Unternehmen sogar in die Lage versetzen, den Markt aktiv zu beeinflussen. Das Gesamtsystem aus Markt, Unternehmen und IS ist demnach von Wirkungskreisläufen[1] überdeckt: die Verflechtung von Einflußfaktoren und Auswirkungen innerhalb jedes Teilsystems – dessen jeweilige innere Dynamik – wirkt durch Rückkopplung verstärkend oder abschwächend auf die anderen Teilsysteme. Wie in einem System ineinandergreifender Zahnräder kann kein Element in seiner Struktur und seinem Verhalten isoliert betrachtet und gestaltet werden, ohne die Bedeutung für den Gesamtzusammenhang zu bewerten. Für jedes einzelne Teilsystem und sein Verhältnis zu den übrigen Teilsystemen sind vier Aspekte von Interesse:

---

[1] Vgl. Methode des „Vernetzten Denkens": Danach wird das Prinzip des herkömmlichen linearen Ursache-Wirkungs-Denkens (Beispiele dafür sind hierarchische Beziehungen, die sich beispielsweise in „Dienstwegen" äußern) nur für die Darstellung einfacher Zusammenhänge als sinnvoll erachtet. Nach [GoPr95] bedingen komplexe Systeme wie IS in der Modellierung ein Denken in Kreisläufen {siehe Keller/Teufel, Seite 183}.

- Die eigene Struktur und das eigene Verhalten.
- Die Struktur und das Verhalten der Umgebung.
- Die Veränderung der eigenen Struktur und des eigenen Verhaltens als Reaktion auf Umgebungseinflüsse.
- Die Veränderung der eigenen Struktur und des eigenen Verhaltens zur Einflußnahme auf die Umgebung.

Die Teilsysteme Markt, Unternehmen und IS sind im Interesse einer ganzheitlichen Betrachtung des Unternehmensgeschehens zu einem Gesamtsystem zu integrieren {*siehe Maicher, Seite 112*}. Zwischen den Teilsystemen als Bestandteilen des Gesamtsystems gibt es eine *strukturelle* Bindung, deren Ausdrucksform *Schnittstellen* sind. Gleichzeitig existieren *Abhängigkeiten*, die über Schnittstellen sichtbar werden. Die strukturbedingte Eigendynamik eines jeden Teilsystems überlagert die Abhängigkeiten.

Aus Abbildung 1 gehen die genannten Systembeziehungen hervor. Der Markt wirkt als Umgebungssystem für die Entwicklung des Unternehmens, die wiederum bestimmendes Umgebungssystem für das IS ist. Das IS kann jedoch auch Einfluß auf seine umgebenden Systeme Unternehmen und Markt ausüben, indem es informationstechnische Potentiale nutzt. Eine auf dem Markt neu angebotene Technologie wie beispielsweise das Internet kann in Versorgungsunternehmen dazu verwendet werden, Kundenan- und -abmeldungen online zu ermöglichen. In einer Wettbewerbssituation erzeugt dies Druck auf Konkurrenten. Zunächst wird also eine Wirkung des Marktes in Form von Potentialen der Informationstechnik auf das IS ausgeübt: Das IS evaluiert die neue Technologie und erarbeitet Vorschläge für deren Umsetzung und Nutzung. In deren Folge kann der Vertrieb des Unternehmens diese IS-Potentiale aufnehmen, ausgestalten, in Form von elektronischen An-/Abmeldungsformularen implementieren und schließlich den Kunden (Markt) als speziellen Service anbieten.

Das IS hat dafür Sorge zu tragen, daß die sich aus den genannten Wirkungskreisläufen ergebende Komplexität und Dynamik beherrschbar ist. Somit gilt im folgenden, das Modell des IS bezüglich seiner Struktur und seines Verhaltens sowie seiner Flexibilität auszugestalten. Hierzu ist ein konzeptioneller Ordnungsrahmen mit einer darauf abgestimmten Methodik zu entwickeln. Eine Unterscheidung in Umgebungs- und Verhaltensmodelle hilft bei der Strukturierung und Abgrenzung.

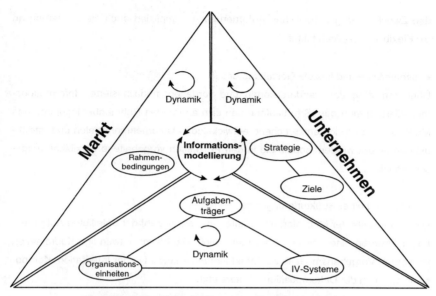

Betriebliches Informationssystem

Abb. 1: Der wechselseitige Zusammenhang von Markt, Unternehmen und IS.

2.2. Forderungen an einen Architekturrahmen

Die Konstruktion eines IS ist eine komplexe Aufgabe. Sie erfordert eine ingenieurgemäße Vorgehensweise respektive einen problemadäquaten methodischen Ordnungsrahmen, der als *Architektur des IS* bezeichnet wird. Die IS-Architektur stellt den *konzeptionellen Rahmen* für die Abbildung der Informationstechnik auf die Organisation dar. Zunächst sind aus Sicht der Praxis folgende Grundanforderungen an einen Architekturrahmen zu stellen. Diese werden in den weiteren Ausführungen näher beleuchtet.

- Verbindung Geschäft und IS

Die Leistungsfähigkeit von betrieblichen Organisationseinheiten wird heute wesentlich von der intensiven Durchdringung mit Systemen der Informationsverarbeitung bestimmt. Ein wesentlicher Erfolgsfaktor für Unternehmen ist die paßgenaue Abbildung der Unternehmensstrategie auf das IS. Die dynamische Anpassung des IS auf den Zweck – die geschäftlichen Anforderungen – impliziert auch die Forderung an die Flexibilität der Architektur.

- dynamische und flexible Gestaltung des IS
Über den Weg der standardisierten und vorgehensmodellbasierten Informationsmodellierung muß das IS fortlaufend den sich ändernden Rahmenbedingungen des Marktes und den sich entsprechend entwickelnden Unternehmenszielen und -strategien angepaßt werden, sobald die in den Prozessen vorgehaltene Flexibiltät ausgeschöpft ist.

- Schaffung einer Strukturierungshilfe
Die Spannweite der Modellierungsarbeiten und die Anzahl der beteiligten Aufgabenträger erfordert eine arbeitsteilige Organisation. Die hierzu notwendige Koordination wird durch Vorgehensmodelle zur Strukturierung – sowohl in der Integration, Komposition als auch der Dekomposition – unterstützt.

- Komplexitätsbeherrschung {*siehe Rosemann, Seite 3* }
Die erstellten Modelle und deren Verknüpfungen müssen den Umgang mit der Komplexität des IS durch Zerlegbarkeit in Ebenen und Sichten sowie hierarchische Detaillierung und Abstraktion unterstützen. Hierfür sind auf der Kenntnis grundsätzlicher Wirkungszusammenhänge aufbauende Konstruktionsprinzipien eine unabdingbare Voraussetzung. Konstruktionsprinzipien sind Voraussetzung für eine ingenieurmäßige Bearbeitung eines Gegenstandsbereiches.

- Zugang zur Modellierung und Einstieg in die Modelle
Ein entscheidender Erfolgsfaktor für die Akzeptanz durch die Anwender ist die Einfachheit der Modellierungstechniken sowie die Übersichtlichkeit und Verständlichkeit der erstellten Modellierungsergebnisse. Dies bedingt zielgruppenspezifische Modellierungsräume mit darauf abgestimmten Methoden. Ankerpunkte dienen der Einordnung neuer und der Navigation durch bestehende Modelle.

- praktische Anwendbarkeit und Verwertbarkeit

An der Informationsmodellierung nehmen Personen mit unterschiedlichen betrieblichen Aufgabenstellungen und dementsprechenden erforderlichen Modellierungskenntnissen teil. Für diese Personenkreise muß der Architekturrahmen praktikabel und tatsächlich praktisch nutzbar sein. Das bedeutet, daß nicht nur theoretisch korrekte und vollständige Modelle erzeugt werden, sondern insbesondere praktische Schlußfolgerungen gezogen werden können: Die Modellierungsergebnisse müssen der Aufdeckung von organisatorischem Gestaltungspotential dienen sowie als Vorlage einer DV-technischen Umsetzung geeignet sein.

- Unterstützung der Konstruktion und Kommunikation

Die Gestaltung des IS erfordert einen hohen Kommunikations- und Koordinierungsaufwand aller Beteiligten in Projekten und Maßnahmen. Die im Architekturrahmen vorgesehenen Methoden und Regelungen dürfen die Kreativität, die damit verbundenen Diskussionen und die Herleitung von Ergebnissen im Gestaltungsprozeß nicht behindern, sondern müssen diese aktiv begleiten. Zur Gewährleistung von Kreativität muß der Ordnungsrahmen zwar möglichst stabil angelegt werden, jedoch bei Bedarf flexibel an neue Situationen anpaßbar sein.

Der Umfang dieses Kataloges offenbart die Schwierigkeiten, IS-Architekturen zu entwerfen, die allen Anforderungen entsprechen. In Wissenschaft und Praxis existiert keine durchgängige Methodik zur Umsetzung oben aufgestellter Forderungen. Deshalb wurde bei den SWD-AG eine unternehmensspezifische Vorgehensweise entwickelt. Diese konstituiert sich einerseits aus verschiedenen, in der Wissenschaft bekannten Methoden und wurde andererseits mit dem Erfahrungswissen aus zahlreichen eigenen Projekten angereichert. Sie ist der Gegenstand der weiteren Betrachtungen.

2.3. Gestaltung eines Architekturrahmens

Aus Abbildung 1 gehen die Beziehungen zwischen den Teilsystemen hervor, denen die Informationsmodellierung als erklärende und gestaltende Instanz für das Unternehmensgeschehen zu folgen hat. Nach der Erkenntnis, daß ein globales unternehmensweites (statisches) Datenmodell als Grundlage einer Informationsmodellierung deren Aufgabe nicht gerecht werden kann, erfolgte bereits 1993 die Hinwendung zur Prozeßorientierung. Prozeßmodelle als Kern einer umfassenden Informationsmodellierung beinhalten strukturell neben Funktions- und Datenbestandteilen eine Ablaufsicht. Das Verhalten von Prozeßmodellen (deren Dynamik) kommt durch die Abarbeitung der Funktionen in der festgelegten Ablauffolge, initialisiert durch Ereignisse aus der Umgebung, zustande. Hier offenbart sich wiederum der Zusammenhang von Umgebungs- und Verhaltensmodell. Bei den SWD-AG bestand die Aufgabe, schrittweise ein unternehmensweites Informationsmodell zu erstellen. Die Sammlung, Verwaltung und bedarfsgerechte Fortschreibung der in einzelnen Projekten erstellten Funktions-, Daten-, Organisations- und Prozeßmodelle mußte koordinierend gesichert werden. Als vordringliche Aufgabe stellte sich in diesem Zusammenhang die Erarbeitung unternehmenseinheitlicher Regeln. Insbesondere waren darin Diskursbereiche, Schrittfolgen, Konventionen und Verantwortlichkeiten für die Modellierung festzulegen. Ziel war die Gestaltung weitestgehend einheitlicher, abteilungs- und bereichsübergreifender, klarer und verständlicher Modelle. Das Regelwerk der Modellierungsstandards [Esser96] wird – ausgehend von den Unternehmenszielen über die Ziele der IV, den Modellierungszielen sowie den sich daraus ergebenden Kategorien wie in Abbildung 2 systematisch abgeleitet. Durch die Einhaltung der Regeln werden die Grundsätze ordnungsgemäßer Modellierung nach [Rose96] unterstützt und damit eine wichtige Voraussetzung für die Abnahme durch die Wirtschaftsprüfung oder die Zertifizierung nach ISO 9000 geschaffen.

Die Modellierungsregeln werden in einer zielgerichteten Weise angewendet, um eine Modelldatenbank zu erstellen. Das entsprechende Vorgehensmodell zeigt Abbildung 3. Hierin wird festgelegt, daß Prozeßmodelle aus den übrigen Sichten systematisch heraus – durch Erhebung in Interviews und Abstimmung als schnell konvergierender Modellierungsprozeß – aufgebaut werden.

Informationsmodellierung in einem Versorgungsunternehmen

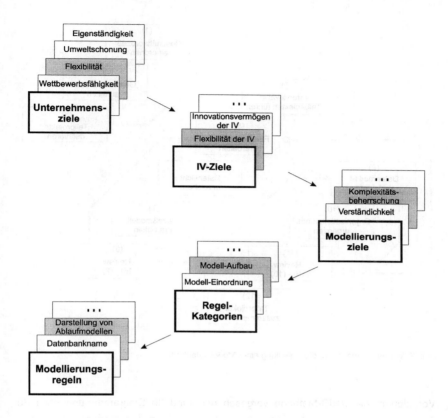

Abb. 2: Von den Unternehmenszielen zu den Modellierungsregeln

Als Ergebnis der Anwendung dieses Vorgehensmodells in der ARIS-Methode [Scheer92] ergibt sich eine Modelldatenbank mit der in Abbildung 4 gezeigten Struktur. Gezeigt sind die in den einzelnen Sichten anzulegenden Diagramme und deren Verknüpfung (die verdeutlicht, daß Komponenten des einen Diagrammtyps in den anderen einfließen).

Aus den 4 Unternehmenszielen wurden 11 IV-Ziele und daraus 11 Modellierungsziele abgeleitet. Diese wurden in 7 Kategorien durch insgesamt 35 Modellierungsregeln präzisiert.

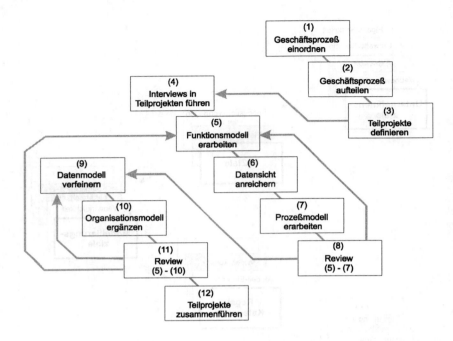

Abb. 3: Vorgehensmodell für die Erstellung einer Modelldatenbank

Von den in der ARIS-Methode vorgesehenen rund 30 Diagramm- und etwa 80 Objekttypen wurden in den Modellierungsstandards 7 bzw. 30 minimal, aber vollständig ausgewählt: die für die Belange der SWD-AG notwendigen Informationen sind abbildbar, wobei durch das Fortlassen bestimmter Komponenten nicht rekonstruierbare Informationsverluste eintreten. So ist es zwingend notwendig, jeder Funktion die ausführende bzw. verantwortliche Organisationseinheit zuzuordnen, um nicht geklärte Zuständigkeiten zu vermeiden.

Informationsmodellierung in einem Versorgungsunternehmen 47

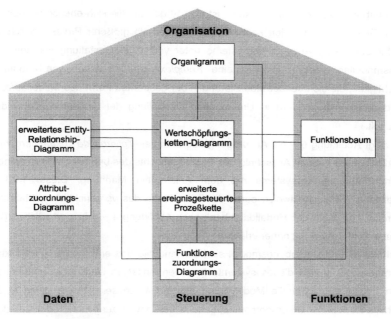

Abb. 4: Struktur von Modelldatenbanken nach ARIS (vereinfachte Darstellung)

2.4. Beispiel für die Anwendung des Architekturrahmens

Gemäß Abbildung 1 kann das neue Energiewirtschaftsgesetz als eine veränderte *Rahmenbedingung* des *Marktes* angesehen werden. Es zwingt *Versorgungsunternehmen* dazu, ihre *Unternehmensziele* und *Strategien* auf Wettbewerbsfähigkeit hin auszurichten. Ein auf die neue Situation angepaßtes *Vertriebsinformationssystem* ist in diesem Kontext eine Weiterentwicklung des *betrieblichen Informationssystems*. Das Modell des Vertriebsinformationssystems ist demnach einerseits das nachzuführende innere (Verhaltens-)Modell für das änderungsinduzierende Unternehmens- und Marktmodell. Andererseits ist es jedoch auch äußeres (Umgebungs-)Modell für ein neues Energieabrechnungsverfahren sowie als Bestandteil davon für ein Modell des Mahnverfahrens.

Für die Gestaltung eines IS als reaktionsfähiges Verhaltensmodell ist das IV-Ziel *Flexibilität der IV* zu erfüllen, das aus dem Unternehmensziel *Flexibilität* abgeleitet ist (s. Einfärbung in Abbildung 2). Damit das Unternehmen rasch auf sich ändernde

Umweltbedingungen reagieren kann, ist eine IV gefragt, die sich ebenso schnell auf neue Situationen einstellen kann. Dies wird innerhalb größerer Projekte durch die Einführung neuer Anwendungssysteme unter vorheriger Gestaltung von Informationsmodellen erreicht. Hier ist eine *Komplexitätsbeherrschung* von eminenter Wichtigkeit, die sich bei der Modellierung in der gestrafften Form des *Modellaufbaus* (und damit insbesondere in Umfang und Darstellung der *Ablaufmodelle*) widerspiegelt.

So zeigt Abbildung 6 – als Ausprägung des Schrittes *Teilprojekte zusammenführen* in Abbildung 3 – einen Ausschnitt des Prozeßgeflechts des bei den SWD-AG eingeführten Abrechnungssystems mit dem Ankerpunkt Mahnung. Dieser wird in Abbildung 7 ausschnittweise durch die Prozeßkette des vorgerichtlichen Mahnverfahrens – als Kern der Modelldatenbank nach Abbildung 4 – präzisiert. Dieses Beispiel wird in Kapitel 3.2 näher erläutert.

Verhaltens- und Umgebungsmodell sind Bestandteile des entwickelten Architekturrahmens. Der Vorteil dieses systemtechnischen Ansatzes liegt darin, unabhängig vom Einstiegspunkt in die Modellierung anwendbar zu sein. Der Einstieg in die Modelle ist von der Unternehmensumgebung (top down) ausgehend oder aus dem inneren Modell (inside out) heraus möglich. In zahlreichen Beispielen im Rahmen der Fachkonzeptentwicklung bei den SWD-AG wurde der Einstieg über das innere Modell praktiziert. Nach groben, top down vorgegebenen, Prozeßstrukturen des Umgebungsmodells erfolgte eine detaillierte Ausarbeitung und Verifizierung des inneren Modells. Die Eignung dieses in [Schm97] als *iteratives Gegenstromverfahren* bezeichneten Vorgehens kann bestätigt werden.

3. Organisatorische Umsetzung

In diesem Kapitel werden die organisatorischen Maßnahmen erläutert, mit denen die Informationsmodellierung in die SWD-AG eingeführt wird.

3.1. Rahmenbedingungen im Unternehmen

Die SWD-AG als kommunales Versorgungsunternehmen beschäftigen etwa 3.500 Mitarbeiter in rund 80 Abteilungen. Sie betreiben Kraftwerke, eine Müllverbrennungsanlage, Hafenbetriebe und versorgen die Düsseldorfer Bevölkerung mit Strom, Gas,

Wasser und Fernwärme. Neben diesen Geschäftsfeldern beteiligen sich die SWD-AG u.a. an einer Telekommunikationsgesellschaft. Hieraus resultiert ein komplexes und dynamisches Unternehmensgeschehen.

3.2. Einführung prozeßorientierter Organisationsstrukturen unter funktionalen Rahmenbedingungen

Die meisten hierarchisch-funktional organisierten Unternehmen nach tayloristischem Vorbild wie die SWD-AG stehen oft vor der Tatsache, daß ihre internen Abläufe durch funktional angelegte Software unterstützt wird. Oftmals reicht der Anwendungsrahmen dieser Software nur bis zu den Bereichsgrenzen, die Schnittstellen werden meist umständlich programmiert. Die Optimierung bereichsinterner Prozesse geschieht dementsprechend häufig lediglich über die Ablösung der Alt- durch Neusoftware, ohne die Schnittstellenproblematik adäquat zu behandeln. Wirkliches Verbesserungspotential läßt sich jedoch nur dann ausschöpfen, wenn bereichsübergreifende Fragestellungen gesamtheitlich in Angriff genommen und unter gemeinsamen Gesichtspunkten umgestaltet werden. Anschließend sollte eine durchgängige Software zur Unterstützung der neu organisierten Geschäftsprozesse verwendet werden, s. auch [Kirch96].

So ist in Versorgungsunternehmen die Instandhaltung von Kraftwerken sehr eng mit der Materialwirtschaft als einem ihrer Hauptdienstleister verknüpft, also an zahlreichen verbundenden Teilprozessen beteiligt. Beide Bereiche können demnach nicht unabhängig voneinander umgestaltet werden. Besteht das Ziel, die Arbeitsvorbereitung der Instandhaltung durch die Standardsoftware SAP zu unterstützen, so sollte bei der Anschaffung nicht das Modul *Instandhaltung* allein, sondern in Zusammenhang mit den Modulen *Materialwirtschaft* und – aus Gründen der Verwaltung und Abrechnung von Auftägen – sogar zusammen mit *Finanzwirtschaft* eingeführt werden. Wichtig ist die prozeßorientierte, gesamtheitliche Gestaltung vor der Softwareeinführung, da das SAP-System ebenfalls funktional gegliedert ist, Prozesse also nicht unmittelbar unterstützt. Abbildung 5 verdeutlicht den (orthogonalen) Zusammenhang zwischen Prozessen und SAP-Modulen.

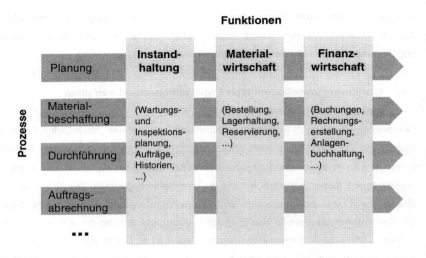

Abb. 5: Instandhaltungsprozesse und SAP-Module

Zur paßgenauen Einbindung der entsprechenden Prozesse empfiehlt sich die Verwendung von branchen- und softwarespezifischen Referenzmodellen. Darin sind die Hauptprozesse auf allgemeingültige Art und Weise abgelegt, die im konkreten Fall durch Streichungen oder Ergänzungen anzupassen sind. Ein weiterer Kernprozeß von Versorgungsunternehmen ist nach Kapitel 2.4 die Energieabrechnung als Bestandteil des Vertriebsinformationssystems. Bei den SWD-AG wurde ein Abrechnungssystem eines Kooperationspartners der RWE Energie AG eingeführt. Aufgrund der Vielzahl zu betrachtender Prozesse wurden zunächst Teilprojekte nach inhaltlichen Gesichtspunkten mit zum Teil bereichsübergreifender Zusammensetzung definiert, in denen getrennt Informationsmodellierung betrieben wurde. Während der Erstellung der Sollmodelle wurde darauf geachtet, die Schnittstellen untereinander anzugleichen, um den Aufwand in der abschließenden Integrationsphase vertretbar zu halten. Das Unternehmensziel Kundenorientierung wird in Abbildung 6 ausschnittweise in einem Blockdiagramm der Leistungsverflechtungen dargestellt, angelehnt an die Notation in SOM [FeSi94]. Danach erfolgt der Austausch von Leistungen durch Transaktionen (A = Anbahnung, V = Vereinbarung, D = Durchführung). In diesem Beispiel geht es um die Beziehungen zwischen Tarifkunden und dem Bereich Rechnungswesen / Finanzen / Controlling der SWD-AG. Abbildung 7 zeigt einen Ausschnitt aus der Prozeßkette des vorgerichtlichen Mahnverfahrens, die als Detaillierung der Beziehung Tarifkunde – SWD-AG im Falle des wiederholten Versäumnisses von Zahlungen zum Tragen kommt.

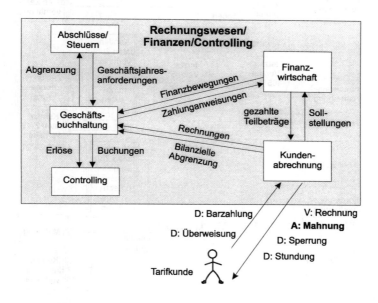

Abb. 6: Leistungsbeziehungen in der Energieabrechnung (Ausschnitt)

Bei *Fälligkeit einer Forderung* wird zuerst durch die Organisationseinheit (OE) *Forderungsverfolgung* anhand des Datenbestandes *Kundendaten Zahlverhalten* (Informationen über die Zahlungszuverlässigkeit des Kunden) überprüft, wie lange der letzte Verzug verstrichen ist. Je nach Zeitspanne wird daraufhin eine *Zahlungserinnerung* oder eine *Mahnung* gemeinsam (als fachlich verantwortliche Abteilung) mit der IV (als ausführende) erstellt.

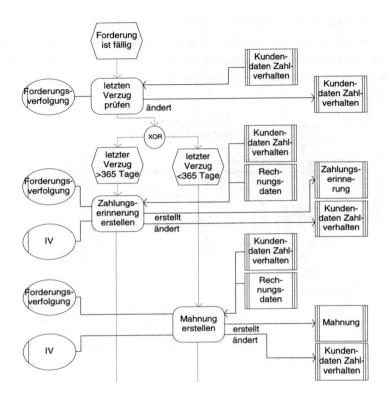

Abb. 7: Prozeßkette des vorgerichtlichen Mahnverfahrens (Ausschnitt)

Diese Beispiele zeigen auf, wie Integrationskonzepte von einer abstrakten Ebene ausgehend praktisch gelöst werden können. Wichtig ist in jedem Falle, leicht auffindbare Einstiegspunkte in große Modellmengen anzulegen. Die Durchgängigkeit der Methoden vom Groben (Blockdiagramm) ins Feine (Prozeßketten) ist, bezogen auf die technischen Möglichkeiten des Navigierens, ein nachrangiges Kriterium.

3.3. Qualitätssicherung

Ein inkrementell aufzubauendes Gesamtinformationsmodell läßt sich bei Unternehmen der Größenordnung der SWD-AG nur durch streng durchzuhaltende Modellierungsdisziplin zielführend verwirklichen. Die hierzu entwickelten Modellierungsstandards sind ein erster Schritt dazu. In jedem Projekt, in welchem das Informationsmodell des Unternehmens zu erweitern ist, wird in Reviews die Einhaltung der Modellierungsstandards festgestellt. Definierte Qualitätskriterien sind zu erfüllen, deren wichtigstes die Integrationsfähigkeit der neuen Modelle in das Gesamtkonzept ist. Ein Abstimmungsverfahren zwischen Fachabteilung und Modellierer sichert die inhaltliche, ein Abnahmeverfahren zwischen Modellierer und IV die formale Korrektheit und Vollständigkeit der Informationsmodelle (einzelnen als auch nach der abschließenden Integration). Abbildung 8 zeigt einen Ausschnitt aus dem Kriterienkatalog des Prüfprotokolls.

	Kriterium erfüllt			Standards eingehalten		
	ja	teilweise	nein	ja	teilweise	nein
Modellierungssichten, Grafik und Text							
1. Das *Funktionsmodell* wurde graphisch erstellt						
2. Das *Organisationsmodell* wurde graphisch erstellt						
3. Das *Datenmodell* wurde graphisch erstellt						
4. Das *Prozeßmodell* wurde graphisch erstellt						
5. Notwendige *Beschreibungen* wurden hinterlegt und machen das Gesamtmodell *verständlich*						
Referenzmodelle							
6. Das Referenzmodell *Geschäftsverteilungsplan* wurde verwendet						
•••						
Gesamturteil							
16. Eine Verdichtung des Gesamtmodells läßt sich in die unternehmensweite Modelldatenbank *integrieren*						

Abb. 8: Prüfkatalog des ARIS-Qualitätsmanagements (Ausschnitt)

Die Qualitätssicherung der Informationsmodellierung dient Anwendern und Entwicklern, Anforderungsspezifikationen von Software bereits in einem frühen Stadium konsistent zu formulieren. So werden Fehler, deren Behebung sich später oftmals als sehr aufwendig erweist, bereits in dieser Phase weitgehend vermieden.

3.4. Schulungen

In allen Projekten, in denen Informationsmodellierung notwendig ist, werden die Mitglieder des Projektteams in der Philosophie der Prozeßorientierung, der Modellierungsmethoden und des praktischen Umgangs mit den Modellierungswerkzeugen geschult. Diese Ausbildungsmaßnahmen dienen der zielgerichteten Arbeitsweise mit den Modellierungsstandards und helfen als Multiplikatoren, weit über den Kernbereich der IV-Planung hinaus, Verständnis und Akzeptanz für diese Vorgehensweise zu wecken sowie die Pflege der Modelle auch nach Projektabschluß zu gewährleisten. Die Schulungen werden unterschiedlichen Zielgruppen angeboten.

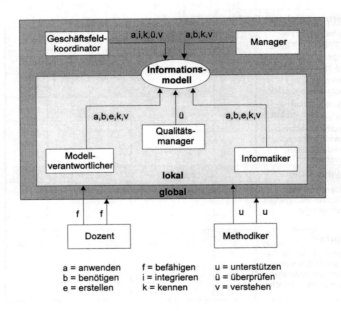

Abb. 9: Zielgruppen der Schulungen zur Informationsmodellierung

Je nach Verantwortungsbereich unterscheiden wir lokal und global (bezogen auf Sachgebiete bzw. Fachbereiche) wirkende Personen, deren Arbeit durch Mitarbeiter mit übergreifendem Allgemeinwissen (*Dozenten* und *Methodiker*) unterstützt wird. Abbildung 9 zeigt die Zielgruppen, deren Aufgaben und Befähigungsziele.

Modellverantwortliche erstellen, gestalten und pflegen Informationsmodelle ihres lokalen Umfeldes im Fachbereich. Dazu müssen sie in der Lage sein, Modelle zu kennen, zu verstehen und anzuwenden.

Informatiker haben die Aufgabe, Potentiale der Informationstechnik in das IS einzubringen. Sie erstellen und benötigen Modelle als Teil einer Anforderungsspezifikation für Software. Die Anwendungsentwicklung als Teil der IV ist bei den SWD-AG in die Sachgebiete Erzeugung, Verteilung, Vertrieb, Personal und Finanzwirtschaft unterteilt und damit im allgemeinen lokal begrenzt. Wird die Rolle des Modellierers von Informatikern als Anwendungsentwicklern wahrgenommen, so müssen diese die Modelle kennen, verstehen und anwenden.

Qualitätsmanager führen Reviews zur Überprüfung der Beschaffenheit von Informationsmodellen durch. Sie stellen die Güte und Ordnungsmäßigkeit lokaler Informationsmodelle sicher.

Geschäftsfeldkoordinatoren integrieren Informationsmodelle global nach technischen bzw. kaufmännischen Gesichtspunkten und wirken als bereichsübergreifende Qualitätsmanager.

Manager gestalten Geschäftsprozesse lokal oder global, je nach Tätigkeitsbereich, und sorgen dafür, daß diese reibungslos ablaufen. Dazu müssen sie in der Lage sein, Informationsmodellierung zu kennen, zu verstehen und anzuwenden.

Grund- und Aufbauschulungen, in denen neben den methodischen Fähigkeiten gezielt Firmenknow-How einfließt, stellen einen wichtigen Beitrag zur Eigenständigkeit des Unternehmens dar und sind bisher überwiegend positiv aufgenommen worden. In der abschließenden Tabelle werden die Zielgruppen und Schulungsinhalte noch einmal in der Übersicht dargestellt. Gleichzeitig wird deutlich, daß über die reinen Ausbildungsmaßnahmen hinaus eine ausgiebige Projekterfahrung notwendig ist, um die genannten Rollen sachgerecht auszufüllen.

Zielgruppe	Schulungsinhalte	Schulungsdauer
Modell-verantwortlicher	• Organisationskonzepte • Modellierungsmethoden und -standards • Gestaltung von Informationsmodellen • Anpassung von Informationsmodellen • Werkzeugeinsatz	• 10 Tage • Erfahrung in Projekten
Informatiker	• Organisationskonzepte • Modellierungsmethoden und -standards • Gestaltung von Informationsmodellen • Werkzeugeinsatz	• 10 Tage • Erfahrung in Projekten
Qualitäts-manager	• Modellierungsmethoden und -standards • Werkzeugeinsatz	• 5 Tage • Erfahrung in Projekten
Geschäftsfeld-koordinator	• Organisationskonzepte • Modellierungsmethoden und -standards • Werkzeugeinsatz	• 10 Tage • Erfahrung in Projekten
Manager	• Organisationskonzepte • Modellierungsmethoden • Gestaltung von Informationsmodellen	• 2 Tage • Erfahrung in Projekten • Tagesgeschäft

Abb. 10: Inhalt und Umfang von Schulungsmaßnahmen

3.5. Die Organisationseinheit Prozeßmanagement

Um eine DV- und implementationstechnisch unabhängige Sichtweise auf die Geschäftsprozesse der SWD-AG zu legen, wurde eine Organisationseinheit Prozeßmanagement geschaffen, die sich mit der Entwicklung und Pflege von Modellierungsstandards, -vorgehensmodellen und -qualitätsmanagement beschäftigt. Diese Richtlinien werden aufgrund der Ideen und Ergebnisse aus gezielt durchgeführten Innovationsprojekten erarbeitet. Beispielsweise wird in einem abgegrenzten Bereich die Einführung von Workflowsystemen – über eine Marktuntersuchung, Literaturrecherche bis zur Auswahl und Erprobung anhand eines SWD-Prozesses – evaluiert. In einer späteren Phase werden die gesammelten, konzeptuellen Erfahrungen in erweiterte Modellierungsstandards einfließen und in Informationsveranstaltungen, Workshops und Schulungen in das gesamte Unternehmen getragen. Insbesondere wird auf diese Weise die Anwendungsentwicklung mit methodischem Fachwissen versorgt. Diese führt die Modellierung gemeinsam mit den Fachbereichen aus, zeigt organisatorisches und informationstechnisches Gestaltungspotential auf und beteiligt sich an der inhaltlichen Qualitätssicherung. Abbildung 11 illustriert die Einbettung der Organisationseinheit Prozeßmanagement in das Unternehmen und zeigt den Austausch der Leistungen auf.

Abb. 11: Einbettung der Organisationseinheit Prozeßmanagement

Die Organisationseinheit besteht aus vier Mitarbeitern und ist innerhalb der IV der SWD-AG mit gut 90 Mitarbeitern angesiedelt. Seit ihrem Bestehen Mitte 1993 hat sie an insgesamt rund 20 Projekten zur Informationsmodellierung direkt oder indirekt mitgewirkt.

4. Zusammenfassung und Ausblick

Die Methodik zur prozeßorientierten Informationsmodellierung der SWD-AG wird zusammenfassend charakterisiert.

1. Die Entwicklung der Methodik erfolgt evolutionär. Sie erreicht in den Zielgruppen mit den durch die Organisationseinheit Prozeßmanagement entwickelten Standards und durchgeführten Schulungen eine hohe Akzeptanz. Sie ist in der detaillierten Modellierung auf das innere Modell des Unternehmens beschränkt und erreicht das Ziel der Erklärung und Gestaltung innerhalb eines vorgegebenen Ordnungsrahmens in diesem Teilsystem bei Reduzierung uneffektiver innerer Eigendynamik. Es ist darauf hinzuweisen, daß die prozeßorientierte Informationsmodellierung nicht ohne Widersprüche und Widerstände einzuführen war.
2. Etwa zum Zeitpunkt des Erreichens der unter Punkt 1. genannten Zielstellung tritt in dem bis dahin unveränderten Umgebungsmodell durch die Planungswirksamkeit liberaler Strommärkte eine hohe Veränderungsdynamik auf, die interaktiven Veränderungsdruck auf das Verhaltensmodell ausübt.
3. Durch die gemäß Punkt 1. erreichte Zielstellung trifft der durch das Umgebungsmodell ausgeübte Veränderungsdruck auf ein Verhaltensmodell, das mit Hilfe des erreichten Standes der Methodik der Informationsmodellierung reagieren kann. Die im Verhaltensmodell vorgehaltene Flexibilität des Modells verbessert dessen Reaktionsfähigkeit.
4. Zur Abnahme von Modellierungsergebnissen und Sicherung ihrer Integrationsfähigkeit erfolgt die formale Bestätigung durch ein Qualitätsmanagement.
5. Eine repräsentative Auswahl von Projektergebnissen, die wesentliche Bausteine zur Gestaltung des Informationsmodells der Unternehmung beitragen, sind:
   – Erstellung integrierter Sollmodelle der *Energieabrechnung und Zählerverwaltung*
   – Dokumentation und Gestaltung von Prozessen im *Personalmanagement*
   – Dokumentation und Schnittstellenanalyse für eine Studie zur Einführung eines neuen *Instandhaltungssystems*
   – Gestaltung der *Betriebsführung von Kraftwerken* über Referenzmodelle
   – Erstellung integrierter Informationsmodelle für ein *geographisches Informationssystem*
   – Gestaltung der *Schnittstellen zwischen Energieverteilung und Materialwirtschaft*
   – Erstellung eines Betriebshandbuches für die Geschäftsprozesse der *Müllverbrennungsanlage*
   – Gestaltung der *Vertriebsprozesse*

- Dokumentation *vorhandener Anwendungssysteme* zur Ablösung eines Betriebssystems
- Gestaltung der *Serviceprozesse der IV*.

Ausgehend von den erreichten Ergebnissen werden Vorstellungen über die weitere Arbeit auf dem Gebiet der Informationsmodellierung erörtert.

1. Die Aufgabe einer ganzheitlichen Informationsmodellierung besteht in der dauerhaften Gewährleistung der Fähigkeit, den von außen wirkenden Veränderungen durch Anpassung des inneren Systems zu begegnen. Dazu gehört es auch, den Zugriff zum Verhaltensmodell aus dem Umgebungsmodell zu unterstützen (Modellierungseinstieg). Die Zuständigkeit für die Bestandteile *Rahmenbedingungen* und *Ziele* des Umgebungsmodells liegt beim Management des Unternehmens. Für einen selektierenden Zugriff aus dieser Ebene auf die Informationsmodelle des Verhaltensmodells steht eine ausreichend strukturierende Unterstützung noch nicht zur Verfügung.
2. Im Sinne der Koordinierungstheorie [Jabl95] sind den Aktivitäten in einem System ausführende Aktoren zugeordnet. Da der aus Punkt 1. hervorgehende Zugriff vom Umgebungsmodell auf das Verhaltensmodell einer Koordinierung beider Teilmodelle dient, sind die aktivitätsbeschreibenden Prozeßmodelle des Verhaltensmodells an die rufenden Aktoren aus dem Umgebungsmodell anzubinden.
3. Als hilfreich für eine Strukturierung der unter Punkt 2. genannten Aufgabe erscheint der Vorschlag von ROSEMANN [Rose96]. Das darin enthaltene herausgehobene Modellkonstrukt *Prozeßobjekt* bietet sich als Strukturierungshilfe für die Verdichtung umfangreicher Informationsmodelle an.
4. Aus Sicht der Informatik, insbesondere unter dem Aspekt der Gestaltung von Workflowsystemen, bietet sich für die Unterstützung von Aktoren auch der *Use Case*-Ansatz von Jacobson [JaEJ95] an {siehe *Scheruhn, Seite 153*}. Ein typisches Einsatzbeispiel aus der betrieblichen Praxis ist mit dem Mahnverfahren in Abbildung 12 dargestellt.

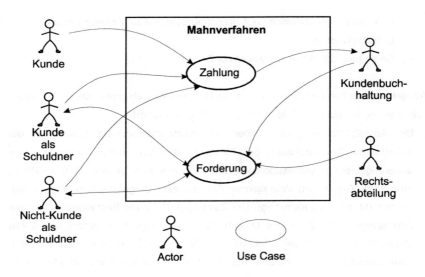

Abb. 12: Use Case als Einstiegsmodell

Die Aktoren sind in dieser Methode als *Actors* verankert, die *Use Cases* sind ihnen als eine Folge von Transaktionen interaktiv zugeordnet. Use Cases agieren als „Funktionen des Geschäftes" im äußeren Modell. Im inneren Modell fungieren eine große Zahl von Objekten, deren Überschaubarkeit ohne die Use Cases der äußeren Ebene nicht gewährleistet wäre. Daher kommt das innere Modell nicht ohne das äußere aus. Die Integration beider Modelltypen erfolgt im Rahmen des UML-Ansatzes [Fowl97]. Der in den SWD-AG entwickelte Architekturrahmen basiert auf der Wechselwirkung von äußerem Umgebungsmodell und innerem Verhaltensmodell. Er ist so in allen Teilsystemen des Unternehmensmodells (Markt, Unternehmen, IS) als Modellierungsprinzip einsetzbar. Das gegenwärtige Defizit bisheriger Modellierungseinsätze mit hoher Eigenkomplexität – erschwerte Verständlichkeit und Gewährleistung des Einstieges in das Modell – ist durch Einbeziehung des Use Case-Ansatzes wesentlich zu verringern. An der Verfeinerung von Use Case-Modellen durch das Prozeßkettenmodell wird in den SWD-AG zur Zeit gearbeitet. Für die Weiterentwicklung von Modellierungswerkzeugen ist ihre Fähigkeit zur Anpassung an unternehmensspezifische Belange zu fordern. Die Notation der dazu erforderlichen und in das Werkzeug einzubringenden Regeln könnte beispielsweise über ein Schnittstellenmetamodell erfolgen.

5. Die im vorliegenden Aufsatz diskutierte Vorgehensweise der Informationsmodellierung entspricht einer Ausprägung der in [EnDo97] erörterten methodischen Ansätze zur Multiparadigmenmodellierung und ist in diesem Sinne weiterzuentwickeln: Die mangelnde Reichweite verschiedener Modellierungsmethoden (hier: fehlende Darstellungsmöglichkeiten der Leistungsbeziehungen {*siehe Scheer, Seite 317ff.; Meyners/Specht, Seite 369ff.*} in ARIS, daher Ergänzung um SOM) wird mit einem kombinierten Metamodell ausgeglichen.

Die hier vorgestellten, aus praktischer Erfahrung gewonnenen Erkenntnisse und Vorschläge zeigen, daß es auf dem Gebiet der prozeßorientierten Informationsmodellierung eine große Anzahl von Forderungen an die Weiterentwicklung, aber auch vielversprechende Ansätze zu ihrer Verwirklichung gibt.

Literatur

[EnDo97] Engelien, M.; Do, T.V.: Einheit und Entwicklung der Methodenwelten, in: Scheibl, H.J. (Hrsg.) Software-Entwicklung – Methoden, Werkzeuge, Erfahrungen '97, Kolloquium Technische Akademie Esslingen 1997.
[Esser96] Esser et al.: Handbuch zur Informationsmodellierung bei den Stadtwerken Düsseldorf 1996.
[FeSi94] Ferstl, O.K.; Sinz, E.J.: Grundlagen der Wirtschaftsinformatik, Band 1; 2. Auflage, Oldenbourg Verlag, München u.a. 1994.
[Fowl97] Fowler, M.: UML Distilled: Applying the Standard Object Modeling Language, Addison-Wesley Verlag, Wokingham 1997.
[GoPr95] Gomez, P.; Probst, G.: Die Praxis des ganzheitlichen Problemlösens: Vernetzt denken, unternehmerisch handeln, persönlich überzeugen, Paul Haupt Verlag, Bern u.a. 1995.
[HaCh95] Hammer, M.; Champy, J.: Business Reengineering: Die Radikalkur für das Unternehmen, 5. Auflage, Campus Verlag, Frankfurt / Main u.a. 1995.
[Jabl95] Jablonski, S.: Workflow-Management-Systeme: Motivation, Modellierung, Architektur, in: Zeitschrift Informatik Spektrum, S. 13 bis 24, Heft 5, Band 18, 1995.
[JaEJ95] Jacobson, I.; Ericsson, M.; Jacobson, A.: The Object Advantage, Business Process Reengineeruing with Object-Technology, Addision-Wesley Verlag, Wokingham 1995.
[Kirch96] Kirchmer, M.: Geschäftsprozeßorientierte Einführung von Standardsoftware, Vorgehen zur Realisierung strategischer Ziele. Gabler Verlag 1996.
[OePH96] Oesterwind, D.; Pfaffenberger, W.; Hasse, D.: Energieversorgung für eine offene Gesellschaft: Auf der Suche nach der besseren Lösung, Energiewirtschaft und Technik Verlagsgesellschaft mbH, Essen 1996.
[Rose96] Rosemann, M.: Komplexitätsmanagement in Prozeßmodellen: Methodenspezifische Gestaltungsempfehlungen für die Informationsmodellierung, Gabler Verlag, Wiesbaden 1996.
[Scheer92] Scheer, A.-W.: Architektur integrierter Informationssysteme: Grundlagen der Unternehmensmodellierung, 2. Auflage, Springer Verlag, Berlin u.a. 1992.
[Schm97] Schmincke, M.: Ganzheitliche und prozeßorientierte Unternehmensgestaltung auf Basis von Vorgehens- und Referenzmodellen, in: Entwicklungsstand und Entwicklungsperspektiven der Referenzmodellierung, Becker, J.; Rosemann, M.; Schütte, R. (Hrsg.), Arbeitsbericht Nr. 52 des Instituts für Wirtschaftsinformatik der Universität Münster 1997.

Referenzmodellierung: Anforderungen der Praxis und methodische Konzepte

Von Dr. Reinhard Schütte,
Institut für Wirtschaftsinformatik Westfälische Wilhelms-Universität, Münster

Gliederung:

1. State-of-the-Art und Entwicklungstendenzen von Referenzmodellen

2. Terminologische Grundlagen

3. Rekonstruktion und Erweiterung der Grundsätze ordnungsmäßiger Modellierung

4. Konfigurationsorientierte Referenzmodellkonstruktion

    4.1. Problemdefinition und Problemtypisierung (Phase 1)

    4.2. Konstruktion des Referenzmodellrahmens (Phase 2)

    4.3. Konstruktion der Referenzmodellstruktur (Phase 3)

    4.4. Komplettierung (Phase 4)

    4.5. Anwendung (Phase 5)

5. Resümee

1. State-of-the-Art und Entwicklungstendenzen von Referenzmodellen

In der betrieblichen Praxis nehmen Referenzinformationsmodelle, die verkürzt als Referenzmodelle bezeichnet werden, einen hohen Stellenwert ein. Sie stellen allgemeingültige Repräsentationen von Wissen dar. Sie verfolgen den Zweck, nach der Adaption des Referenzmodells in einem individuellen Kontext eingesetzt werden zu können. Der „Vorlagecharakter" des Modells soll dabei zu erheblichen zeitlichen und kostenmäßigen Einsparungen führen {Schneider, Seite 145}. Zur begrifflichen Präzisierung werden hier zwei Arten von Referenzmodellen unterschieden: Referenzanwendungssystemmodelle und Referenzorganisationsmodelle. Referenzanwendungssystemmodelle sind beispielsweise das SAP R/3-Referenzmodell oder das Baan-Referenzmodell. Sie repräsentieren ein konkretes Standardanwendungssystem. Referenzorganisationsmodelle fokussieren auf betriebliche Strukturen und Abläufe, wie sie für eine Unternehmensklasse typisch und sinnvoll sind. Beispiele für Referenzorganisationsmodelle sind das Referenzmodell für die Industrie von SCHEER [Sche96], das Funktionsreferenzmodell für die Industrie von MERTENS [Mert95] oder das Handelsreferenzmodell von BECKER/SCHÜTTE [BeSc96] {siehe Becker, Seite 85ff.}. Referenzorganisationsmodelle nehmen vorrangig eine organisationszentrierte Sicht ein, indem die Strukturen und Abläufe unabhängig von konkreten Informationssystemlösungen betrachtet werden.

Die Bedeutung von Referenzmodellen wird für Softwareunternehmen weiter zunehmen. *Erstens* müssen Softwareunternehmen die betriebswirtschaftlichen Inhalte ihrer Software in einer informationstechnisch-unabhängigen Form repräsentieren, um die software-inhärente Komplexität beherrschen zu können (softwareherstellergetriebener Aspekt). *Zweitens* führt der Zwang zur Kopplung von Softwarekomponenten, wie sie unter dem Begriff Component Ware weltweit diskutiert wird, zur Notwendigkeit den Aufgabenumfang einzelner Softwaresysteme miteinander abzugleichen (softwaretechnischer Aspekt). Idealtypisch, weil effizient (unter der Annahme, daß Softwaresysteme wie Workflowmanagementsysteme oder CORBA verfügbar sind, die die Kopplung unterschiedlicher Softwarekomponenten unterstützen), erfolgt der Abgleich auf Ebene von Referenzmodellen. *Drittens* führt die Verteilung der Aufgaben eines Geschäftsprozesses auf mehrere Institutionen zu überbetrieblichen Kooperationstendenzen, die eine „lose Kopplung" der Informationssysteme erfordern (marktbedingter Aspekt). Sofern Standardsoftware eingesetzt wird, ermöglicht das Vorhandensein von Referenzanwendungssystemmodellen die erforderliche modellgetriebene Integration.

Aus Sicht der Anwendungssoftware einsetzenden Unternehmen gelten die eben genannten Argumente analog. Neben softwarebezogenen Referenzmodellen besitzen dort auch solche Referenzmodelle Bedeutung, die betriebswirtschaftliches Wissen mit Sollcharakter beinhalten. Diesem Modelltyp ist ein besonders hoher Gestaltungsbezug eigen, da ein Unternehmen von Erfahrungen in vergleichbaren Unternehmen profitieren kann. Referenzmodelle nehmen in diesem Anwendungskontext eine spezifische Funktion des Wissensmanagements ein. Sie dienen nicht nur einmalig der Organisationseffizienzsteigerung, sondern stellen auch ein wesentliches Instrument zum Management des organisatorischen Wandels dar.

Die auf Basis von Plausibilitäten prognostizierten ökonomischen Effekte waren der Anlaß, eine Überprüfung der Hypothesen über den Nutzen von Referenzmodellen vorzunehmen. Hierzu wurde anhand eines standardisierten Fragebogens eine Befragung von 390 Referenzmodellnutzern durchgeführt (Rücklaufquote 5,6%). Die Referenzmodellanwender schätzen Referenzmodelle als besonders geeignet ein, einen Beitrag zur Verbesserung der Kostensituation (insgesamt 39 Nennungen) zu leisten (vgl. Abbildung 1).

Die Referenzmodelle wurden bei mehr als 50 % der Befragten für eine schnelle Implementierung organisatorischer Konzepte und eine schnellere Einführung der Software genutzt. Der positive Einfluß auf die Erlössituation (11 Nennungen) bzw. auf die Risikosituation (8 Nennungen) ist hingegen begrenzt. Bei einer näheren Analyse der Nutzeffekte wurde nach den Einsatzfeldern von Referenzprozeßmodellen und Referenzdatenmodellen gefragt. Exemplarisch seien die Ergebnisse des Einsatzes von Referenzprozeßmodellen in Abbildung 2 skizziert. Demnach werden Referenzprozeßmodelle vornehmlich zur Dokumentation bestehender Strukturen und Abläufe, deren Verbesserung (vornehmlich Referenzorganisationsmodelle) sowie zur Einführung von Standardsoftware (Referenzanwendungssystemmodelle) verwendet.

Abb. 1: Mit Referenzmodellen verfolgte Zielsetzungen [Schü97, S. 56]

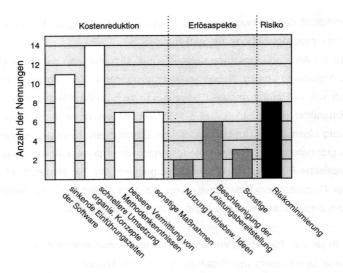

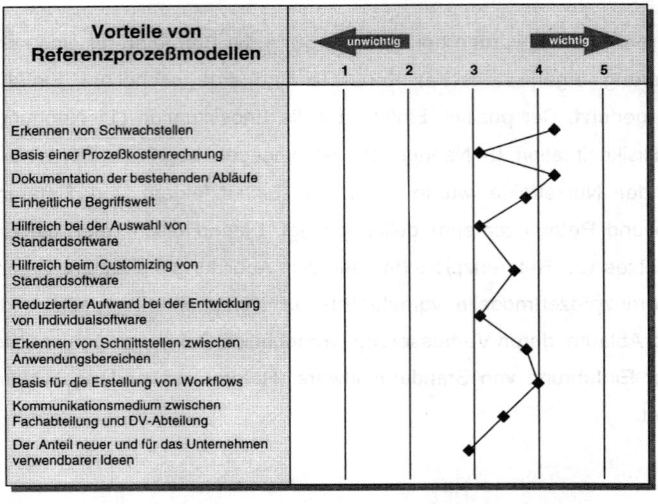

Abb. 2: Nutzen von Referenzprozeßmodellen [Schü97, S. 57]

Obgleich die Ergebnisse belegen, daß Referenzmodelle einen hohen Nutzen entfalten können, bemängeln die Anwender Defizite des Referenzmodelleinsatzes (vgl. Abbildung 3).

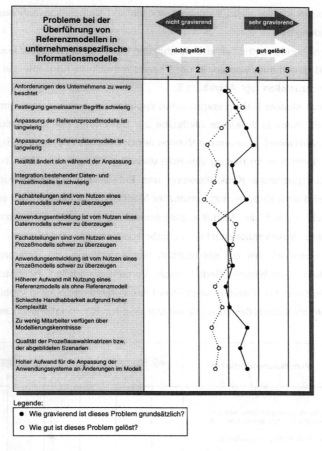

Abb. 3: Probleme bei der Anwendung von Referenzmodellen, [Schü97, S. 58]

Insbesondere die Schwierigkeiten bei der Anpassung des Referenzmodells (Begrifflichkeiten festlegen, Daten- und Prozeßmodell anpassen sowie Veränderungen des Referenzmodells im unternehmensspezifischen Modell berücksichtigen) werden als

Probleme empfunden, da der Anpassungsprozeß zu langwierig ist und durch keinerlei Tools unterstützt wird. Die unzureichenden Methodenkenntnisse der Mitarbeiter sollen hier nicht weiter diskutiert werden. Von den Hilfsmitteln, die die Anwender bei der Referenzmodelladaption als besonders wichtig einschätzen, werden neben Koordinationsrichtlinien vor allem Vorgehensmodelle und Namenskonventionen genannt (vgl. Abbildung 4).

Die unzureichende methodische Unterstützung der Referenzmodellanwendung soll zum Anlaß genommen werden, in der Theorie entwickelte Konzepte zur Defizitbeseitigung vorzustellen (vgl. Abbildung 5):

- Mit den in diesem Beitrag vorgestellten Grundsätzen ordnungsmäßiger Modellierung sind theoretisch exakte Maßstäbe zur Bewertung der Informationsmodellqualität vorhanden. Eine andere Version der Grundsätze ordnungsmäßiger Modellierung findet sich im Beitrag von ROSEMANN {vgl. *Rosemann, Seite 1-22}* Durch methodenspezifische Konkretisierung und Entwicklung von Modellierungsstandards wird eine Reduzierung potentieller Modellierungsmöglichkeiten erreicht, so daß nicht zuletzt die Modellvergleichbarkeit erhöht wird. Eingebettet in die Modellierungskonventionen ist die Vorgabe von Namenskonventionen.

- Ein Vorgehensmodell zur Konstruktion und Anpassung von Referenzmodellen trägt dem betrieblichen Bedarf nach Vorgehensmodellen Rechnung {siehe *Maicher, Seite 116.* Darüber hinaus dient das Vorgehensmodell in Verbindung mit den GoM als erste Hilfestellung für die Vorgabe von Koordinationsrichtlinien.

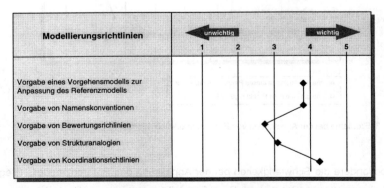

Abb. 4: Bedeutung von Modellierungsrichtlinien bei der Modellanpassung, [Schü97], S. 59]

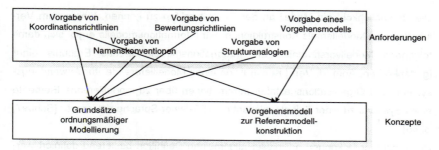

Abb. 5: Maßnahmen zur Beseitigung praktischer Defizite

2. Terminologische Grundlagen

Der Referenzmodellierung, wie der Informationsmodellierung allgemein, liegt die Annahme zugrunde, daß komplexe Probleme mit Hilfe von Informationsmodellen besser handhabbar sind {*siehe Rosemann, Seite 3; Schneider, Seite 145*}. Diese Hypothese ist keinesfalls so trivial, wie dies zunächst scheinen mag. In der Vergangenheit hat es in der Informatik viele Beschreibungstechniken gegeben, wie insbesondere die Entwicklung der Wissensrepräsentationsformen in der Künstlichen Intelligenz zeigt. Zunächst ist festzulegen, was unter einem Modell zu verstehen ist. Das traditionelle Modellverständnis, das unter einem Modell das Abbild eines Realitätsausschnitts versteht, wird abgelehnt [vgl. Schü97, S. 32-45]. Einem abbildungsorientierten Modellverständnis, das sich auf eine Ähnlichkeit zwischen dem Modell und der Realität beruft, muß ein *naiver Realismus* zugrundeliegen. Anderenfalls würde ihm seine definitorische Basis entzogen werden. Würde beispielsweise die Position eines *aufgeklärten Realismus* eingenommen, so könnte der im Modell zu repräsentierende Realitätsausschnitt nicht mehr subjektunabhängig wahrgenommen werden, d. h., das Modell kann nicht gegen die Realität, sondern nur mit der „subjektiven Wahrnehmung dieses Realitätsausschnitts durch einen Modellierungsträger" [Zele95, S. 24] verglichen werden. Die Strukturähnlichkeit entzieht sich damit jeder Prüfbarkeit, so daß der abbildungsorientierte Modellbegriff nicht sinnvoll angewendet werden kann. Der abbildungsorientierte Modellbegriff muß daher einen subjektfreien Weltzugang unterstellen.

Die Unmöglichkeit, ein Modell an der Realität prüfen zu können, führen zum Verständnis von Modellen als Konstruktionen. Für Informationsmodelle ergibt sich damit folgendes Modellverständnis: „Ein Informationsmodell ist das Ergebnis einer [gedanklichen, Anm. d. Verf.] Konstruktion eines Modellierers, der für Anwendungssystem- und Organisationsgestalter Informationen über zu modellierende Elemente eines Systems zu einer Zeit als relevant mit Hilfe einer Sprache deklariert." [Schü97, S. 45].

Referenzmodelle können auf dieser allgemeinen Definition basierend definiert werden als „das Ergebnis einer [gedanklichen, Anm. d. Verf.] Konstruktion eines Modellierers, der für Anwendungssystem- und Organisationsgestalter Informationen über allgemeingültig zu modellierende Elemente eines Systems zu einer Zeit als *Empfehlungen* mit einer Sprache deklariert, so daß ein *Bezugspunkt* für ein Informationssystem geschaffen wird." [Schü97, S. 51].

Zur Modellkonstruktion werden Richtlinien benötigt, die die Subjektbezogenheit der Modellierung durch ihren normativen Charakter einschränken. Somit wird ein Beitrag zu einer effizienteren Modellkonstruktion geleistet. Es ist anzumerken, daß diese Konventionen in zweierlei Hinsicht begrenzt sind:

- Zum einen wird die Subjektbezogenheit der Modellierung in keiner Weise eliminiert. Die Konzeptualisierung bzw. Strukturierung von Problemen, die von einem Modellierungsträger vorgenommen wird, läßt sich durch Modellierungskonventionen nur in begrenztem Umfang unterstützen. Modellierungsregeln dienen insbesondere der Aufbereitung des konzeptualisierten Wissens in Form von explizierten Modellen. Auf diese Weise wird eine konsistente Darstellung unterschiedlicher Wissensbereiche ermöglicht, da einheitliche Regeln der Wissensaufbereitung einzuhalten sind. Insbesondere bei größeren Modellierungsvorhaben, die einen längeren Zeitraum erfordern, erzwingt die Einhaltung von Modellierungskonventionen eine weitgehend vergleichbare Wissensrepräsentation.
- Zum anderen kann keine subjektunabhängige Bewertung der Modellierungskonventionen erfolgen. Die Informationsmodellqualität ist abhängig von der mit den Modellen verbundenen Zielsetzung eines oder mehrerer Subjekte. Die Bewertung der durch Modellierungskonventionen realisierbaren Qualitätssteigerung ist abhängig von der Arten- und Höhenpräferenz des Modellnutzers. Erschwerend kommt bei Referenzmodellen hinzu, daß ein outside-in-Ansatz verfolgt werden

muß, d.h. Modellersteller und Modellnutzer sind unterschiedliche Personen. Aussage über die Arten- und Höhenpräferenz des Modellnutzers sind hypothetischer Natur.

3. Rekonstruktion und Erweiterung der Grundsätze ordnungsmäßiger Modellierung (GoM)

Auf Basis des hergeleiteten Modellverständnisses werden die Grundsätze ordnungsmäßiger Modellierung neu entwickelt. Die Reformulierung der bestehenden GoM wurde erforderlich, um vorhandene Theoriedefizite zu eliminieren und die praktische Anwendbarkeit zu fördern. Die neuen GoM sind insbesondere für die Referenzmodellierung geeignet, weil vor allem dort hohe Ansprüche an die Informationsmodellqualität bestehen. Nichtsdestotrotz gelten die hier entwickelten Allgemeinen Grundsätze ordnungsmäßiger Modellierung für alle Arten von Modellierungsvorhaben. Die ursprünglich in der Literatur eingeführten Grundsätze ordnungsmäßiger Modellierung [BRS95; BeSc96; Rose96; BeSc97] {siehe Rosemann, S. 3ff.} werden somit nicht nur für Zwecke der Referenzmodellierung spezialisiert, sondern stellen einen alternativen Ansatz zur Verbesserung der Informationsmodellqualität dar.

Mit den Grundsätzen ordnungsmäßiger Modellierung sollen Kriterien hergeleitet werden, die eine zweckorientierte Konstruktion von Modellen unter Einbezug von Modellersteller und Modellnutzer erlauben. Sie verfolgen einen normativen Ansatz, indem durch die Bewertung von Modellierungsmöglichkeiten eine Rangordnung der Alternativen hergestellt wird. Als Leitlinie dient ein kundenorientiertes Modellqualitätsverständnis. Die Qualität des Modells ist um so höher zu bewerten, je geringer die Differenz zwischen den Anforderungen des Modelladressaten und der Eignung des Modells zur Problemlösung ist.

Bei der Ableitung der Grundsätze ordnungsmäßiger Modellierung kann aufgrund der konstruktivistischen Grundsatzposition nur eine zweck- und erfolgsrationale Herleitung von Maßstäben zur Modellkonstruktion erfolgen [Sche96]. Werden mit Handlungen Zwecke verfolgt, so ist in einer konkreten Situation zu beurteilen, ob eine Mittelrationalität vorliegt. Es wird hier die These vertreten, daß es möglich ist, allgemeine Konstruktionskriterien zu definieren, die eine - in Grenzen - rationale Modellkonstruktion von Informationsmodellen erlaubt. Es werden zu diesem Zweck sowohl Anleihen an die Grundsätze ordnungsmäßiger Buchführung, aber auch an beste-

hende Frameworks zur Bewertung von Datenmodellen [Rauh91; BCN92; MoSh94] sowie an sichtenübergreifenden Frameworks [Lind94; BRS95; Krog1995; KrLS95a; KrLS95; BeSc96; Pohl96; Rose96] genommen.
Aufgrund der Ablehnung ähnlichkeitsorientierter Modellbegriffe wird die Forderung nach Homomorphie des Objektsystems mit dem realen System hinfällig. Statt dessen wird mit dem *Grundsatz der Konstruktionsadäquanz* auf die problemangemessene Nachvollziehbarkeit der Modellkonstruktion fokussiert. Der Grundsatz der Konstruktionsadäquanz stellt das Bewertungskriterium entsprechend der Rationalität von Handlungen dar. Es werden Modelle immer aus einer bestimmten Perspektive heraus erstellt; dabei stellt sich die Frage, inwieweit diese angemessen ist [Luek92]. Somit ist einerseits zu fragen, was den Ausgangspunkt der Modellkonstruktion darstellt (Problemdefinition), und zum anderen, wie die Repräsentation des Problems mit Hilfe einer Sprache vorzunehmen ist. Es werden die Ursachen eines möglicherweise konfliktären Verhältnisses zwischen Modellnutzer und Modellersteller thematisiert. Die Konstruktionsadäquanz bringt zum Ausdruck, daß Modelle nie gegen die Realität geprüft werden können [Bret80; Herr91].

Die Modellerstellung erfolgt mit Hilfe einer (künstlichen) Sprache. Die diversen Sprachen sind jedoch nicht gleichermaßen für jedes Problem geeignet. Die Spracheignung und die Richtigkeit der Sprache werden unter dem *Grundsatz der Sprachadäquanz* zusammengefaßt. Dabei zielt die Spracheignung auf die Angemessenheit einer Sprache zur Beschreibung einer Problemsituation und die Richtigkeit auf die Verwendung der Syntax. Die Syntax einer Sprache wird mindestens implizit durch ein Metamodell beschrieben. Die bei der Modellerstellung verwendeten Sprachkonstrukte müssen den Vorgaben des Metamodells gehorchen. Da das Metamodell ein Modell des Modells ist, besteht zwischen dem Modell und einem explizierten Metamodell eine Abbildungsrelation, die es gestattet, das Modell auf Homomorphie und damit auf Richtigkeit zu prüfen.

Mit dem *Grundsatz der Wirtschaftlichkeit* wird eine ökonomische Restriktion formuliert. Jede Tätigkeit in ökonomischen Institutionen ist dem Wirtschaftlichkeitspostulat zu unterwerfen. Diese generelle Maxime, die aus dem Grundphänomen wirtschaftlicher Probleme, der Knappheit von Ressourcen resultiert, gilt auch für die Informationsmodellierung.

Neben den hier für notwendig erachteten Grundsätzen der Konstruktionsadäquanz, der Sprachadäquanz und der Wirtschaftlichkeit, existieren drei weitere Kriterien, die für eine Modellbewertung herangezogen werden können.

Der *Grundsatz des systematischen Aufbaus* hat seine Notwendigkeit in der Darstellung eines Sachverhalts aus unterschiedlichen Sichten, die durch die Inhomogenität des Gegenstandsbereichs (hohe Kompliziertheit) zur Reduktion der Kompliziertheit gebildet werden. Bei der Modellierung von Informationssystemen werden zumindest die Struktur- und die Verhaltenssicht getrennt modelliert. Mit dem Grundsatz des systematischen Aufbaus wird eine auf einem sichtenübergreifenden Metamodell basierende Informationssystemarchitektur gefordert. Das sichtenübergreifende Metamodell stellt den Zusammenhang zwischen den unterschiedlichen Sprachkonstrukten her, die in den einzelnen Sichten verwendet werden.

Der *Grundsatz der Klarheit* stellt eine pragmatische Anforderung der Modellnutzung insbesondere aus Sicht des Organisationsgestalters dar. Ohne ein anschauliches Modell wäre die Nutzung für Zwecke der Organisationsgestaltung nicht denkbar. Als einer der Hauptzwecke der Grundsätze ordnungsmäßiger Modellierung wird der Vergleich unterschiedlicher Modelle betrachtet, der in Form der Vergleichbarkeit als eigener Grundsatz formuliert wird. Der *Grundsatz der Vergleichbarkeit* wird erforderlich, weil in realen Anwendungssituationen nicht nur ein Modell, sondern mehrere Modelle nebeneinander existieren. Es sind Modelle zu integrieren, damit umfassendere Unternehmensmodelle realisierbar werden, so daß ein Vergleich der Modelle erforderlich wird. Besondere Bedeutung aus betriebswirtschaftlicher Sicht kommt dabei dem Vergleich von Ist- und Referenzmodell zu, um Gestaltungsempfehlungen für die betrachtete Institution ableiten zu können. Auch der Vergleich von unternehmensspezifischem Ist- oder Sollmodell mit einem Referenzanwendungssystemmodell spielt eine zunehmende Rolle (z. B. Softwareauswahl, Softwarekonfiguration). Die skizzierten Grundsätze werden als *Allgemeine Grundsätze ordnungsmäßiger Modellierung* bezeichnet. Sie bilden die Basis der Architektur der Grundsätze ordnungsmäßiger Modellierung. Diese allgemeinen Grundsätze werden entsprechend der zwei Systemfacetten, dem Struktur- und dem Verhaltensaspekt, sichtenspezifisch konkretisiert. Den höchsten Konkretisierungsgrad erhalten die GoM, wenn sie methodenspezifisch formuliert werden, indem konkrete Empfehlungen - sogenannte Modellierungskonventionen - für die Anwendung einzelner Methoden gegeben werden.

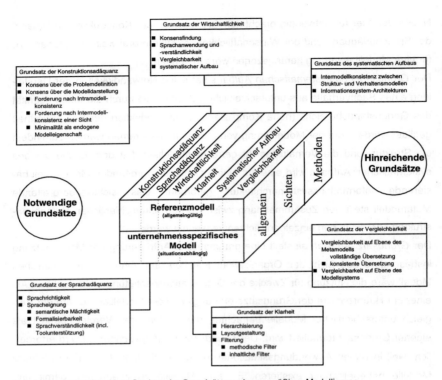

Abb. 6: Die zugrundegelegte Struktur der Grundsätze ordnungsmäßiger Modellierung

Somit können insbesondere die Empfehlungen auf allgemeiner bzw. sichtenspezifischer Ebene als generische Modellierungskonventionen verstanden werden, die in Abhängigkeit von der Modellierungsmethode zu konkretisieren sind. Die sichten- und die methodenspezifischen Grundsätze ordnungsmäßiger Modellierung können darüber hinaus unterschieden werden, ob sie sich auf Modelle mit Situationsbezug oder auf Referenzmodelle beziehen. Die einzelnen Grundsätze ordnungsmäßiger Modellierung und die ihnen zugeordneten Subkriterien zur Bewertung der Modellqualität gehen aus Abbildung 6 hervor [im Detail Schü97].

4. Konfigurationsorientierte Referenzmodellkonstruktion

Die Grundsätze ordnungsmäßiger Modellierung zielen auf die Ergebnisqualität von Modellen ab, geben jedoch keine Gestaltungshilfe für den Konstruktionsprozeß von Modellen (Prozeßqualität). Aus diesem Grund wurde für den Zweck der Referenzmodellierung ein *Vorgehensmodell* entwickelt. Innerhalb dieses Vorgehensmodells werden die Grundsätze ordnungsmäßiger Modellierung als Argumentationsreferenzen genutzt. Das Vorgehensmodell setzt sich aus den fünf Phasen *Problemdefinition*, *Konstruktion des Referenzmodellrahmens*, *Konstruktion der Referenzmodellstruktur*, *Komplettierung* und *Anwendung* zusammen (vgl. Abbildung 7), die im folgenden kurz skizziert werden.

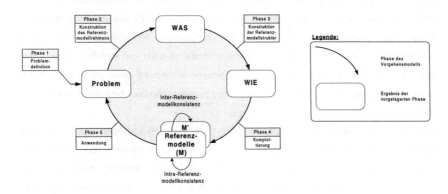

Abb. 7: Vorgehensmodell zur Konstruktion und Anpassung von Referenzmodellen

4.1. Problemdefinition und Problemtypisierung (Phase 1)

Vor der Problemdefinition bedarf es der Festlegung von Namenskonventionen, die für das Referenzmodell Gültigkeit besitzen sollen. Es kann auf diese Weise bereits bei der Problemdefinition eine Reduzierung verwendeter Sprachelemente erfolgen und zudem ein Hinweis gegeben werden, wie die späteren Modellelemente benannt werden. Es wird hier die Unterscheidung zweier Worttypen vorgeschlagen, die Benennung von Objekten und Aktivitäten. Erstere sollten durch Substantive und letztere durch Verben - ergänzt um das zu bearbeitende Objekt - benannt werden. Dabei sollte die Passivform verwendet werden, weil sich auf diese Weise sowohl die Anzahl verwendeter Wörter reduzieren läßt, als auch die Reihenfolge der Objekt- und Aktivitätsbezeichnung zwischen Funktionen und Zuständen nicht geändert werden muß (bei Zuständen muß das Verb immer an erster Stelle stehen („Beleg gebucht"), so daß eine aktive Bezeichnung („Buche Beleg") zu einem unnötigen, weil schlechter lesbaren (Grundsatz der Klarheit) Wechsel der Worttypenreihenfolge führen würde (Verb vor statt hinter Substantiv).

Den Ausgangspunkt der Referenzmodellierung bildet die *Problemdefinition*, der aufgrund der besonderen Gefahren des Fehlers dritter Art [MiFe74] bei der Referenzmodellierung eine sehr hohe Bedeutung zukommt. Das definierte Problem ist das Ergebnis eines multipersonellen Einigungsprozesses. Die Bedeutung der Multipersonalität eines Modellkonstruktionsprozesses ist nicht zu unterschätzen, da der Wirklichkeitszugang nur über Bilder erfolgen kann, so daß die Existenz mehrerer Bilder die Gewähr einer zweck- und erfolgsrationalen Modellkonstruktion i. d. R. erhöht. Mit argumentationsbasierten Informationssystemen – in Anlehnung an Überlegungen zu *Issue based Information Systems* – existiert eine informationstechnische Basis, damit ein Konsens über die Problemdefinition herbeigeführt werden kann (Grundsatz der Konstruktionsadäquanz).

Die Problemdefinition der Modellierer bezieht sich auf Hypothesen über Probleme, die dem Modellierer für eine Klasse von Unternehmen besonders relevant erscheinen, so daß die Problemdefinition bestimmte Problemtypisierungen nach sich zieht. Beispielsweise kann ein Referenzmodell für eine Branche, einen Betriebstyp oder ein anderes Einteilungskriterium definiert werden. Vor Beginn der Modellierung ist festzulegen, welchem Klassifizierungskriterium bei der Referenzmodellierung gefolgt werden soll. Dieses ist bei der erstmaligen Erstellung wichtig, damit eine Zuordnung von Konfigurationsparametern zu Unternehmensklassen vorgenommen werden kann. Darüber hinaus erleichtert es eine spätere Integration unterschiedlicher Referenzmodelle.

4.2. Konstruktion des Referenzmodellrahmens (Phase 2)

Unternehmensspezifische Modelle können als Varianten des Referenzmodells aufgefaßt werden, so daß Analogien zum Variantenmanagement in der Industrie genutzt werden können. Dazu zählen auch Überlegungen zur Klassifikation von Modellbestandteilen. Diese Klassifikation ist erforderlich, damit der Modellierer Merkmale und Merkmalsausprägungen definieren kann, anhand derer eine spätere Konfiguration des Modells erfolgt. Zur Unterstützung der Modellierung sollte ein Master-Referenzmodell genutzt werden, das eine Standardisierung von Begriffen und Modellbausteinen vornimmt. Als Ergebnis der *Konstruktion des Referenzmodellrahmens* liegen Prozeßobjektauswahlmatrizen vor, die eine Verbindung von Struktur- und Verhaltenssicht erlauben sowie eine Differenzierung zwischen konfigurationsrelevantem und -irrelevantem Wissen vornehmen.

Das Charakteristikum von Auswahlmatrizen ist die Bildung von Modellvarianten nach bestimmten Kriterien (z. B. der Geschäftsart). Dabei werden in den einzelnen Abfolgen zum einen Prozeßobjekte beschrieben, deren inneres Verhalten in sämtlichen Modellvarianten identisch ist. Zum anderen sind auch Objekte enthalten, deren Verhalten vom spezifischen Konfigurationskontext abhängig ist. Beispielsweise werden unterschiedliche Varianten des Beschaffungsprozesses (z. B. Textilhandel, Lebensmittelhandel) das Prozeßobjekt Bestellung mit einer festgelegten Funktionalität (Funktionen Bestellmenge ermitteln, Ware bestellen, Lieferant auswählen, etc.) benötigen. Die mehrfache Zuordnung dieser Funktionen zu unterschiedlichen Prozeßvarianten ist aus Gründen einer redundanzbeherrschten Modellierung nicht sinnvoll. Statt dessen soll szenarioinvariantes Wissen an Prozeßobjekten festgemacht werden können [Seub97]. Die *Prozeßobjekte* beinhalten somit Wissen über die Funktionen, die unabhängig von individuellen Kontexten gültig sind (z. B. Prozeßobjekt Wareneingangsbeleg mit den Funktionen Wareneingangsmenge erfassen, Warenbestand mengenmäßig fortschreiben, Warenbestand wertmäßig fortschreiben). Neben den Prozeßobjekten sind Objekte erforderlich, die Wissen über die unterschiedlichen Prozeßvarianten, die in einem Referenzmodell dargestellt werden müssen, besitzen. Ein *Konfigurationsobjekt* repräsentiert Wissen über die Prozeßobjektabfolge bzw. Objektmigrationsfolge innerhalb der jeweiligen Prozeßvarianten, so daß sie als den Prozeßobjekten übergeordnete Objekte aufgefaßt werden können. Anhand der Konfigurationsmerkmale (des konfigurierenden Objekts) wird festgelegt, welches Verhalten die Prozeßobjekte in der spezifischen Anwendungssituation besitzen. Exemplarisch sei dieser Sachverhalt anhand der Prozeßobjekte Bestellung, Lieferant und Aufteiler skizziert (vgl. Abbildung 8).

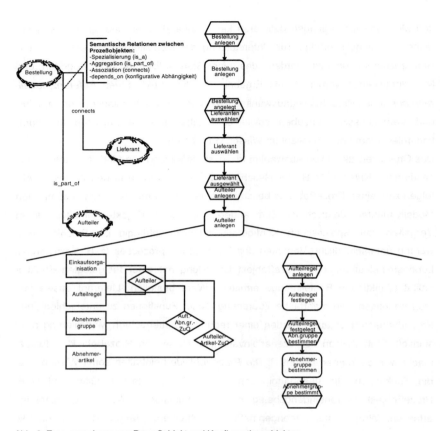

Abb. 8: Zusammenhang von Prozeßobjekt und Konfigurationsobjekten

Durch die Unterscheidung von Prozeß- und Konfigurationsobjekten ergibt sich die Struktur von Prozeßobjektauswahlmatrizen, die sich auf Buildtimeebene befinden. Bei der Konstruktion von Referenzmodellen sollte eine Build- und eine Runtime-ebene unterschieden werden, um das Referenzmodell vor der Konfiguration von dem unternehmensspezifischen Modell (nach Konfiguration) abgrenzen zu können. Diese Unterscheidung, die in der zweiten Phase des Vorgehensmodells für die Objekte erfolgt, wird auch bei der Beschreibung der inneren Objektstruktur und des inneren Objektverhaltens beibehalten (vgl. die nachfolgende Phase 3 des Vorgehensmodells).

4.3. Konstruktion der Referenzmodellstruktur (Phase 3)

Nachdem in der zweiten Phase das „WAS" spezifiziert wurde, ist das „WIE" zu definieren. Auf dem Versuch, Strukturanalogien in Referenzmodellen zu konstruieren, aufbauend, wird die detaillierte Struktur des vorgezeichneten Referenzmodellrahmens beschrieben.

Dabei wird zunächst skizziert, wie Alternativen im Prozeßmodell und im Datenmodell isoliert voneinander abgebildet werden können. Hierzu werden im Prozeßmodell Buildtimeoperatoren [Remm95; Rose96; BeSc97] verwendet (doppelt umrandete Konnektoren, die als XOR_B, IOR_B etc. bezeichnet werden). Beispielsweise ist in einem Lebensmittelhandelsunternehmen die Situation abzubilden, daß in einem Fall eine Fakturierung auf Debitorenkonten für jede Artikelposition erfolgt (z. B. bei Kundenkreditkarten) und in einem anderen Fall die Fakturierung nur artikelgenau am Tagesende ohne Bezug zu einem Debitorenkonto erfolgt (vgl. Abbildung 9, zur hier dargestellten EPK-Notation vgl. Schü97, S. 76ff.).

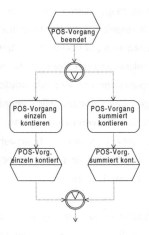

Abb. 9: Alternativen im Prozeßmodell mit Hilfe von Buildtimeoperatoren

Im Datenmodell werden Alternativen durch Buildtimebeziehungen abgebildet. Für den bereits skizzierten Fall der Fakturierung könnte ein „korrespondierendes" Datenmodell die in Abbildung 10 dargestellte Form besitzen.

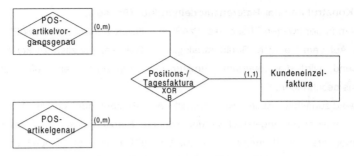

Abb. 10: Alternativen im Datenmodell mit Hilfe von Buildtimebeziehungen

Nach der Prozeß- und Datenmodellierung sind beide Facetten des Systems zu integrieren. Beispielsweise wird in Abbildung 10 die Alternative zwischen artikelgenauer und nicht-artikelgenauer Fakturierung als „exklusives ODER" auf Buildtimeebene modelliert, obgleich in Abbildung 9 ein größerer Freiheitsgrad modelliert wurde („inklusives ODER"). Somit korrespondieren die beiden Modelle auf der Buildtimeebene nicht miteinander. Die Regeln für die Konfiguration der inneren Objektstruktur und das innere Objektverhalten sind auf Ebene des Objekts festzulegen. Somit kann sowohl eine redundante Speicherung der Konfigurationsparameter - einmal in Verbindung mit den Buildtimeoperatoren des Prozeßmodells und einmal in Verbindung mit den Buildtimebeziehungen des Datenmodells - vermieden werden, als auch die Gefahr inkonsistenter Freiheitsgrade verhindert werden. Es ergibt sich damit das in Abbildung 11 dargestellte Ergebnis, indem durch Anwendung der konfigurierenden Merkmalsausprägungen eine Adaption des Referenzobjektmodells und damit der zugehörigen Prozeß- und Datenmodelle erfolgt.

Zur Qualitätskontrolle, insbesondere zur Prüfung der Vollständigkeit der detailliert erstellten Modelle, wird eine Verifikation der Konstruktionsergebnisse durch den Anwender empfohlen.

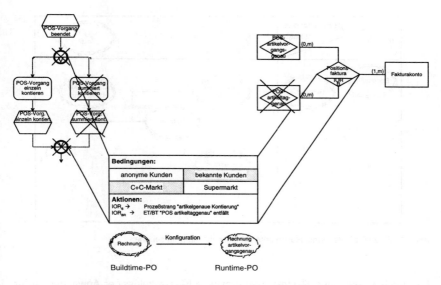

Abb. 11: Zusammenhang zwischen Daten- und Prozeßmodell bei der Konfiguration

4.4. Komplettierung (Phase 4)

Die Referenzmodelle müssen um Querverbindungen innerhalb des Referenzmodells und zwischen den Referenzmodellen erweitert werden, bevor eine konsistente Anwendung möglich wird. Die Querverbindungen spielen in Form von internen Verbindungen eine Rolle. Sie gleichen der Forderung nach Intrareferenzmodellkonsistenz, während die externen Querverbindungen der Forderung nach Inter-Referenzmodellkonsistenz entsprechen.

Die Forderung nach Inter- und Intrareferenzmodellkonsistenz soll durch Definition von Regeln zwischen den betroffenen Prozeßobjekten erfolgen. Auf diese Weise werden Analogien zum Constraint-Propagation-Ansatz hergestellt. Es werden drei Abhängigkeiten zwischen Prozeßobjekten unterschieden (Inter-Prozeßobjektabhängigkeiten auf einer Hierarchiestufe, Interprozeßobjektabhängigkeiten zwischen unterschiedlichen Hierarchiestufen (vgl. Abbildung 12) und Intraprozeßobjektabhängigkeiten).

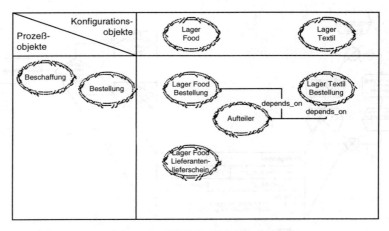

Abb. 12: Prozeßobjektabhängigkeiten unterschiedlicher Hierarchieebenen

Die durch Modelle und Restriktionen ermittelte Klasse zulässiger Anwendungen erlaubt die Anwendung des Referenzmodells. Außerdem sind die Referenzmodelle um quantitative Aussagen anzureichern, damit die Modelle geprüft werden können und Anhaltspunkte für ein referenzmodellgestütztes Benchmarking {*siehe Maicher, Seite 123ff.*} geben können.

4.5. Anwendung (Phase 5)

In der Literatur zur Modellbildung und -anwendung wird der Modellerstellung eine höhere Aufmerksamkeit als der Anwendung gewidmet [Herr91]. Dieses dürfte nicht zuletzt darin begründet sein, daß die individuellen Faktoren einer Anwendung schwierig zu verallgemeinern sind. Insbesondere bei allgemeingültigen Modellen ist jedoch auch die Phase der Modellanwendung zu berücksichtigen, da Modelle zur Handlungsunterstützung erst in ihrem konkreten Anwendungsfall Nutzen entfalten können, so daß eine Beachtung des gesamten Zyklusses von der Erstellung bis zur Anwendung erforderlich ist. Konstruktion und Anwendung von Modellen bilden eine Einheit, wie in Abbildung 7 skizziert wird. Als Maß für die Regelung fungiert die Abweichung zwischen Referenzmodell und angepaßtem Modell. Die Differenz wiederum führt ggf. zur Erweiterung des Referenzmodells.

Für die Anwendung von Referenzmodellen ist zunächst die Handlungsabsicht des Referenzmodellnutzers zu explizieren. Sie stellt das Pendant zur Problemdefinition des Modellerstellers dar. Es können zwei wesentliche Einsatzfelder von Referenzmodellen unterschieden werden: Referenzmodelle als Analyseinstrument und Referenzmodelle als Konstruktionshilfe [ScPe97].

5. Resümee

Mit dem fünf Phasen umfassenden Vorgehensmodell und den Grundsätzen ordnungsmäßiger Modellierung steht ein Rahmen zur Verfügung, mit Hilfe dessen eine systematische, kriteriengeleitete Konstruktion und Anwendung von Referenzmodellen erfolgen kann. Damit existieren umfassende Handlungsempfehlungen zur Gestaltung von Referenzmodellen, die zugleich einen Anforderungskatalog an Modellierungswerkzeughersteller darstellen, damit die Referenzmodellerstellung nutzergerecht und aufwandsreduziert erfolgen kann.

Literatur

[BaCN92] Batini, C.; Ceri, S.; Navathe, S. B.: Conceptual Database Design. An Entity-Relationship-Approach. Redwood City et al. 1992.
[BRS95] Becker, J.; Rosemann, M.; Schütte, R.: Grundsätze ordnungsmäßiger Modellierung. Wirtschaftsinformatik, 37 (1995) 5, S. 435-445.
[BeSc96] Becker, J.; Schütte, R.: Handelsinformationssysteme. Landsberg/Lech 1996.
[BeSc97] Becker, J.; Schütte, R.: Referenz-Informationsmodelle für den Handel. Begriff, Nutzen und Empfehlungen für die Gestaltung und unternehmensspezifische Adaption von Referenzmodellen. In: Wirtschaftsinformatik `97. Hrsg.: H. Krallmann. Heidelberg 1997, S. 427-448.
[Bret80] Bretzke, W.-.R.: Der Problembezug von Entscheidungsmodellen. Tübingen 1980.
[Hars94] Hars, A.: Referenzdatenmodelle. Grundlagen effizienter Datenmodellierung. Wiesbaden 1994.
[Herr91] Herrmann, H.-J.: Modellgestützte Planung in Unternehmen. Entwicklung eines Rahmenkonzepts. Wiesbaden 1991.
[Krog95] Krogstie, J.: Conceptual Modeling for Computerized Information Systems Support in Organizations. PhD Thesis, University of Trondheim. Trondheim 1995.
[KrLS95a] Krogstie, J.; Lindland, O. I.; Sindre, G.: Defining Quality Aspects for Conceptual Models. In: Proceedings of the International Conference on Information System Concepts (ISCO3). Towards a Consolidation of Views. Marburg 1995. Preprint.
[KrLS95b] Krogstie, J.; Lindland, O. I.; Sindre, G.: Towards a Deeper Understanding of Quality in Requirements Engineering. In: Proceedings of the 7th Conference on Advanced Information Systems Engineering (CAiSE `95). Hrsg.: J. Iivari, K. Lyytinen, M. Rossi. Berlin 1995, S. 82-95.
[Lind94] Lindland, O. I.; Sindre, G.; Sølvberg, A.: Understanding Quality in Conceptual Modeling. IEEE Software, 11 (1994) 2, S. 42-49.
[Luek92] Lueken, G.-L.: Inkommensurabilität als Problem rationalen Argumentierens. Stuttgart, Bad Canstatt 1992.
[MiFe74] Mitroff, I. I.; Featheringham, T. R.: On Systemic Problem Solving and the Error of the Third Kind. Behavorial Science, 19 (1974) o. H., S. 383-393.
[MoSh94] Moody, D. L.; Shanks, S.: What Makes a Good Data Model? Evaluating the Quality of Entity Relationship Models. In: Entity-Relationship Approach - ER `94. Business Modelling and Re-Engineering. 13th International Conference on the Entity-Relationship Approach. Proceedings. Hrsg.: P. Loucopoulos. Berlin et al.1994, S. 94-111.
[Pohl96] Pohl, K.: Process-Centered Requirements Engineering. Taunton, Somerset 1996.
[Rauh94] Rauh, O.: Gütekriterien für die semantische Datenmodellierung. HMD Theorie und Praxis der Wirtschaftsinformatik, 28 (1991) 158, S. 91-110.
[Rose96] Rosemann, M.: Komplexitätsmanagement in Prozeßmodellen. Methodenspezifische Gestaltungsempfehlungen für die Informationsmodellierung. Wiesbaden 1996.
[Sche96] Scherer, A.G.: Pluralismus im strategischen Management. Wiesbaden 1995.
[Schü97] Schütte, R.: Grundsätze ordnungsmäßiger Referenzmodellierung. Dissertation, Universität Münster. Münster 1997. (Erscheint im Gabler Verlag, Reihe neue betriebswirtschaftliche forschung (nbf), Wiesbaden 1998).
[ScPe97] Schütte, R.; Pettkoff, B.: Management des organisatorischen Wandels auf der Basis von Informationsmodellen - dargestellt am Beispiel von Referenzmodellen für den Handel. m&c, 4 (1997) 1, S. 49-59.
[Seub97] Seubert, M.: Business Objekte und objektorientiertes Prozeßdesign. In: Entwicklungsstand und Entwicklungsperspektiven der Referenzmodellierung. Hrsg.: J. Becker, M. Rosemann, R. Schütte. Arbeitsberichte des Instituts für Wirtschaftsinformatik der Westfälischen Wilhelms-Universität Münster. Heft 52. Münster 1997, S. 47-65.
[Zele95] Zelewski, S.: Petrinetzbasierte Modellierung komplexer Produktionssysteme. Band 2. Beurteilung des Petrinetz-Konzepts. Arbeitsbericht Nr. 6 des Instituts für Produktionswirtschaft und industrielle Informationswirtschaft. Leipzig 1995.

Referenzmodelle für den Handel

Von Prof. Dr. Jörg Becker,
Institut für Wirtschaftsinformatik Westfälische Wilhelms-Universität, Münster

Gliederung:

1. Begriff, Einsatzfelder und Nutzen von Referenzmodellen

2. Eine Architektur als Voraussetzung für die Konstruktion von Referenzmodellen für den Handel
   2.1. Das Handels-H-Modell
   2.2. Die Geschäftsarten des Handels

3. Das Lagergeschäft als zentraler Geschäftsprozeß des Handels
   3.1. Funktionssicht
   3.2. Datensicht
   3.3. Prozeßsicht

4. Geschäftsartenspezifische Erweiterung des Referenzmodells

5. Zusammenfassung

1. Begriff, Einsatzfelder und Nutzen von Referenzmodellen

Referenzinformationsmodelle haben in Theorie und Praxis eine weite Verbreitung gefunden. Einsatzmöglichkeiten sind erstens der Abgleich von unternehmensspezifischen Prozessen und Informationssystemen gegen ein Modell, das einen State-of-the-art repräsentiert und normativen Charakter erhebt, zweitens die Auswahlunterstützung geeigneter Standardsoftware und drittens die effiziente Ableitung unternehmensspezifischer Informationsmodelle aus einem generischen Modell, die die Basis für die Entwicklung von Individualsoftware bilden.

Ein *Modell* wird verstanden als ein gedankliches Konstrukt mit dem Ziel der Repräsentation eines Realweltausschnittes (eines Objektsystems) für Zwecke eines Subjekts. Modelle werden als Hilfsmittel zur Erklärung und Gestaltung realer Systeme eingesetzt. Erkenntnisse über Zusammenhänge und Sachverhalte bei realen Problemen können mit Hilfe von Modellen aufgrund der Ähnlichkeit gewonnen werden, die zwischen dem realen betrieblichen System und dem Modell als Abbild dieses Systems bestehen. [Adam93]

In der Literatur wird unter einem Informationsmodell i. d. R. die fachkonzeptuelle Beschreibung eines DV-technisch umsetzbaren Informationssystems verstanden. [Scheer95; Klein90; LoSc95; PiMa94] Eine derart enge Anlehnung an das Ziel der Informationssystementwicklung scheint bei der vielfach konstatierten Interdependenz von Informationssystem- und Organisationsgestaltung allerdings nicht sinnvoll. Da insbesondere Prozeßmodelle einen hohen Organisationsbezug aufweisen, wird hier ein umfassenderer Geltungsanspruch bei der Erstellung von Informationsmodellen unterstellt: Ein *Informationsmodell* ist das gedankliche Konstrukt über das betriebliche Objektsystem aus Sicht der in diesem verarbeiteten Informationen für Zwecke des Informationssystem- und des Organisationsgestalters. Die Informationen können, müssen aber nicht in automatisierter Form vorliegen. Eine größere Nähe zur Informationstechnik besteht mit dem Begriff des *Anwendungssystemmodells* (Informations*system*modells), das nur diejenigen Informationsobjekte des Informationsmodells beinhaltet, die ihren Niederschlag in dem zu entwickelnden (entwickelten) Anwendungssystem, also im automatisierten Teil des Informationssystems, finden [FeSi94].

Ein Informationsmodell kann entsprechend seiner Konkretisierung entweder ein unternehmensspezifisches oder ein *Referenzinformationsmodell* sein. Ein Referenzinformationsmodell ergibt sich (induktiv) durch Abstraktion mehrerer unternehmensspezifischer Informationsmodelle sowie (deduktiv) durch den Einbezug theoretischer Erkenntnisse. Ein Anwendungssystemmodell kann differenziert werden in Unternehmens-, Referenz- und Masteranwendungssystemmodell. Beim Masteranwendungssystemmodell handelt es sich um ein Modell, das sich durch Komposition mehrerer Referenzanwendungssystemmodelle ergibt. Somit ist der Adressatenkreis eines Mastermodells erheblich größer als bei einem Referenzanwendungssystemmodell, welches durch einen besonderen Fokus (i. d. R. Branchenbezug) charakterisiert wird.

Bezogen auf die genannten Einsatzfelder von Referenzmodellen können dabei die folgenden Zielwirkungen beobachtet werden:[BeSc96, S27ff.]

Kostenreduzierend können Referenzmodelle wirken, indem sie die in Projekten schwierige Aufgabe der Strukturierung erleichtern {*siehe Schütte, Seite 64; Maicher, Seite 113*}. So vereinfachen Referenzprozeßmodelle die Identifikation von Prozessen und geben vor, welche unternehmensindividuellen Abläufe zu diskutieren sind. Allgemein wird durch die Verwendung von Referenzmodellen eine Beschleunigung des Modellerstellungsprozesses erreicht. Ferner werden durch Referenzmodelle einheitliche Termini vorgegeben, die die Einigung auf einen einheitlichen und eindeutigen Sprachgebrauch beschleunigen.

Kostenreduktionen können auch durch die Nutzung betriebswirtschaftlicher Konzepte, die in Referenzmodellen enthalten sind, entstehen. Dies gilt z. B., wenn Referenzmodellen eine technisch mit geringem Aufwand realisierbare, Fehlkommissionierungen vermeidende, betriebswirtschaftlich effiziente Organisation des Lagers zugrunde liegt und das Handelsunternehmen diese übernimmt.

Die Nutzung von Referenzmodellen ist jedoch auch mit Kosten verbunden. Hierzu zählen insbesondere die Anschaffungsauszahlungen für die Referenzmodelle und die Kosten der Nutzung (z. B. Methodenschulung, Anpassung der Modelle).

Darüber hinaus kann der Einsatz von Referenzmodellen die Qualität der erstellten unternehmensspezifischen Modelle erhöhen, so daß das mit der Modellerstellung verbundene *Risiko reduziert* wird.[Hars94] Das Risiko besteht zum einen in der fehlerhaften Abbildung der bestehenden oder gewünschten realen Gegebenheiten. Die Existenz einer Ausgangslösung, von der zumindest Kernbestandteile übernommen werden können, reduziert dieses Risiko.

Den genannten Vorteilen von Referenzmodellen wird entgegengehalten, daß mit der Nutzung von Referenzmodellen eine Standardisierung einhergeht, in deren Folge es zu einem Verlust strategischer Wettbewerbsvorteile¹ kommt. Dieses Argument wurde in der wissenschaftlichen Literatur insbesondere als Argument gegen Standardsoftware genannt. [Öst90, S.21] Die Gefahr des Verlustes von strategischen Wettbewerbsvorteilen oder Kernkompetenzen durch die Nutzung von Referenzmodellen ist allerdings nur dann gegeben, wenn die Anpassung der Referenzmodelle oder die Erstellung individueller Modelle in den Bereichen unterbleibt, die strategische Wettbewerbsvorteile beinhalten.

2. Eine Architektur als Voraussetzung für die Konstruktion von Referenzmodellen für den Handel

2.1. Das Handels-H-Modell

Aufgrund des Umfangs von Referenzmodellen bedarf es zu ihrer Einordnung Architekturen. In Informationssystemarchitekturen werden die Bestandteile eines Informationssystems hinsichtlich der Art, der funktionalen Eigenschaften und deren Zusammenwirken beschrieben.[Scheer92, S.2] Somit kann eine Architektur auch als Modell aufgefaßt werden, welches die für die Beschreibung eines Informationssystems relevanten Bestandteile auf einem hohen Abstraktionsniveau abbildet. Bei Informationssystemarchitekturen kann zwischen anwendungsunabhängigen und anwendungsabhängigen unterschieden werden. *Anwendungsunabhängige Architekturen* sind sowohl aus der Theorie, wie das Semantische Objektmodell (SOM) [FeSi95, FeSi93], die CIMOSA-Architektur [ESPRIT93], das CC-RIM-Referenzmodell [Gutz94] oder die Architektur integrierter Informationssysteme (ARIS) [Scheer92], als auch von Softwareherstellern, wie die SAA der IBM [Ahuj88] bekannt.

Eine *anwendungsabhängige Architektur* für den Wirtschaftsbereich des Handels² zeigt das in Abbildung 1 wiedergegebene Handels-H-Modell [BeSc96, S.10ff.].

---

[1] Strategische Wettbewerbsvorteile sind das Ergebnis einer Wettbewerbsstrategie, die die Differenzierung des Leistungsangebots vom Wettbewerb anstrebt. Die Erzielung strategischer Wettbewerbsvorteile ist von der Branche abhängig, in der das Unternehmen tätig ist. Zur Ableitung von Wettbewerbsstrategien vgl. [KoBl95, S.468ff.]

[2] Unter *Handel* soll im folgenden ausschließlich der Handel mit beweglichen Sachgütern (Warenhandel), nicht aber der Handel mit vermögensrechtlichen Urkunden (Wertpapier-, Effektenhandel) oder der Handel mit unbeweglichen Sachgütern (Immobilienhandel) verstanden werden. Der Warenhandel erfordert anders strukturierte Informationssysteme als der Wertpapier- oder Immobilienhandel.

Mit dem Handels-H-Modell soll ein solcher Ordnungsrahmen präsentiert werden, der, ausgehend von den Grundfunktionen des Handels im institutionellen Sinne, nämlich Beschaffen, Lagern und Verkaufen, eine Verfeinerung hinsichtlich Funktionen, Daten und Prozessen unterstützt.

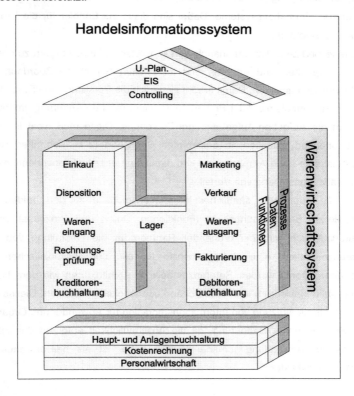

Abb. 1: Das Handels-H-Modell [BeSc96, S.11]

Das Handels-H-Modell umfaßt das klassische Warenwirtschaftssystem (WWS) mit den warenbezogenen dispositiven und abrechnungstechnischen Aufgaben und darüber hinaus die betriebswirtschaftlich-administrativen Systeme und die Systeme zur Unterstützung der Unternehmensführung. Das WWS im Verbund mit den betriebswirtschaftlich-administrativen und entscheidungsunterstützenden Systemen wird als Handelsinformationssystem bezeichnet. Eine prozeßorientierte Ausrichtung des Handelsunternehmens, die aufgrund der prozessualen Anordnung der Funktionen auch im Handels-H-Modell unterstellt wird, führt im innerbetrieblichen Bereich zu einer durchgängigen Unterstützung der gesamten Wertschöpfungskette durch integrierte Informationssysteme. Dabei sind diese als Enabler für die Prozeßorientierung zu verstehen.

Prozesse sind zunächst unabhängig von konkreten Aufgabenträgern zu beschreiben und zu gestalten und erfahren erst im zweiten Schritt die Zuordnung zu den ausführenden Instanzen. Damit erhöht sich auch die Persistenz von Prozeßbeschreibungen, da oftmals nicht der Prozeß selber einer raschen Änderung unterworfen ist, sondern die Aufgaben-Aufgabenträger-Zuordnung. Diese muß nicht in jedem Fall prozeßorientiert ausfallen, in bestimmten Bereichen (z. B. Zentralregulierungsgeschäft) ist eine hohe Arbeitsteilung und damit eine eher funktionsorientierte Aufbauorganisationsgestaltung von Vorteil.

Durch die Zuordnung sämtlicher Informationsmodelle zu den beiden Strukturdimensionen Beschreibungssicht (Funktionen, Daten und Prozesse) und Unternehmensbereich wird ein ordnender Rahmen für die Gestaltung von Handels-Referenzmodellen, eine Navigationshilfe für alle bereichsspezifischen Modelle, geschaffen. Damit werden Referenzmodelle in Architekturen wie dem Handels-H-Modell auch hinsichtlich ihrer inhaltlichen Zugehörigkeit positioniert. Dieses ist insbesondere für die Nutzung von Informationsmodellen für Anwender und Organisationsgestalter von hoher Bedeutung, da die Anschaulichkeit aufgrund des inhaltlichen Bezugs zur Anwendungsdomäne deutlich höher ist als bei anwendungsunabhängigen Architekturen.

2.2. Die Geschäftsarten des Handels

Die im Handels-H aufgeführten Prozesse sind typisch für das klassische *Lagergeschäft* mit den Aufgaben Beschaffen – Lagern – Verkaufen. Das Handelsunternehmen nimmt die warenflußbezogenen logistischen und die betriebswirtschaftlich-informationsbezogenen Aufgaben der Disposition und des Werteflusses zur Lieferanten- und zur Kundenseite hin wahr. Daneben sind weitere Geschäftsarten kennzeichnend für den Handel (vgl. Abbildung 2).

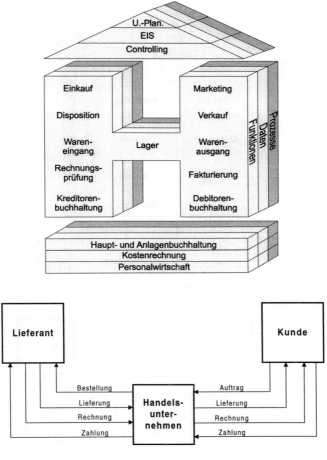

Abb. 2: Ablauf beim Lagergeschäft und entsprechendes Handels-H-Modell

Beim *Streckengeschäft* erfolgt der logistische Warenfluß direkt zwischen Lieferant und Kunde, der dispositionsbezogene Informationsfluß und der Wertefluß spielen sich weiterhin zwischen Kunde und Handelsunternehmen resp. Handelsunternehmen und Lieferant ab (vgl. Abbildung 3).

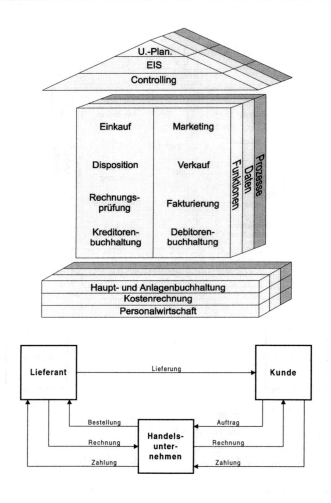

Abb. 3: Ablauf beim Streckengeschäft und entsprechendes Handels-H-Modell

Im *Zentralregulierungsgeschäft* (mit oder ohne Übernahme des Delkredere) schließlich ist das Handelsunternehmen nur beim Werrtefluß involviert, der logistische Warenfluß und der dispositionsbezogene Informationsfluß erfolgen in direkter Abstimmung zwischen Kunde und Lieferant mit der Besonderheit, daß die rechtliche

Forderung des Lieferanten gegenüber dem Kunden besteht, die Regulierung der Forderung aber durch das Handelsunternehmen erfolgt (vgl. Abbildung 4).

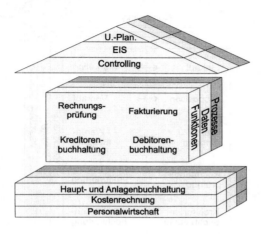

Abb. 4: Ablauf beim Zentralregulierungsgeschäft und entsprechendes Handels-H-Modell

Die vierte wichtige Geschäftsart, die orthogonal zu den vorherigen drei steht, ist das *Aktionsgeschäft* (vgl. Abbildung 5). Hier rücken – bildlich gesprochen – die beiden Schenkel des Handels-Hs unmittelbar zusammen. Beschaffungs- und Vertriebsmaßnahmen (Aktionskonditionen zur Einkaufs- *und* zur Verkaufsseite, Mengen, Termine etc.) werden interdependent geplant und durchgeführt. Im Lager werden die eingegangenen Mengen nicht auf den gewöhnlichen Reserveplätzen eingelagert, sondern sofort aufgeteilt und der Warenausgangszone zugeführt (sogenannter aktiver Bypass).

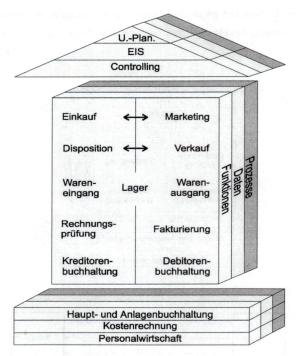

Abb. 5: Handels-H-Modell des Aktionsgeschäfts

2. Das Lagergeschäft als zentraler Geschäftsprozeß des Handels

Der traditionell wichtigste Geschäftsprozeß des Handels ist in Erfüllung der zeitlichen und räumlichen Überbrückungsfunktion das Lagergeschäft. Das betriebswirtschaftlich relevante Objekt, das ihn prägt, ist die Ware. Auf oberster Hierarchieebene besteht er aus den Teilprozessen Beschaffen – Lagern – Verkaufen. Die treibenden Objekte sind Spezialisierungen der Ware im Sinne von Einkaufsware, Lagerware und Verkaufsware. Auf der Beschaffungsseite können die Prozesse Einkauf, Disposition, Wareneingang, Rechnungsprüfung und Kreditorenbuchhaltung unterschieden werden, auf der Verkaufsseite die korrespondierenden Prozesse Marketing, Verkauf, Warenausgang, Fakturierung und Debitorenbuchhaltung. Beschaffungs- und Verkaufsprozeß werden durch das Lager gekoppelt, das vor allem die zeitliche Überbrückungsfunktion wahrnimmt (vgl. Abbildung 1 und Abbildung 2).

Auf dieser Hierarchiestufe sind weniger die physischen Objekte (Artikel) die prozeßinduzierenden Objekte, sondern die Informationsobjekte. Der Einkauf wird geprägt durch die Rahmenvereinbarung, die Disposition durch die Bestellung, der Wareneingang durch den Lieferschein, die Rechnungsprüfung durch die Rechnung und die Kreditorenbuchhaltung durch die Zahlung.

Die *Rahmenvereinbarung* ist die Dokumentation einer Geschäftsbeziehung, die mit einem Lieferanten eingegangen wird. Sie kann stufenweise durch Angabe von Artikel, Konditionen, Mengen und Terminen konkretisiert werden.

Die *Bestellung* definiert den konkreten geforderten Mengenfluß durch die Festlegung des Quadrupels Artikel-Lieferant-Menge-Zeit. Typisch für den Handel ist, daß bei der Bestellung eine Rahmenvereinbarung mit einer Lieferant-Artikel-Kondition-Beziehung referenziert wird.

Der *Lieferschein* dokumentiert die Realisierung der aus der Bestellung resultierenden Mengenanforderung. Er ist das prägende Objekt des Wareingangs. Weitere Objekte, die in den Prozeß einfließen, sind die Bestellung, gegen die der Lieferschein verprobt wird, und der Wareneingangsbeleg als Dokumentation des tatsächlich realisierten Wareneingangs.

Die Rechnungsprüfung wird ausgelöst durch den Eingang der *Rechnung*, des hier prägenden Objekts. Auch in der Rechnungsprüfung existieren weitere Objekte: die Konditionsvereinbarung des Rahmenvertrags gibt das Wertegerüst vor, die miteinander abgeglichenen Belege der Bestellung, des Lieferscheins und des Wareneingangs das Mengengerüst. Bei Übereinstimmung des Rechnungsendbetrages mit der Summe der bewerteten Wareneingänge ist die Rechnungsprüfung unproblematisch und kann vollständig automatisiert werden. Sollte die Rechnung per EDI an das Handelshaus übertragen werden, ist nicht nur – wie heute meist üblich – ein automatischer Vergleich auf Rechnungsbetragssumme möglich, sondern auf Rechnungspositionsebene, so daß Abweichungen automatisiert spezifischer festgestellt werden können.

Die Bildung des Offenen Postens stellt den Übergang von der Rechnungsprüfung zur Kreditorenbuchhaltung dar. Er wird durch die *Zahlung*, das prägende betriebswirtschaftliche Objekt der Kreditorenbuchhaltung, ausgeglichen. Die Zahlungsmodalitäten einer Lieferantenbeziehung sind meist über längere Zeit konstant und in der Rahmenvereinbarung hinterlegt, auf die bei Rechnungsausgleich referenziert wird (relativer Zeitpunkt der Zahlung, Art der Zahlung, zahlungsbezogene Konditionen wie Skonto).

Strukturanalog zur Abbildung der Prozesse auf der Beschaffungsseite ist die Vertriebsseite aufgebaut.

Dabei soll Marketing hier als (klassisches) Absatzmarketing und weniger als Beschaffungsmarketing (diese Aktivitäten fallen in den Bereich Einkauf) verstanden werden. Von den 4 „Marketing-Ps" (product, price, promotion und physical distribution) sollen im Verkaufsprozeß vor allem die taktisch-operativen Aufgaben „product" und „price", also Sortimentsgestaltung und Verkaufspreiskalkulation informationssystemseitig unterstützt werden. Damit ist das prozeßprägende Objekt das *Sortiment*. Ein weiterführendes betriebswirtschaftliches Objekt (für den Großhandel bzw. den mehrstufigen Handel) ist die Listung, in der festgelegt wird, welcher Kunde (welche Filiale) welchen Artikel in welcher Zeit beziehen kann. Der Zeitaspekt ist deswegen von Bedeutung, da bestimmte Artikel grundsätzlich zeitabhängig (z. B. Saisonware) oder filialbezogen zeitabhängig (z. B. Aktionsware) gelistet sein können. Auch die weiteren Prozesse der Verkaufsseite sind vor allem großhandels- bzw. Versandhandelsspezifisch. Im stationären Einzelhandel entfällt eine explizite Auftragsbearbeitung, die Prozesse Warenausgang, Fakturierung und Debitorenbuchhaltung fallen mit dem Kassiervorgang am Point of Sale (POS) zusammen. Allerdings sind z. B. mit der Verbreitung von Kundenkreditkarten auch im stationären Einzelhandel die Prozesse Warenausgang und Fakturierung voneinander getrennt, und es existiert eine kundenbezogene Debitorenbuchhaltung, so daß die rechte Seite des Handels-Hs als Obermenge der möglichen Aktivitäten der Vertriebsseite aufgefaßt werden kann, die für Groß- und Einzelhandel Gültigkeit hat.

Die prozeßprägenden Objekte, die analog zur Beschaffungsseite identifiziert werden können, sind der *Auftrag* für die Auftragsbearbeitung, der *Abnehmerlieferschein* für den Warenausgang, die *Abnehmerrechnung* für die Fakturierung und der *Abnehmerzahlung* für die Debitorenbuchhaltung.

Die beiden Schenkel des H sind (bis auf die Kopplung Lager) *getrennt* nebeneinander, da Beschaffungs- und Verkaufsaktivitäten (im Normalfall) operativ relativ unabhängig voneinander ablaufen.

Die beiden Schenkel stehen *parallel*, da in beiden strukturanaloge Sachverhalte abgebildet werden. Beispielsweise werden bei der Rechnungsprüfung durch die Bewertung des Wareneingangs die gleichen Aktivitäten durchgeführt wie bei der Erstellung der Faktura durch die Bewertung des Warenausgangs. Die prozeßorientierte Anordnung bedeutet, daß die unteren Bereiche das Durchlaufen der oberen voraussetzen. Dies impliziert für das Datenmodell, daß die Entitytypen, die beispielsweise für die Prozesse im Einkauf benötigt werden, existenzunabhängiger sind als die Objekte, die in der Kreditorenbuchhaltung verwendet werden. Die Hauptbuchhaltung und die Kostenrechnung halten auf aggregierter Ebene die operativen Vorgänge in ihrem wertmäßigen Abbild fest – die Buchhaltung aus Sicht der externen Rechnungslegung, die Kostenrechnung aus Sicht der internen Rechnungslegung. Die Abstraktion von den operativen Vorgängen und die Schaffung der Gleichnamigkeit in Wertansätzen erfolgt durch das Konstrukt des *Kontos*. Einfacher fällt die Festlegung des die Personalwirtschaft prägenden Objekts; es ist das *Personal*, das aus abrechnungsbezogener Sicht und organisatorischer Sicht im Personalwirtschaftssystem abgebildet wird. Aus abrechnungsbezogener Sicht geht es um die Ermittlung von Brutto- und Nettobezügen, aus organisatorischer Sicht um Stellenbildung und Stellenbesetzung, um fachliche und organisatorische Unter- und Überordnung, um Qualifikationsanforderungen von Stellen und Qualifikationsprofile von Mitarbeitern, um Karriereplanung und -entwicklung und schließlich um Aus- und Weiterbildung inkl. Schulungsmaßnahmen.

Die Informationssysteme im „Dach" des Handels-Hs aggregieren Daten der mengenorientierten und der wertorientierten Ebene zu aussagekräftigen Kennzahlen, welche die Basis unternehmerischer Lenkungsentscheidungen bilden. Wegen der unmittelbaren Nähe zu den Lenkungsentscheidungen dominiert hier der Zielbezug den Objektbezug. Insbesondere die Datenbereitstellung ist in den Managementsystemen wichtigste Aufgabe der Informationsverarbeitung.

Die dargestellten Aufgaben eines Handelsunternehmens können aus mehreren Blickwinkeln, sogenannten Sichten, betrachtet werden.

Wir wollen im folgenden drei Sichten beleuchten, die Funktions-, die Daten- und die Prozeßsicht. Die Funktionen detaillieren die Gesamtaufgabe, die Daten zeigen die statische Struktur, Prozesse das dynamische Verhalten. In den Prozessen ist das zeitliche (Wie ist die Sequenz von Aufgaben?) und sachlogische Verhalten (Unter welchen Bedingungen folgt eine Aktivität auf eine vorhergehende?) explizit modelliert. Prozesse können nicht nur auf Funktionen, sondern auch auf Daten verweisen (Ebenso erlauben es die meisten Prozeßmodellierungsmethoden, auch den Aufgabenträger zu modellieren, die Organisationssicht bleibt hier aber außen vor).

2.1. Funktionssicht

Die *Funktionssicht* listet alle Funktionen auf, die in den Bereichen Beschaffung, Lager, Verkauf, betriebswirtschaftlich-administrative und taktisch-strategische Aufgaben anfallen. Sie hat dokumentierend-klassifizierenden Charakter und ist innerhalb einer Handelstypen-Geschäftsarten-Warentyp-Klasse weitgehend einheitlich (Eine solche Klasse sei z. B. das Tripel genossenschaftlich organisierter Großhandel-Lagergeschäft-Hartwaren). Die Funktionssicht wird in Funktionsdekompositionsdiagrammen dargestellt, die eine hierarchische Verfeinerung einer übergeordneten Funktion in mehrere untergeordnete Funktionen widerspiegeln. Beispielhaft sind in Abbildung 6 die Funktionen der Disposition als Funktionsdekompositionsdiagramm aufgeführt. Disposition und Rechnungsprüfung begleiten im folgenden als Beispiele die drei Sichten.

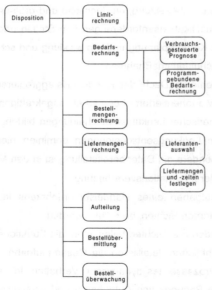

Abb. 6: Funktionsmodell Disposition

Für jede Funktion ist im Rahmen der Funktionsanalyse festzulegen, wie sie ausgestaltet sein soll. Exemplarisch wird dies hier für eine Teilfunktion der Disposition, die *Limitrechnung*, im Groben gezeigt:

Die Limitrechnung ist ein Instrument zur Steuerung der Beschaffung von Waren mit dem Ziel der Kostensenkung und Liquiditätssicherung [Tietz74]. Bei der Limitrechnung werden Beschaffungshöchstwerte für Warengruppen (und darauf aufbauend für Organisationseinheiten und Disponenten) berechnet. Der Umsatz, die Handelsspanne und der Lagerbestand bilden als Ergebnisse der Absatzplanung die Basis für die Berechnung der Limits. Vereinfacht kann das maximale Beschaffungsvolumen einer Warengruppe als Differenz zwischen geplantem Umsatz und absoluter Handelsspanne des erwarteten Umsatzes in der Warengruppe definiert werden. Durch die Berücksichtigung von Beschaffungshöchstwerten sollen Überlager bei Stapelartikeln vermieden werden. Bei Modeartikeln besteht die Zielsetzung in der Vermeidung von Ladenhütern.

Die Funktionsmodelle, von denen hier nur eines exemplarisch gezeigt wurde, dienen primär dazu, die in der Architektur angegebenen Aufgabengebiete weiter zu differenzieren. Diese Verfeinerung geht bewußt nur ein bis zwei Stufen tiefer und nicht bis auf Elementarfunktionsebene, da auch sie im wesentlichen eine Strukturierungs- und noch nicht eine Ablaufbeschreibungsfunktion hat. Die Ablaufbeschreibung mit der dann nötigen Detaillierung, mit der Darstellung der zeitlichen Sequenz von Aktivitäten, mit Verzweigungen und Zusammenführungen von Ablaufsträngen, (die Funktionsdekompositionsdiagramme gar nicht zulassen) ist in unserer Architektur den Prozeßmodellen vorbehalten.

2.2. Datensicht

Die statischen Strukturen finden ihren Niederschlag in den *Datenmodellen*, die z. B. im Preis- und Konditionengefüge, in der Verwaltung mehrstufiger Lieferantenhierarchien (Kontore), im Aufteiler (Festlegung von Mengen für Warenempfänger, z. B. Filialen, aufgrund (vergangenheitsorientierter) Aufteilungsvorschriften) und im Aktionsgeschäft (Aktionsname, Aktionsgültigkeit, Aktionskondition zur Lieferanten- und Kundenseite, Aktionsartikel, Aktionslogistik intern und extern) handelstypische Besonderheiten aufweisen. Die am meisten verbreitete Methode der Datenmodellierung ist das Entity-Relationship-Modell, ein leicht eingängliches, für Nicht-Informatiker verständliches Verfahren, das auf Chen zurückgeht.[Chen76] Das Entity-

Relationship-Modell unterscheidet zwischen Entities, d. h. Dingen der realen Welt oder der Vorstellungswelt, die für das Unternehmen von Bedeutung sind, und Relationships, d. h. Verbindungen zwischen diesen Entities. Gleichartige Entities werden zu Entitytypen zusammengefaßt, gleichartige Relationships zu Relationshiptypen. Z. B. werden die Entities Firma Meyer & Co., Firma Schulze GmbH und Firma Schmidt GmbH & Co. KG zusammengefaßt zum Entitytyp Lieferant. Weiterhin weist jedes Handelsunternehmen einen Entitytyp Artikel auf, der als Entities die Artikel umfaßt, die gehandelt werden. Entitytypen und Relationshiptypen werden Attribute zugewiesen, das sind Eigenschaften, die die zugehörigen Entities bzw. Relationships weiter charakterisieren. Z. B. wird der Entitytyp Lieferant weiter beschrieben durch die Lieferantennummer, die einen konkreten Lieferanten eindeutig identifiziert (Schlüsselattribut), den Lieferantenname, den Ort und den Ansprechpartner. In der Beziehung zwischen Entitytyp Artikel und Entitytyp Lieferant wird festgehalten, welche Artikel von welchem Lieferanten zu welchen Preisen geliefert werden. Abbildung 7 zeigt diesen einfachen Zusammenhang.

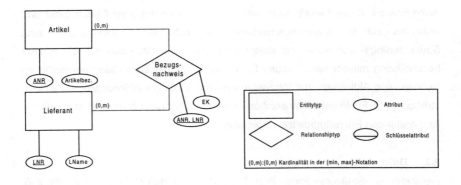

Abb. 7: Einfaches Entity-Relationship-Diagramm

Da ein Artikel von mehreren Lieferanten geliefert werden kann (möglicherweise aber auch von keinem, wenn z. B. das Handelshaus einen neuen Artikel durch die Kombination mehrerer vorhandener kreiert), hat die Kardinalität, die beim Artikel erscheint, die Form (0,m). 0 ist hierbei die Minimum-, m (mehrere) die Maximum-

Kardinalität. Ein Lieferant kann keinen, eine oder mehrere Artikel liefern, so daß die Kardinalität, die beim Lieferanten erscheint, ebenfalls (0,m) beträgt. Mit den sehr einfachen Darstellungsmitteln der Entitytypen und Relationshiptypen (zzgl. einiger Erweiterungen) kann das gesamte Datenmodell eines Handelsunternehmens modelliert werden.

Das Datenmodell der Rechnungsprüfung (vgl. Abbildung 8) wird elementar durch das Objekt der Rechnung geprägt. Die Rechnung (der *Rechnungskopf*) ergibt sich als Beziehung von *Zeit*, *Lieferant* und *Abnehmer*. Eine Rechnung setzt sich aus einer oder mehreren *Rechnungspositionen* zusammen, die einen Artikelbezug besitzen. Für den Entitytyp Rechnungsposition ist eine Hierarchie zu modellieren (*Rg.pos.- Hierarchie*), um eine Erfassung des Gesamtbetrags getrennt nach Mehrwertsteuersätzen abbilden zu können.

Der für den Vergleich in der Rechnungsprüfung erforderliche Bezug zwischen Rechnung und bewertetem Wareneingang wird durch die Beziehung von Rechnung, Zeit und bewertetem Wareneingang (*Bewerteter WE-Kopf*) im Datenmodell abgebildet (*Vergleich Rg.- und bew. WE-Kopf*).

Neben dem Vergleich der Rechnung mit dem bewerteten Wareneingang ist bei Differenzen der kontrollierten Summen ein Vergleich von Rechnungsposition und korrespondierender Wareneingangspositionen (*Bewertete WE-Position*) notwendig, um den Abgleich auf Positionsebene herstellen zu können.

Bei der Beziehung zwischen Rechnung und Wareneingang sind vier Situationen unterscheidbar. Zum einen kann eine 1:1-Beziehung bestehen, wenn einem Lieferschein (entspricht Wareneingangskopf) nur eine Rechnung entspricht. Zweitens kann sich eine Rechnung auf mehrere Lieferscheine beziehen (Sammelrechnungen). Drittens sind Teilrechnungen denkbar, bei denen zu einem Lieferschein mehrere Rechnungen existieren. Viertens können zu mehreren Lieferscheinen auch mehrere Rechnungen existieren. Im Datenmodell wird diese Flexibilitätsanforderung durch eine (0,m):(0,m)-Beziehung zwischen bewertetem Wareneingang und Rechnung (sowohl auf Kopf- als auch auf Positionsebene) abgebildet. Die Differenzen zwischen Rechnung und bewertetem Wareneingang dienen der Analyse des Lieferanten im Zeitablauf. Auf dieser Basis wird betrachtet, wie hoch die Differenzen (als kumulierte Differenz sowie als Varianz) bei den diversen Lieferanten waren, welche Ursache die Differenzen gehabt haben und ob in der Zukunft auf eine Prüfung bei bestimmten

Lieferanten verzichtet werden kann. Insbesondere die Kontrolle der innerhalb des Intervallbereichs befindlichen Differenzen soll dazu dienen, eine systematische „Fehlbewertung" durch die Lieferanten zu Lasten des Handelsunternehmens aufzudecken. Der bewertete WE-Kopf kann spezialisiert werden in eine durch eine Warenlieferung hervorgerufene WE-Bewertung (*Bewerteter WE-Kopf Warenlieferung*) und in eine für die nachträgliche Vergütung notwendige Objektspezialisierung (*Bewerteter WE-Kopf nachträgliche Vergütung*). Letztere ist erforderlich, um die nachträglichen Konditionen bei der Warenbewertung von den Rechnungskonditionen zu unterscheiden. Durch die Beziehung zwischen *Rechnungsposition* und bewerteten Wareneingangspositionen (*Vgl. Rg.- und bew. WE-Position*) besteht die Möglichkeit, die einzelnen Positionen zu vergleichen.

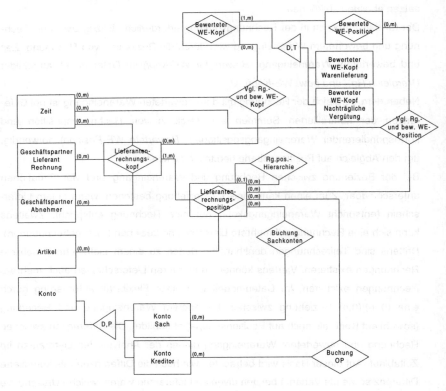

Abb. 8: Datenmodell Rechnungsprüfung

Die Beispiele machen deutlich, daß ein Verständnis der Datensicht einen guten Einblick in die inneren Strukturen eines Handelsunternehmens ermöglicht. Daten sind mehr als nur ein „Anhängsel" an in Informationssystemen abgelegte Abläufe, sie ermöglichen einen eigenständigen Zugang zum Verstehen des komplexen Gebildes Handelsunternehmen.

2.3. Prozeßsicht

Die *Prozesse* legen die zeitlich-sachlogische Abfolge von Funktionen fest. Prozesse beginnen mit einem auslösenden Ereignis, wie z. B. „Rechnung ist eingetroffen" oder „LKW-Fahrer hat sich beim Pförtner gemeldet". Das Ereignis triggert eine oder mehrere Funktion(en), in denen aktiv eine Handlung begangen wird, wie z. B. „Suche zugehörigen Lieferschein" oder „Ordne LKW eine Rampe zu".
In Ereignisgesteuerten Prozeßketten [Scheer95, S. 49-54], einer gängigen Methode der Prozeßmodellierung, werden Ereignisse durch Sechsecke, Funktionen durch abgerundete Rechtecke dargestellt. EPKs bilden einen bipartiten Graph, d. h. Ereignisse und Funktionen wechseln einander ab. Wenn auf eine Funktion mehrere Ereignisse folgen (oder vice versa), sind Konnektoren vonnöten, die darstellen, ob alle Ereignisse auf eine Funktion folgen (UND-Verknüpfung), nur ein einziges (ausschließliches ODER=XOR) oder eine beliebige Anzahl aus den nachfolgenden (inklusives ODER=OR).
Typisch für mehrstufige Handelsunternehmen ist, daß ein übergeordneter Prozeß die Dispositionsprozesse auf den untergeordneten Logistikebenen von Filialen, Kunden und Lagern zusammenfaßt. Er enthält die Funktionen, die zur Steuerung und Zusammenfassung der Dispositionsergebnisse der Abnehmer erforderlich sind (vgl. Abbildung 9). Voraussetzung für die Disposition ist die Listung der Artikel und die Konditionenanlage. Zunächst ist die organisatorische Einheit festzulegen, für die die Disposition vorgenommen werden soll. Es sind dies zum einen die Kunden und Filialen und zum anderen die Zentral- bzw. Regionallager. Zur Durchführung der Disposition werden in Abhängigkeit von der organisatorischen Einheit unterschiedliche Folgeprozesse ausgelöst. Für Kunden und Filialen bilden die Ordersätze die Voraussetzung für die Durchführung der Disposition. Die Erstellung von Ordersätzen ist funktional im Bereich des Verkaufs angeordnet. Für die Disposition sind insbesondere die bestellrelevanten Daten des Ordersatzes (u. a. Artikeldaten, Bestellmengeneinheiten, Lieferantendaten) von Bedeutung. Zudem enthalten die Order-

sätze Angaben zum Bezugsweg, da beispielsweise auf einem Ordersatz für eine Bestellmengeneinheit von 1-10 Stück als Lieferant das Zentrallager angegeben ist, während größere Mengeneinheiten direkt beim Lieferanten bestellt werden sollen. Sind die Ordersätze für die Kunden und Filialen vorhanden, wird der Teilprozeß Disposition Kunde/Filiale angestoßen.

Neben Kunden und Filialen können auch Zentral- und Regionallager disponieren. Nach der Disposition bei den Kunden oder Filialen bzw. dem (den) Lager(n) ist in der Zentrale zu prüfen, ob eine Verdichtung der Einzelbestellungen vorgenommen werden kann. Im Rahmen der Bestellmengenverdichtung lassen sich Konditionen optimieren, da größere Bestellmengen zumeist bessere Konditionen nach sich ziehen. Die Zusammenfassung von Bestellungen und deren logistische Abwicklung z. B. in Warenverteilzentren, führt gegebenenfalls zu Degressionseffekten. Falls die Bestellmengen nach vorgegebenen oder anzulegenden Kriterien auf die Filialen/ Kunden bzw. Lager aufgeteilt werden sollen, ist in den Teilprozeß Aufteileranlage zu verzweigen. Es folgt eine Lieferantenauswahl, sofern der Artikel von mehreren Lieferanten bezogen werden kann. Nach der etwaigen Lieferantenauswahl folgt die Kontraktprüfung, damit die Bestellung auf einen bestehenden Kontrakt referenzieren kann. Mit der Festlegung der Art der Bestellauslösung (manuell oder automatisch) wird die Bestellung vom System erzeugt und dem Lieferanten übermittelt. Es schließt sich die Verzweigung in die Wareneingangsprozesse für die Abnehmer an, für die eine Disposition stattgefunden hat. Für den Fall, daß die dezentralen Einheiten Streckenbestellungen direkt dem Außendienstmitarbeiter des Lieferanten mitgeteilt haben, entfallen die zentralen Funktionen, und es wird sofort in den Wareneingangsprozeß verzweigt. Prozeßmodelle beschreiben in einer gut nachvollziehbaren Form die zeitlich-sachlogische Folge von Einzelaktivitäten. Sie sind ebenso zur Istanalyse (Beschreibung vorhandener Abläufe) wie zur Sollkonzeption (Neugestaltung der Ablauforganisation) geeignet. Bei Berücksichtigung einiger zusätzlicher Modellierungsempfehlungen, die unter dem Rubrum Grundsätze ordnungsmäßiger Modellierung (GoM) veröffentlicht sind [Beck95, S.133-150; BeRS95, S.435-445; BeSc96; Rose96; BeSc97, S.427-448; Schü97] *{siehe Rosemann, Seite 1-22; Schütte, Seite 71ff.}*, sind die Modelle nicht nur zur Ablaufbeschreibung und damit für Business Process Reengineering-Projekte, sondern auch als Vorgaben für die Implementierung von Software resp. für den Abgleich mit den Möglichkeiten von Standardsoftware geeignet.

Referenzmodelle für den Handel

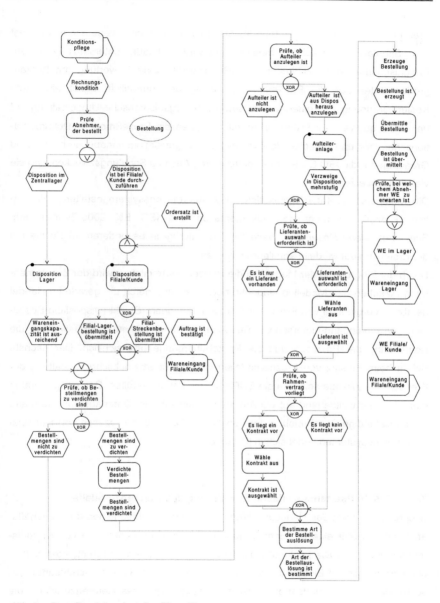

Abb. 9: Prozeßmodell mehrstufige Disposition

Wenn die Aktivitäten im Prozeßmodell mit Mengen und Zeiten versehen werden, ist eine Simulation der Abläufe möglich und wird toolmäßig unterstützt (z. B. für Ereignisgesteuerte Prozeßketten im ARIS-Toolset). Eine Bewertung mit Kostengrößen unterstützt die Prozeßkostenrechnung und ermöglicht damit eine gute Kostenzuordnung zu Kostentreibern sowie eine organisatorische Umgestaltung auf der Basis quantitativer Daten. Nicht zuletzt haben die Prozeßmodelle Dokumentationscharakter und ersetzen derzeit Teile von Organisationshandbüchern und sind Grundlage für die ISO EN 9000f.- Zertifizierung. Auch zu Schulungszwecken sind sie vielfältig einsetzbar.

Die Multiperspektivität (Organisations- und Informationssystemgestaltung, Simulation, Prozeßkostenrechnung, Dokumentation und ISO EN 9000-Zertifizierung, Schulung) {*siehe Rosemann, Seite 11ff.*} rechtfertigt in besonderem Maße die mit der Erstellung der Modelle anfallenden Kosten.

Durch die Einordnung der Modelle in die Handels-H-Architektur wird der Zusammenhang zwischen den Modellen eindeutig hergestellt und durch die gerade im Handel deutliche Verbindung von Prozeß und prozeßprägendem Objekt (Disposition-Bestellung, Wareneingang-Lieferschein, Rechnungsprüfung-Rechnung etc.) werden die Abgrenzung der Prozesse und die Prozeßübergänge offensichtlich. Der nächste Schritt beim Einsatz von Prozeßmodellen wird die überbetriebliche Gestaltung der Wertschöpfungskette sein, um die ECR-Idee mit Leben zu füllen. Derzeit beschränkt man sich hier weitgehend auf die Anwendung einheitlicher Datenaustauschformate. Eine vollständige Beschreibung der Funktionen, Daten und Prozesse von Handelsinformationssystemen findet sich in [BeSc96].

3. Geschäftsartenspezifische Erweiterung des Referenzmodells

Grundsätzlich stellt das Handels-H-Modell mit seiner Repräsentation der Geschäftsart Lagergeschäft eine funktionale Obermenge über die Funktionen von Handelsunternehmen dar. Die konkrete Ausgestaltung der weiteren Geschäftsarten hat jedoch maßgeblichen Einfluß auf die Referenzmodelle, die diese Geschäftsarten beschreiben. Die Geschäftsarten bedingen Erweiterungen des Referenzmodells, die exemplarisch am Datenmodell für das Streckengeschäft gezeigt werden sollen. Die Erweiterungen des Datenmodells für das Streckengeschäft sind in Abbildung 10 dick umrandet.

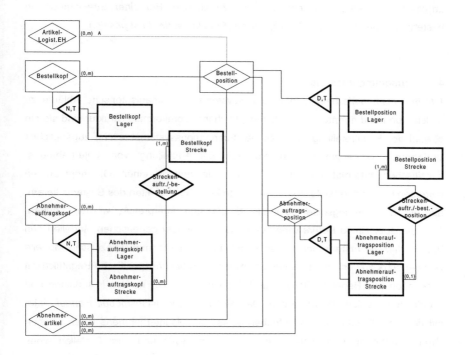

Abb. 10: Datenmodellerweiterungen durch das Streckengeschäft

Aufgrund eines Abnehmerauftrags ist eine Streckenbestellung zu erzeugen, so daß eine Spezialisierung des Entitytyps *Abnehmerauftragskopf* in einen Entitytyp *Abnehmerauftragskopf Lager* und einen *Abnehmerauftragskopf Strecke* vorgenommen wird. Analog zur Differenzierung des Auftrags erfolgt eine Spezialisierung des *Bestellkopf*s in einen *Bestellkopf Lager* und einen *Bestellkopf Strecke*. Bei dem Streckenauftrag besteht eine Beziehung zu einer Streckenbestellung, die das Zusammenwachsen des Distributions- und des Beschaffungsprozesses datenseitig zum Ausdruck bringt (*Streckenauftr./-bestellung*).

Es können nicht nur Streckenaufträge von Lageraufträgen, sondern auch Streckenauftrags- (*Abnehmerauftragsposition Strecke*) von Lagerauftragspositionen (*Abnehmerauftragsposition Lager*) differenziert werden, um innerhalb eines Auftrags

Lager- und Streckenpositionen erfassen zu können. Bei einer Streckenposition besteht eine Beziehung zur Bestellposition (*Streckenauftr./-best.position*).

4. Zusammenfassung

Informationsmodelle helfen, Informationssysteme und organisatorische Abläufe zu beschreiben und normativ zu gestalten. Durch ihre semiformale Struktur sind sie ein sowohl der Fachabteilung als auch der Informationssystemabteilung zugängliches Verfahren. *Referenzmodelle* unterstützen die Erstellung von unternehmensspezifischen Informationsmodellen, indem sie erstens einen Ordnungsrahmen vorgeben und andererseits Vorgaben für Struktur und Verhalten des Systems liefern, die als Modellierungshilfe oder als Empfehlung interpretiert werden können. *Branchenspezifische Referenzmodelle* haben gegenüber generischen Modellen den Vorteil, daß sie erstens bei der Umwandlung in unternehmensspezifische Modelle weniger stark zu verändern sind und zweitens die branchenspezifische Begrifflichkeit verwenden (die Begriffe „Einkauf" und „Disposition" z. B. werden in Industrie und Handel unterschiedlich verwendet). Das *Referenzinformationsmodell Handel* bietet mit den im „H" aufgeführten Aufgaben eines Handelsunternehmens einen solchen Ordnungsrahmen (framework), der bei der Istanalyse und dem Erstellen eines Sollkonzepts eine Strukturierungshilfe darstellt, und hilft mit den konkreten Funktions-, Daten- und Prozeßmodellen bei der Erstellung unternehmensspezifischer Modelle, indem die spezifischen Abläufe durch leichte Veränderung aus den Referenzmodellen erfolgen kann und (im Rahmen der Sollkonzeption) die in den Modellen wiedergegebenen Abläufe und Informationssystemstrukturen als Ausgangslösung für eine optimierte Organisation zu Rate gezogen werden können.

Literatur

[Adam93]   vgl. Adam, D. (1993): Planung und Entscheidung. Modelle - Ziele Methoden. 3. Aufl., Wiesbaden.
[Ahuj88]   Ahuja, V. (1988): Common Communiations Support in Systems Application Architecture, in IBM System Journal, 27 Jg. (1988) H. 3, S. 264-280.
[BeSc96]   Becker, J./ Schütte, R. (1996): Handelsinformationssysteme. Landsberg/Lech, hier: S. 27 ff.
[BeSc96]   Becker, J./ Schütte, R. (1996): Handelsinformationssysteme. Landsberg/Lech 1996.
[ESPRIT93]   ESPRIT Consortium AMICE (1993): CIMOSA - Open Systems Architecture for CIM. 2. Aufl., Berlin u.a. 1993.
[FeSi93]   Ferstl, O.K. / Sinz, E. (1993): Der Modellierungsansatz des semantischen Objektmodells (SOM). Bamberger Beiträge zur Wirtschaftsinformatik. Heft 18. Bamberg 1993.
[FeSi94]   Ferstl, O. K. / Sinz, E.J. (1994): Grundlagen der Wirtschaftsinformatik. Band 1. 2. Aufl., München u. a.
[FeSi95]   Ferstl, O.K. / Sinz, E. (1995): Der Modellierungsansatz des semantischen Objektmodells (SOM) zur Modellierung von Geschäftsprozessen. In: Wirtschaftsinformatik 37 (1995) 2, S. 209-220.
[Gutz94]   Gutzwiller, T.A. (1994): Das CC-RIM-Referenzmodell für den Entwurf von betrieblichen, transaktionsorientierten Informationssystemen, Heidelberg 1994.
[Hars94]   Hars, A. (1994): Referenzdatenmodelle. Grundlagen effizienter Datenmodellierung, Wiesbaden, hier: S. 33.
[Klein90]   Klein, J. (1990): Vom Informationsmodell zum integrierten Informationssystem. Information Management, 5. Jg., Nr. 2, S. 6-16.
[KoBl95]   Kotler P. / Bliemel, F. (1995): Marketing-Management. 8. Aufl.,Stuttgart, hier: S. 468ff.
[LoSc95]   Loos, P. / Scheer, A.-W. (1995): Vom Informationsmodell zum Anwendungssystem – Nutzenpotentiale für den Einsatz von Informationssystemen. In: Wirtschaftsinformatik '95. Hrsg.: W. König. Heidelberg, S. 185-201; Picot, A. / Maier, M. (1994): Ansätze der Informationsmodellierung und ihre betriebswirtschaftliche Bedeutung. zfbf, 46. Jg., Nr. 1, S. 107-126.
[Öste90]   Österle, H. (1990): Unternehmensstrategie und Standardsoftware: Schlüsselentscheidungen für die 90er Jahre, in: Österle, H. (Hrsg.): Integrierte Standardsoftware, Bd. 1: Managemententscheidungen, Hallbergmoos, S. 11-36, hier: S. 21.
[Scheer92]   Scheer, A.-W. (1992): Architektur integrierter Informationssysteme. 2. Aufl., Berlin u. a., hier: S. 2.
[Scheer95]   Scheer, A.-W. (1995): Wirtschaftsinformatik. Referenzmodelle für industrielle Geschäftsprozesse. 6. Aufl, Berlin u. a

Referenzmodellgestütztes Benchmarking:
Das KPMG Utility Framework für Versorgungsunternehmen

Von Michael Maicher
KPMG Unternehmensberatung, Mannheim

Gliederung:

1. Einleitung und Grundlagen der Referenzmodellierung
   1.1. Zur Notwendigkeit der Referenzmodellierung von Unternehmen
   1.2. Grundlagen der Informations-, Prozeß- und Referenzmodellierung
   1.3. Methoden der Referenzmodellierung

2. Referenzmodellierung von Versorgungsunternehmen
   2.1. Begriffe und Abgrenzungen in der Versorgungswirtschaft
   2.2. Grundüberlegungen zur Modellstrukturierung
   2.3. Unternehmensarchitektur für Versorgungsunternehmen
   2.4. Abbildung der Versorgungssparten
   2.5. Abbildung von Prozeßbereichsvarianten
   2.6. Abbildung von Beteiligungs- und Organisationsstrukturen

3. Benchmarking in der Versorgungswirtschaft
   3.1. Referenzmodellgestütztes Benchmarking
   3.2. Vom Referenzkennzahlenmodell zur Balanced Scorecard als Managementinformationskonzept
   3.3. KPMG-Benchmarkingmethode

4. Zusammenfassung und Ausblick

1. Einleitung und Grundlagen der Referenzmodellierung

1.1. Zur Notwendigkeit der Referenzmodellierung von Unternehmen

Unternehmensorganisationen stellen komplexe Systeme dar. Ihre Elemente weisen verschiedenartige Beziehungen auf, die im Rahmen von organisatorischen Veränderungsprozessen, Softwareeinführungen oder Personalentwicklungsmaßnahmen gestaltet und beeinflußt werden.

Abbildung 1 zeigt die angesprochenen Komponenten im Sinne von Subsystemen der Unternehmensorganisation. Bei notwendigen Veränderungsprozessen, die durch veränderte Markt- und Konkurrenzsituationen, Deregulierungen und Gesetzesänderungen oder der Internationalisierung [MaSc97] induziert werden, entsteht i.d.R. ein komplexes und mit Unsicherheit behaftetes Entscheidungsproblem. Grundlegende Veränderungsprozesse erfordern eine integrative und ganzheitliche Betrachtung sämtlicher Unternehmensaspekte. Während die sogenannten weichen Faktoren von Konzepten des Organisatorischen Wandels (Management of Change) oder Organisatorischen Lernens adressiert werden, so hat die Informationsmodellierung die Zielsetzung, hinsichtlich der harten Faktoren (z.B. Prozesse, Softwareeinsatz) Transparenz, Plan- und Gestaltbarkeit sowie Sicherheit {siehe Becker, S.87} und ggf. Simulationsfähigkeit zu ermöglichen.

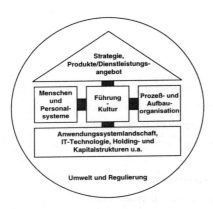

Abb. 1: System und Umwelt der Unternehmensorganisation

1.2. Grundlagen der Information-, Prozeß- und Referenzmodellierung

Die Informationsmodellierung erzeugt ein immaterielles Abbild eines betrieblichen Objektsystems [RoSc97]. Zur Klassifizierung von Informationsmodellen zeigt ein morphologischen Kasten, welche Abgrenzungen und Präzisierungen vorgenommen werden können [Rose95]. In diesem Beitrag werden Prozeß-, Kennzahlen im Sinne einer Datenmodellierung, Organisationsstruktur- und Referenzmodellierung behandelt. Während erstere das Modellierungsobjekt (Ablauf- und Aufbauorganisation, Informations- und Datenobjekte) beinhalten, spiegelt die Referenzmodellierung den Zweck der Modellierung wider. Der Begriff Referenz stammt aus dem Lateinischen und bedeutet Empfehlung {siehe Keller/Teufel, Seite 175}. In Verbindung mit Referenzmodellen wird von einer mustergültigen Darstellung bestimmter Sachverhalte gesprochen. Referenzmodelle sollten folgende Beschaffenheit aufweisen:

- allgemeingültig,
- hinsichtlich individueller Bedürfnisse und Erfordernisse anpaßbar,
- als spezifisches Modell einsetzbar [Hars94, S. 15],
- repräsentieren Erfahrungswissen.

Referenzmodelle lassen sich weiters hinsichtlich spezieller Sachverhalte bzw. Objekte differenzieren und klassifizieren:

- Standardanwendungssoftwarereferenzmodelle (z.B. SAP R/3, Baan IV, Oracle)
- Branchenreferenzmodelle
- Vorgehens(referenz)modelle synonym zu Methoden [Vett93, S. 82f. und 149].

Darüber hinaus weisen insbesondere Branchenreferenzmodelle entgegen unternehmensspezifischen Istmodellen folgende Merkmale auf [Schü97, S.168ff.]:

- Aufgabenträgerunabhängigkeit,
- Aufbauorganisationsunabhängigkeit,
- Technologieunabhängigkeit,
- Fokussierung auf betriebswirtschaftliche Essenzen[1] [MePa88, S.15ff.].

Im Sinne einer pragmatischen Arbeitsdefinition versteht der Autor unter einem Referenzmodell eine gedankliche (modellbasierte) Vorstrukturierung {siehe Becker, S.87} eines beschreibungs- und gestaltungsrelevanten Realitätsausschnittes zum Zwecke seiner effizienten Konkretisierung hinsichtlich einzelbetriebswirtschaftlicher und -technischer Ausprägungen. Branchenreferenzmodelle beschreiben Prozeßbereiche und Hauptprozesse. Dabei fällt die Definition von „Prozeß" sowohl in der Theorie als auch in der Praxis häufig schwer, besteht doch eine unüberschaubare Flut an Definitionen, Erläuterungen und Abgrenzungen [Rose95, S. 6ff.] {siehe Keller/Teufel, Seite 169}.

---

[1] Unter einer *Essenz* werden sämtliche Aufgaben verstanden, die ein System (z.B. Unternehmung) ausführt, wäre es mit einer perfekten Technologie implementiert. Vereinfacht beziehen sich Essenzen auf das Fachkonzept und abstrahieren von implementierungsrelevanten Aufgaben, wie bspw. Konsistenzprüfungen von Datenbanken u.a.

Gleichsam problematisch ist die Abgrenzung zwischen Funktion und Prozeß sowie die Einordnung der Vielzahl von Synonymen von Prozeß (z.B. Aufgabe, Arbeitsschritt, Aktivität, Tätigkeit u.a.). Sowohl die eigentliche Prozeßdefinition und -abgrenzung als auch die sprachliche Ebenenbestimmung, was als Haupt-, Teil- oder Geschäftsprozeß interpretiert wird, da hierbei subjektive Einflüsse eine große Rolle spielen [Gai83, S.65; ElKr93, S.43]. Zur Präzisierung zeigt Abbildung 2 ein allgemeines Prozeßmodell {siehe Scheer, Seite 320}.

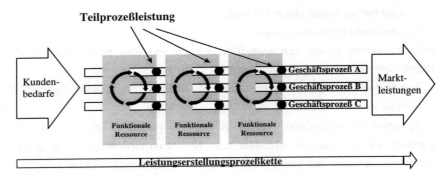

Abb. 2: Allgemeines Prozeßmodell

Formal ist ein Prozeß die Anwendung einer Verrichtung (Funktion) an einem Objekt: **Prozeß=Verrichtung(Objekt)**. Funktionale Ressourcen erbringen an Objekten Teilprozeßleistungen [vgl. Öst95], die als Teil im System einer Leistungserstellungsprozeßkette kompakte Marktleistungen erbringen. Prozeßbereiche repräsentieren eine betriebswirtschaftlich und technische Gliederung, die eine homogene Einheit im Sinne einer prozeßorientierten Strukturierung bilden [KeTe97, S.249]. Praxiserfahrungen zeigen die Schwierigkeit der Unterscheidung zwischen Prozeß- und Funktionalbereichen, wie sie die Organisationsliteratur kennt [BrBe92]. Die Abbildungen 3 und 4 sollen den Unterschied verdeutlichen helfen. Abhängig von dem einzunehmenden Blickwinkel, d.h. welchen Schnitt der Betrachter zwecks Strukturierung komplexer Informationsmodelle durch das Geflecht von interdependenten Unternehmensprozessen [Riep79, S.21] vornimmt, ergeben sich prinzipiell zwei unterschiedliche Sichtweisen:

- eine ressourcenorientierte und
- eine wertschöpfungsstufenorientierte Sicht auf das Unternehmensgesamtgeflecht.

Wie die Abbildungen zeigen, wird die ressourcenorientierte Sicht hier als Funktionsabgrenzung und die wertschöpfungsstufenorientierte Sicht als Prozeßabgrenzung interpretiert.

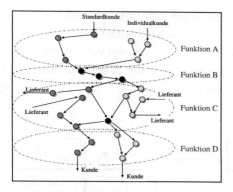

Abb. 3: Funktionale Abgrenzung   Abb. 4: Prozeßorientierte Abgrenzung

Mit der Modellierung wird im allgemeinen das Ziel verfolgt, Unternehmen zu beschreiben und zu gestalten. Mithin ist die Informationsmodellierung als ein Instrument zur Komplexitätsreduktion und -bewältigung zu verstehen [Bron92, Sp. 1121]. Es wird zwischen der Realitätskomplexität und der Modellkomplexität unterschieden {siehe Rosemann, Seite 3; Esser/Fidelak/Prescher, Seite 43f.; Schütte, Seite 69}. „Eine Komplexitätsreduktion liegt dann vor, wenn durch systemgestaltende Maßnahmen die Elementzahl und/oder die Beziehungsmenge reduziert wird. Eine Komplexitätsbewältigung liegt vor, wenn aufgrund einer Analyse der Elemente und Beziehungen des Systems entweder

- durch bessere Erkenntnis die Elemente und Struktur des Systems transparenter werden oder
- zur besseren Erkenntnis eine transparente, modellhafte Abbildung erfolgt oder
- aufgrund einer Systemanalyse eine bessere und transparentere Element- und Beziehungsgestaltung erfolgt" [Voß89, S.21].

1.3. Methoden der Referenzmodellierung

Die Unternehmensmodellierung [Scheer92; FeSi93] und Referenzmodellierung [BeSc96; Beck97] ist noch ein recht junges Thema der Wirtschaftsinformatik. Sowohl die zunehmende Zahl der Publikationen und wissenschaftlichen Arbeiten [Rose95; Krus96; ReSc96; Schü97] als auch das steigende Interesse in der Praxis an Aspekten der Informations- und Referenzmodellierung zeigen die Aktualität des Themas [BGW96]. Eine erste Vorgehensweise zur Erstellung von branchenspezifischen Referenzmodellen hat SCHÜTTE entwickelt [Schü97, S.135ff.] {siehe Schütte, S. 75ff.}. Im weiteren wird auf Basis praktischer Erfahrungen ein Vorgehensmodells zur Entwicklung eines Branchenreferenzmodells vorgestellt (siehe Abbildung 5), welches im wesentlichen denselben Ideen folgt.

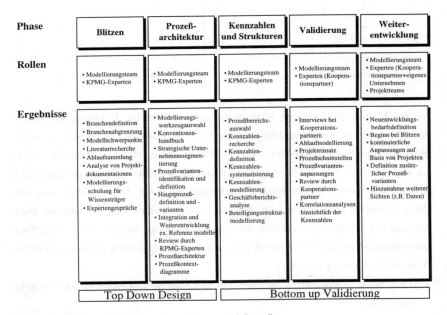

Abb. 5: Das KPMG-Vorgehensmodell zur Referenzmodellerstellung

Das KPMG-Vorgehensmodell besteht im wesentlichen aus den fünf Phasen:
- Blitzen[2] [MePa88, S. 303f.],
- Entwicklung der Prozeßarchitektur,
- Kennzahlen und Strukturen (Prozesse, Varianten u.a.),
- Validierung sämtlicher Komponenten des Referenzmodells,
- kontinuierliche Weiterentwicklung zunächst „vernachlässigter" Prozeß- und Kennzahlenbereiche.

Insbesondere die erste Phasen des „Blitzens" ist wichtig, um vor der eigentlichen Modellierungsarbeit einen umfassenden Überblick über die Branche, die zu betrachtenden Unternehmen und die abzugrenzenden Prozeßbereiche zu erlangen. Dabei sind sowohl verschiedene Unternehmenstypen zu identifizieren (z.B. Objekt- bzw. Spartenorganisation), als auch auf einem hoch-aggregierten Niveau die Interdependenzen der zunächst hypothetisch aufgestellten Prozeßbereiche. Mit fortschreitendem Konkretisierungsstand des Referenzmodells müssen Anpassungen an die Unternehmensarchitektur erfolgen, weil zusätzliche Prozeßabgrenzungen und -differenzierungen als sinnvoll erachtet werden. Qualitätssichernd dienen zum einen interne Reviews durch erfahrene Branchenberater und zum anderen Kooperationen mit verschiedenen Unternehmen der jeweiligen Branche. Einer Top-Down-Vorgehensweise folgend, wird zunächst eine Unternehmensarchitektur entwickelt. Im Rahmen dieser Prozeßarchitektur werden auf einer zweiten Modellhierarchieebene Prozeßvarianten und Hauptprozesse definiert. Ist diese Vorstrukturierung erfolgt, werden Bottom-up die Hauptprozesse entwickelt und modelliert. Die Bottom-up-Vorgehensweise stellt eine Art Konkretisierung und Validierung der Prozesse dar. Es ist evident, daß dieses Verfahren nicht streng linear durchgeführt wird, sondern, daß immer wieder Iterationen durchlaufen werden müssen. Im folgenden wird die branchenspezifische Prozeß- bzw. Unternehmensarchitektur hergeleitet.

---

[2] Unter *Blitzen* versteht man die schnelle Erstellung eines bewußt unvollständigen und groben, nicht überprüften, Überblicksmodells auf Ebene des Fachkonzeptes.

2. Referenzmodellierung von Versorgungsunternehmen
2.1. Begriffe und Abgrenzungen in der Versorgungswirtschaft

Gemäß Energiewirtschaftsgesetz sind Energieversorgungsunternehmen, solche Unternehmen, die andere mit Energie versorgen (§ 2 Abs. 3). Unter Energie wird die leitungsgebundene Versorgung mit Elektrizität und Gas verstanden (§ 2 Abs. 1) [DeBu97]. Weitere Unternehmenssparten [Büh92] bzw. Geschäftsbereiche sind Wasser und Fernwärme, die gleichsam Versorgungsleistungen leitungsgebunden für den Kunden erbringen. Abbildung 6 zeigt eine grobe Klassifikation von Unternehmenssparten, wie sie dem Branchenreferenzmodell für Versorgungsunternehmen zugrundeliegt.

Elektrizität (Strom)	Gas	Wasser	Fern- wärme	Verkehr	Ent- sorgung	Hafen	Tele- komm.
Energieversorgungs- unternehmen		andere Versorgungs- sparten		weitere Geschäftsbereiche			
Versorgungsunternehmen							

Abb. 6: Begriffsumfang von Versorgungsunternehmen

Darüber hinaus lassen sich unterschiedliche Unternehmenstypen in Abhängigkeit der Wertschöpfungsstufe identifizieren [RöSe97; EG96]:

- Erzeugung (Strom und Fernwärme), Förderung (Wasser, Gas),
- Transport/Übertragung und
- Verteilung.

Den Unternehmen der jeweiligen Wertschöpfungsstufe können unterschiedliche Betriebstypen zugeordnet werden. Beispielsweise lassen sich Erzeugerunternehmen der Sparte Strom analog der Primärenergie z.B. in die Betriebstypen Kern-, Wasser-, Kohle-, Gas-, Erdöl-, Wind- oder Solarkraftwerke differenzieren. Mithin ergibt sich eine Vielzahl von Gliederungskriterien, die bei der nachfolgenden Modellstrukturierung im Rahmen eines Branchenreferenzmodells eine wesentliche Rolle spielen können und hinsichtlich ihrer Zweckmäßigkeit evaluiert werden müssen.

2.2. Grundüberlegungen zur Modellstrukturierung

Unternehmensprozesse bilden ein Netz von Aktivitäten (Abbildungen 3 und 4) mit zahlreichen interdependenten Input- und Outputbeziehungen. Diese können nach unterschiedlichen Kriterien gegliedert werden, um die Komplexität handhaben zu können oder um eine bestimmte Sicht einzunehmen. Bei der Erstellung eines Referenzmodells sind zunächst grundlegende Fragen zu beantworten:

- Welche Branche soll adressiert werden?
- Welche Ziele werden mit dem Referenzmodell verfolgt?
- Welche Prozeßbereiche sind abzugrenzen?
- Auf welche Prozeßbereiche soll sich zunächst konzentriert werden?
- Für welche Prozeßbereiche sollen ggf. bestehende Referenzmodelle (z.B. SAP-R/3-Referenzmodell) integriert und angepaßt werden?[3]
- Welche matrizenartigen Prozeßvarianten sollen expliziert werden?
- Anhand welcher Differenzierungsmerkmale soll die Variantenbildung zweckmäßigerweise geschehen?
- Welcher Abstraktions- bzw. welcher Detaillierungsgrad soll erreicht werden?

Die Grundüberlegungen zur Modellstruktur sind in einem verbindlichen Konventionenhandbuch zu definieren, um eine objektivierte Beurteilungsbasis für die Qualitätssicherung {siehe *Esser/Fidelak/Prescher, Seite 52f.*} zu schaffen. Für das Referenzmodell Utility hat die KPMG Unternehmensberatung ein eigenes Konventionenhandbuch entwickelt, welches auf Basis der Zielsetzung die spezifischen Anforderungen beschreibt.

2.3. Unternehmensarchitektur für Versorgungsunternehmen

Grundsätzliches Gliederungsprinzip auf der ersten Modellhierarchieebene sind Prozeßbereiche.[4]

---

[3] Es gibt Prozeßbereiche, deren Elemente zum Teil branchenübergreifende Gültigkeit aufweisen.
[4] Eine **strenge** Prozeßgliederung liegt allerdings nicht vor. Demnach würden bspw. die Hauptprozesse der Debitorenbuchhaltung komplett in den vertriebsnahen Prozeßbereichen des Anschlußwesens und der Verbrauchsabrechnung oder die Prozesse der Kreditorenbuchhaltung in die Beschaffungslogistik einzuordnen sein. Der „Prozeßbereich Externes Rechnungswesen" bestünde im wesentlichen nur noch aus Prozessen der Abschlußarbeit, der Konsolidierung und des Berichtswesens. Erfahrungen zeigen, daß das Denken an Abteilungsgrenzen noch zu stark vorhanden ist. Aus Kommunikationsgründen wurden daher an dieser Stelle methodische Kompromisse gemacht. Hauptprozesse wurden zum Teil redundant dargestellt, um einmal der Prozeßorientierung und des Abteilungsdenkens gerecht zu werden.

Die Ausgangsbasis des Referenzmodells Utility für Versorgungsunternehmen stellen 19 abgrenzbare Prozeßbereiche dar. Diese Prozeßbereiche fokussieren auf einen bestimmten Bereich des unternehmerischen Prozeßnetzes. Für den tendentiell standardisierten Prozeßbereich des Externen Rechnungswesens wurden Teile des SAP-R/3-Referenzmodells [RoRSc95] übernommen und modellstrukturell angepaßt. Die Anpassungen sahen zum einen eine Zusammenfassung und/oder Reduzierung von bestehenden Hauptprozessen und zum anderen eine Hinzunahme von neuen, tendentiell manuellen Prozeßelementen sowie die sprachliche Anpassung an branchenspezifische Termini.

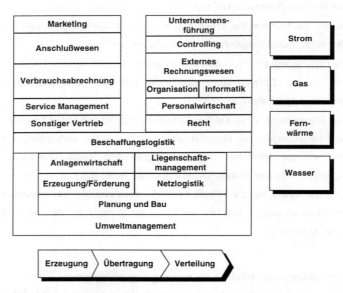

Abb. 7: KPMG-Branchenreferenzprozeßmodell Utility für Versorgungsunternehmen

Insgesamt wurde das Modell auf 3 Modellierungsebenen beschränkt:
1. Prozeßbereiche,
2. Prozeßbereichsvarianten und
3. Hauptprozesse (EPK, Funktionsbäume).

2.4. Abbildung der Versorgungssparten

Aufgrund von KPMG-spezifischen Anforderungen kommt im Referenzprozeßmodell eine Kombination aus ARIS-Standardmodelltypen (eEPK, Funktionsbaum, Organigramm, Datencluster u.a.), einem speziellen SAP-Modelltyp (Prozeßauswahlmatrix) sowie PROMET®-Modelltypen (Prozeßarchitektur, -kontextdiagramme) zum Einsatz {siehe Kor, Seite 201ff.}. PROMET® ist eine von KPMG erfolgreich eingesetzte Methode zum ingenieuräßigen Entwurf von Unternehmensprozessen [Hess96; Öst95] {siehe Meyners/Specht, Seite 369ff.}, für die im ARIS-Toolset eigene Modelltypen definiert sind [IMG97]. Die einzelnen Versorgungssparten finden ihre Ausprägung je Prozeßbereich in Form von Prozeßbereichsvarianten (siehe 2.5.), da die Unternehmenssparte i.d.R. nach dem Gliederungskriterium Prozeßbereich folgt. Prozeßkontextdiagramme sind hingegen detaillierte Ausschnitte der Gesamtunternehmensarchitektur, die nur die direkten Interdependenzen eines Prozeßbereiches zu einem anderen anhand von Leistungen aufzeigen (siehe Abbildung 8). Prozeßkontextdiagramme dienen wegen ihres aggregierten Niveaus der Diskussion grundsätzlicher und globaler Sachverhalte mit dem Management.

2.5. Abbildung von Prozeßbereichsvarianten

Die Prozeßbereiche werden durch entsprechende Modelltypen und abgrenzbare Prozeßbereichsvarianten weiter detailliert. In der Realität lassen sich eine Vielzahl von möglichen Varianten bilden [ScVr94, S. 65]. Hingegen zwingt die Variationskomplexität dazu, daß nicht alle denkbaren Varianten modelliert werden können. „Die Komplexität von Referenzmodellen ergibt sich zum einen aus den einzelnen Modellbausteinen (Leistungskomplexität) und zum anderen aus der kombinatorischen Vielfalt (Variationskomplexität)" [Schü97, S.162]. Ein Beispiel für eine Variante im Prozeßbereich Anschlußwesen ist die Technische Anschlußerstellung für eine bestimmte Kundengruppe (z.B. Tarif- oder Sondervertragskunde). Weiterhin können Varianten in Abhängigkeit der Anschlußleistung und der zu verlegenden Leitungslänge gebildet werden [Wölf95, S. 351]. Im Rahmen der Referenzmodellierung kann man Kosteneinflußfaktoren (cost driver) dazu verwenden, neben Prozeßbereichsvarianten auch Hauptprozeßvarianten zu definieren. Demzufolge ließe sich der Hauptprozeß „Technische Anschlußerstellung" der Prozeßbereichsvariante

„Anschlußwesen Tarifkunde Strom" in einen Standardfall und einen Sonderfall aufgliedern. Eine Analyse müßte den statistisch häufigsten Fall (Standard) ergeben, z.B. „Hausanschluß 250 A Tarifkunde Strom 30m". Die mögliche Vielzahl von Sonderfällen ist durch eine Durchschnittsbildung zu reduzieren. Grundsätzlich lassen sich folgende Merkmale zur Bildung von Prozeßbereichs- und Hauptprozeßvarianten heranziehen:

- Vertriebswege,
- Geschäftsobjekte (z.B. Kunden- und Leistungssegmentierungen),
- Geographische Standorte und Regionen [Öst95, S. 132ff.] oder
- Kostenträgerdefinitionen [vgl. BGW87, S.67ff.].

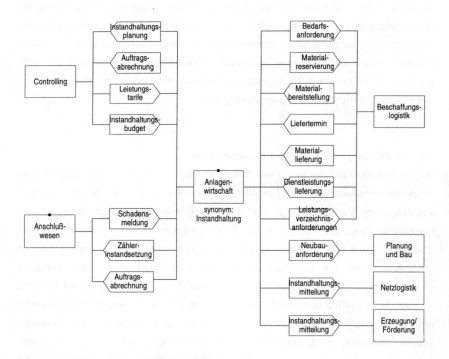

Abb. 8: Prozeßkontextdiagramm Anlagenwirtschaft (Auszug)

Für unterschiedliche Aspekte, z.B. Leistungsinterdependenzen mit anderen oder Varianten eines Prozeßbereiches, werden unterschiedliche Modelltypen verwendet:
- Prozeßauswahlmatrizen (SAP-Modelltyp),
- Prozeßkontextdiagramme (PROMET®-Modelltyp), [vgl. Hess96, S. 149; IMG97, S.3-17],
- Ereignisgesteuerte Prozeßketten (ARIS-Standardmodelltyp).

Abweichend der Auffassung von SCHÜTTE [vgl. Schü97, S. 180f.] zeigen die Erfahrungen des Autors, daß insbesondere der Modelltyp der Prozeßauswahlmatrix auf sehr kompakte Art und Weise unterschiedliche Informationen abzubilden vermag. Das Gegenargument des Problems der Redundanz besteht nicht im modelltechnischen Sinne (es wird immer nur auf ein Modell referenziert), sondern im Sinne einer mehrfachen Zuordnung eines Hauptprozeßsymbols zu unterscheidbaren Prozeßbereichsvarianten (bei SAP: Szenarioprozessen). Die bei einer Implementierung angegebene Gefahr einer mehrfachen Programmierung aufgrund dieser redundanten Darstellung ist nur ein schwaches Gegenargument und liegt wohl eher im Unvermögen des Implementierers. Bestätigt werden kann, daß das Verstehen und das Interpretieren einer Prozeßauswahlmatrix etwas Übung und hinreichendes Abstraktionsvermögen des Modellinterpreten erfordert {*siehe Krallmann/Wood-Albrecht, S. 433*}. Darüber hinaus wird die methodisch wünschenswerte Explizierung von Prozeß- sowie Konfigurationsobjekten derzeit vom verwendeten Modellierungswerkzeug nicht unterstützt und fällt somit für die Praxis aus.

2.6. Abbildung von Beteiligungs- und Organisationsstrukturen

Weitere Bestandteile des KPMG Utility Frameworks sind zwei Modellarten der Organisationssicht. Unter Verwendung des Modelltyps Organigramm wurden aus den Geschäftsberichten der Unternehmen der Versorgungswirtschaft Beteilungsstrukturen ermittelt und abgebildet. Hierbei sind grundsätzlich zwei Strukturierungsrichtungen zu differenzieren:

- Top-down und
- Bottom-up.

Während die Top-down-Struktur Aussagen darüber macht, welche Beteiligungen das betrachtete Unternehmen hat (Kriterium ist entweder die de facto Konsolidierung der Tochtergesellschaften oder ein Beteiligungsanteil von mindestens 25 %; nicht berücksichtigt werden Unternehmen, deren Beitrag zur Obergesellschaft nur gering ist), resultieren aus der Bottom-up-Struktur in einem passivistischen Sinne Aussagen darüber, welche Unternehmen am betrachteten Unternehmen beteiligt sind (siehe Abbildung 9).

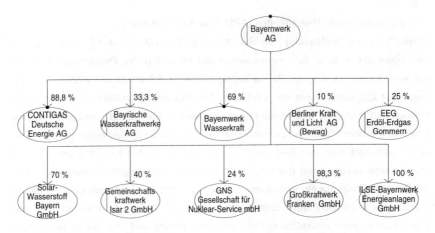

Abb. 9: Beispielhafter Ausschnitt eines Beteiligungsmodells (Bayernwerk AG) [BAG97]

Diese Modelle, die zentral in der Datenbank des Utility Framework gespeichert sind, werden zur KPMG-internen Information der Berater genutzt. Ein aufwendiges Suchen in Abschlußberichten entfällt. Lediglich periodisch sind die Beteiligungsmodelle zu aktualisieren (z.B. durch Pressemitteilungen oder Jahresabschlußdokumentationen). Des weiteren wurden im Sinne eines Wissensmanagements organisatorische Empfehlungen (ebenfalls zur internen Information der Berater) abgebildet. Mithin finden sich aufbauorganisatorische Referenzen in der Literatur [Boz86] (siehe Abbildung 10) oder aus durchgeführten KPMG-Projekten. Diese dienen dazu, sich einen schnellen Überblick über mögliche Organisationsstrukturen von Versorgungsunternehmen zu verschaffen. Besonders wertvoll erweisen sich derartige Modelle für die Einarbeitung neuer Mitarbeiter oder zur Vorbereitung von BPR-Projekten in Versorgungsunternehmen. Hinsichtlich der dezentralen Abfrage (über internetfähige Modelle) oder der dezentral-koordinierten Erstellung dieser Modelle sind die angebotenen Lösungsmöglichkeiten seitens der Werkzeughersteller noch unbefriedigend.

Insbesondere eine Integration von Groupwarekonzepten in die Modellierungswerkzeuge ist notwendig.

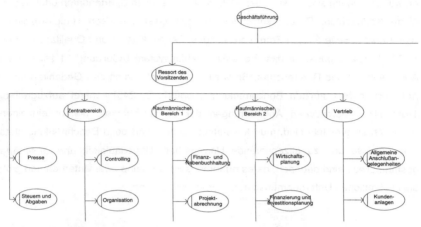

Abb. 10: Organisationsstrukturen aus der Literatur [Boz86]

3. Benchmarking in der Versorgungswirtschaft

3.1. Referenzmodellgestütztes Benchmarking

Als Kennzahlen werden diejenigen Zahlen verstanden, die quantitativ erfaßbare Sachverhalte in konzentrierter Form abbilden [Reich95, S.19; Hein93, S.286f.]. Wesentliche Eigenschaften von Kennzahlen sind:

- ihr Informationscharakter,
- die spezifische Form der Information sowie
- die Quantifizierbarkeit,

d.h., daß Merkmale von zu beobachtenden Phänomenen der Wirklichkeit (z.B. Ereignisse, Prozesse, Strukturen oder Zustände) auf einem metrischen Skalenniveau gemessen und mithin relativ genaue Aussagen über diese gemacht werden können. Das Referenzkennzahlenmodell der KPMG, welches als ERM-Modell (Cluster) in der Datensicht abgebildet ist, besteht aus folgenden Kennzahlenbereichen:

- spartenübergreifende (Gesamtunternehmenskennzahlen),
- spartenbezogene Kennzahlen und
- Prozeßkennzahlen.

Unter spartenübergreifende Kennzahlen werden absolute Daten und Kennzahlen verstanden, die das Gesamtunternehmen tangieren oder keine Spartenspezifitäten aufweisen. Häufig sind es kumulierte Werte von absoluten Spartendaten oder aggregierte Kennzahlen. Prozeßkennzahlen messen Leistungen von Hauptprozessen {*vgl. Berkau, Seite 342*} in Form von Mengen, Zeiten, Kosten und Qualität [ScVr94, S. 57ff.]. Bezugspunkt für das Prozeßkennzahlensystem (Abbildung 11 zeigt einen Ausschnitt) ist das Referenzprozeßmodell und versucht somit den Gedanken eines „referenzmodellgestützten Benchmarking" [Schü97, S. 245] konkret aufzugreifen. Trotz aller theoretischen Anforderungen der Vergleichbarkeit, die im einzelnen empirisch zu ermitteln sind, muß konstatiert werden, daß beim Benchmarking stets eine gewisse und zu akzeptierende Unsicherheit, Ungenauigkeit und Unschärfe besteht. Diese sind gegeben, da es erfahrungsgemäß keine zwei Unternehmen gibt, die in sämtlichen Unternehmensparametern identisch sind.

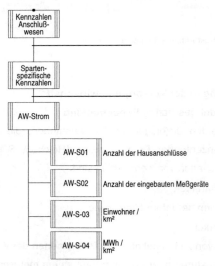

Abb. 11: Prozeßbereichskennzahlen (Auszug aus Anschlußwesen)

Benchmarking entwickelt sich zunehmend zu einem Instrument des strategischen Controllings, um Verbesserungspotentiale im Unternehmen systematisch aufdecken zu können [HoWE97, S.48]. In Anlehnung an KEARNS wird Benchmarking als ein kontinuierlicher Vorgang verstanden, Produkte, Dienstleistungen und Praktiken zu messen und mit den Ergebnisse des stärksten Wettbewerbers oder Unternehmen, die „Best practice" angesehen werden [Camp94, S.13]. Der Fokus von Benchmarking liegt in einem erweiterten Sinne insbesondere auf Arbeitsabläufe oder Unternehmensprozesse [Wats92, S.21]. Basis eines Benchmarkingprojektes ist ein Kennzahlensystem, welches die zu vergleichenden Objekte, Prozesse und Verfahren in einen Gesamtzusammenhang setzt. In diesem Kontext soll darauf hingewiesen werden, daß der häufig in der Literatur genannte Anspruch und die in der Praxis bestehende Erwartungshaltung an Referenzmodellen, diese repräsentieren ein best practice, vom Autor kritisch betrachtet werden [Schü97, S. 243]. An dieser Stelle muß klar zwischen den Typen von Referenzmodellen unterschieden werden. Während Standardsoftwarereferenzmodelle bis zu einem gewissen Grad Aussagen über eine „optimale" Informationsverarbeitung (z.B. hohe Integration, geringe Erfassungsredundanzen, Flexibilität u.a.) machen können und somit einem best practice nahekommen, sind die Prozeßstrukturen in einem Branchenreferenzmodell anders zu bewerten. Der empfohlene, fehlende Technologie-, Aufbauorganisations- und Aufgabenträgerzuordnungsbezug in Branchenreferenzmodellen [Schü97, S. 166 und 168] bereitet bei der Beantwortung, dessen was unter best practice zu verstehen ist, Schwierigkeiten. Was ist nun eine optimale Unternehmensorganisation? Mit dieser Frage beschäftigt sich seit langem die empirische Organisationsforschung und hat eine Vielzahl von Determinaten analysiert die zu bestimmten Organisationsstrukturen führen [Ebers92, Sp. 1818; vgl. auch KiKu92, S.67ff.]:

− Komplexität der Umwelt (Stabilität),

− Unternehmensgröße,

− eingesetzte Fertigungsverfahren.

Hinzuzufügen sind weitere Bestimmungsfaktoren, die sich zum überwiegenden Teil aus dem in Abb. 1 aufgezeigten System der Unternehmung ableiten lassen:

− Technologie,

− Produkte, Dienstleistungen,

− Alter der Unternehmung,

− Kunden,

− gesellschaftliche und kulturelle Bedingungen,

− gesetzliche Restriktionen und Anforderungen.

Zusammenfassend sind Aussagen über ein organisatorisches Optimum, welche Struktur weist ein optimaler Prozeß auf, nur unternehmensspezifisch oder eingeschränkt im Kontext von Standardanwendungssoftwaresystemen bzw. konkreten Technologien zu treffen. In der Praxis könnte folgende Definition gelten: Eine Organisation (Unternehmen) ist dann optimal, wenn das verantwortliche Management diese als optimal „empfindet". Als Konsequenz ergibt sich, daß insbesondere detaillierte Prozeßmodelle und die in ihnen abgebildeten Prozeßablaufstrukturen lediglich eine unbewertete Vorlage bzw. Empfehlung darstellen. Hingegen können detaillierte Benchmarks bzw. Prozeßkennzahlen etwas über die Performance einer betrachteten Prozeßstruktur aussagen, d.h. nicht eine bestimmte Referenzprozeßstruktur ist als best practice zu interpretieren, sondern die konkreten Ausprägungen der Prozeßleistungen (i.S.v. Meßgrößen) lassen Aussagen über einen best practice oder common practice zu.

3.2. Vom Referenzkennzahlenmodell zur Balanced Scorecard als Managementinformationskonzept

Ein wesentliches Einsatzgebiet des Referenzkennzahlensystems ist es, in Beratungsprojekten gemeinsam mit dem Mandanten die relevanten Kennzahlen zu diskutieren und in das Konzept der Balanced Scorecard aufzunehmen. Bei dem Konzept der Balanced Scorecard handelt es sich um ein, mehrere Sichten umfassendes Instrument zur effizienten und effektiven Unternehmenssteuerung auf Basis wesentlicher Kennzahlen [KaNo93; KaNo96; KaNo97; KPMG97]. Abbildung 12 zeigt grob den Aufbau des Kennzahlenkonzeptes, welches folgende Sichten umfaßt:

- Finanzwirtschaftliche Sicht,
- Kundensicht,
- Organisatorisches Lernen und
- Unternehmensprozesse.

Referenzmodellbasiertes Benchmarking: KPMG Utility Framework

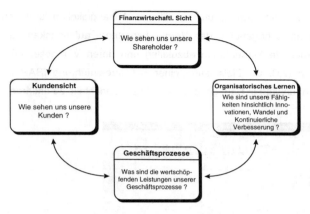

Abb. 12: Prinzipieller Aufbau einer Balanced Scorecard

Neben der eigentlichen organisatorischen Strukturierung und ggf. der Einführung neuer Standardanwendungssoftwaresysteme, ist insbesondere die Einführung moderner Steuerungsinstrumente notwendig. Nicht zuletzt in der Art und Weise der Unternehmenssteuerung lassen sich grundlegende Veränderungen eines Unternehmens dokumentieren.

3.3. KPMG-Benchmarkingmethode

Zur Durchführung von Benchmarkingprojekten in der Versorgungswirtschaft hat die KPMG eine mehrfach in der Praxis erprobte Vorgehensweise entwickelt [Brun97]. Diese ist in Form eines Vorgehensmodells dokumentiert und dient als Planungs- und Durchführungsinstrument für konkrete Projekte. Das Vorgehensmodell (*synonym* zu Methode) definiert zum einen die Phasen, Aktivitäten, Ergebnisse, Techniken und Rollen [Hess96, S.97]. Grundlage der KPMG-Benchmarkingmethode ist zum einen das Referenzprozeßmodell Utility, welches die Prozeßbereiche, die abzugrenzenden Hauptprozesse mit ihren analogen Leistungen normiert und somit eine einheitliche Vergleichsbasis schafft [vgl. Schü97, S.244ff.]. Zum anderen dient eine Benchmarkingdatenbank der Sammlung von Kennzahlen. Gegenwärtig wird die Kopplung der Datenbank an eine Statistiksoftware evaluiert und im nächsten Schritt realisiert, um Regressions-, Korrelations- und sonstige statistische Analysen durchführen zu können. Diese Analysen sollen in Benchmarkingprojekten helfen, das umfangreiche

Datenmaterial auszuwerten, um signifikante Abhängigkeiten und somit Verbesserungspotentiale gegenüber den Vergleichspartnern aufzudecken. Ziel ist mithin, entweder konkrete Maßnahmen abzuleiten und deren Verbesserungspotential zu quantifizieren (z.B. als Zielsetzung einer Softwareeinführung [SAP97]) oder vom Management bewußt in Kauf genommene Effizienznachteile zu erklären.

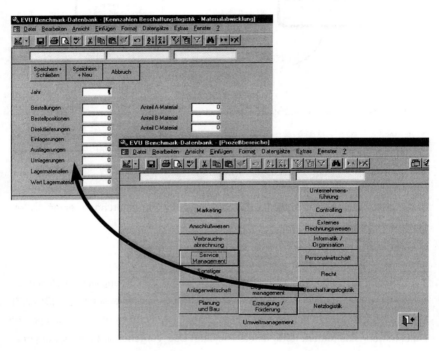

Abb. 13: Masken der Benchmarkingdatenbank des (Beispiel aus KPMG Utility Framework)

4. Zusammenfassung und Ausblick

In diesem Beitrag sollten die konzeptionellen und pragmatischen Ansätze der Referenzmodellierung innerhalb der KPMG Unternehmensberatung am Beispiel des Branchenreferenzmodells Utility für Versorgungsunternehmen veranschaulicht werden. Abbildung 14 zeigt die integrierten Komponenten des KPMG Utility Framework, welches als Grundlage ein Referenzprozeßmodell beinhaltet. Von diesem Referenzprozeßmodell ausgehend wurde ein Referenzkennzahlensystem ermittelt, welches Prozeßbereichskennzahlen mit Formeln und Berechnungsbasen dokumentiert. Darüber hinaus wurde durch die Definition von drei Hierarchieebenen und die entsprechende Zuordnung von Modelltypen eine allgemeine Struktur zur Dokumentation von Branchenreferenzmodellen geschaffen.

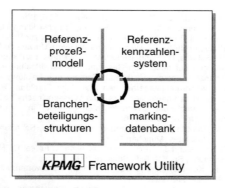

Abb. 14: Komponenten des KPMG Utility Frameworks

Die Philosophie, die hinter dem Utilitiy Framework (siehe Abbildung 14) steckt, kann prinzipiell auf jede Branche übertragen werden und schafft auf diese Weise mit Hilfe eines Referenzmodells die Basis für einen branchenübergreifenden Vergleich, da der Detaillierungsgrad und die Abgrenzungsprinzipien einheitlich definiert sind. Somit können branchenspezifische Benchmarkingdatenbanken entwickelt und mittels datenbankübergreifender Abfragen und Reports Informationen für einen branchenübergreifenden Vergleich bieten. Das Referenzmodell soll dabei die Vergleichbarkeit sicherstellen {siehe Rosemann, S.10}. Insgesamt ist der gegenwärtig mit Kooperationspartnern zu evaluierende Prototyp[5] ein erster Versuch eines „branchenreferenzmodellgestützten Benchmarkings", wobei weiterer Forschungsbedarf hinsichtlich der Konkretisierung der Anforderungen der Praxis an die Vergleichbarkeit von Unternehmens- und Prozeßkennzahlen besteht sowie deren Implikationen für die Grundsätze ordnungsmäßiger Referenzmodellierung {siehe Rosemann, Seite 7ff.; Schütte, S. 101-122}. Darüber hinaus wird das Utility Framework von der KPMG Unter-

---

[5] Besteht aus dem Referenzprozeß- und -kennzahlenmodell sowie einer MS-Access-Datenbank (Version 0.2)

nehmensberatung zur Vorstrukturierung von Organisationsanalysen eingesetzt und trägt zu einer effizienteren und transparenteren Organisationsanalyse bei.

Literatur

[BAG97]	Bayernwerk AG (Hrsg.): Jahresabschlußbericht 1996, 1997.
[Beck97]	Becker, J; Rosemann, M.; Schütte, R. (Hrsg.): Entwicklungsstand und Entwicklungsperspektiven der Referenzmodellierung, Proceedings zur Veranstaltung vom 10. März 1997, Arbeitsbericht Nr. 52, Westfälische Wilhelms-Universität Münster 1997.
[BeSc96]	Becker, J.; Schütte, R.: Handelsinformationssysteme, Landsberg/Lech 1996.
[BGW87]	Bundesverband der deutschen Gas- und Wasserwirtschaft e.V.; Vereinigung Deutscher Elektrizitätswerke e.V. (Hrsg.): Kosten- und Leistungsrechnung der Energie- und Wasserversorgungsunternehmen, 3. Auflage, Frankfurt - Bonn 1987.
[BGW96]	Bundesverband der deutschen Gas- und Wasserwirtschaft e.V. (BGW): Geschäftsprozeßorientierung und Workflow-Management in Versorgungsunternehmen, Schriftenreihe Nr. 51, Bonn 1996.
[Boz86]	Bozem, K.: Controlling in Versorgungsunternehmen, Schriftenreihe des Energiewirtschaftlichen Institutes, München 1986.
[BrBe92]	Braun, G.E.; Beckert,J.: Funktionalorganisation, in Frese, E. (Hrsg.): Handwörterbuch der Organisation, Sp. 640-655, Stuttgart 1992.
[Bron92]	Bronner, R.: Komplexität, in: Frese, E. (Hrsg.): Handwörterbuch der Organisation, Sp. 1121-1130, Stuttgart 1992.
[Brun97]	Brunner, B.: Benchmarking in Versicherungsunternehmen, in: Scheer, A.W. (Hrsg.): Organisationsstrukturen und Informationssysteme auf dem Prüfstand, 18. Saarbrücker Arbeitstagung 1997, Seite 473-486..
[Büh92]	Bühner, R.: Spartenorganisation, in: Frese, E. (Hrsg.): Handwörterbuch der Organisation, Sp. 2274-2287, Stuttgart 1992.
[Camp94]	Camp, R.C.: Benchmarking, München-Wien 1994.
[DeBu97]	Deutscher Bundestag (Hrsg.): Entwurf eines Gesetzes zur Neuregelung des Energiewirtschaftsrechts, Drucksache 13/7274 vom 23.03.1997, Bonn 1997.
[Ebers92]	Ebers, M.: Situative Organisationstheorie, in: Frese, E. (Hrsg.): HWO, 3. Auflage, Stuttgart 199, Sp. 1817-1838.
[EG96]	Richtlinie 96/92/EG des Europäischen Parlaments und des Rates, in: Amtsblatt der Europäischen Gemeinschaften, 30.01.97, S. 20-29.
[ElKr93]	Elgass, P.; Krcmar, H.: Computergestützte Geschäftsprozeßplanung, in: Information Management, 8.Jg., Nr. 1, S.42-49, 1993.
[FeSi93]	Ferstl, O.K.; Sinz, E.J.: Der Modellierungsansatz des Semantischen Objektmodells (SOM), Bamberger Beiträge zur Wirtschaftsinformatik, Heft 18, Bamberg 1993.
[Fre92]	Frese, E.: Handwörterbuch der Organisation (HWO), 3. Auflage, Stuttgart 1992.
[Gai83]	Gaitanides, M.: Prozeßorganisation. Entwicklung, Ansätze und Programme prozeßorientierter Organisationsgestaltung, München 1983.
[Gai94]	Gaitanides, M. et al. (Hrsg.): Prozeßmanagement: Konzepte, Umsetzungen und Erfahrungen des Reengineering, München-Wien 1994.
[Hars94]	Hars, A.: Referenzdatenmodelle. Grundlaen effizienter Datenmodellierung, Wiesbaden 1994.
[Hein93]	Heinrich, L.J.: Wirtschaftsinformatik, Einführung und Grundlegung, München-Wien 1993.
[Hess96]	Hess, Th.: Entwurf betrieblicher Prozesse. Grundlagen - bestehende Methoden - neue Ansätze. Wiesbaden 1996.
[HoWE97]	Homburg, Ch.; Werner, H.; Englisch, M.: Kennzahlengestütztes Benchmarking im Beschaffungsbereich: Konzeptionelle Aspekte und empirische Befunde, in: DBW 57. Jg. (1997), S.48-64.
[IMG97]	IMG GmbH (Hrsg.): Seminarhandbuch ARIS-PROMET-BPR, Vaterstetten 1997.
[KaNo93]	Kaplan, R.S.; Norton, D.P.: Putting the Balanced Scorecard to Work, in: Hardvard Business Review, September-October 1993, Seite 134-147.

[KaNo96]   Kaplan, R.S.; Norton, D.P.: Using the Balanced Scorecard as a Strategic Management System, in: Harvard Business Review, January-February 1996, Seite 75-85.
[KaNo97]   Kaplan, R.S.; Norton, D.P.: Balanced Scorecard. Strategien erfolgreich umsetzen, Stuttgart 1997.
[KeTe97]   Keller, G.; Teufel, Th.: SAP R/3 prozeßorientiert anwenden. Iteratives Prozeßprototyping zur Bildung von Wertschöpfungsketten, 1. Auflage, 1997.
[KiKu83]   Kieser, A.; Kubicek, H.: Organisation, 1983.
[KPMG97] KPMG Management Consulting, Business Performance Improvement, KPMG-internes Methodenhandbuch und Softwaretool, USA, Miami 1997.
[Krus96]   Kruse, C.: Referenzmodellgestütztes Geschäftsprozeßmanagement. Ein Ansatz zur prozeßorientierten Gestaltung vertriebslogistischer Systeme, Wiesbaden 1996.
[MaSc97]   Martin, H.-P.; Schumann, H.: Die Globalisierungsfalle. Der Angriff auf Demokratie und Wohlstand, 14. Auflage, Hamburg 1997.
[MePa88]   McMenamin, St.; Palmer, J.F.: Strukturierte Systemanalyse, Übers. von Hruschka, Peter, München-Wien 1988.
[Öst95]   Österle, H.: Business Engineering. Prozeß- und Systementwicklung, Band 1 Entwurfstechniken, 2. Auflage, Berlin u.a. 1995.
[Reich95] Reichmann, Th.: Controlling mit Kennzahlen und Managementberichten, Grundlagen einer systemgestützten Controlling-Konzeption, 4. Auflage, München 1995.
[ReSc96]   Remme, M.; Scheer, A.-W.: Konstruktion von Prozeßmodellen, in: Scheer, A.-W. (Hrsg.): Veröffentlichungen des Instituts für Wirtschaftsinformatik, Heft 125, Saarbrücken 1996.
[Riep79]   Rieper, B.: Hierarchische betriebliche Systeme. Entwicklung einer Konzeption zur Analyse und Gestaltung des Verhaltens betrieblicher Systeme, Beiträge zur industriellen Unternehmensforschung, Wiesbaden 1979.
[RoRSc95] Rosemann, M.; Rotthowe, Th.; Schütte, R.: Modellbasierte Organisations- und Informationssystemgestaltung unter Verwendung der R/3-Referenzmodelle, in: Wetzel, P. (Hrsg.): Geschäftsprozeßoptimierung mit SAP R/3, S. 14-42, 1995.
[RoSc97]   Rosemann, M.; Schütte, R.: Grundsätze ordnungsmäßiger Referenzmodellierung, in: Becker, J.; Rosemann, M.; Schütte, R. (Hrsg.): Entwicklungsstand und Entwicklungsperspektiven der Referenzmodellierung, S. 16-34, Münster 1997.
[Rose95]   Rosemann, M.: Komplexitätsmanagement in Prozeßmodellen. Methodenspezifische Gestaltungsempfehlungen für die Informationsmodellierung, Dissertation, Westfälische Wilhelms-Universität Münster 1995.
[RöSe97]   Röösli; Seeholzer: Einführung praktischer Controllinginstrumente im regionalen EVU, in: Controller Magazin, Heft 3, 22. Jg., S. 141-146, 1997
[SAP97]   SAP AG (Hrsg.): IS-U / CCS. Das Kundeninformationssystem für die Versorgungswirtschaft, Walldorf 1997.
[Scheer92] Scheer, A.-W.: Architektur integrierter Informationssysteme. Grundlagen der Unternehmensmodellierung, 2. Auflage, Berlin u.a. 1992.
[Schü97]   Schütte, R.: Grundsätze ordnungsmäßiger Referenzmodellierung, Dissertation an der Westfälischen Wilhelms-Universität Münster, Münster 1997.
[ScVr94]   Scholz, R.; Vrohlings, A.: Prozeß-Leistungs-Transparenz, in: Gaitanides, M. et al. (Hrsg.): Prozeßmanagement, Seite 57-98.
[Vett93]   Vetter, M.: Strategie der Anwendungssoftware-Entwicklung. Methoden, Techniken, Tools einer ganzheitlichen, objektorientierten Vorgehensweise, Stuttgart 1993.
[Voß89]   Voßbein, R.: Organisation, 3. Auflage, München-Wien 1989.
[Wats92]   Watson, G.: The Benchmarking Workbook: Adapting Best Practices for Performance Improvement. Cambridge 1992.
[Wölf95]   Wölfing, P.: Instandhaltungskostenrechnung bei einem Energieversorger, in: Controlling, Heft 6, S. 346-353, 1995.

Das Referenzmodell für Versicherungen

Von Dr. Carla Schneider,
KPMG Management Consulting, Wien

Gliederung:

1. Einleitung

2. Grundlagen und Einsatzbereiche des KPMG Referenzmodells für Versicherungen
    2.1. Modellbildung und Modellinhalte
    2.2. Einsatzbereiche
    2.3. Methodische Unterstützung für den Einsatz des Referenzmodellls

3. Aufbau des KPMG Referenzmodells für Versicherungen
    3.1. Metamodell
    3.2. Konventionen für die Modellierung

4. Das KPMG Referenzmodell für Versicherungen in ARIS
    4.1. Organigramm
    4.2. Prozeßkette, Funktionsbaum (Wertschöpfungskette)
    4.3. Zieldiagramm
    4.4. Prozeßauswahlmatrix
    4.5 Clustermodell und ERM
    4.6. Funktionszuordnungsdiagramme

5. Praktische Erfahrungen und Nutzen

1. Einleitung

Die Deregulierung der Versicherungsmärkte führt zu verschärftem Wettbewerb und damit zu einem permanent steigenden Kostendruck. Unbefriedigende Entwicklungen im Versicherungsgeschäft können oft nur durch positive Finanzergebnisse kompensiert werden. Die neuen Rahmenbedingungen und die weltweit auf allen Märkten stattfindenden Transformationsprozesse machen tiefgreifende Strukturanpassungsprozesse erforderlich, die aktiv gestaltet werden sollen. Sie bieten aber auch neue Chancen, die es konsequent zu nutzen gilt.

Um die Strukturierung komplexer Projekte zu verbessern und die Chancen für eine erfolgreiche Projektabwicklung zu erhöhen, hat die KPMG Management Consulting Wien in Zusammenarbeit mit der KPMG Unternehmensberatung München das KPMG Referenzmodell für Versicherungen entwickelt. Dieses Modell bietet eine Grundlage für die Neugestaltung von Geschäftsprozessen in Versicherungsunternehmen. Es erlaubt die sichtenübergreifende Betrachtung von Geschäftsprozessen, Datenstrukturen des Informationsflusses und der Organisation und ermöglicht so strukturierte und ganzheitliche Lösungen von strategischen, EDV-technischen und organisatorischen Fragestellungen.

2. Grundlagen und Einsatzbereiche des KPMG Referenzmodells für Versicherungen

2.1. Modellbildung und Modellinhalt

Die Entwicklung des KPMG Referenzmodells für Versicherungen erfolgte mit der zentralen Zielsetzung, eine strukturierte und ausreichend vordefinierte Grundlage für die ganzheitliche Betrachtung strategischer, ablauforganisatorischer und informationstechnischer Fragestellungen bieten zu können. Dabei stand, um auch Aussagen über die Wechselwirkungen zwischen diesen Bereichen zu ermöglichen, die Integration der unterschiedlichen Fragestellungen im Vordergrund.

Referenzmodell für Versicherungen

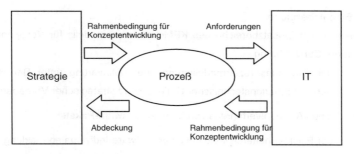

Abb. 1: Prozess als Integrationsansatz

Als Instrument für die Erreichung dieses Zieles wurde die Modellbildung gewählt. Der Modellansatz ermöglicht die transparente Darstellung und Analyse komplexer Wechselbeziehungen (vgl. Abbildung 1). Der integrative Ansatz im Modell fördert außerdem das für eine zielorientierte und effiziente Durchführung der Projektarbeit notwendige gemeinsame Verständnis bei den Projektbeteiligten. Bei der Entwicklung des KPMG Referenzmodells für Versicherungen wurden die Ergebnisse des Arbeitskreises des Gesamtverbandes der deutschen Versicherungswirtschaft (VAA-Referenzmodell) berücksichtigt. Dieses Modell wurde zum einen inhaltlich um Spartenspezifika (Leben) erweitert und im Detaillierungsgrad (Vertrag) verfeinert. Zum anderen wurden zusätzliche Teilmodelle (Strategie- und Informationsflußmodell) integriert. Die von KPMG im Rahmen der Durchführung zahlreicher Projekte bei Versicherungsunternehmen gewonnenen Erfahrungen bildeten die Grundlage für diese Modifizierungen. Der Inhalt des Referenzmodells in seiner nunmehrigen Ausformung umfaßt im Sinne der Wertschöpfungskette die wesentlichen Geschäftsprozesse im Versicherungsunternehmen: Produktentwicklung, Vertragsbearbeitung und Leistungsabwicklung.

Durch die Abbildung des Referenzmodells mit dem ARIS-Toolset erhält der Anwender eine Gesamtansicht auf das Unternehmen. Funktionalität und Benutzerfreundlichkeit dieses Werkzeugs gewährleisten eine einfache und schnelle Bearbeitung und Pflege der Teilmodelle. Zusätzlich kann das Versicherungsunternehmen einzelne Modelle für weitere Zwecke (z.B. ISO-Zertifizierung, Prozeßkostenrechnung {siehe Berkau, Seite 333ff.} , Prozeßsimulation) verwenden.

2.2. Einsatzbereiche

Die wesentlichen Einsatzbereiche des KPMG Referenzmodells für Versicherungen liegen in der Durchführung

- der Geschäftsprozeßmodellierung und -optimierung unter Berücksichtigung informationstechnischer Optionen und strategischer Vorgaben
- eines Auswahlverfahrens von Standardsoftware-Paketen
- der Pflichtenhefterstellung bei einer Software-Individualentwicklung
- der Simulation von Prozessen mittels alternativer Parametersetzung
- kostenrechnerischer Betrachtung von Prozessen im Zuge eines Prozeß-Controllings
- der Analyse und Gestaltung eines Informations- und Kommunikationssystems
- von branchenspezifischen Schulungen im Bereich Prozessanalyse und -modellierung

2.3. Methodische Unterstützung für den Einsatz des Referenzmodells

2.3.1. KPMG Methode für die Geschäftsprozeßmodellierung

Das in der KPMG Methode für die Geschäftsprozeßmodellierung- und -optimierung hinterlegte Vorgehensmodell bietet, unabhängig von der beabsichtigten Ausprägung der Geschäftsprozeßoptimierung, einen strukturellen Rahmen für die Analyse, Gestaltung und Verbesserung der Ablauforganisation in Versicherungen. Daher stellt diese Methode eine sinnvolle Ergänzung für den Einsatz des Referenzmodells dar.

2.3.2. KPMG Methode zur Standardsoftwareauswahl

Die $SIIPS^{TM}$-Methode (Selection & Implementation of Integrated Packaged Software) der KPMG zur Auswahl einer Standardsoftware stellt eine weitere Ergänzung für das KPMG Referenzmodell für Versicherungen dar. Die folgende Abbildung zeigt die einzelnen Phasen im $SIIPS^{TM}$-Lebenszyklus.

Referenzmodell für Versicherungen

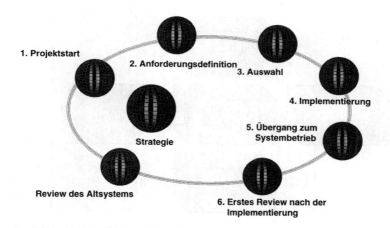

Abb. 2: Phasen im SIIPS-Lebenszyklus

In der Phase der Anforderungsdefinition an ein Standard-Softwarepaket werden die mittels des KPMG Referenzmodells für Versicherungsunternehmen erarbeiteten fachlichen Anforderungen eingebracht. Das auf die individuellen Bedürfnisse eines Versicherungsunternehmens angepaßte KPMG Referenzmodell bildet damit einen wesentlichen Bestandteil im Rahmen der kundenspezifischen Auswahl von Standardsoftwarepaketen.

Der Integrationsansatz wird in den Strukturmodellen (Strategiemodell, Organisationsmodell, Datenmodell und Informationsflußmodell, Funktions- und Prozeßmodell) des KPMG Referenzmodells abgebildet und konkretisiert.

3. Aufbau des KPMG Referenzmodells für Versicherungen

3.1. Metamodell

Die Zusammenfassung der Strukturmodelle und deren Abhängigkeiten werden im Metamodell (Gesamtmodellsicht) aufgezeigt. Die Beziehungen der einzelnen abgebildeten Objekttypen der Strukturmodelle, d.h. deren Beziehungen innerhalb und zwischen den Strukturmodellen, stehen dabei im Vordergrund. Im Mittelpunkt des KPMG-Referenzmodells steht das Funktions-/Prozeßmodell.

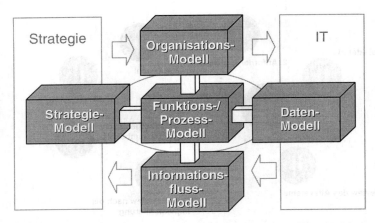

Abb. 3: Integrationsansatz und Strukturmodelle des KPMG Referenzmodells für Versicherungen

3.1.1. Funktions-/Prozeßmodell

Zweck dieses Strukturmodells ist die *Abbildung idealtypischer Geschäftsprozesse*. Die Beschreibung erfolgt anhand von Funktionen unter Verwendung unterschiedlicher Attribute (Zeit, Kosten, Kapazitäten etc.). Die Funktionen sind miteinander über Ereignisse verbunden. Die Verknüpfung des Funktions-/Prozeßmodells mit den anderen Strukturmodellen wird durch die Zuordnung der Funktionen/Prozesse auf die ausführenden Arbeitsplatztypen (Organisationsmodell) und auf das Geschäftsfeld (Strategiemodell) erzielt. Über die Informationsbereitstellung zur Funktionsausübung ist das Informationsflußmodell angebunden.

3.1.2. Organisationsmodell

Funktionen bzw. Prozesse werden durch spezielle Arbeitsplatztypen (z.B. Rundum-Sachbearbeitung) ausgeübt. Der Begriff ist ein zentrales Objekt im Organisationsmodell und spiegelt das Bestreben wider, unter Berücksichtigung der *Prozeßsicht (horizontal - funktionsübergreifend) Kompatibilität mit der klassischen Aufbauorganisation (vertikal - funktionsorientiert)* zu schaffen. Arbeitsplatztypen können zum einen unternehmensspezifischen Organisationseinheiten, die in ihrem Denken und Verhalten durch die Organisationskultur beeinflußt werden, zum anderen Standorten zugeordnet werden. Zu den Arbeitsplatztypen zählen auch Prozeßverantwortliche und Arbeits- bzw. Prozeßkreise.

3.1.3. Datenmodell

Die Gesamtheit aller zur Ausübung der Funktionen/Prozesse notwendigen Datenobjekte werden durch das Datenmodell *beschrieben*. Die von den Funktionen benötigten bzw. bereitgestellten Daten werden durch das Informationsflußmodell beschrieben. Die Verknüpfung mit dem Strategiemodell konkretisiert sich im strategisch geforderten, kritischen Informationsbedarf, dem Objekte des Datenmodells zugeordnet sind.

3.1.4. Informationsflußmodell

Der Zu- und Abfluß von Daten, die zur Funktions-/Prozeßausübung notwendig sind bzw. als Ergebnis von Funktions-/Prozeßausübung resultieren, sind im Informationsflußmodell abgebildet. Die Informationsflüsse werden durch Objekte des Datenmodells beschrieben.

3.1.5. Strategiemodell

Zweck des Modells ist es, Vorgaben für die Konkretisierung der sonstigen Strukturmodelle zu entwickeln. Für die definierten strategischen Geschäftsfelder werden die Geschäftsfeldstrategie bzw. die Geschäftsfeldziele (quantifizierbar) festgelegt. Die Strategieeinhaltung und die Zielerreichung werden über die Definition des dafür erforderlichen kritischen Informationsbedarfs operationalisierbar.

Die jeweiligen Strukturmodelle werden in einem Metamodell zusammengefügt, so daß die Wechselwirkungen zwischen ihnen deutlich werden und werden durch spezifische Modelltypen beschrieben.

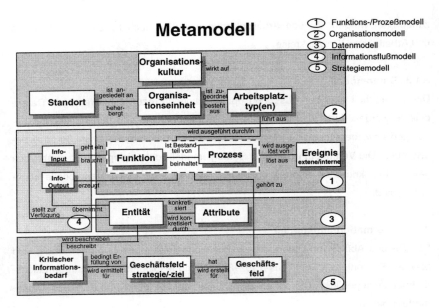

Abb. 4: Struktur des Metamodells

3.2. Konventionen für die Modellierung

Das ARIS-Toolset von der IDS Prof. Scheer in Saarbrücken ist ein Werkzeug zur Organisationsentwicklung. Charakteristisch ist die durchgängige und anerkannte Methode, die diesem zugrunde liegt {siehe Houy, Seite 407ff.}. Vorrangiges Ziel ist die unternehmensweite Dokumentation und die ganzheitliche Beschreibung von Unternehmensprozessen.

Als Basis für die Entwicklung von Referenzmodellen wurde von der IDS ein Regelwerk definiert, das die dafür maßgeblichen Modell- und Objekttypen sowie die zu betrachtenden Abstraktionsebenen angibt. Das KPMG Referenzmodell für Versicherungen ist unter Berücksichtigung dieses Regelwerkes entwickelt worden. Dies garantiert ein hohes Maß an Strukturiertheit und rasche Verständlichkeit des Modells. Die Ausprägung dieses Regelwerkes für das KPMG Referenzmodell für Versicherungen wurde in einem Konventionenhandbuch schriftlich festgehalten und kann auch für die unternehmensindividuelle Modellierung auf Basis des KPMG Referenzmodells für Versicherungen herangezogen und angepaßt werden.

4. Das KPMG Referenzmodell für Versicherungen in ARIS

Ausgehend vom Metamodell wurden die konkreten Objekte und ihre Beziehungen im KPMG Referenzmodell für Versicherungen abgebildet. Die folgende Graphik verdeutlicht in aggregierter Form die vorhandenen Objekte des KPMG Referenzmodells für Versicherungen im Zusammenhang mit dem Metamodell:

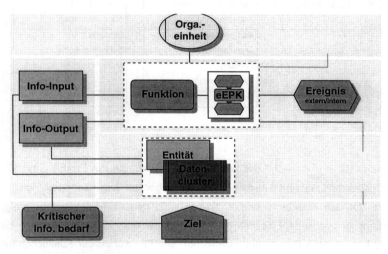

Abb. 5: KPMG Metamodell in ARIS

4.1. Organigramm

Im Organigramm sind die typischen Organisationseinheiten eines Versicherungsunternehmens abgelegt. In den Strukturmodellen sind folgende Modell- bzw. Objekttypen/Objekte hinterlegt:

Strukturmodell	Modelltyp	Objekttyp/Objekt
Funktions-/Prozeßmodell	eEPK Prozeßauswahlmatrix Funktionsbaum	Funktion/Ereignisse
Organisationsmodell	Organigramm	Organisationseinheit
Datenmodell	Clustermodell ERM	Datencluster Entität
Informationsflußmodell	Funktionszuordnungs- diagramm	Info- Input/Output
Strategiemodell	Zieldiagramm	Ziel Kritischer Informationsbedarf

4.2. Prozeßkette und Funktionsbaum (Wertschöpfungskette)

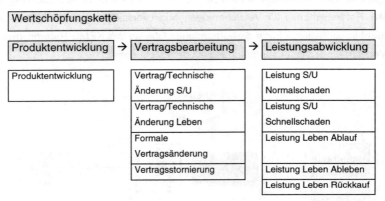

Abbildung 6: Prozesse/Szenarien

Für jeden der drei Bereiche der Wertschöpfungskette, d.h. für Produktentwicklung, Vertragsbearbeitung und Leistungsabwicklung, gibt es entsprechende Funktionsbäume auf den Ebenen 1 und 2. Sämtliche in den eEPK (erweiterte ereignisorientierte Prozeßketten) {siehe Nüttgens/Zimmermann, S. 25ff.; Scheer, Seite 317ff.} verwendeten Funktionen entsprechen den Funktionen der Funktionsbäume. Insgesamt wurden rund 80 Funktionsbäume und 60 Prozeßketten der Ebene 2 mit insgesamt etwa 500 Funktionen modelliert. Sinn der konsequenten Ebenenstrukturierung ist es, die Übersichtlichkeit von Einzelmodellen zu wahren, Komplexität zu reduzieren und in der Modellierung trotzdem vollständig zu sein.

4.3. Zieldiagramm

Das Zieldiagramm beinhaltet beispielhaft strategische und taktische Ziele sowie Funktionen zur Ermittlung des kritischen Informationsbedarfs.

4.4. Prozeßauswahlmatrix

Für die fünf Szenarien der Leistungsabwicklung wurde zusätzlich eine Prozeßauswahlmatrix erstellt, welche die Funktionsverwendung in einzelnen Szenarien gegenüberstellt. Dadurch werden sofort Mehrfachverwendungen von Funktionen bzw. die Modellierung von eigenen Funktionen für ähnliche Bereiche sichtbar.

4.5. Clustermodell und ERM

Das Clustermodell faßt logisch zusammengehörende Datenobjekte zu Datenclustern zusammen. Diese sind mit dem Entity Relationship Modell (ERM) verknüpft, das die zugehörigen Entitäten beinhaltet. Dabei ist jedes Datenobjekt genauer definiert. Insgesamt sind 14 Datencluster und über 110 Entitäten abgebildet.

4.6. Funktionszuordnungsdiagramm

Die Funktionen des Szenarios Leistung S/U Normalschaden wurden in Funktionszuordnungsdiagrammen mit Datenclustern und Organisationseinheiten verknüpft.

5. Praktische Erfahrung und Nutzen

Durch den Einsatz des KPMG Referenzmodells für Versicherungen können Projekte effizienter und kostengünstiger durchgeführt werden, da auf Referenzprozesse und -strukturen aufgebaut wird. Aufgrund der integrativen Wirkung des Modelleinsatzes, der sämtliche Interessensgruppen berücksichtigt, wird die Erfolgswahrscheinlichkeit von Projekten deutlich erhöht. Das Modell ist einfach zu handhaben und gewährleistet somit eine hohe Akzeptanz der Benutzer. Projekte, die mit Hilfe des Referenzmodells ausgeführt werden, initialisieren überdies einen kontinuierlichen Verbesserungsprozeß und können als zuverlässige Ausgangsbasis für alle folgenden Weiterentwicklungen verwendet werden. Erfahrungsberichte von Kunden der KPMG zeigen, daß der Einsatz des Referenzmodells im Vergleich zu anderen Methoden zu einer deutlichen Verringerung der Projektdauer führt. So konnte etwa der durchschnittliche Zeitaufwand für Projekte zur Prozeßoptimierung um rund ein Drittel und für Projekte zur Standardsoftwareauswahl um rund die Hälfte reduziert werden.

Integration von Referenzmodellen bei der Einführung betrieblicher Anwendungssysteme

Von Prof. Dr.-Ing. Hans-Jürgen Scheruhn
Fachhochschule Harz, Wernigerode

Gliederung:

1. Einführung

2. Betriebliche Anwendungssysteme und Einführungsmethoden

3. Vorgehensmodelle

4. Beschreibungsmethoden und Einsatz-Focus von BPR-Tools

5. Integration Referenzmodell und betriebliches Anwendungssystem

6. Reduktion der Einführungskomplexität durch intelligente Referenzmodelle

7. Branchen/Betriebstypen-Focus und modellbasiertes Customizing

8. Erfolgsfaktoren und Schlußfolgerung

1. Einführung

Unter betrieblichen Anwendungssystemen versteht man neben branchenneutralen oder branchenspezifischen Standardsoftwaresystemen eigenentwickelte Anwendungssysteme [Mert95, S. 4ff]. Betriebliche Anwendungssysteme können aus verschiedenen Komponenten einer Standardsoftware in Verbindung mit Branchenlösungen oder Eigenentwicklungen zusammengesetzt sein. Die anwendungsbezogene Ablauflogik wird in zunehmenden Maße auf übergeordnete Steuerungssysteme wie z.B. Workflowmanagementsysteme verlagert, welche die konkreten Abläufe bzw. Geschäftsprozesse in einem Unternehmen flexibel über verschiedene betriebliche Anwendungssysteme hinweg steuern [Schee96,S.9].

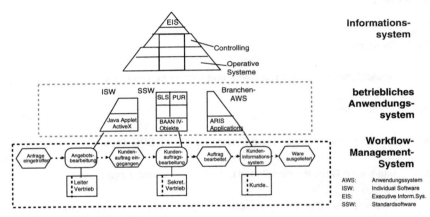

Abb. 1 : Betriebliche Informationssysteme

Die Standardsoftwaresysteme der Hauptanbieter in diesem Markt haben jeweils eigene Workflowkonzepte (SAP R/3 Business Workflow, BAAN IV Workflowmanagement bzw. Oracle Workflow) integriert [Scheru97, S.9ff].

Alternativ können auch externe BPR-Tool-basierte Workflowmanagementsysteme wie z.B. ARIS-Workflow im R/3-Umfeld oder INCOME-Workflow von PROMATIS im ORACLE Applications-Umfeld den Gesamtablauf koordinieren.

Referenzmodelle sind eine geeignete Basis für eine Workflowdefinition [Schee97, S.10ff.]. Sie nehmen damit eine wichtige Rolle bei der Einführung bzw. Optimierung von betrieblichen Anwendungssystemen ein. Wie die Workflowmanagementsysteme stehen auch die Referenzmodelle entweder auf der Basis von BPR-Tools zur

Verfügung oder werden vom Hersteller in das Anwendungssystem integriert. Die letztgenannten Referenzmodelle ermöglichen ein modellbasiertes Customizing des betrieblichen Anwendungssystems. Dadurch können die Unternehmen enorme Einsparungspotentiale bei der Einführung und kontiniuerlichen Optimierung von betrieblichen Anwendungssystemen erzielen [Baan97].

2. Betriebliche Anwendungssysteme und Einführungsmethoden

Die Einführung von Standardsoftwaresystemen bzw. Enterprise Resource Planing (ERP)-Systemen der Hauptanbieter in diesem Markt [Thomas97 S.38 ff] - SAP, BAAN und Oracle - besitzt für viele Unternehmen eine hohe Relevanz. Nicht nur die Hersteller, sondern auch verschiedene Dienstleister wie z.b. SNI, IDS und PROMATIS bieten spezifische Methoden für die Einführung von R/3, Baan IV bzw. Oracle Applications an (Tabelle 1).

R/3	SAP	IDS	SNI
	R/3-Vorgehensmodell	R/3-Einführung [ARIS], Quickstep for R/3	R/3 Live METHOD / Chestra & Tools
TRITON / BAAN IV	BAAN TARGET	BAAN / FH Harz TRITON / BAAN IV-SW-Referenzmodelle [ARIS]	
ORACLE Applications	ORACLE AIM [WORD / VISIO]	PROMATIS Vorgehensmodell [INCOME]	FHTW Berlin SW-Referenzmodell [Designer/2000] [..]=> auf Basis

Tab. 1 : Einführungsmethoden und Vorgehensmodelle verschiedener Standardsoftwaresysteme

Stellvertretend für die Einführung von Branchenlösungen (z.B. für Krankenhäuser oder für Energieversorger) soll ARIS-Applications näher betrachtet werden. Bei der Einführung von ARIS-Applications sind verschiedene Komponenten (Business-Objekte) aus einer betriebswirtschaftlichen Objektbibliothek der IDS Prof. Scheer GmbH modellbasiert zusammenzusetzen (s. Abbildung 1).

Auch eigenentwickelte Anwendungen lassen sich z.B. mit BPwin/ERwin von Logic Works modellbasiert erstellen und mit Java Applets bzw ActiveX Controls verbinden (s. Abbildung 1).

3. Vorgehensmodelle

Die Einführung von betrieblichen Anwendungssystemen erfordert ein geplantes Vorgehen mit einer aufeinander abgestimmten organisatorischen und informellen Einbindung innerhalb des Unternehmens (Abbildung 2). Daher gerät die Einführung selbst zu einem wichtigen Geschäftsprozeß.

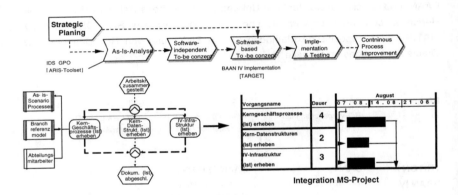

Abb. 2 : Vorgehensmodell für die Einführung betrieblicher Anwendungssysteme

Die Einführungsgeschäftsprozesse sind in sogenannten Vorgehensmodellen als Referenzmodelle abgebildet. Zur Planung und Kontrolle der Aktivitäten und Ressourcen eines Einführungsprojektes ist eine Workflowunterstützung denkbar [Schw97, S.19ff]. Bei geringerer Wiederholrate oder schwächer strukturierten Prozessen sind dagegen Groupwaresysteme besser geeignet {siehe Scheer, Seite 327f.}. Während die Vorgehensmodelle für die ORACLE-Einführung von PROMATIS oder für die „R/3-Einführung" von der IDS die Istanalyse und ein softwareneutrales Sollkonzept stärker betonen, beginnen die anderen Vorgehensmodelle wie z.B. TARGET von Baan oder „Quickstep for R/3" von der IDS bereits mit einem softwarebasierten Sollkonzept (Abbildung 2). Häufig bilden Vorgehensmodelle einen Rahmen für den Einsatz von Branchen- bzw. Softwarereferenzmodellen (Abbildung 2).

4. Beschreibungsmethoden und Einsatz-Focus von BPR-Tools

Von ca. 60 untersuchten BPR-Tools [Gart96/2] ist das ARIS Toolset von der IDS marktführend. IntelliCorp verwendet bzw. erweitert als Ergebnis der engen Kooperation mit SAP in seinem LiveModel, SAP-R/3-Edition {*siehe Sanoff, Seite 439ff.*} mittlerweile die Methoden aus dem ARIS-Toolset [Zenc97]. Der Designer/2000 von Oracle (im Zusammenwirken mit dem INCOME Process Modeller von der PROMATIS Informatik) {*siehe Erdmann, Seite 253ff.*} und das laut GartnerGroup in aussichtsreicher Warteposition befindliche BPwin/ERwin-Toolset von Logic Works eignen sich ebenfalls für ein Bearbeiten von Software- bzw. Branchenreferenzmodellen. Die von Logic Works benutzten IDEF-Methoden finden auch in dem von der GartnerGroup nach dem ARIS-Toolset auf Platz 2 gesetzten BPR-Tool von META Software Verwendung. Die IDEF-Methoden sind seit 1993 auf dem amerikanischen Markt im öffentlichen Sektor obligatorisch [IDEF].

Datenmodelle		Funktionsmodelle	Prozeßmodelle	Organigramme	
eERM, SAP-SERM		Funktionsbaum	eEPK	Organigramm	ARIS-Toolset
SAP Business-Objekt			business rules		

Informationmodel		INCOME Process Modeler	INCOME Organisationmodel	INCOME
ER-Diagrammer	Function-Hierarchy Diagrammer	Process Modeler	Business-Unit Hierachy	Designer/2000

IDEF1X	Prozeßhierarchie	IDEF3		BPwin/ERwin
	IDEF0			

Tab. 2 : Sichten der BPR-Tools auf Fachkonzeptebene (Auswahl)

Die BPR-Tools und die damit erstellten Referenzmodelle sind in der Regel in eine Daten-, Funktions-, Prozeß- und Organisationssicht aufgeteilt (Tabelle 2). Die statischen Datenmodelle des Fachkonzeptes ergänzen bzw. spezifizieren die dynamischen Prozeßmodelle und verbessern dadurch die Qualität eines Gesamtmodells erheblich. Die eERM-Modelle der Datensicht bilden z.B. die Grundlage für die Maskenerstellung bei der Anwendungsentwicklung mit ARIS-Applications. Auch die Maskenanpassung in Oracle Applications (Abbildung 5) erfolgt unter anderem mit dem ER-Diagrammer aus der Datensicht des Designer/2000. Masken für eigenentwickelte Java Appletsanwendungen lassen sich z.B. aus einem mit ERwin nach IDEF1X erstellten Datenmodell generieren.

Schnittstellen zwischen den unterschiedlichen Modelltypen der Datensicht (z.B. eERM und IDEF1X) ermöglichen einen bidirektionalen Austausch auf Fachkonzeptebene. Dabei gehen je nach Qualität der Schnittstelle mehr oder weniger Informationen verloren. Die BPR-Tools in Tabelle 2 decken auch das DV-Konzept und die Implementierungsebene ab, so daß Datenmodelle in IDEF1X mit ERwin z.B. auf einer Oracle- oder INFORMIX-Datenbank abgebildet werden können. ARIS-Applications berücksichtigt bei der Generierung von ablauffähigen Anwendungen auf einer Oracle-Datenbank neben den Daten- und Daten/Funktionsmodellen des Fach- bzw. DV-Konzeptes {siehe Scheer, S. 317ff.} zusätzlich auch ein Organisationsmodell, ebenso der Designer/2000.

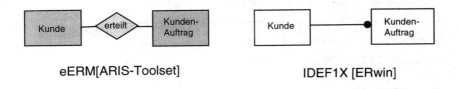

eERM[ARIS-Toolset]   IDEF1X [ERwin]

Abb. 3: Ausschnitt Datenmodelle Kundenauftragsbearbeitung

Betrachten wir als nächstes die Prozeßmodelle : Ein Zugriff aus dem ARIS-Toolset auf ein INCOME-Prozeßmodell und umgekehrt, ein BPwin-Zugriff auf ein ARIS-Prozeßmodell oder Prozeßmodellvergleiche werden durch unterschiedliche Beschreibungsmethoden (Abbildung 4 und 6) zur dynamischen Modellierung von Geschäftsprozessen erschwert. Die aus SADT abgeleitete IDEF0-Methode von BPwin eignet sich besonders für den Einsatz auf Daten/Funktionsübersichtsebene in den Fachabteilungen, aber auch zur Erstellung von Softwarereferenzmodellen, z.B. CONCORDE XAL von IBM [Würfel97].

Integration von Referenzmodellen bei der Einführung betrieblicher Anwendungssysteme 153

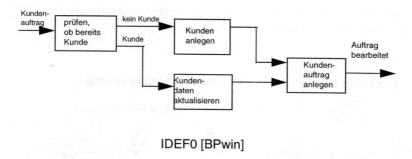

IDEF0 [BPwin]

Abb. 4: Ausschnitt Funktions-/Datenmodell Kundenauftragsbearbeitung (IDEF0)

Die hierarchischen Petrinetze innerhalb des INCOME Process Modeler ersetzen den Process Modeler des Designer/2000 von Oracle {siehe Stanierowski, S. 227f.} und ergänzen das Oracle-Tool um eine dynamische Beschreibungsmöglichkeit der Ablauforganisation (Abbildung 5) [Erdma97].

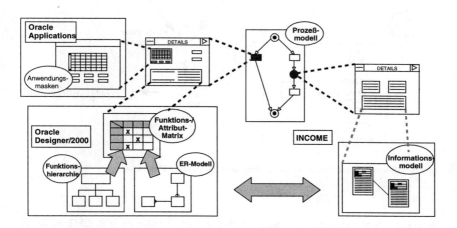

Abb. 5: Integration Designer/2000 und INCOME (ohne INCOME Organisationsmodell) [Erdma97]

Die Prozeßmodelle ähneln den mittlerweile als Standard etablierten erweiterten Ereignisgesteuerten Prozeßketten (eEPK) des ARIS-Toolsets, von denen sie sich vor allem durch die fehlenden bzw. nicht explizit darstellbaren Verknüpfungsoperatoren unterscheiden (Abbildung 6). Die Detaillierungstiefe der ORACLE Financals-Prozeßmodelle beträgt ca. 3-4 Stufen.

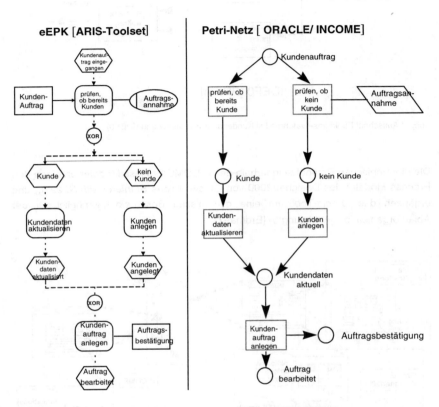

Abb. 6: Ausschnitt Prozeßmodell Kundenauftragsbearbeitung (eEPK/Petri-Netz)

Eine BPR-Toolarchitektur muß auch objektorientierte Methoden (z.B. OMT im ARIS-Toolset) integrieren, um z.B. eine Weiterverwendung der im Rahmen einer Geschäftsprozeßanalyse definierten SAP-Businessobjekte [Seub97] zu unterstützen. Im Methodenzuordnungsdiagramm von ARIS-Applikations (Abbildung 18) lassen sich den Businessobjekten DV-technische und betriebswirtschaftliche Methoden zuordnen. Auch das Objektmodell nach OMT (Abbildung 7) liefert nur eine statische Betrachtung der Businessobjekte, deren Zustände, Methoden und Beziehungen zueinander in der Daten- bzw. Funktionssicht. Dynamische Prozeßbeschreibungen bestehen dagegen aus Folgen von Methoden einzelner Objekte, die z.B. in einer Szenario-eEPK (Abbildung 6) abgebildet werden können [Seub97]. Aber auch neue Standards für eine dynamische Prozeßbeschreibung (UML, Use Cases, usw.) [Gart96/3] müssen in BPR-Tools flexibel einzubinden sein. In Verbindung mit der Organisationssicht lassen sich über Rollen bzw. Mitarbeiter Berechtigungskonzepte definieren. Die Funktionssicht aggregiert die Prozesse im allgemeinen in einem hierarchischen Funktionsbaum. Die Modelltypen der Organisations- und Funktionssicht sollen jedoch an dieser Stelle nicht weiter vertieft werden.

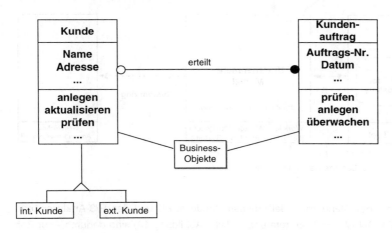

Abb. 7 : Ausschnitt Business-Objekte Kundenauftragsbearbeitung (OMT/statisch)

Referenzmodelle enthalten eine Obermenge möglicher Prozesse eines Unternehmens. Daher läßt sich der Modellierungsaufwand durch das Ableiten von kundenspezifischen Geschäftsprozessen aus einem Branchen- bzw. Software-Referenzmodell erheblich reduzieren. Das Ergebnis ist dann ein kundenspezifisches Unternehmensmodell. Die Referenzmodelle waren zunächst nur auf Basis von BPR-Tools verfügbar. Branchenreferenzmodelle (z.B. Maschinenbau) {siehe Becker, S. 85ff.; Schneider, S. 135ff.} können während einer detaillierten Istanalyse Verwendung finden, während in der Auswahlphase und in der Phase des softwarebasierten Sollkonzeptes die herstellerspezifischen Softwarereferenzmodelle (z.B. TRITON/BAAN IV bzw. R/3-Analyzer oder Oracle Financals) zum Einsatz kommen (s. Abbildung 8). Der Vorteil der BPR-Toolbasierten Softwarereferenzmodelle liegt darin, daß diese zunächst unabhängig von dem ERP-System erworben und geprüft werden können.

BPR-Tool-basiert

```
Branchen-Referenzmodelle      Software-Referenzmodelle
    eEPK                          eEPK
                                                    Petri-
                                                    Netze
   Maschinenbau               R/3 Analyzer
      Ver-/ Entsorgung           TRITON 3.1
         ( Krankenhaus )         ORACLE Financals
```

```
  BPR-Tool    <--->    Unternehmens-      ------->
  Repository           Modell
                                          Customizing
                       Bsp. Kundenauftragsbearbeitung

  BPR-Tool             Workflow-Managementsystem        betriebliches
                       [BPR-Tool oder ERP-System]       Anwendungssystem ?
```

Abb. 8 : BPR-Tool-basierte Referenzmodelle

Bei Einsatz der Standard-Modellierungsmethode eEPK und des R/3-Analyzer bzw. TRITON/BAAN IV - Softwarereferenzmodells (Abbildung 10) sind dadurch - zur Zeit allerdings noch mit deutlichen Einschränkungen - modellbasierte Vergleiche der betrieblichen Anwendungssysteme möglich [Scheru96/2 S. 112ff.]. Die Hauptschwierigkeit liegt dabei nicht einmal in unterschiedlichen Prozeßmodelltypen, die sich durchaus vergleichen ließen, sondern in der nicht standardisierten Struktur der Referenzmodelle (Abbildung 5 bzw. 10).

Da sich die Strukturen von Branchen- und Softwarereferenzmodellen noch ausgeprägter unterscheiden - schließlich soll in letzterem der Ablauf bis auf Transaktions- / Maskenebene dargestellt werden - ist auch häufig eine Integration der beiden Referenzmodelltypen gemäß obigem Vorgehensmodell durch einen Anwender problematisch. Die Verwendung von gleichen BPR-Tools und gleichen Methoden schafft keine Abhilfe, wenn bei der Modellierung verschiedene Grundsätze [Rose96] verfolgt wurden. Daraus lassen sich zwei Forderungen ableiten: Schaffung einer einheitlichen Vorgehensweise bei der Erstellung von Referenzmodellen durch die ORI (Open Reference Initiative) sowie Integration von Software- und Branchenreferenzmodellen bei gleichzeitiger Reduktion der Komplexität durch die Anbieter.

5. Integration Referenzmodell und betriebliches Anwendungssystem

Hat sich ein Unternehmen nach der beschriebenen Vorgehensweise für ein Anwendungssystem entschieden, sollten die im Vorfeld mit einem BPR-Tool modellierten und optimierten unternehmensspezifischen Geschäftsprozesse über Schnittstellen per Dateitransfer oder Online-Kopplung (z. B. für eine Workflowdefinition) weiter verwendbar sein. Ein solcher Modell**import** ist z.b. mit dem ARIS-Toolset als ARIS BAAN IV Link geplant bzw. mit ARIS Link for R/3 bereits realisiert (Abbildung 9).

Ein modellbasiertes Customizing des Anwendungssystems durch ein BPR-Tool scheitert zur Zeit daran, daß die dafür erforderlichen systemspezifischen Informationen nicht im BPR-Tool ablegbar sind. Außerdem variieren die Customizinginformationen mit dem jeweiligen Release und sind zunächst nur dem Hersteller des Anwendungssystems bekannt. Nur dieser kann gemeinsam mit Unternehmensberatern die Customizinginformationen über Regeln mit dem Referenzmodell verknüpfen.

Daher haben haben die ERP-Systemanbieter Baan und SAP inzwischen als Basis für ein integriertes Einführungs-Tool (R/3 Business Engineering Workbench (Release 3.1) bzw. Business Engineer (Release 4.0) und BAAN IV Dynamic Enterprise Modeler) eigene bzw. bereits existierende Branchen- / Softwarereferenzmodelle in ihre Systeme eingestellt (Abbildung 9). Diese sind in der Regel wie die BPR-Tools in eine Daten-, Funktions-, Prozeß- und Organisationssicht aufgeteilt (Bild 13). Die oben erwähnte Import-Schnittstelle kann dabei für Baan und SAP sehr nützlich sein, um z.B. auf das ständig wachsende Branchenknow-how von BPR-Toolanbietern oder von Unternehmensberatern zurückzugreifen.

Die ERP-Systembasierten Referenzmodelle dienen in der Regel weniger der Analyse von individuellen Kundengeschäftsprozessen. Vielmehr steht beim R/3 Business Navigator das Visualisieren / Kommunizieren der mit den Kundenanforderungen in Einklang gebrachten R/3-Prozesse im Vordergrund. Insbesondere die Kommunikation gewinnt durch die ERP-systemweite Verfügbarkeit der Modelle bei beiden ERP-Systemen eine neue Qualität. Eine Modellanpassung mit modellbasierten Customizing des ERP-Systems ist zur Zeit nur mit den BAAN IV - Referenzmodellen möglich und ist für R/3 erst mit Release 4.0 geplant.

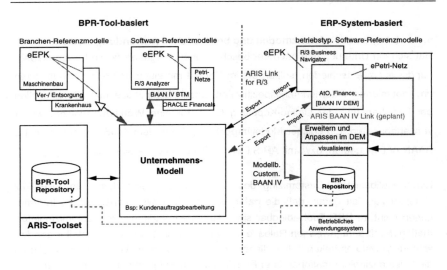

Abb. 9: Integration ARIS-Toolset und ERP-Systembasierte Referenzmodelle

Eine ausführliche Analyse der Kundengeschäftsprozesse läßt sich derzeit in beiden Anwendungssystemen nur eingeschränkt durchführen: Im DEM lassen sich z.B. Performance-Indikatoren nur statisch im Funktionsmodell (Abbildung 12) zuordenen. Somit besteht aus Sicht beider ERP-Systemanbieter der Bedarf, spezialisierte BPR-Tools zu integrieren. Diese **Export**schnittstelle ist z.b. für den Modelltransfer in das ARIS-Toolset mit ARIS BAAN IV Link geplant bzw. mit ARIS Link for R/3 bereits realisiert und macht die vom Hersteller gepflegten Referenzmodelle oder die vom Unternehmen daraus abgeleiteten Modelle dem ARIS-Toolset z.B für eine ISO-900x-Zertifizierung, Prozeßkostenanalyse, Simulation, ergänzende Anwendungsentwicklung oder eine externe Workflowsteuerung verfügbar (Abbildung 9).

Auch bei einem Releasewechsel des Anwendungssystems ist die Export-Schnittstelle für eine Aktualisierung der BPR-Tool-basierten Referenzmodelle dringend erforderlich. Der nunmehr von der IDS vertriebene R/3-Analyzer läßt sich auf diese Weise bei einem R/3-Release-Wechsel bequem anpassen, weil für die Darstellung der Szenario- und Prozeß-eEPKs in beiden Modellen die gleichen Beschreibungsmethoden Verwendung finden. Die Funktionszuordnungsdiagramme aus dem ARIS-Toolset lassen sich dabei im R/3-Business Navigator Input/Output-Datenclustern bzw. Systemorganisationseinheiten textuell zuordnen und umgekehrt. R/3-Hierarchien aus dem Business Navigator sind im ARIS-Toolset als Funktionsbäume implementiert. Prozeßauswahlmatrizen werden vollständig übernommen. Die Übertragung

Integration von Referenzmodellen bei der Einführung betrieblicher Anwendungssysteme 159

von Modelltypen aus der Daten- bzw. Organisationssicht unterstützt ARIS Link for R/3 derzeit nicht.

Das in Kooperation von BAAN und der FH Harz [Scheru96, S.17ff] entstandene TRITON / BAAN IV-Referenzmodell (Abbildung 10) auf Basis des ARIS-Toolset ist ebenfalls auf eine solche Exportschnittstelle angewiesen. So ließe sich z.B. kontinuierlich ein Basic Transaction Model (BTM) für Presales- oder Schulungszwecke auf ARIS-Toolset-Basis generieren.

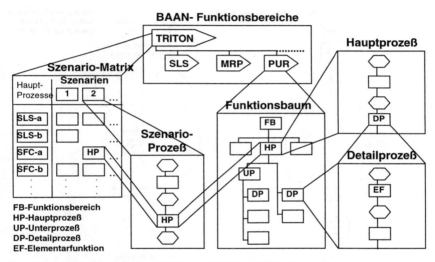

Abb. 10 : TRITON/BAAN IV Referenzmodell im ARIS-Toolset [Ullma97]

Dabei wäre die eEPK-ähnlich erweiterte Petrinetzmethode für die Darstellung der Prozeßmodelle des Dynamic Enterprise Modeler (Abbildung 11) {siehe Kohl/ Schimm, S. 291ff.} zunächst nur in das ARIS-Toolset einzubinden {siehe Houy, S. 407ff.}. Die IDS hat bereits einige externe Modell- und Objekttypen wie z. B. DEC RAMS oder PROMET®-BPR nachträglich in das ARIS-Toolset eingestellt. Neben der relativ schnellen Verfügbarkeit ergibt sich als weiterer Vorteil, daß sich die Anwender nur mit einem Modelltyp auseinanderzusetzen hätten.

Erst in einem zweiten und dritten Schritt könnte dann eine Umwandlung der Objekt- bzw. Modelltypen des DEM in eEPKs, Funktionszuordnungsdigramme, Funktionsbäume, Organigramme und andere Modelltypen des ARIS-Toolsets erfolgen. Für den Modellimport von Branchen-Know-How aus dem ARIS-Toolset wäre hier natürlich auch der umgekehrte Weg, d. h. eine Umwandlung in entsprechende Modelltypen des DEM zu beschreiben. Insbesondere gilt es in beiden Richtungen neben semantischen Modellunterschieden die Anzahl der Detaillierungsstufen und die Kopplung der Modelle untereinander, also die Modellstruktur (z.B. Abbildung 10) zu berücksichtigen, was jedoch an dieser Stelle nicht weiter vertieft werden soll.

Abbildungen 12 und 13 zeigen noch einmal auf der Ebene des Fachkonzeptes die einzelnen Sichten mit den entsprechenden (geplanten) Schnittstellen.

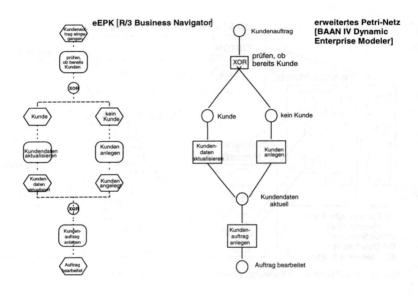

Abb. 11: Ausschnitt Unternehmensmodell Kundenauftragsbearbeitung (eEPK/ ePetri-Netze)

Integration von Referenzmodellen bei der Einführung betrieblicher Anwendungssysteme 161

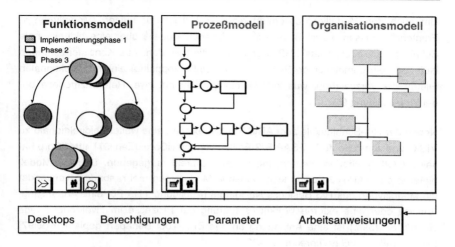

Abb. 12 : Modellsichten im BAAN IV DEM (ohne ECM und BCM) [in Anlehnung an Ullma97]

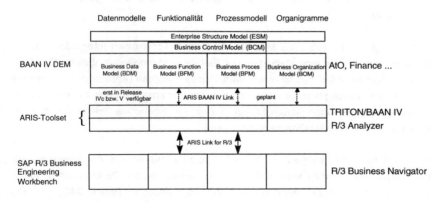

Abb. 13 : BPR-Tool-Schnittstellenkonzepte

Um eine modellbasierte Steuerung des Workflows zu ermöglichen, ist eine direkte Kopplung bzw. Übergabe der optimierten Geschäftsprozesse an ein ERP- bzw. BPR-Toolbasiertes Workflowmanagementsystem erforderlich. Hierfür läßt sich z.B. die bidirektionale Schnittstelle ARIS Link for R/3 verwenden. In einer R/3-Systemumgebung kann damit sowohl ARIS-Workflow als auch R/3 Business Workflow die Steuerung der Prozeßausführung übernehmen.

Um auch den Modellierungskomfort eines BPR-Tools zu nutzen (Modellierungs-Frontend), müssen die im BPR-Tool modifizierten Modelle über eine bidirektionale Schnittstelle wieder in das ERP-System importiert werden. Aus Konsistenzgründen ist jedoch ein gemeinsames Repository (per Onlinekopplung) einem bidirektionalen Filetransfer vorzuziehen, was letztlich ein Verzicht auf zwei Referenzmodelle bedeutet (Abbildung 9).

Neben der R/3-Schnittstelle zum ARIS-Toolset existiert eine weitere bidirektionale zu VISIO und zum LiveModel / SAP-R/3-Edition von IntelliCorp. [Zenc97]. IntelliCorp hat seine OOIE-Methodenunterstützung im SAP-Umfeld aufgegeben. Das LiveModell bietet in der SAP-R/3-Edition keine eigenen Modelltypen mehr, sondern verwendet die Modelltypen des R/3 Business Navigators (Abbildung 11). Für eine Anpassung, Analyse oder eine externe Workflowsteuerung der Prozesse im LiveModel {*siehe Sanoff, S. 439ff.*} ist eine Anbindung an das BPR-Tool Bonapart geplant [Krall97] {*siehe Krallmann/Gay-Albrecht, S. 425ff.*}.

6. Reduktion der Einführungskomplexität durch intelligente Referenzmodelle

SNI verfolgt mit der R/3 LIVE METHOD/Chestra & Tools einen Integrationsansatz, der insbesondere auf eine Reduktion der Einführungskomplexität abzielt. Das R/3-LIVE-„Referenzmodell" besitzt einen matrixförmigen Aufbau (Abbildung 14). Für eine Prozeßklassifizierung präsentiert es sich dem Unternehmen zunächst in horizontaler Richtung auf einer aggregierten Standard-„Process"-Ebene als Belegflußdiagramm, welches bei SNI als Workflow bezeichnet wird.

Im Dialog mit dem intelligenten LIVE KIT-Structure-Tool erzeugt der Anwender auf der Basis von Reduktionschecklisten und auswählbaren Profilvarianten einen unternehmensspezifisch reduzierten Einführungsleitfaden (Projekt-IMG) für die benötigten R/3-Module. LIVE KIT-Structure enthält die gesamte R/3-Bibliothek und kennt auch alle Abhängigkeiten der Module untereinander. Die Zuordnungsprofile enthalten dabei typische innerbetriebliche Organisationsformen, Abläufe und Funktionsanordnungen eines Betriebes. Unternehmensindividuelle Erweiterungen können im Live-Process-Tool visualisiert, aber nicht näher spezifiziert werden (z.B. für eine Workflowsteuerung).

Nach einem abschließenden Dateitransfer läßt sich der reduzierte IMG im R/3-Standardcustomizing für die Erstellung eines Baseline-Systems weiterverwenden. Weiterhin liefert das System konkrete Anleitungen zum Customizing. Um eine stetige Verbesserung der spezifizierten Abläufe bzw. Parameter in einem Produktiv-System zu realisieren, muß das Live-Verfahren kontinuierlich wiederholt und iterativ verfeinert werden (Continuous System Engineering / CSE) [Thom96, S. 70ff].

Neben einer Reduktionseffizienz läßt sich der Dienstleistungsaufwand abschätzen. Weitere Analysefunktionen sind nicht vorhanden, wie z.B. eine Prozeßkostenanalyse {*siehe Berkau, Seite 333ff.*}, Simulation, ISO-9000-Zertifizierung, Workflowsteuerung etc., so daß eine stärkere Integration mit BPR-Tools wünschenswert erscheint.

Als großer Vorteil schlägt dagegen die oben bereits geforderte Integration von Software- und Branchen-Referenzmodell durch den Anbieter SNI zu Buche, wobei ein Unternehmen bereits nach relativ kurzer Zeit eine Anfangslösung erhält. So erfolgt die Berücksichtigung von individuellen Anforderungen der Unternehmen bei einer gleichzeitigen Annäherung an den Standard von R/3.

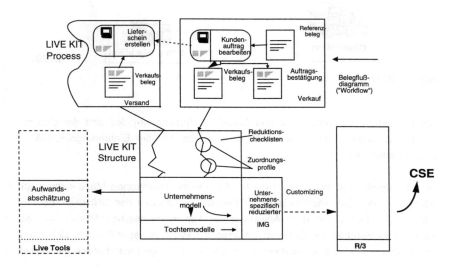

Abb. 14: R/3-Live-Referenzmodell

Die IDS liefert mit Quickstep for R/3 einen weiteren Ansatz zur Integration von Software- und Branchenreferenzmodellen und damit zur Reduktion der Einführungskomplexität :
Eine Quickstep-Einführungen beinhaltet verschiedene R/3-Versionen mit branchenspezifisch voreingestelltem Customizing, welche in entsprechend angepaßten Referenzmodellen des R/3-Analyzers dokumentiert sind. Außerdem unterstützt Quickstep den Anwender z.B. durch Checklisten und Testpläne. Unter Verzicht auf eine ausführliche Istanalyse erfolgt zunächst die Realisierung eines Basissystems. Erst nachträglich ist eine Anpassung und Optimierung der Abläufe durch ein Continous System Engineering (CSE) vorgesehen.

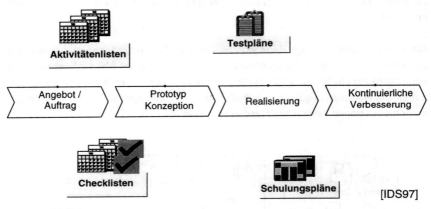

Abb. 15 : IDS Qickstep

Als einheitliche Oberfläche für das Quickstep-Vorgehensmodell und die dazugehörigen Werkzeuge dient ein WWW-Browser, so daß der Einführungsprozeß im Intranet erfolgen kann.

Das zusammen mit IntelliCorp zunächst für den amerikanischen Markt entwickelte ASAP-Tool der SAP (Accelerated SAP) konfiguriert ähnlich den SNI Live-Tools im intelligenten Dialog mit dem Anwender ein kundenspezifisches Modell. Als zukünftiger Bestandteil des Business Engineer in R/3 Release 4.0 sollen sich damit abschließend auch die dazugehörigen Tabelleneinstellungen automatisch generieren lassen.

7. Branchen/Betriebstypen-Focus und modellbasiertes Customizing

SAP und BAAN reduzieren ihre integrierten Softwarereferenzmodelle auf Teilmengen branchenspezifischer bzw. betriebstypischer Szenarioprozesse (Abbildung 16). Dadurch läßt sich bereits die Auswahlphase eines Anwendungssystems für ein Unternehmen deutlich verkürzen.

Die SAP hat z.B. aus dem allgemeinen R/3-Softwarereferenzmodell ein Industriespezifisches Referenzmodell- ein sogenanntes Branchentemplate - mit einer Vielzahl von Businessszenarios erstellt. Über konfigurierbare Branchenfilter können daraus verschiedene betriebstypische Referenzmodelle z.B. für den Bereich Chemie, Nahrungs- und Genußmittel oder für den Bereich Konsumgüterindustrie entstehen. Der Anwender muß letztlich nur noch entscheiden, welche Prozeß- (z.B. Einzelfertiger, Verkauf ab Lager, etc.) bzw. welche Funktionsvarianten (z.B. Verfügbarkeitsprüfung gegen gebuchte oder gegen geplante Bestände) und dazugehörigen Customizing-Profile er benötigt. Die Erstellung solcher Branchentemplates für den SAP Business Engineer in der Release 4.0 sollen neben der SAP selbst Partner bzw. Beratungshäuser übernehmen.

BAAN und die FH Harz haben eine betriebstypische Matrixstruktur bereits bei der Erstellung des TRITON/BAAN IV-Softwarereferenz-Modells (Abbildung 10) in ARIS berücksichtigt und reduzierten es in Abhängigkeit fertigungstypologischer Szenarien, z.B. für Serienfertiger, Variantenfertiger, Einzelfertiger etc. [Scheru96 S.17ff]. Für BAAN IV ist zur Zeit z.B. das Project Industries-, Process Batch Manufacturing-, Finance- und AtO- (Assemble to Order) Modell freigegeben. Geplant sind weitere Branchen-Referenzmodelle z.B. für den Bereich Automotive.

Die Software-Referenzmodelle sind im Baan DEM mit den abgeleiteten Branchen-Referenzmodellen verknüpft, so daß bei einem Releasewechsel alle Änderungen letztlich bis an das angepaßte Unternehmensmodell selektiv weitergereicht werden können. So lassen sich z.B. auch individuelle Änderungen innerhalb von Konzernmodellen (Abbildung 16) an die angeschlossenen Tochtermodelle durchreichen. Modifizierte Modelle (Deltas) können per Ableitungsstruktur verglichen werden.

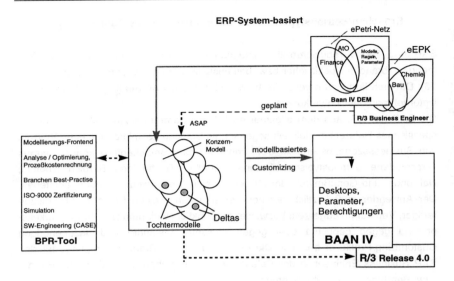

Abb. 16: Betriebstypische Softwarereferenzmodelle

Um das Customizing zu verkürzen, sind außerdem je nach Qualität des Branchen-Referenzmodells Regeln und Beziehungswissen hinterlegt (Abbildung 13), welche die szenarioprozeßabhängigen Modellvereinfachungen und Parametrisierungen der Tabellen konsistent steuern können (geplant : R/3 Release 4.0; realisiert : BAAN IV).

Im Bereich der Branchenlösungen bietet der Ansatz von ARIS-Applications die höchste Integrationsstufe innerhalb eines betrieblichen Anwendungssystems. Ausgehend von einem Branchenreferenzmodell (z.B. für Krankenhäuser oder für Energieversorger) kann ein Unternehmen seine spezifischen Modelle zunächst mit dem ARIS-Toolset analysieren und optimieren. Durch den zusätzlichen Erwerb der ARIS-Workflowkomponente lassen sich aus den Prozeßmodellen der Übersichtsebene modellbasiert Workflows erzeugen bzw. können nach dem Erwerb der ARIS-Applications-Komponente aus den Modellen der Daten-, Funktions-, Steuerungs- und Organisationssicht der Detailebene Applikationsmodule modellbasiert customized werden [Schee97, S. 14].

Integration von Referenzmodellen bei der Einführung betrieblicher Anwendungssysteme 167

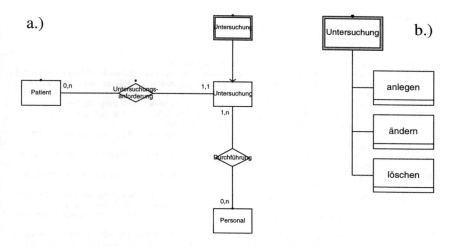

Abb. 17: COT-Diagramm a.) und Methodenzuordnungsdiagramm b.) in ARIS-Applications

8. Erfolgsfaktoren und Schlußfolgerung

Bei der Einführung bzw. Optimierung von betrieblichen Anwendungssystemen lassen sich Software- bzw. Branchen-Referenzmodelle sinnvoll einsetzen. Die Referenzmodelle sind entweder bereits in Standardsoftwaresystemen wie R/3 bzw. BAAN IV integriert oder können unabhängig vom Standardsoftwaresystem auf der Basis von BPR-Tools erworben werden. Aus Sicht der Unternehmen ist eine möglichst weitgehende Integration der BPR-Tools mit verschiedenen Anwendungssystemen wichtig, die in der Regel nur eine eingeschränkte BPR-Toolfunktionalität bieten. Eine Lösung bieten verschiedene Export/Import-Schnittstellen. Um die Einführungskomplexität zu reduzieren, gibt es verschiedene Ansätze. Intelligente Referenzmodelle (R/3-LIVE Tools bzw. ASAP-Tools) erstellen im Dialog mit dem Anwender einen unternehmensspezifisch reduzierten Einführungsleitfaden. Ein zukunftsweisender Weg wird zur Zeit im BAAN IV DEM (bzw. im geplanten R/3-Business Engineer) beschritten. Dabei erstellen Partnerunternehmen aus reduzierten Bestandteilen des Softwarereferenzmodells branchenspezifische Softwarereferenzmodelle. Diese erweitern bzw. dokumentieren je nach Qualität des Modells auch die Regeln zum modellbasierten Customizing des Standardsoftwaresystems. Dies stellt gleichzeitig die höchste Integrationsstufe zwischen Unternehmensmodell (Konzern/Töchter) und einer betrieblichen Standardsoftware dar. Im Bereich der Branchenlösungen bietet der Ansatz von ARIS-Applications die höchste Integrationsstufe.

Literatur

[Baan97]   Jan Baan : Höhere Ziele. In : Manager Magazin 7/97
[Erdma97]   Thomas Erdmann in Eckhard Klockhaus, Hans-Jürgen Scheruhn (Hrsg.) : Modellbasierte Einführung betrieblicher Anwendungssysteme. Harzer wirtschaftswissenschaftliche Schriften. Wiesbaden 1997
[Gart96/2] GartnerGroup: BPR-Tool Market. Research Notes M-600-144. June 20, 1996
[Gart96/3] GartnerGroup: BP Modeling Techniques. Research Notes T-400-152. July 23, 96
[IDEF]   National Technical Information Service, IDEF, 1993
[IDS97]   IDS Prof. Scheer GmbH (Hrsg.): Quickstep for R/3. Saarbrücken, 1997, http://www.ids-scheer.de
[Krall97]   Hermann Krallmann : Ubis will R/3-Einführung beschleunigen. In : Client Server Magazin 7/8 97
[Mert95]   Peter Mertens, Bodendorf, König, Picot, Schuhmann: Grundzüge der Wirtschaftsinformatik. Berlin u. a. 1995
[Rose96]   Michael Rosemann: Multiperspektivische Informationsmodellierung, auf der Basis der Grundsätze ordnungsgemäßer Modellierung. In: Management & Computing 4/96
[Schee96]   A.-W. Scheer : Großsysteme werden kaum noch beherrscht. In: Computerwoche 21/96
[Schee97]   A.-W. Scheer : (Jörg Becker, Michael Rosemann, Reinhard Schütte Hrsg.) : Entwicklungsstand und Entwicklungsperspektiven der Referenzmodellierung. Arbeitsbericht Nr. 52 des Instituts für Wirtschaftsinformatik der Westfälischen Wilhelms-Universität Münster
[Scheru96/2] Hans-Jürgen Scheruhn: Referenzmodelle - Hilfe bei der Einführung von Standardsoftware. In: iX 1/96
[Scheru96] Hans-Jürgen Scheruhn: Referenzmodell der FH Harz verkürzt Triton-Einführung. In: it-Management 3/4 (1996)
[Scheru97] Hans-Jürgen Scheruhn in (Eckhard Klockhaus, Hans-Jürgen Scheruhn Hrsg.): Modellbasierte Einführung betrieblicher Anwendungssysteme. Harzer wirtschaftswissenschaftliche Schriften. Wiesbaden 1997
[Schw97]   Lars Schwarze : Vorgehensmodelle zur SAP R/3-Einführung. Hausarbeit FH Harz SS97
[Seub97]   Michael Seubert in (Jörg Becker, Michael Rosemann, Reinhard Schütte Hrsg.) : Entwicklungsstand und Entwicklungsperspektiven der Referenzmodellierung. Arbeitsbericht Nr. 52 des Instituts für Wirtschaftsinformatik der Westfälischen Wilhelms-Universität Münster
[Thom96]   Thome, R.; Hufgard, A.: Reengineering ein alter Hut. In: Business Computing 3/96
[Thomas97] Klaus Thomas in Eckhard Klockhaus, Hans-Jürgen Scheruhn (Hrsg.): Modellbasierte Einführung betrieblicher Anwendungssysteme. Harzer wirtschaftswissenschaftliche Schriften. Wiesbaden 1997
[Ullma97]   Werner Ullmann in (Eckhard Klockhaus, Hans-Jürgen Scheruhn Hrsg.) : Modellbasierte Einführung betrieblicher Anwendungssysteme. Harzer wirtschaftswissenschaftliche Schriften. Wiesbaden 1997
[Würfel97] Bernd Würfel : Geschäftsprozeßmodellierung im Bereich Einkauf der integrierten betriebswirtschaftlichen Standardsoftware Concorde XAL von IBM. Diplomarbeit FH Hannover 8/97
[Zenc97]   Peter Zencke : SAP hat den Focus zugunsten von Intellicorp verschoben. In : Computer Zeitung 28/97

Iteratives Prozeßprototyping (IPP) – Konfiguration von Wertschöpfungsketten mit Hilfe des R/3-Systems

Von Dr. Gerhard Keller, Thomas Teufel
SAP AG, Walldorf/Baden

Gliederung:

1. Veränderte Marktbedingungen

2. Bedeutung von Geschäftsprozessen
    2.1. Grundlagen zum Geschäftsprozeß
    2.2. Geschäftsprozesse als Modelle
    2.3. Ereignisgesteuerte Prozeßkette (EPK) als Darstellungsmittel für das R/3-Referenzmodell

3. Montage und Konfiguration von Wertschöpfungsketten
    3.1. Grundelemente des Iterativen Prozeßprototyping
    3.2. Konfiguration des R/3-Systems mit der IPP-Technik

4. Ausblick

1. Veränderte Marktbedingungen

Prozeßgestaltung spielt zum einem innerhalb der Management- und Organisationslehre eine zentrale Rolle, zum anderen wird mit dem Einsatz von DV-Systemen versucht, das Ergebnis der Prozeßgestaltung durch eine integrierte Informationsverarbeitung in den Unternehmen zu unterstützen.

Effiziente Geschäftsprozeßabwicklung ist ohne Verwendung entsprechender Informationstechnologie heute in den meisten Fällen nicht mehr realisierbar. So wie Telefone und Fernseher alltägliche Gebrauchsgüter in privaten Haushalten sind, kann ein Industrieunternehmen ohne Informationstechnologien, z. B. Rechneranlagen und Kommunikationsdienste (Telefax, Telex, T-Online, Versenden elektronischer Nachrichten mittels Electronic Mail über Internet), im heutigen Informationszeitalter nicht existieren. Während die technologische Entwicklung in dramatischen Innovationssprüngen voranschreitet und neue Abwicklungsformen ermöglicht, sind die betriebswirtschaftlichen Konzepte zur Geschäftsprozeßabwicklung in den meisten Unternehmen immer noch durch das Paradigma des Taylorismus geprägt. Das Denken und Handeln der Mitarbeiter in den Unternehmen nach dem Taylorprinzip, nach dem jeder seinen Bereich mit seinen Aufgaben und Informationen zu optimieren hat, und die Strukturierung der Unternehmen nach dem Taylorprinzip, d. h. Trennung der Aufgaben in planende, kontrollierende und ausführende Tätigkeiten, behindern die Unternehmen auf dem Weg zur Realisierung von durchgängigen Geschäftsprozessen. Andererseits erfordert die Dynamisierung der Märkte (Dinge, die heute *State of the Art* sind, gelten morgen schon als veraltet, z. B. Schallplatten und CDs, Rollschuhe und Inline-Skates, Bleisatz und Photosatz in der Druckindustrie, elektromagnetische Datenübertragung (Koaxialkabel) und Datenübertragung mit Lichtwellenleiter (Glasfaserkabel), Schreibmaschinen und Computer, Vergaser und Einspritzmotoren) ein schnelles und flexibles Agieren. Individualisierung der Produkte nach dem Wunsch des Kunden und Herstellung bei möglichst günstigen Kosten zur Unterbietung des aktuellen Marktpreises sowie gleichzeitige Einhaltung der notwendigen Qualität sind heute Anforderungen, die ein Unternehmen erfüllen muß, um auf dem Anbietermarkt existieren zu können [vgl. Jaco95].

2. Bedeutung von Geschäftsprozessen

Viele Unternehmen beschäftigen sich mit der Gestaltung und Verbesserung von Geschäftsprozessen, die mit einem Informationssystem unterstützt werden sollen. Hier stellen sich für die Unternehmen vier wichtige Fragen, die zu klären sind:
- Was sind unsere zentralen Geschäftsprozesse, mit denen wir Gewinn erzielen?
- Wie müssen diese Geschäftsprozesse gestaltet sein?
- Welche Mitarbeiter sind dafür verantwortlich?
- Welche Fertigungs-, Kommunikations- und Informationstechnologie wird benötigt?

Der Informationstechnologie als Träger integrierter Geschäftsprozesse fällt dabei eine nicht unbedeutende Rolle zu. Auf dem Weg zur DV-gestützten Geschäftsprozeßabwicklung stellt sich nun das Problem, wie dieses Vorhaben realisiert werden kann. Dabei zeigen sich in der Praxis zwei eklatante Probleme bei der Gestaltung von Geschäftsprozessen:
- Die vorhandenen Geschäftsprozesse sind in vielen Unternehmen intransparent und die Zuständigkeiten nicht selten ungeklärt.
- Die angebotenen Geschäftsprozesse von den DV-Anbietern, speziell der Softwareanbieter, sind häufig für die potentiellen Kunden nicht ersichtlich und in ihrem ganzen Umfang meistens schwierig zu verstehen.

2.1. Grundlagen zum Geschäftsprozeß

In der betriebswirtschaftlichen Literatur und in der Praxis ist nicht eindeutig geklärt, was ein Prozeß ist und wie er charakterisiert werden kann. Allgemein wird ein Prozeß bzw. Geschäftsprozeß (wobei Geschäft im Wort Geschäftsprozeß für Unternehmensformen steht; es sei aber darauf hingewiesen, daß auch Non-Profit-Organisationen, wie z. B. Universitäten, Krankenhäuser, Kindergärten, Behörden etc., Prozesse gestalten) definiert „als Bündel von Aktivitäten, für das ein oder mehrere unterschiedliche Inputs benötigt werden und das für den Kunden ein Ergebnis von Wert erzeugt" [HaCh94, S. 52] oder als eine logisch zusammengehörende Folge von Aktivitäten, die dem Prozeßkunden einen meßbaren Nutzen bringen, einen Beitrag zur Erreichung der Unternehmensziele leisten und von betrieblichen Aufgabenträgern (Menschen) nach bestimmten Regeln durchgeführt werden [vgl.

Daven93, S. 5-6; vgl. FeSi93, S. 589-592; Gait83, S. 65; Haus96, S. 12-23; Kos62, S. 42-79; Kric94, S. 19-20; Stri88, S. 57). Während einige Autoren Geschäftsprozeß und Wertschöpfungskette synonym verwenden, sehen andere Autoren einen Geschäftsprozeß als Teil der Wertschöpfungskette an, der organisatorische Grenzen, z.B. Abteilungs- oder Unternehmensgrenzen, überqueren kann [vgl. DaSh90, S. 12-13]. Wiederum andere Autoren klassifizieren Geschäftsprozesse, z. B. ÖSTERLE, der die Geschäftsprozesse in Führungs-, Leistungs- und Unterstützungsprozesse unterteilt [vgl. Öst95, S. 130-131]. In Anlehnung an die verschiedenen Auffassungen beschreibt ein Geschäftsprozeß alle Aktivitäten, mit deren Durchführung eine angestrebte Leistung bzw. Solleistung durch Aufgabenträger erstellt wird, die an externe Kunden (Hauptprozesse) oder interne Kunden (Serviceprozesse) übergeben wird und für diesen einen Wert darstellt. Zur Durchführung eines Geschäftsprozesses werden Informationen und Materialien benötigt und ein Ergebnis erzeugt, das meßbar ist. Im folgenden werden einige Charakteristika zum Geschäftsprozeß, für den synonym auch der Begriff Wertschöpfungskette bzw. im Sprachgebrauch der SAP auch der Begriff Szenario verwendet wird, aufgeführt.

- Ein Geschäftsprozeß sollte zielgerichtet sein.
- Ein Geschäftsprozeß sollte einen Mehrwert schaffen, der abgesetzt werden kann.
- Ein Geschäftsprozeß sollte unabhängig vom Aufgabenträger und der Ressourcenzuordnung geplant, dann aber auf die betrieblichen Rahmenbedingungen hin abgestimmt werden.
- Ein Geschäftsprozeß umfaßt in der Regel mehrere Aufgaben, die miteinander koordiniert und zielgerichtet abgestimmt werden sollen.
- Ein Geschäftsprozeß umfaßt Aufgaben, die in der Regel von mehreren Personen oder auch Abteilungen bearbeitet werden.
- Gegenstand von Geschäftsprozessen sind das Erbringen von betrieblichen Leistungen, die zur Änderung von Objekten, z. B. Auftrag, Produkt, Bestellung etc., führen.
- Die einzelnen Aufgaben eines Geschäftsprozesses sind häufig vernetzt und interdependent, d. h. das Ende eines Teilschrittes stößt andere Schritte oder sogar Geschäftsprozesse an.
- Geschäftsprozesse haben einen definierten Anfang und ein definiertes Ende.
- Geschäftsprozesse haben einen oder mehrere Orte, wo sie durchgeführt werden.

Iteratives Prozeßprototyping (IPP) 173

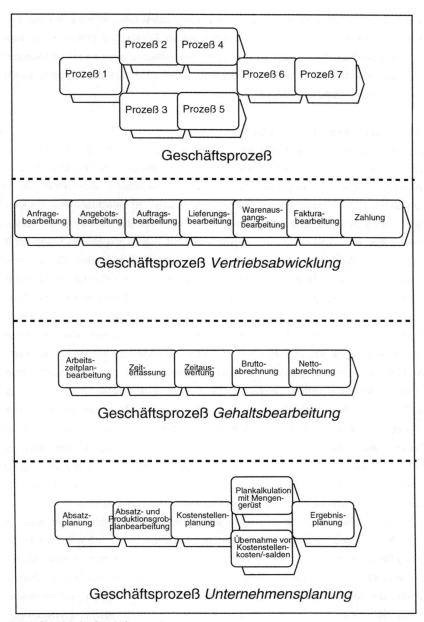

Abb. 1: Beispiele für Geschäftsprozesse

Die Reichweite eines Geschäftsprozesses hängt dabei entscheidend von der Betrachtungsweise des Gestalters und des Nutzers ab. FERSTL/SINZ differenzieren zum Problem der Identifikation der Länge eines Geschäftsprozesses zwischen formalen und sachlichen Merkmalen [vgl. FeSi93, S. 589-592]. Folgende Beispiele sollen exemplarisch Geschäftsprozesse darstellen.

2.2. Geschäftsprozesse als Modelle

Modelle sind vereinfachte Abbildungen der Realität [vgl. Eich79, S. 60-104]. Dabei kann unterschieden werden zwischen der existenten und der zukünftig angestrebten Realität. Ebenso sind bei der Bildung von Modellen die Aspekte Isomorphie (Strukturgleichheit) und Homomorphie (Strukturähnlichkeit) zu beachten. Bei strukturgleichen Modellen ist jedem Objekt der Modellwelt eindeutig ein Objekt der realen Welt zugeordnet, und das daraus gewonnene Modell weist die gleiche Komplexität wie die reale Welt auf. Strukturähnliche Modelle beinhalten, daß jedem Element und jeder Relation eines Modells eindeutig ein Element bzw. eine Relation der Realität zugewiesen ist, jedoch nicht umgekehrt [vgl. Schr90, S. 425-432]. Menschen bilden von jeher Modelle in Form von Plänen oder Skizzen, bevor sie etwas verwirklichen. Bauwerke, z. B. der Bau der Pyramiden, wurden schon vor tausend Jahren zunächst als kleine Modelle erstellt. Heute wird in vielen Disziplinen mit Modellen gearbeitet. Architektur, Schiffsbau, Maschinen- und Anlagenbau oder die Automobilindustrie seien als Beispiele genannt. Während es in den genannten Bereichen die Regel ist, daß vor der physischen Erstellung eines Produktes zunächst ein Bauplan oder Modell (Konstruktionszeichnung, Stückliste, Arbeitsplan) konzipiert wird, sind im Rahmen der Softwareerstellung solche Modelle als Grundlage für die Beschreibung von Software nur in begrenztem Maße vorhanden. Häufig sind die im Coding realisierten Lösungen überwiegend verbal beschrieben, was bei mehr als einhunderttausend Zeilen schnell zum Problem der Informationsüberlastung führt.

Softwaresysteme haben heute die Aufgabe, durchgehende Geschäftsprozesse in den Unternehmen zu unterstützen. Allerdings heißt das nicht, daß alle Funktionen eines Unternehmens automatisch mit Software durchgeführt werden müssen. Unternehmen sind in Abhängigkeit der Branche, des Marktsegments, der Unternehmensgröße, der Rechtsform, der Organisationsphilosophie (autokratisch oder demokratisch, flache oder steile Hierarchien) etc. unterschiedlich strukturiert und müssen verschiedenartige Geschäftsprozesse durchführen.

Es stellt sich nun die Frage, was die reale Bezugswelt für Geschäftsprozeßmodelle von Standardsoftwaresystemen ist.
- Ist es das real existierende Softwaresystem mit seiner Funktionsbreite und -fülle, die sich in einer Vielzahl von Prozessen niederschlägt?
- Ist es die Fülle der Erkenntnisse der Betriebswirtschaftslehre zum Thema Geschäftsprozesse?
- Sind es die praktizierten Geschäftsprozesse eines einzelnen Unternehmens oder einer Branche? [vgl. KeSc96, S. 77-88]

Unabhängig von der theoretischen Klärung dieser Frage kann festgehalten werden, daß mit der Modellbildung folgende Ziele angestrebt werden:
- Modelle sollen Transparenz über die Elemente und deren Beziehungen innerhalb eines Systems schaffen.
- Modelle sollen zur Erklärung der Funktionsweise eines Systems dienen.
- Modelle sollen die Kommunikation durch eine konsistente Formalisierung unterstützen.

Im Zusammenhang mit der Erstellung von Geschäftsprozessen wird dabei häufig der Begriff Referenzmodell bzw. Referenzprozeßmodell verwendet, ohne genauer zu spezifizieren, was unter Referenz zu verstehen ist. Referenzen bezüglich der Modellerstellung können sich dabei z. B. beziehen auf:
- in einem größeren Umfang gesammelte betriebswirtschaftliche Erfahrungen,
- in einem größeren Umfang gemachte Erfahrungen in einer Branche,
- ein vergleichbares Unternehmen und die dort erstellten Geschäftsprozesse,
- eine betriebswirtschaftliche Anwendungssoftware und die dort implementierten Geschäftsprozeßlösungen.

Referenz, abgeleitet aus dem lateinischen Wort referre (zurücktragen, überbringen, berichten), beinhaltet, über etwas Vergleichbares für eine offene Fragestellung eine Empfehlung abzugeben. *Modell* bedeutet, die Objekte für eine spezifizierte Problemstellung, ihre Eigenschaften und Beziehungen (statische und dynamische Beziehungen bzw. Struktur und Verhalten) vereinfacht durch Konzentration auf die wesentlichen Dinge und deren Beziehungen und Eliminierung der unwesentlichen Dinge abzubilden. Ein Modell beinhaltet somit auch einen Schritt der Verallgemeinerung, da von den individuellen Gegebenheiten einer konkreten Untersuchungseinheit abstrahiert wird.

Der Begriff *Referenzmodell* ist somit von seiner Konstruktion und der damit angestrebten Zielsetzung schon in sich selbst ein konträrer Begriff, da zum einen eine *konkrete Empfehlung* ausgesprochen werden soll, zum anderen ein *betrieblicher Sachverhalt vereinfacht* abgebildet werden soll. Referenzmodell beinhalten aufgrund des Aspekts der Verallgemeinerung immer das Phänomen der Unsicherheit, d. h. daß es im konkreten Fall einer betrieblichen Situation in der gewünschten Form doch nicht funktioniert. Referenzmodelle können somit die Unsicherheit einer unternehmerischen Entscheidung reduzieren, sie aber niemals vollständig beseitigen. Ein Referenzmodell soll ein allgemeingültiges Modell sein, das als Ausgangslösung benutzt und individuell angepaßt werden kann [vgl. Jost93, S. 12]. Standardisierte und konkurrenzneutrale Abläufe, z. B. der Finanzbuchhaltung, können übernommen werden, und das Unternehmen kann unnötigen Modellierungsaufwand vermeiden und von den Erfahrungen anderer Unternehmen profitieren [vgl. BrHa95, S. 32]. Die charakteristischen Eigenschaften eines Referenzmodells sind somit die Kriterien *Allgemeingültigkeit*, *Wiederverwendbarkeit* und *Sicherheit* im Hinblick auf die Realisierung. Die Spezifizierung des Referenzmodells sollte demnach soweit reichen, daß die in ihm enthaltenen Modelle auch ohne Veränderung als spezifische Modelle für ein Unternehmen verwendet werden können [vgl. Scheer95, S. 430]. Offen bleibt allerdings, wie Änderung definiert ist. Bedeutet *Veränderung*, daß das Referenzmodell in der existenten Form übernommen werden muß und folglich auch das einzuführende Informationssystem? Heißt *Veränderung*, daß neue Funktionen oder Prozesse definiert und modelliert werden, ohne die Sicherheit zu haben, ob die erstellten Prozesse mit irgendeinem Informationssystem auf der Welt abgewickelt werden können? Der Begriff *Veränderung* bzw. *Änderung* wird deshalb im Zusammenhang des Gebrauchs von Referenzprozeßmodellen folgendermaßen spezifiziert:

- *Änderung im Sinne der Konfiguration*
  Änderung im Sinne der Konfiguration bedeutet, daß der Anwender sich innerhalb des Lösungsspektrums des Referenzmodells bewegt und innerhalb alternativer Prozeßwege selektieren kann. Das Variantenspektrum der Referenzprozesse bestimmt die Anzahl der möglichen Lösungen. Bei Verfolgung des Ansatzes der

Konfiguration aus einem Referenzmodell eines Softwareanbieters, wie z. B. das R/3-Referenzprozeßmodell, erhält der Anwender die Sicherheit, daß die konfigurierte Lösung technisch realisierbar ist und die Gewißheit der zukünftigen Releasefähigkeit und Wartbarkeit. Die Nutzung eines Referenzmodells im Sinne der Konfiguration kann folgende Vorteile für ein Unternehmen bringen:

- Die Adaption bereits bestehender und in der Praxis erprobter Ablaufstrukturen ermöglicht Zeit- und Qualitätsvorteile, da von Beginn des Projekts an eine Arbeitsgrundlage existiert.
- Die Vorgabe einer Ablaufstruktur sowie der Einsatz einer erprobten Methode erleichtert die Einarbeitung und Kommunikation zwischen den Projektmitarbeitern und den Endanwendern.
- Die Nutzung von Referenzmodellen ermöglicht die schnelle Abhandlung von unkritischen Prozessen oder Prozeßteilen und unterstützt somit eine Konzentration auf die strategisch wichtigen oder auch kritischen Prozesse bzw. Prozeßteile.

- *Änderung im Sinne der Modellierung*
Änderung im Sinne der Modellierung bedeutet, daß der Anwender sich seine eigenen Lösungen durch Hinzufügen neuer Funktionen oder Prozesse erstellt und sich damit zunächst außerhalb eines Lösungsspektrums eines Referenzmodells bewegt. Er muß neben dem technischen auch einen semantischen Abgleich gegenüber einem Referenzmodell durchführen, wenn er beabsichtigt, Standardsoftware einzuführen und der Softwareanbieter ein Referenzmodell offengelegt hat. Andererseits muß er die angestrebte Lösung direkt im Softwaresystem evaluieren.

Die Forderung, daß mit Hilfe des R/3-Referenzmodells Personen mit unterschiedlichsten Berufsausbildungen und Fachkenntnissen kommunizieren sollen, veranlaßte die SAP AG zur Festlegung folgender Prämissen:
- *Definition der absolut notwendigen Elemente* zur Beschreibung und Darstellung von Geschäftsprozessen.
- *Erzielung einer einfachen Darstellung* durch eine Minimierung der Symbole und der dahinter liegenden Semantik.

- *Festlegung eines Rahmens für die logische und graphische Anordnung* der Geschäftsprozeßelemente, um eine eindeutige Nachvollziehbarkeit des Prozesses durch alle Beteiligten zu erreichen. Besonderen Wert wurde darauf gelegt, daß das Prozeßmodell von Personen, die nicht bei der Erstellung beteiligt waren, gelesen und analysiert werden kann.
- *Aufbau einer Struktur zur Darstellung der Modells auf unterschiedlichen Detaillierungsstufen*, um eine anwendergetriebene Navigation zu unterstützen. Eine Unterteilung des Referenzmodells in verschiedene Ebenen ermöglicht dem Kunden einen einfachen Einstieg. Die Visualisierung der Szenarien und R/3-Prozeßbausteine in Form der Ereignisgesteuerten Prozeßkette (EPK) kann durch vier Strategien unterstützt werden (vollständige EPK, EPK ohne Input/Output, EPK ohne organisatorische Einheit, EPK ohne Input/Output und ohne organisatorische Einheit).

2.3. Ereignisgesteuerte Prozeßkette (EPK) als Darstellungmittel für das R/3-Referenzprozeßmodell

Mit Hilfe der Modellbildung kann über die Abstraktion vom komplexen Sachverhalt die Neugestaltung der betrieblichen Abläufe wesentlich vereinfacht werden. Ziel der Modellbildung ist es, durch Konzentration auf die untersuchungsrelevanten Komponenten und ihrer Beziehungen, die Transparenz der ablauforganisatorischen Zusammenhänge zu erhöhen. Bei der Modellierung werden mit Hilfe von Ereignisgesteuerten Prozeßketten folgende zentrale Fragestellungen berücksichtigt.
- Wann soll etwas gemacht werden?
- Was soll gemacht werden?
- Wer soll etwas machen?
- Welche Informationen sind hierzu notwendig?

Die Methode der *Ereignisgesteuerten Prozeßkette (EPK)* hatte ihren Ursprung im Jahre 1990-1992 innerhalb eines Kooperationsprojektes zwischen der SAP AG und dem Institut für Wirtschaftsinformatik aus Saarbrücken [vgl. KeNS92]. Die aufgetretenen Schwierigkeiten mit verschiedenen, damals vorherrschenden Methoden zur Darstellung der im SAP R/3-System innenliegenden Variantenvielfalt führten zu dem

Entschluß, auf der Grundlage vorhandener Ansätze eine Erweiterung gegenüber den gängigen Prozeßbeschreibungssprachen mit der EPK vorzunehmen. So ist aus dem Ansatz der Beschreibung von *Petrinetzen* [vgl. Petri62; vgl. RoWi82, S. 5-50] die Idee geboren worden, gleichgewichtig aktive und passive Komponenten in einem Diagramm zu betrachten. Die Idee der Ereignisorientierung findet sich u. a. in dem sogenannten *Bedingungs-Ereignis-Netz innerhalb der Petrinetzansätze* [vgl. RoWi82, S. 5-50], in den *Beschreibungen zu Structured Analysis* [vgl. MaPa88, S. 10-14 und S. 47-77] und in den *Ausführungen zur Netzplantechnik* bei den sogenannten Ereignisknotennetzplänen, z. B. PERT und GERT [vgl. Küpp79, Sp. 1340-1353]. Es sei aber an dieser Stelle darauf hingewiesen, daß bei den genannten Ansätzen der Ereignisbegriff teilweise unterschiedlich aufgefaßt wird. In der EPK ist deshalb der Begriff wie folgt definiert: „Ein **Ereignis** ist ein **eingetretener Zustand**, der den weiteren Ablauf eines Informationssystems determiniert. Ein Ereignis bildet einen zeitpunktbezogenen Sachverhalt ab und stellt somit eine passive Komponente dar. Als passive Komponenten können Ereignisse keine Entscheidungen fällen." Aus dem Ansatz des *Structured Analysis* [vgl. DeMa78, S. 15-178] wurden die Idee der Verknüpfungsoperatoren übernommen und erweitert. *Structured Analysis/Real Time* [vgl. WaMe85, S. 1-72] gab Anregungen zur Differenzierung zwischen Kontroll- und Datenfluß innerhalb der Geschäftsprozeßabwicklung. *Structured Analysis und Design Technique* [vgl. MaGr88] diente als Vorlage zur Berücksichtigung von eingehenden und ausgehenden Informationsobjekten innerhalb der Aufgabenbearbeitung. Die *GRAI-Methode* [vgl. Doum83, S. 194-256], *Vorgangskettendiagramme* [vgl. Scheer90, S. 26-46] sowie die *Belegflußdarstellung aus der Organisationslehre* [vgl. Nord72, Schaubild 18 des Anhangs] dienten dazu, organisatorische Einheiten in der EPK sowie Entscheidungssachverhalte zu berücksichtigen [vgl. Kell93, S. 65-129]. Mit der EPK können Geschäftsprozesse einfach, übersichtlich und trotzdem eindeutig dargestellt werden. Die Methode der Ereignisgesteuerten Prozeßkette beschreibt in ihrem Grundprinzip den zeitlich-sachlogischen Ablauf von Ereignissen und Aufgaben (Funktionen) bzw. Ereignissen und Prozessen und besitzt folgende Elemente [vgl. KeNS92; vgl. Kell93; vgl. KeMe94; vgl. Kell95, S. 45-66; vgl. KeSc96, S. 77-88, vgl. KeTe97, S. 153-175]

- *Ereignis*, das beschreibt, wann etwas gemacht werden soll (Sechseck)
- *Aufgabe bzw. Funktion*, die beschreibt, was gemacht werden soll (abgerundetes Rechteck)
- *Organisatorische Einheit*, die beschreibt, wer etwas macht (Ellipse)
- *Informationsobjekte (Daten)*, die beschreiben, welche Informationen zur erfolgreichen Aufgabenbearbeitung notwendig sind (Rechteck)

Die Beziehungen zwischen den Elementen werden wie folgt ausgewiesen:
- *Kontrollfluß*, der den zeitlich-logischen Geschäftsprozeßablauf aufzeigt (gestrichelter Pfeil, der von oben nach unten angeordnet ist und Ereignisse mit Aufgaben (Funktionen) verbindet)
- *Informationsfluß*, der angibt, ob von einer Aufgabe (Funktion) gelesen, geändert oder geschrieben wird (durchgezogener Pfeil, der links von einer Aufgabe (Funktion) angeordnet wird; kann auch für die Zuordnung von Materialien verwendet werden).
- *Organisationszuordnung*, die angibt, welche organisatorische Einheit welche Aufgabe (Funktion) bearbeitet oder für welche Aufgabe (Funktion) verantwortlich ist (durchgezogene Linie, die rechts von einer Aufgabe (Funktion) angeordnet wird; kann auch für die Zuordnung von Ressourcen verwendet werden).
- *Verknüpfungsoperator*, der angibt, wie die betriebswirtschaftliche Prozeßstrukturogik zwischen Ereignissen und Aufgaben (Funktionen) aussieht. Es wird zwischen den Verknüpfungsoperatoren „und", „oder" und „exklusives oder" unterschieden, wobei diese kombinierbar sind. Aus einem Verknüpfungsoperator können, wenn mehrere Pfeile ausgehen, nur ein Pfeil eingehen (Verteiler), und wenn mehrere Pfeile eingehen, nur ein Pfeil ausgehen (Verknüpfer).

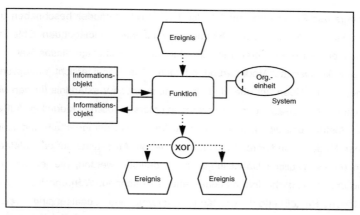

Abb. 2: Grundstruktur einer EPK

Die Navigation zwischen einzelnen Prozessen erfolgt über die *gemeinsamen* Ereignisse. Um die Geschäftsprozeßverbindungen, insbesondere bei Papierausrucken, schnell ersichtlich zu machen, gibt es folgende Lösung:

- *Prozeßwegweiser*, die die Verbindung von einem Prozeß zu einem anderen Prozeß aufzeigen (zusammengesetztes Funktions- und Ereignissymbol, wobei das Funktionssymbol im Vordergrund und das Ereignissymbol im Hintergrund liegt).

Mit der EPK-Methode kann somit der betriebliche Geschäftsprozeß vollständig beschrieben werden. Ziel ist es, die zeitlich-sachlogischen Abhängigkeiten von Aufgaben (Funktionen) darzustellen. Wichtig ist, daß die EPK immer mit mindestens einem Starterereignis beginnt und mindestens einem Schlußereignis endet, wobei je nach Bedarf noch ergänzend ein Prozeßwegweiser angefügt werden kann. Eine Ereignisgesteuerte Prozeßkette besteht immer mindestens aus den Geschäftsprozeßelementen Ereignis, Funktion, Informationsobjekt, Organisatorische Einheit und den entsprechenden Beziehungen (Kontrollfluß). Je nach Variabilität kommen noch die benötigten Verknüpfungsoperatoren hinzu. Da Funktionen die aktiven Komponenten im Unternehmen sind, werden hier neben der Durchführung einer Tätigkeit bzw. der Erfüllung einer Unternehmensaufgabe auch Entscheidungen gefällt. Im Gegensatz dazu kann ein Ereignis keine Entscheidungen fällen, wodurch sich plausibilitätsgestützte Restriktionen bei der Benutzung der Verknüpfungsoperatoren ergeben.

Die Ablage des R/3-Referenzmodells ist durch ein Metamodell beschrieben und im R/3-Repository abgelegt. Das Metamodell zeigt die grundlegenden Objekte und Beziehungen des R/3-Referenzmodells. Nur auf der Grundlage dieses Metamodells kann eine konsistente Modellierung erfolgen. Aus Benutzersicht ermöglicht das Metamodell eine Übersicht über und ein grundlegendes Verständnis für den Modellaufbau sowie die Zusammenhänge zwischen unterschiedlichen Modellen. Außerdem gibt das Metamodell die Navigationsmöglichkeiten vor, die innerhalb und zwischen einzelnen Modellen und deren Elementen bestehen. Aufbauend auf dem Metamodell können unterschiedliche Darstellungsformen definiert werden, die je nach Fragestellung unterschiedliche Informationen enthalten können. Während für jede Ereignisgesteuerte Prozeßkette die vollständigen Informationen abgelegt sind (Ereignisse, Funktion/Prozeß, Verknüpfungsoperator, Informationsobjekt, Organisatorische Einheit), muß die graphische Darstellung das Bilden von Ausschnitten erlauben (Generierungsfunktionalität). Das hier dargestellte Metamodell zeigt vereinfacht die der EPK zugrundeliegenden Objekte und Beziehungen.

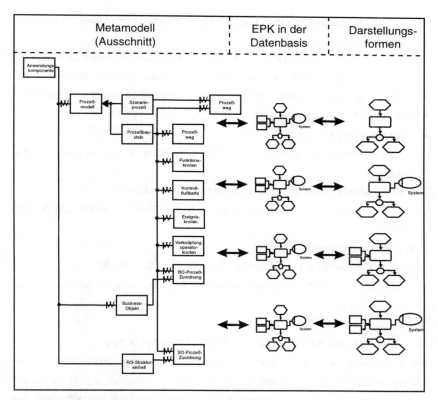

Abb. 3: Metamodell zur EPK-Struktur und Darstellungsstrategien

Die SAP gewährt mit den gebildeten Prozeßbausteinen des R/3-Referenzmodells die interne Konsistenz und die externe Verträglichkeit. Die potentiell vorhandenen Kombinationsmöglichkeiten werden in einer *Prozeßbausteinbibliothek* vorgehalten und über die in verschiedenen Prozeßbausteinen gemeinsam vorkommenden Start- und Endereignisse ausgewiesen. Ergänzend zur Navigationsunterstützung werden zusätzlich Prozeßwegweiser als Orientierung in den Graphiken dargestellt. Die vorhandenen 800 Prozeßbausteine des R/3-Referenzmodells ermöglichen prinzipiell über 10000 Kombinationsmöglichkeiten. Aufgabe des Kunden ist es nun, aufgrund seiner betriebswirtschaftlichen Anforderungen die angebotenen Prozeßbausteine aus der Prozeßbibliothek herauszugreifen und sie entlang seiner gewünschten Wertschöpfungskette anzuordnen.

Mittlerweile hat die Ereignisgesteuerte Prozeßkette über den praktischen Einsatz hinaus in der wissenschaftlichen Literatur verstärkt eine Berücksichtigung in verschiedenen Gebieten gefunden. Sie lassen sich differenzieren in eigenständige EPK-Ansätze und EPK-Migrationsansätze:

- *Eigenständige EPK-Ansätze*
  - Mathematische Formalisierung der EPK [vgl. Rump96; vgl. KeTe97, S. 166-175]
  - EPK-basierte Geschäftsprozeßarchitekturen [vgl. Scheer96]
  - Konfiguration von Anwendungssystemen [vgl. KeTe97, S. 57-66 und S. 197-297]
- *EPK-Migrationsansätze*
  - Integration der EPK mit Petrinetzen [vgl. LaSW97, S. 479-489]
  - Integration der EPK mit objektorientierten Ansätzen {siehe Nüttgens/Zimmermann, S. 23ff.}

3. Montage und Konfiguration von Wertschöpfungsketten

Die Zielsetzung der Kopplung von Geschäftsprozeßmodellen und DV-gestützten Informationssystemen liegt in der modellbasierten Konfiguration des Anwendungssystems. Durch die unternehmensspezifische Konfiguration des Prozeßmodells soll das Anwendungssystem an die Bedürfnisse des Kunden angepaßt werden. Die Aufgabe des Prozeßbausteins besteht somit in der Darstellung der variablen Verhaltenseigenschaften des entsprechenden Anwendungssystembausteines. Neben der inneren Struktur und des inneliegenden Verhaltens eines Prozeßbausteins ist vor allem die Kopplung bei der Einführung von betriebswirtschaftlicher Anwendungssoftware zur Gestaltung von kundenorientierten Wertschöpfungsketten zu beachten. Die Prozeßbausteine können dabei je nach Markt- und Produktsituation des Kunden zur Unterstützung der Auftragsabwicklungs- und Produktentstehungsketten hochgradig miteinander vernetzt sein {siehe Maicher, Seite 115}. Ebenso müssen bei der Konfiguration des Anwendungssystems auf der Grundlage der Kundenanforderungen in iterativen Schritten die Wechselwirkungen zwischen betriebswirtschaftlichem Wunsch und technischer Machbarkeit betrachtet werden. Der Ansatz des Iterativen

Prozeßprototypings zur Gestaltung von DV-gestützten Wertschöpfungsketten basiert deshalb auf dem Grundgedanken des Vernetzten Denkens [vgl. Prob92, S. 22-41; vgl. PrGo93, S. 3-20].

3.1. Grundelemente des Iterativen Prozeßprototypings

Vernetztes Denken bedeutet, zielorientiert unterschiedliche Instrumente zu verwenden und gleichzeitig die Wirkungen auf benachbarte Bereiche oder Fragestellungen zu berücksichtigen. Vernetztes Denken innerhalb der Geschäftsprozeßgestaltung zur Planung von Informationssystemen und der damit verbundenen Einführung von Standardsoftware hat zur Folge, sich von traditionell orientierten Phasenkonzepten zu lösen und abhängig von der Aufgabenstellung das bestmögliche Informationsmaterial zu nutzen. Nach dieser Auffassung ist es z. B. sogar teilweise in einer frühen Phase der Geschäftsprozeßdiskussion gewünscht, auch physische Lösungsalternativen einer Software anzuschauen.

Ziel des Iterativen Prozeßprototypings (IPP) ist es, machbare Geschäftsprozesse zu realisieren. Das heißt, das Unternehmen benötigt eine Organisationsform und Mitarbeiter, die die Abwicklung der gewünschten Prozesse durchführen und steuern können. Das Unternehmen benötigt aber auch Informationstechnologien, mit denen die Prozesse konsistent, schnell und qualitätsgesichert durchgeführt werden können. Am Anfang steht die Planung des bestmöglichen Geschäftsprozesses unter ökonomischen, personellen und ökologischen Rahmenbedingungen, am Ende die Sicherheit, daß der geplante Geschäftsprozeß auch mit auf dem Markt erhältlichen Technologien durchführbar ist. Zur Unterstützung der verschiedenen Situationen, in denen ein Unternehmen bei der Auswahl und Einführung von Standardsoftware stehen kann, hat die SAP AG verschiedene Hilfsmittel entwickelt, welche beim Iterativen Prozeßprototyping genutzt werden.

Iteratives Prozeßprototyping bewegt sich im Spannungsfeld von Hilfsmitteln, die mehr zur konzeptionellen, betriebswirtschaftlichen Ebene oder mehr zur realisierten, systemtechnischen Ebene gezählt werden können [vgl. TeEr95, S. 22-24]. Zu der erstgenannten Ebene sind die Modelle zu den R/3-Referenzprozessen, zu der R/3-Organisation und zu den R/3-Objekten bzw. R/3-Daten, zu der zweitgenannten Ebene das R/3-System (R/3-Prototyping mit der Modellfirma IDES – International Demonstration and Education System und der entsprechenden R/3-Dokumentation), das R/3-Customizing (Einführungsleitfaden und Parameterkonfiguration) und das R/3-Data Dictionary zu zählen.

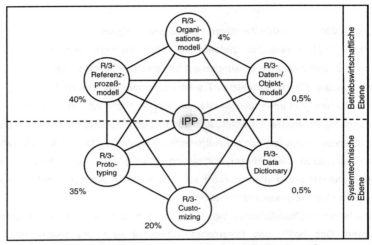

Abb. 4: Grundelemente und Navigationswege im Iterativen Prozeßprototyping (IPP®)

Die *Bedeutung der Grundelemente* hängt entscheidend von der strategischen Informationssystemplanung ab. Bei der Eigenentwicklung spielt das Objektmodell und das Data Dictionary eine wichtigere Rolle als bei der Einführung von betriebswirtschaftlicher, parametrisierbarer Anwendungssoftware. Hier spielen das R/3-Referenzprozeßmodell (40 v. H.) und das Prototyping mit dem IDES (35. v. H.) sowie der iterative Sprung vom Prozeß in das IDES eine entscheidende Rolle.

Ebenso verschiebt sich die *Gewichtung der Nutzung der Grundelemente im Projektverlauf*. Am Anfang werden zunächst aufgrund der Zielsetzung der Kunden (z. B. mittels Markt-/Produktportfolios für diverse Geschäftsbereiche) prinzipielle strategische Organisationsstrukturen wie z. B. der Buchungskreis, der Geschäftsbereich, der Kostenrechnungskreis, Anzahl der Werke und die Vertriebsorganisation diskutiert und erste grobe Geschäftsabläufe (Wertschöpfungsketten) definiert. Es liegt also eine *Konzentration auf die Grundelemente Organisations- und Referenzprozeßmodell* vor. Mit Freigabe der Wertschöpfungskette stehen innerhalb der Prozeßanalyse die *Grundelemente Referenzprozeßmodell und R/3-Prototyping* im Mittelpunkt der Betrachtung, wenn erforderlich werden *kurze Absprünge in das Customizing* vorgenommen. Liegt das betriebswirtschaftliche Konzept vor und sind zu entscheidende Punkte priorisiert und freigegeben worden, liegt innerhalb der R/3-Einführung der Schwerpunkt auf dem physischen Einstellen des R/3-Systems, dem *R/3-Customizing und dem Validieren im R/3-System (R/3-Prototyping)* auf Basis des freigegebenen und priorisierten Konzepts.

Auf der betriebswirtschaftlichen Ebene werden die konzeptionellen Zusammenhänge modellhaft in Diagrammen gezeigt. Hier besteht das Ziel, durch Konzentration auf die zentralen Fragestellungen, wie z. B. „Welche Geschäftsprozesse benötigt das Unternehmen?", „Welche organisatorischen Einheiten stehen in welcher Form in Verbindung?", „Welche Informationen werden bearbeitet und wie hängen sie untereinander zusammen?", den Anforderungen *Einfachheit* und *Transparenz* Rechnung zu tragen. Die systemtechnische Ebene zeigt die reale bzw. realisierte Welt der betriebswirtschaftlichen Anforderungen im R/3-System. Hier wird den Anforderungen *Vollständigkeit* und *Machbarkeit* Rechnung getragen. Vollständigkeit bezieht sich auf das im R/3-System angebotene Leistungsspektrum mit all seinen funktionalen Details (Millionen von Codingzeilen und Tausenden von Tabellen). Machbarkeit bedeutet, daß mit dem R/3-System ein hochintegriertes Anwendungssoftwaresystem mit der Garantie angeboten wird, daß die in der Modellwelt (betriebswirtschaftliche Ebene) aufgezeigten Lösungen mit dem R/3-System vollständig und durchgängig abgewickelt werden können. Im folgenden werden die sechs Grundelemente des Iterativen Prozeß-Prototypings kurz beschrieben [vgl. KeTe97, S. 197-281]:

- *R/3-Referenzprozeßmodell*

  Mit Hilfe der R/3-Referenzprozesse werden die wichtigsten betriebswirtschaftlichen Ablaufwege, die vom R/3-System unterstützt werden, abgebildet. Die einzelnen R/3-Prozesse zeigen in der Regel eine logisch zusammengehörende Aufgabe eines qualifizierten Sachbearbeiters, z. B. eine Bestellungsbearbeitung mit der Ermittlung des günstigsten Materials, Lieferantenauswahl und Bestellverfolgung oder Auftragsbearbeitung mit der Festlegung der Preis- und Lieferkonditionen, Kommissionierung und Routenplanung. Mit der semiformalen Beschreibung der Ereignisgesteuerten Prozeßkette (EPK), d. h. definierte Symbole in einer gerichteten Anordnung, können die betriebswirtschaftlichen Inhalte des R/3-

Systems in einer normierten Kommunikationssprache offengelegt werden (vgl. KeNS92[1]; KeTe97, S. 153-175].[2]

- *R/3-Organisationsmodell*

Das R/3-Organisationsmodell zeigt durch Ausweisung der entsprechenden Beziehungen die organisatorischen Gestaltungsmöglichkeiten des R/3-Systems auf, d. h. die aufbauorganisatorischen Freiheitsgrade. Ziel ist es, daß der Kunde seine betrieblichen Organisationsanforderungen so abbildet, daß sie sowohl den rechtlichen Anforderungen (z.b. Jahresabschluß), den Anforderungen des Berichtswesens (z. B. Bilanz) als auch dem reibungslosen und ressourcensparenden Ablauf einer Wertschöpfungskette Rechnung tragen (z. B. schnelles Agieren auf dem Markt oder qualitätsgerechte Herstellung eines Produktes). Die organisatorischen Anforderungen des Kunden können beruhen auf der Markt- und Produktstruktur, den betriebswirtschaftlichen Aufgaben, der Führungsstruktur und den Anforderungen des Berichtswesens.

- *R/3-Objektmodell*

Das R/3-Objektmodell beschreibt die logischen, betriebswirtschaftlichen Objekte, die zur Durchführung der R/3-Anwendungen benötigt werden. Im R/3-System gibt es 180 von diesen betriebswirtschaftlich bedeutenden Objekten, sogenannte Businessobjekte (Geschäftsobjekte), die einen ganzheitlichen betriebswirtschaftlichen Zusammenhang im R/3-System beschreiben und ohne deren Existenz die betriebswirtschaftliche Anwendungsfunktionalität nicht existieren könnte. Im Vertrieb zählen zu diesen bedeutenden Objekten z. B. der Kunde, die Kundenanfrage, das Kundenangebot und der Kundenlieferplan; in der Produktionsplanung z. B. der Absatz- und Produktionsgrobplan, der Materialbedarf und der Planauftrag; in der Personalplanung z. B. die Stelle, die Qualifikation und der Veranstaltungstyp. Die Businessobjekte sind differenziert in Objekte, die mehr strukturellen Charakter haben, wie z. B. Werk, Debitor, Kreditor, Kostenrechnungskreis, Ergebnisbereich und Profit Center und solche, die mehr Austauschcharakter haben, wie z. B. Material, Stückliste, Arbeitsplan, Bestellung und Prüfplan. Die mehr strukturellen Businessobjekte können unterschieden werden in solche, die die Bindun-

---

[1] http://www.iwi.uni-sb.de/public/iwi-hefte/heft089.zip

gen zur Außenwelt strukturieren, z. B. Kunde, Lieferant, Kreditor, Debitor, Geschäftspartner, Bank und solche, die zur internen betriebswirtschaftlichen Strukturierung des R/3-Systems dienen, wie z. B. Werk, Vertriebsorganisation, Einkaufsorganisation und Buchungskreis.

- *R/3-Prototyping*

R/3-Prototyping bedeutet, daß sich der Kunde in einem lauffähigen R/3-System einzelne, realisierte Prozesse anschauen und durchspielen kann. Zur Unterstützung dieses Ansatzes hat die SAP AG eine Modellfirma *International Demonstration and Education System* (IDES) entwickelt, die parametrisiert ist, und in der entsprechende Daten zum Bearbeiten von einzelnen Transaktionen für Vertriebs- und Schulungszwecke angelegt sind [vgl. Pfäh95, S. 20]. In der gesamten Modellfirma IDES sind die Prozeßbeispiele für die Abwicklung unterschiedlicher Produktgruppen und verschiendenster Unternehmensbereiche abgelegt. In der Logistik können z. B. die implementierten Prozesse zur diskreten Fertigung, zur prozeßorientierten und zur kanbanorientierten Fertigung, im Rechnungswesen die Prozesse zur Finanzbuchhaltung, zur Gemeinkostenrechnung und zur Erzeugniskalkulation und in der Personalwirtschaft die Prozesse zur Personalverwaltung, -planung und -entwicklung angeschaut werden. Die im IDES implementierten Prozesse beinhalten das aktuelle Leistungsspektrum zum aktuellen Release des R/3-Systems.

- *R/3-Customizing*

R/3-Customizing ermöglicht dem Kunden, aus dem vielfältigen Lösungsangebot von Funktionen und Prozessen auf Basis seiner Ziele und Anforderungen die gewünschten Prozesse mit der entsprechenden Funktionalität auszuwählen und zu parametrisieren. Es ist ein Vorteil für den Kunden, daß er beim Einsatz der flexiblen R/3-Standardsoftware jede durch das Customizing erzeugte Ausprägung konsistent auf der R/3-Datenarchitektur ablaufen lassen kann. Darüber hinaus bewegt sich die kundenbezogene Einstellung im vorgedachten Lösungsraum des R/3-Systems, bereitet keine Probleme beim Releasewechsel und kann im produktiven System an veränderte Anforderungen angepaßt werden [vgl. BuGa96, S.

---

[2] ausführlich zur weiterführenden EPK-Literatur: http://www.iwi.uni-sb.de/nuettgens/EPK/epk.htm

241-245; vgl. Görk96, S. 28-29]. Zur Einstellung des günstigsten Weges für einen Sachbearbeiter enthält das R/3-Customizing eine Dokumentation mit Empfehlungen zur Markierung des gewünschten Weges (Einführungsleitfaden) und die Möglichkeit der konkreten Markierung des Weges (Parameterkonfiguration).

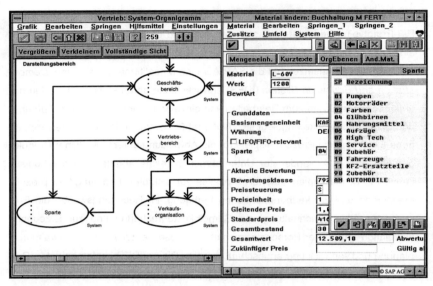

Abb. 5: Iterativer Sprung – Vom Organisationsmodell zum Prototyping

- *R/3-Data Dictionary*

Als Data Dictionary bezeichnet man eine zentrale Informationsquelle, die die Beschreibung aller Anwendungsdaten eines Unternehmens sowie Informationen über Beziehungen zwischen diesen Daten und deren Verwendung in Programmen und Bildschirmmasken enthält. Die beschreibenden Daten eines Data Dictionary werden auch als „Metadaten" bezeichnet, da sie Daten über Daten darstellen. Mittlerweile hat sich aufbauend auf dem Begriff Data Dictionary die Bezeichnung Repository im Rahmen der Softwareerstellung und -verwaltung etabliert [vgl. HaLe93, S. 15-27]. Das R/3-Data Dictionary bzw. ABAP/4-Dictionary [vgl. BuGa96, S. 180-184; vgl. Matz96, S. 17-25] beantwortet für Anwender, Entwickler und Benutzer folgende Kernfragen:

- Welche Daten sind in der Datenbank des Unternehmens enthalten?
- Welche Eigenschaften haben diese Daten (Name, Länge...)?
- Welche Beziehung besteht zwischen den Datenobjekten?

3.2. Konfiguration des R/3-Systems mit der IPP-Technik

Die Einführung von DV-Systemen hat zum einen ihren Ausgangspunkt in verschiedenen Situationen eines Unternehmens; zum anderen sind – je nach Fragestellung und angestrebtem Ziel – unterschiedliche Vorgehensweisen angebracht. So kann beispielsweise die Ursache für eine Neueinführung in der organisatorischen Umstrukturierung liegen, die Definition eines neuen Marktsegmentes eine neue Technologie erfordern oder neue technische Möglichkeiten eine Veränderung in der Informationslandschaft eines Unternehmens bewirken. Ebenso muß die Vorgehensweise an der *Zielformulierung des Kunden* orientiert werden. Will etwa ein Unternehmen seine Geschäftsprozesse unter Beibehaltung seiner aufbauorganisatorischen Grobgliederung gestalten, sind die organisatorischen Rahmenbedingungen als Ausgangspunkt im Projekt zu berücksichtigen (organisationsgetriebene Analyse). Will ein Unternehmen in einem Teilbereich, beispielsweise dem Verkauf, seine Abwicklung verbessern, so ist es sinnvoll, grob die funktionalen Anforderungen festzuhalten und auf Basis der funktionalen Rahmenbedingungen das Projekt zu beginnen (funktionsgetriebene Analyse).

Der sicherlich schwierigste Fall ergibt sich, wenn abteilungsübergreifende Abwicklungsformen analysiert und neu gestaltet werden sollen und die bisherige Organisationsform zur Diskussion steht (prozeßgetriebene Analyse). Eine Schwierigkeit liegt darin, daß zur Gestaltung von abteilungsübergreifenden Zusammenhängen das Fachwissen verschiedener Gruppen mit unterschiedlichsten betriebswirtschaftlichen und technischen Kenntnissen transparent gemacht werden muß. Eine andere Schwierigkeit liegt aber auch darin, daß die persönliche Betroffenheit der Mitarbeiter, die aus einer Umstrukturierung resultiert, zum Aufbau von Barrieren im Projekt führen kann.

Unabhängig von den genannten Richtungen muß in Abhängigkeit von der Zielsetzung das zu betrachtende Untersuchungsfeld (Diskurswelt) grob abgegrenzt werden. Da jedes Unternehmen in seiner konkreten Abwicklungsform aufgrund der technologischen, organisatorischen und personellen Gegebenheiten individuell ist, ist der Variantenreichtum des Systems R/3 auf die kundenindividuellen Anforderungen hin abzustimmen. Die erste Aufgabe des Beraters ist es, die aufgenommenen Kundenprobleme und Kundenanforderungen in das potentielle Lösungsgebiet der R/3-Software zu transformieren.

Zunächst muß der Berater im IPP-Workshop das Problemfeld des Kunden mit seinen wichtigsten Charakteristika aufnehmen. Zur Definition der Anforderungen werden die einzelnen Fachexperten in einem IPP-Workshop zusammengefaßt und mit Hilfe von Moderationstechniken die einzelnen Wertschöpfungsketten interaktiv analysiert.

Zur Unterstützung der Geschäftsfeldanalyse bietet die SAP als Einstieg sogenannte *Prozeßbereiche* (1) an. Ein Prozeßbereich stellt eine betriebswirtschaftliche Gliederung dar. In einem Prozeßbereich sind ähnliche Prozeßketten (Szenarien) abgebildet, die auf ein gemeinsames Grundmuster zurückzuführen sind. Von der SAP werden zur Einordnung der Kundenanforderungen in ein spezifisches Untersuchungsfeld die Prozeßbereiche Unternehmensplanung, Anlagenmanagement, Externes Rechnungswesen, Vertriebslogistik etc. angeboten. Ausgangspunkt eines IPP-Workshops ist deshalb zunächst die *Identifikation der relevanten Prozeßbereiche* (2). Der nächste Schritt bei der Einführung von Standardsoftware liegt in der *Auswahl der zu analysierenden Prozeßbausteine der Software* – etwa die Selektion aller benötigten Bausteine zur Gestaltung der Produktionsabwicklung für eine bestimmte Produktgruppe (3). Im Untersuchungsfall ist die Einführung des R/3-Systems in den Prozeßbereichen Beschaffungs-, Produktions- und Vertriebslogistik geplant. Es werden auf Basis der vorhandenen Prozeßbausteine des R/3-Referenzmodells die in Frage kommenden Prozesse selektiert. Hierzu muß der Kunde grob sein Geschäftsfeld erläutern. Der R/3-Berater erarbeitet in der Diskussion mit den Workshopteilnehmern eine Zuordnung zu den Prozeßbausteinen des R/3-Referenzmodells. Die Prozeßbausteine werden dabei grob aneinandergereiht – die sogenannte *Makrokonfiguration* (4). Diese provisorische Wertschöpfungskette dient als Grundlage für die nachfolgende Mikrokonfiguration.

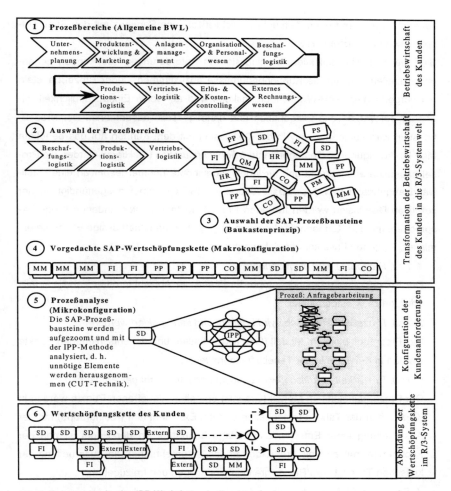

Abb. 6: Rahmenplan für den IPP-Workshop

In der Phase der Prozeßbausteinauswahl verkörpern die selektierten R/3-Referenzprozesse noch die maximal mögliche Funktionalität und Prozeßalternativen. Die SAP hat mit dem R/3-Referenzprozeßmodell vorgedachte Prozesse, die als Prozeßbausteine zur Montage der Wertschöpfungskette dienen. Diese Wertschöpfungskette ist zu diesem frühen Zeitpunkt ausschließlich eine Sequenz mit den Standardprozessen des Systems R/3.

Sind die Bausteine selektiert, so sind sie den Anforderungen des Kunden gegenüberzustellen und auf die Kundenbedürfnisse abzustimmen. Jeder Prozeßbaustein der vorgedachten SAP-Wertschöpfungskette wird auf seine Einsatztauglichkeit hin geprüft, relevante Teile festgehalten und unnötige Teile ausgegrenzt. Der Prozeßbaustein wird somit interaktiv in der Diskussion mit dem Kunden auf das benötigte Maß hin konfiguriert – die sogenannte *Mikrokonfiguration* (5). Hierzu werden die Prozeßbausteine ausgedruckt und für jeden Workshopteilnehmer lesbar an einer Stellwand angebracht bzw. als Arbeitsvorlage jedem Teilnehmer ausgehändigt. In der iterativen Diskussion werden für jeden Prozeßbaustein die vorhandenen Wege besprochen, mit den Kundenanforderungen abgeglichen und überflüssige Elemente eliminiert. Folgende Fälle können dabei auftreten:

- *1. Fall: Prozeßteil wird nicht benötigt*

  Der Prozeßteil wird gestrichen und der Grund der Abwahl in einer Tabelle – falls erforderlich – festgehalten.

- *2. Fall: Prozeßteil ist kritisch, wird benötigt und kann geklärt werden*

  Der Prozeßteil bleibt im Modell (Graphik) enthalten und die entschiedenen Punkte werden in Kurzform in der Tabelle festgehalten.

- *3. Fall: Prozeßteil ist kritisch, wird benötigt und kann nicht geklärt werden*

  Der Prozeßteil bleibt im Modell (Graphik) enthalten, die offenen Punkte werden in Kurzform in der Tabelle festgehalten und ein Expertenteam (Kleingruppe) mit der Ausarbeitung einer Entscheidungsvorlage beauftragt. In der Regel ist das der Fachberater mit zwei bis drei Experten des Unternehmens. Die Ausarbeitung der kritischen Teile ist dem Reviewgremium vorzulegen und freizugeben.

- *4. Fall: Prozeßteil ist unkritisch und wird benötigt*

  Die Anforderungen werden – falls erforderlich - in der Tabelle festgehalten und ein Expertenteam (Kleingruppe) mit der Ausarbeitung beauftragt.

Die fachliche Diskussion zur Eliminierung erfordert, daß in der Regel zu wichtigen Schritten im Prozeßbaustein in Abhängigkeit der Fragestellung ein iterativer Sprung ausgeführt wird, etwa vom R/3-Referenzprozeß in den R/3-Prototyp.

Iteratives Prozeßprototyping (IPP)   195

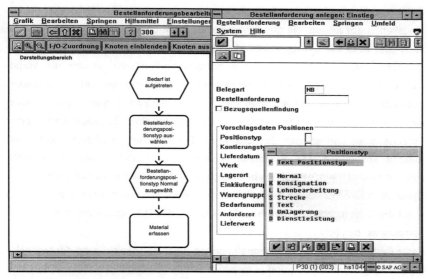

Abb. 7: Iterativer Sprung – Vom Referenzprozeß zum Prototyping

Die IPP-Methode hilft, die verschiedenen Ereignisse und Funktionen eines R/3-Prozeßbausteins zu erörtern, indem die verschiedenen R/3-Werkzeuge zielgerichtet benutzt werden. Beispielsweise erläutert der R/3-Berater bzw. die R/3-Beraterin die Funktion „Konditionsart festlegen" und stellt dem Kunden hierzu die Frage: „Welche Konditionsarten benötigen Sie?" Der Kunde möchte zunächst die im System R/3 angebotenen Konditionsarten kennenlernen und schlägt dazu einen iterativen Sprung vom R/3-Referenzprozeß in das R/3-Customizing vor. Zusätzlich kann der Berater einen iterativen Sprung vom R/3-Referenzprozeß in das System R/3 vornehmen und mit den Modelldaten des IDES Beispiele von R/3-Belegen aufzeigen, in denen die Konditionsarten eine Rolle spielen. Der iterative Rücksprung in den R/3-Referenzprozeß ist dann angebracht, wenn nicht benötigte Ereignisse und Funktionen nach neu gewonnenen Erkenntnissen herausgeschnitten werden können (CUT-Technik) oder wenn nach Abschluß eines Analyseschrittes der nächste Prozeßschritt betrachtet werden soll. Alle Ergebnisse einer solchen Prozeßanalyse werden protokolliert und in einer tabellarischen Form für weitere Projektschritte festgehalten.

Ziel ist es, die verschiedenen Auftragsabwicklungsformen des Kunden in Wertschöpfungsketten abzubilden, die aus konfigurierten R/3-Prozeßbausteinen bestehen, die nach dem Baukastenprinzip selektiert und in ihre zeitlich-sachlogische Reihenfolge gebracht werden. Entsprechend den Kundenanforderungen werden die vorgedachten R/3-Referenzprozesse im Sinne der Selektion verändert und die Besonderheiten des Kunden zu den einzelnen Funktionsschritten innerhalb eines Prozesses in einer tabellarischen Form festgehalten. Jeder einzelne Prozeßbaustein bedarf einer Prozeßanalyse und ist nach Beendigung als Teil der Wertschöpfungskette für den Kunden konfiguriert. Die Wertschöpfungskette des Kunden beinhaltet Prozeßsequenzen und -parallelitäten (Nebenläufigkeiten). Existieren zusätzlich noch fremde Systeme, so können diese in die Wertschöpfungskette des Kunden integriert und somit die Schnittstellen zu den Prozeßbausteinen des R/3-Referenzmodells deutlich gemacht werden (6).

Festzuhalten ist, daß die Workshopergebnisse unter Berücksichtigung der technologischen, organisatorischen und personellen Rahmenbedingungen zu bewerten sind und eine Aufwandsschätzung als Entscheidungsgrundlage für den weiteren Projektverlauf gemacht werden muß.

Im Rahmen einer Einsatzuntersuchung muß berücksichtigt werden, daß zum einen dem Kunden eine inkrementelle Vorgehensweise beim Ersatz von Altsoftware aufgezeigt werden muß, zum anderen in der Praxis nicht alle Anforderungen mit einer homogenen Anwendungssoftware abgedeckt werden können. Deshalb ist es wichtig, auch fremde Systeme in die Wertschöpfungskettendarstellung zu integrieren. Ebenso wird deutlich, daß einzelne Prozeßbausteine voneinander abhängig sind und sukzessive ablaufen; andere Prozeßbausteine können parallel (nebenläufig) zueinander ablaufen. Es kann auch sein, daß bestimmte Prozeßbausteine – etwa die Retourenbearbeitung – losgelöst vom Hauptgeschäft der Wertschöpfung abgewickelt werden.

Iteratives Prozeßprototyping (IPP)   197

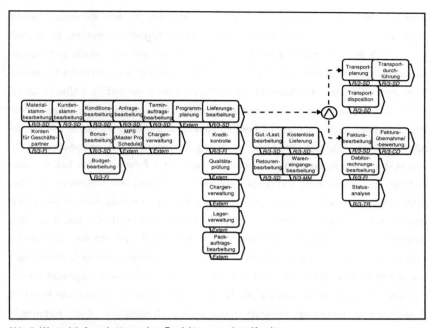

Abb. 8: Wertschöpfungskette zu einer Produktgruppe eines Kunden

4. Ausblick

„Fortschritte in der Medizin und Chirurgie hängen im wesentlichen von Fortschritten in Technologien ab. Neue Werkstoffe mit neuen Eigenschaften und neue Bauteile, z.B. Implantate, Instrumente oder Geräte, können sich von ihren Vorgängern erfolgreich abheben, wenn sie einen erheblichen medizinischen oder volkswirtschaftlichen Nutzen versprechen" [WiHa96, S. IX]. Ebenso hängen Fortschritte in der Betriebswirtschaft von technischen Neuerungen ab. So erlaubten das Aufkommen graphischer Benutzeroberflächen die Bearbeitung von komplexeren Aufgaben. Die Entwicklungen in der Client/Server-Technologie sowie dem Internet bzw. Intranet bieten neue Möglichkeiten der Verteilung von Aufgaben. Das erfolgreiche Umsetzen neuer Technologien in der Medizin erfordert *BIO-kompatible Werkstoffe* (vgl. WiHa96, S. 1-24), die erfolgreiche Umsetzung neuer Softwaretechnologien in der Betriebswirtschaftslehre erfordert *BWL-kompatible Software*. So wie in der Medizin das

Grundelement allen Lebens die *Zelle* ist, können in der Betriebswirtschaft *Prozeßbausteine* als das wesentliche Grundelement angesehen werden. Denn läuft ein Prozeß im Unternehmen nicht produktiv anhand der vom Markt geforderten Anforderungen, so manövriert das Unternehmen langfristig gesehen in die Insolvenz. Wird ein im Prinzip gut funktionierender Prozeß durch inkompatible Software unterstützt, so führt die Kontraproduktivität unter Umständen ebenso zur Insolvenz. Ist ein Prozeß für die marktinduzierten Anforderungen unzweckmäßig entwickelt worden, so nützt auch die beste Software nichts, bevor das Grundproblem nicht behoben ist. So wie in der Medizin der BIO-kompatible Werkstoff zur Erhaltung des Lebewesens beiträgt, unterstützt BWL-kompatible Software den Erfolg von Unternehmen. Das Erfahrungswissen vieler erfolgreicher Unternehmen ist im R/3-System implementiert und im R/3-Referenzprozeßmodell visualisiert. Das entscheidende dabei ist, daß aufbauend auf dem R/3-Erfahrungsschatz von weltweit operierenden Konzernen einerseits, von mittelständischen Unternehmen andererseits andere Unternehmen die betriebswirtschaftlichen Konzepte nutzen und ihre Unternehmensgestaltung damit realisieren können. Mit der aufgezeigten Entwicklung wird sich auch der Markt im Bereich der Informationstechnologie analog anderer Branchen, z. B. der Automobilindustrie, verändern. Der Kunde wird auf der Basis von standardisierten, parametrisierbaren Grundkomponenten seine Wertschöpfungsketten montieren und konfigurieren (Configure to order). Den Entwurf, die Priorisierung und Ausgestaltung der Wertschöpfungsketten muß der Kunde aufgrund seiner Unternehmensziele vornehmen. Die Planung der Wertschöpfungsketten und die Umsetzung der Anforderungen in das DV-gestützte Informationssystem, z. B. das System R/3 der SAP AG, kann mit dem Ansatz des Iterativen Prozeßprototypings unterstützt werden. Die Grundelemente zur Anwendung des Iterativen Prozeßprototypings stehen im R/3-System zur Verfügung. Die Referenzprozesse zum R/3-System sind beispielsweise in der Komponente *R/3-Business Engineer* [vgl. CuKL98, S. 197-279] enthalten und eine Beschreibung zur R/3-Projektorganisation sowie das Aufzeigen einzelner Detailschritte innerhalb des Projektmanagements ist in dem *Programmhandbuch Accelerated SAP (ASAP)* erhältlich.

Literatur

[BrHa95] Brenner, W.; Hamm, V.: Prinzipien des Business Reengineering. In: Brenner, W.; Keller, G. (Hrsg.): Business Reengineering mit Standardsoftware. Frankfurt/Main, New York 1995, S. 17-43.
[BuGa96] Buck-Emden, R.; Galimow, J.: Die Client/Server-Technologie des SAP-Systems R/3. 3. Auflage. Bonn et al. 1996.
[CuKL98] Curran, T.; Keller, G. with Ladd, A.: SAP R/3 Business Blueprint – Understanding the Business Process Reference Model. New Jersey 1998.
[DaSh90] Davenport, T. H.; Short, J. E.: The New Industrial Engineering – Information Technology and Business Process Redesign. In: Sloan Management Review. 31 (1990) 4, S. 11-27.
[Daven93] Davenport, T.: Process Innovation – Reengineering work through Information Technology. Boston 1993.
[DeMa78] DeMarco, T.: Structured Analysis and Systems Specifications. New York 1978.
[Doum83] Doumeingts, G.: Methodology to design Computer Integrated Manufacturing and control of manufacturing unit. In: Rembold, U.; Dillmann, R. (Hrsg.): Methods and Tools for Computer Integrated Manufacturing. Berlin et al. 1983, S. 194-256.
[Eich79] Eichhorn, W.: Die Begriffe Modell und Theorie in der Wirtschaftswissenschaft. In: Raffée, H.; Abel, B.: Wissenschaftstheoretische Grundlagen der Wirtschaftswissenschaften. München 1979, S. 60-104.
[FeSi93] Ferstl, O. K.; Sinz, E. J.: Geschäftsprozeßmodellierung. In: Wirtschaftsinformatik. 35 (1993) 6, S. 589-592.
[Gait83] Gaitanides, M.: Prozeßorganisation – Entwicklung, Ansätze und Programme prozeßorientierter Organisationsgestaltung. München 1983.
[Görk96] Görk, M.: R/3-Einführung schneller und einfacher gemacht. In: SAPInfo – Continuous Business Engineering. Walldorf 1996, S. 28-29.
[HaLe93] Habermann, H.-J.; Leymann, F.: Repository – Eine Einführung. München, Wien 1993.
[HaCh94] Hammer, M.; Champy, J.: Business Reengineering – Die Radikalkur für das Unternehmen. Frankfurt/Main, New York 1994
[Haus96] Hauser, C.: Marktorientierte Bewertung von Unternehmensprozessen. Bergisch Gladbach, Köln 1996.
[Jaco95] Jacob, F.: Produktindividualisierung – Ein Ansatz zur innovativen Leistungsgestaltung im Business-to-Business-Bereich. Wiesbaden 1995.
[Jost93] Jost, W.: EDV-gestützte CIM-Rahmenplanung. Wiesbaden 1993.
[Kell93] Keller, G.: Informationsmanagement in objektorientierten Organisationsstrukturen. Wiesbaden 1993.
[Kell95] Keller, G.: Eine einheitliche betriebswirtschaftliche Grundlage des Business Reengineering. In: Brenner, W.; Keller, G. (Hrsg.): Business Reengineering mit Standardsoftware. Frankfurt/Main, New York 1995, S. 45-66.
[KeMe94] Keller, G.; Meinhardt, S.: DV-gestützte Beratung bei der SAP-Softwareeinführung. In: Handbuch der modernen Datenverarbeitung. 31 (1994) 175, S. 74-88.
[KeNS92] Keller, G.; Nüttgens, M.; Scheer, A.-W.: Semantische Prozeßmodellierung auf der Grundlage „Ereignisgesteuerter Prozeßketten (EPK)". In: Scheer, A.-W. (Hrsg.): Veröffentlichung des Instituts für Wirtschaftsinformatik. Heft 89. Saarbrücken 1992.
[KeSc96] Keller, G.; Schröder, G.: Geschäftsprozeßmodelle: Vergangenheit – Gegenwart – Zukunft. In: Management und Computer. 4 (1996) 2, S. 77-88.
[KeTe97] Keller, G.; Teufel, T.: SAP R/3 prozeßorientiert anwenden – Iteratives Prozeß-Prototyping zur Bildung von Wertschöpfungsketten. 2. Auflage. Bonn et al. 1997.
[Kos62] Kosiol, E.: Organisation der Unternehmung. Wiesbaden 1962
[Kri94] Krickl, O.: Business Redesign – Prozeßorientierte Organisationsgestaltung und Informationstechnologie. In: Krickl, O. (Hrsg.): Geschäftsprozeßmanagement. Heidelberg 1994, S. 17-38.
[Küpp79] Küpper, W.: Grundlagen der Netzplantechnik. In: Kern, W. (Hrsg.): Handwörterbuch der Produktionswirtschaft. Stuttgart 1979, Sp. 1340-1353.
[LaSW97] Langner, P.; Schneider, C.; Wehler, J.: Prozeßmodellierung mit Ereignisgesteuerten Prozeßketten (EPKs) und Petri-Netzen. In: Wirtschaftsinformatik. 39 (1997 5, S. 479-489.

[MaGr88]   Marca, D. A.; McGrowan, C. L.: SADT – Structured Analysis and Design Technique. McGraw - Hill 1988.
[Matz96]   Matzke, B.: ABAP/4 – Die Programmiersprache des SAP-Systems R/3. Bonn et al. 1996.
[MaPa88]   MacMenamin, S. M.; Palmer, J. F.: Strukturierte Systemanalyse. München et al. 1988.
[Nord72]   Nordsieck, F.: Betriebsorganisation. 4. Auflage. Stuttgart 1972.
[Öst95]   Österle, H.: Business Engineering – Prozeß- und Systementwicklung. Band 1: Entwurfstechniken. 2. Auflage. Berlin et al. 1995.
[Petri62] Petri, C. A.: Kommunikation mit Automaten. Bonn 1962.
[Pfäh95]   Pfähler, D.: IDES – die Musterfirma im System R/3. In: SAPInfo. Heft 48. Walldorf 1995, S. 20.
[Prob92]   Probst, G. J. B.: Vernetztes Denken für komplexe strategische Probleme. In: Königswieser, R.; Lutz, C. (Hrsg.): Das systemisch evolutionäre Management. Wien 1992, S. 22-41.
[PrGo93]   Probst, G. J. B.; Gomez, P.: Die Methodik des vernetzten Denkens zur Lösung komplexer Probleme. In: Probst, G. J. B.; Gomez, P. (Hrsg.): Vernetztes Denken. Wiesbaden 1993, S. 3-20.
[RoWi82]   Rosenstengel, B.; Winand, U.: Petri-Netze – Eine anwendungsorientierte Einführung. Braunschweig, Wiesbaden 1982.
[Rump96]   Rump, F. J.: Erreichsbarkeitsgraphbasierte Analyse ereignisgesteuerter Prozeßketten. Technischer Bericht. Universität Oldenburg 1996.
[Scheer90] Scheer, A.-W.: EDV-orientierte Betriebswirtschaftslehre - Grundlagen für ein effizientes Informationsmanagement. 4. Auflage. Berlin et al. 1990.
[Scheer96] Scheer, A.-W.: ARIS – House of Business Engineering. In: Scheer, A.-W. (Hrsg.): Veröffentlichung des Instituts für Wirtschaftsinformatik. Heft 133. Saarbrücken 1996.
[ScNZ95]   Scheer, A.-W.; Nüttgens, M.; Zimmermann, V.: Rahmenkonzept für ein integriertes Geschäftsprozeßmanagement. In: Wirtschaftsinformatik. 37 (1995) 5, S. 426-434.
[Schr90]   Schroeder, P.: Isomorphismus. In: Sandkühler, H.-J. (Hrsg.): Europäische Enzyklopädie zu Philosophie und Wissenschaften. Band 3. Hamburg 1990, S. 425-432.
[Stri88]   Striening, H.-D.: Prozeß-Management – Versuch eines integrierten Konzeptes situationsadäquater Gestaltung von Verwaltungsprozessen. Frankfurt/Main 1988.
[TeEr95]   Teufel, T.; Ertl, F.: Prozeßorientierte Einführung mit dem R/3-Analyzer. In: SAPinfo – Business Reengineering. Walldorf 1995, S. 22-24.
[WaMe85]   Ward, P. T.; Mellor, S. J.: Structured Development for Real-Time Systems. Englewood Cliffs 1985.
[WiHa96]   Wintermantel, E.; Ha, S.-W.: Biokompatible Werkstoffe und Bauweisen – Implantate für Medizin und Umwelt. Berlin et al. 1996.

Integration von Business Process Reengineering mit dem SAP-R/3-Prozeßmodell

Von Dr. Alp Kor
KPMG Unternehmensberatung, Hamburg

Gliederung:

1. Übersicht und Zielsetzung

2. Der Ansatz zur Geschäftsprozeßoptimierung
   2.1. Der Gesamtansatz
   2.2. Zum Finden der Geschäftsstrategie
   2.3. Zur Fortentwicklung der Prozesse
   2.4. Der Zusammenhang zwischen den Modellen
   2.4. Das Abbilden in SAP-R/3

3. Das SAP-R/3-Prozeßmodell
   3.1. Definitionen und ihre Beziehungen
   3.2. Die Prozeßmodelle im Einzelnen

4. Integration
   4.1. Integration von BPR mit dem SAP-R/3-Prozeßmodell
   4.2. BPR und das R/3-Business Framework
   4.3. Aspekte der Toolunterstützung

5. Nutzeffekte und weitere Visionen zur Integration von BPR und SAP-R/3-Prozeßmodell
   5.1. Nutzeffekte
   5.2. Weitere Visionen
   5.3. Zusammenfassung

6. Ergebnis

1. Übersicht und Zielsetzung

Das Business Process Reengineering (BPR) will die Abläufe im Unternehmen entlang der Logistik- und Wertschöpfungskette ganzheitlich analysieren, dann optimieren und sodann das Optimierte auch implementieren. Demzufolge steht am Ende eines BPR als Deliverable, als Beratungs- und Implementierungsergebnis gleichermaßen mithin quasi als *ROI-Treiber* ein lauffähiges Softwareprodukt, das die Unternehmung in die Lage versetzt - und gleichzeitig auch „zwingt" - die optimierten Geschäftsprozesse zu *leben*.

Diese Arbeit will eine Verbindung zwischen dem BPR und der Einführung einer neuen Software schaffen. Der BPR- und der Softwareeinführungsprozeß sind nicht unabhängig voneinander durchzuführen, sondern prozeßorientiert in ein Gesamtprojekt und einen Gesamtablauf zu integrieren. Wie diese Integration in der betrieblichen Praxis, respektive in der *Beratungspraxis,* durchzuführen ist, bildet den Gegenstand dieser Arbeit. Der Softwareeinführungsprozeß wird am Beispiel der betriebswirtschaftlichen Standardsoftware SAP-R/3 gezeigt. Dies sei begründet mit der überragenden Bedeutung von SAP-R/3 und mit ihrer Prozeßorientierung, welche die Umsetzung der optimierten Geschäftsprozesse und die Erschließung neuer Märkte *per se* unterstützt. Gleichzeitig unterstützt der Einsatz von SAP den BPR-Gedanken dadurch, daß SAP oftmals nicht mehr adäquate IT-Infrastrukturen durch moderne, betriebswirtschaftlich mächtige, flexible und integrationsfähige Technologien ersetzt. Außerdem verfügt SAP-R/3 über ein *business object repository*, in dem alle R/3-Geschäftsprozesse dokumentiert und voroptimiert sind. Diese R/3-Geschäftsprozesse müssen dann lediglich mit den BPR-Geschäftsprozessen abgestimmt werden. Damit wird ein in der Praxis unbedingt gefordertes schnelles und gleichwohl durchgreifendes BPR unterstützt.

2. Der Ansatz zur Geschäftsprozeßoptimierung

Praxisorientiertes BPR darf nicht auf der Konzept- und Papierebene verharren; praxisorientiertes BPR heißt *„doing", „implementing", „optimizing";* heißt Umsetzen von Visionen, festgelegten Strategien und optimierten Prozessen in die Aufbau-, die Ablauf- und ebenso in die IT-Struktur der Unternehmung. Will das BPR erfolgreich sein, so bedarf es einer BPR-Methode, die durch folgende Imperative beschrieben werden kann [Öst95, S. 19-22]:

1. Verbinde die Strategiedefinition mit der Prozeßentwicklung und simultan dazu mit der Einführung von z.B. SAP.
2. Richte die Prozesse an den Leistungsempfängern, also am Kundennutzen, aus.
3. Lege einen Prozeßverantwortlichen fest.
4. Operationalisiere die Prozeßführung.

2.1. Der Gesamtansatz

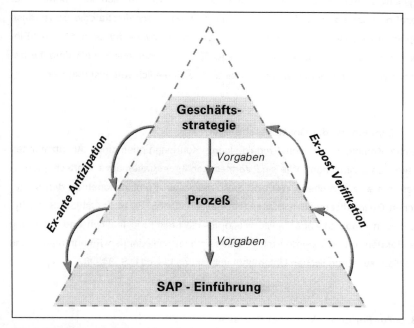

Abb. 1: Die Ebenen des BPR und ihre Interdependenzen

Jede Geschäftsprozeßoptimierung (BPR) beginnt mit der Festlegung der Geschäftsstrategie (siehe Abbildung 1): Welcher Kundennutzen, mithin welche Marktleistungen sollen in Zukunft erbracht werden [Öst95, S. 16-18]? Von Bedeutung ist nun die Umsetzung der Geschäftsstrategie in optimale, unternehmensweite und unternehmensübergreifende Prozesse und schließlich in die R/3-Implementierung.

Diese einzelnen Planungsstufen können nicht streng sukzessiv durchlaufen werden (siehe senkrechte Pfeile „Vorgaben" in der Abbildung), denn sie sind zueinander in hohem Maße interdependent [Kor96, S. 23 ff]. Bei der Festlegung von Strategie und Kernkompetenz ist die Umsetzbarkeit in betriebliche Prozesse getreu dem betriebswirtschaftlichen Kalkül der vorausschauenden Planung zu antizipieren. Auch in der Phase der Prozeßoptimierung muß vorausgedacht werden: Sind die Prozesse im SAP-Standard abbildbar? Darüber hinaus müssen die Beziehungen auch zu bereits abgeschlossenen Phasen berücksichtigt werden: Ergeben sich im Rahmen der Prozeßoptimierung Zweifel an der Sinnhaftigkeit der Geschäftsstrategie, so ist diese ex-post anzupassen. Auch noch in der Phase der Realisierung, also der SAP-Einführung, müssen Strategien und optimierte Prozesse nicht lediglich als Vorgabe betrachtet werden, sondern stets kritisierbar und kontinuierlich verbesserbar sein.

2.2. Zum Finden der Geschäftsstrategie

Welche Kombinationen von Produktfeldern, Kundengruppen und Absatzmärkten lassen sich ausmachen? Wie sind Vertriebskanäle und alternative Wertschöpfungstiefen mit einzubeziehen? Wie sind diese möglichen Kombinationen zu **den** strategischen Geschäftseinheiten zusammenzufassen [Öst95, S. 14 ff; Öst95a, S. 13 ff]? Bei diesen Fragestellungen sollte wiederum die praktische Intuition und Erfahrung des Beraters ergänzt werden mit den seit langem vorliegenden Erkenntnissen und Modellen zur strategischen Unternehmensplanung [Jaco81, S. 340 ff].

2.3. Zur Fortentwicklung der Prozesse

Sei angenommen die Festlegung der Geschäftsstrategie habe einen hinreichenden Reifegrad erlangt, so kann auf dieser Grundlage die Prozeßplanung erfolgen:
Ein *Prozeß* ist eine Menge von Aufgaben, die in einer vorgegebenen Ablauffolge zu erledigen sind und durch Applikationen der Informationstechnik unterstützt werden

[Öst95, S. 49]. *Leistungen* sind die Ergebnisse eines Prozesses, die an externe oder interne Kunden weitergegeben werden {*siehe Keller/Teufel, Seite 169ff.*}. Damit überträgt ÖSTERLE die aus der betriebswirtschaftlichen Produktionstheorie bekannten Begriffe [Kor96, S. 86 ff] *Produktionsprozeß* und *Output* in die BPR-Begriffe Prozeß und Leistung. Der Prozeß besitzt eine eigene *Führung* (dispositiver Faktor bei GUTENBERG), die den Prozeß im Sinne der Geschäftsstrategie anhand der daraus abgeleiteten *Führungsgrößen* lenkt und gestaltet. Die *Prozeßplanung* erfolgt in drei Schritten:

2.2.1. Architekturplanung

In der Architekturplanung wird ausgehend von den Kunden der Unternehmung und den ihnen anzubietenden Leistungen nach Quellen der betrieblichen Leistung gesucht. Gleichartige, zusammenhängende Leistungsblöcke werden als *Prozeß* zusammengefaßt [Öst95, S. 61 f]. Auf das in der Geschäftsstrategie (s.o.) definierte Leitbild der Unternehmung ist zu referenzieren, ebenso auf die gesamthafte Wertschöpfungskette und den zu erbringenden Kundennutzen. Die derzeitige Organisations- und Machtstruktur der Unternehmung darf hingegen beim Prozeß-Redesign keine Hauptrolle mehr spielen. Jedem neuen Prozeß, jeder „taktischen Einheit zur Erzielung von Markterfolgen", wird ein *Prozeßmanager* zugeordnet. Zur Qualitätsmessung und Steuerung werden aus kritischen Erfolgsfaktoren *einzelne Führungsgrößen (Controllingobjekte)* abgeleitet. Die einzelnen Prozesse der Unternehmung und seiner Kunden und die zwischen ihnen ausgetauschten Leistungen werden in der *Prozeßlandkarte* [Öst95a, S. 37 f] dargestellt.

2.2.2. Makroprozeßplanung

Welche Visionen gibt es für die einzelnen Prozesse? Welche Leistungen werden von den Prozessen erbracht; derzeit, zukünftig und zukünftig nicht mehr? Wie kann die Qualität der Prozeßleistungen ständig *controlled* und verbessert werden? Die Makroprozeßplanung beschreibt die Art der Leistungserstellung <u>eines Prozesses</u> in sogenannten Aufgabenkettendiagrammen (AKD's) [Öst95 S. 85-90].

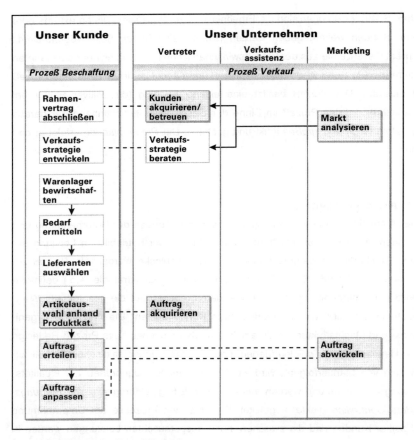

Abb. 2: Das AKD für den Prozeß Verkauf

Ein AKD dokumentiert, welche Aufgaben zur Erstellung der Prozeßleistung erforderlich sind. Dabei werden auch die Aufgaben auf Kundenseite modelliert. In der Kopfzeile finden sich die Namen der Organisationseinheiten und der Prozesse des Kunden sowie des eigenen Unternehmens.

2.2.3. Mikroprozeßplanung

Aus den Makro-AKD's werden nun einzelne Aufgaben oder Aufgabengruppen herausgegriffen und als Mikro-AKD's feiner modelliert. Ein *Mikro-AKD* beschreibt den Ablauf bei der Erstellung eines aus Kundensicht zusammengehörigen Leistungsbündels. Dabei muß nicht zwangsläufig zu jeder Aufgabe eines Makro-AKD's (*Makroaufgabe*) genau ein Mikro-AKD modelliert werden. Vielmehr können zu einer oder mehreren Makroaufgaben keine oder beliebig viele Mikro-AKD's modelliert werden. Man spricht hier von einer (1,n):(0,n) - Beziehung zwischen Makroaufgabe und Mikro-AKD. Zu der konkreten Ausgestaltung der Modellierungstiefe und der Hierarchierung gibt es einige Erfahrungswerte aus der Praxis:

1. Nur für betriebliche Kernleistungen und/oder Problemzonen sind Mikro-AKD's zu modellieren.
2. Läßt sich ein Makro-AKD in eine zeitliche Abfolge zerlegen, so ist für jedes Zeitintervall ein Mikro-AKD zu modellieren (Übersichtlichkeit).
3. Gibt es für Makro-AKD's Verfahrensalternativen, so ist für jede maßgebliche Verfahrensalternative (Szenario) ein Mikro-AKD zu modellieren.
4. Erfolgt sinnvollerweise das BPR integriert mit einer SAP-Einführung, so ist genau an dieser Stelle der Schnittpunkt zu den SAP-Geschäftsprozessen. Weiter unten wird gezeigt, wie die BPR-Modellierung in die SAP-Modellierung (anpassen der Refererenzmodelle und anschließende Hierarchisierung mit den BPR-Modellierung) fließend und gleichwohl strukturiert übergeht.

Abbildung 3 zeigt ein Mikro-AKD, das die Teilprozesse „Auftrag akquirieren" und „Auftrag abwickeln" aus dem Makro-AKD näher beschreibt. Dabei wird nur die Verfahrensvariante „EDIFACT-Auftrag" berücksichtigt. Alle anderen Verfahrensvarianten sollten (sofern wichtig) in einem eigenen Mikro-AKD modelliert werden.

Alle bisher genannten Modelle sind keine Istmodelle, sondern durchsetzungsfähige und selbstredend auch zeitnah durchzusetzende *Sollmodelle*. Zur Generierung und zur Durchsetzung dieser Sollmodelle werden in der Beratungspraxis stets eine Reihe von Zusatztechniken situationsadäquat einzusetzen sein.

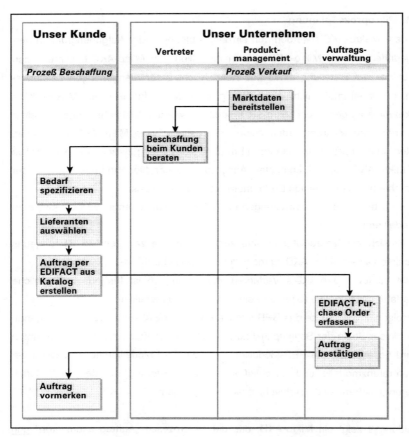

Abb. 3: Mikro-AKD für Teilprozeß „Auftrag akquirieren", Verfahrensvariante EDIFACT

Dazu zählen ein *Key-Customer-Workshop* ebenso wie ein *Prozeßbenchmarking* {*siehe Maicher, Seite 111ff.*} oder *Prozeßmonitoring* und eine *Potentialanalyse*. Auch genannt seien *Change Management-Techniken* als organisationspsychologische Enabler für die erfolgreiche Umsetzung des BPR.

2.4. Der Zusammenhang zwischen den Modellen

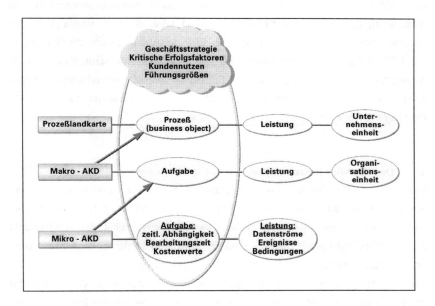

Abb. 4: Der Zusammenhang zwischen BPR -Modellen und ihren Objekten

Abbildung 4 soll nun den Zusammenhang zwischen den BPR-Modellen und deren Objekten herstellen. Die drei wesentlichen Modelle (Ergebnistypen der drei BPR-Phasen) werden durch Rechtecke dargestellt; die Objekte der Modelle werden rechts neben die Modelle in Ovale geschrieben und mit senkrechten Linien verbunden. Beispielsweise besteht das Modell „Makro-AKD" aus den Objekten „Aufgabe", „Leistung" und „Organisationseinheit". Global-strategische Objekte werden als Wolke dargestellt. Die Hierarchisierungsmöglichkeiten werden durch Pfeile dargestellt: So bezieht sich ein Makro-AKD auf einen Prozeß und ein Mikro-AKD auf eine Aufgabe eines Makro-AKD.

2.4. Das Abbilden in SAP-R/3

Wie können nun die optimierten Prozesse und deren kundenorientierte Leistungen in die SAP-Software mit ihren *vorgefertigten* Prozessen integriert werden? Gelingt diese Integration nicht, war das BPR umsonst (aber dennoch wohlweiß teuer). Doppelt gewinnbringend hingegen ist unser BPR genau dann, wenn die Umsetzung des BPR und gleichzeitig die Ausrichtung einer modernen Standardsoftware auf die optimierten Prozesse gelingen. Um diesen Ausrichtungs-, wechselseitigen Anpassungs- und Optimierungsprozeß zu beschreiben, wird zunächst das SAP-R/3-Prozeßmodell referiert.

3. Das SAP-R/3-Prozeßmodell

Das R/3-Prozeßmodell beschreibt in graphischer Form die Funktionalitäten, die Abläufe und die Integration der SAP-Anwendung [SAP97, S. 1-1]. Damit wird es möglich, gezielt und strukturiert genau diejenige Funktionalität des R/3-Systems auszuwählen, welche zur Unterstützung der konkreten betrieblichen Aufgabenstellungen und Abläufe unserer Unternehmung notwendig sind.

Ohne ein tiefgreifendes, durch das R/3-Prozeßmodell gefördertes, Verständnis der Art und Weise, wie SAP die Geschäftsprozesse im einzelnen ausführt, ist ein effizientes Reengineering der Geschäftsprozesse nicht möglich. Allerdings ersetzt das Prozeßmodell kein Reengineering. Vielmehr ist es, in der unten dargestellten Weise mit den BPR-Modellen zu koppeln.

3.1. Definitionen und ihre Beziehungen

Definition: Modell(-typ).

Der betriebswirtschaftliche Leistungsumfang des R/3-Systems wird durch das R/3-Prozeßmodell normiert beschrieben. Das R/3-Prozeßmodell besteht aus einer limitierten Anzahl von Modellen, den *Modelltypen*.

Definition: Objekt(-typ).

Jeder Modelltyp besteht aus einer limitierten Anzahl von zulässigen Objekten, den *Objekttypen*, und aus Regeln, wie diese Objekte miteinander verknüpft werden dürfen (Modellierungsrichtlinien, Syntax) sowie der jeweils zugeordneten betriebswirtschaftlichen Interpretation (Semantik).

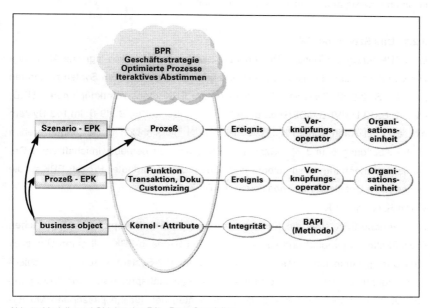

Abb. 5: Modelle und Objekte des R/3 - Prozeßmodelles

Zwecks Sprachvereinfachung wird im folgenden nicht mehr zwischen Typ- und Instanzebene unterschieden; statt Modelltyp wird vereinfachend von Modell und statt Objekttyp vereinfachend von Objekt gesprochen. Mit Hilfe der definierten Begriffe wird nun in Abbildung 5 gezeigt, welche wichtigen Modelle es im R/3 gibt (Kasten) und aus welchen Objekten (Oval) sie bestehen. Die globalen, projekttreibenden Visionen werden wieder in Wolkenform dargestellt. So besteht das Modell „Szenario-EPK" aus den Objekten „Prozeß", „Ereignis", „Verknüpfungsoperator" und „Organisationseinheit". Das Modell „business object" besteht aus den Objekten „Kernel-Attribute", „Integrität" und „BAPI". Hierarchisierungsbeziehungen zwischen unterschiedlichen Modellen werden durch Pfeile dargestellt.

3.2. Die Prozeßmodelle im Einzelnen

Wie sehen nun die einzelnen Modelle aus? Welche Regeln gibt es, um aus den zulässigen Objekttypen einen Modelltyp zu erstellen?

3.2.1. Das Szenario-EPK

Eine EPK (ereignisorientierte Prozeßkette) beschreibt die zeitlich-logische Abhängigkeit von Prozessen des R/3-Systems und betriebswirtschaftlichen Systemzuständen [SAP97, S. 2-9 ff]. Zwischen den Objekten der EPK können Verknüpfungen (UND, ODER, EXKLUSIVES ODER) dargestellt werden [Scheer95, S. 49 f]. Im R/3-System gibt es zwei Arten von EPK's, die miteinander hierarchisch in Beziehung stehen (siehe Abbildung 5 und 6): Szenario-EPK's, die den betriebswirtschaftlichen Gesamtzusammenhang beschreiben und ihnen untergeordnete Prozeß-EPK's, die systemnahe Detailinformationen liefern [KeTe97, S. 169f.].

- Die Szenario-EPK

Ein Szenario-EPK stellt die für einen bestimmten Geschäftsprozeß erforderlichen Prozeßketten aggregiert und verdichtet dar. Ein Szenario-EPK soll einen Überblick über das gesamte Leistungsspektrum geben. Im R/3-System werden unterschiedliche Varianten von Szenario-EPK's (Mustergeschäftsprozesse) zur Verfügung gestellt. Der Benutzer wählt aus diesen Varianten den für ihn passenden Mustergeschäftsprozeß aus.

- Die Prozeß-EPK

Ein Prozeß-EPK erklärt einen wichtigen Prozeß eines Szenario-EPK's auf detaillierter Ablaufebene. Damit ist ein Prozeß-EPK eine detaillierte graphische Beschreibung der betriebswirtschaftlichen SAP-Funktionen. In einem Szenario-EPK werden Prozesse durch ein Rechteck mit abgerundeten Ecken dargestellt. Sie werden mit Ereignissen (Sechseck) verknüpft, die einen betriebswirtschaftlich relevanten Zustand beschreiben, der zum Zeitpunkt des Eintritts [KeTe97, S. 158]:
- einen oder mehrere Prozesse auslösen kann,
- das Ergebnis eines Prozesses sein kann.

Integration von Business Process Reengineering mit dem SAP-R/3-Referenzmodell 213

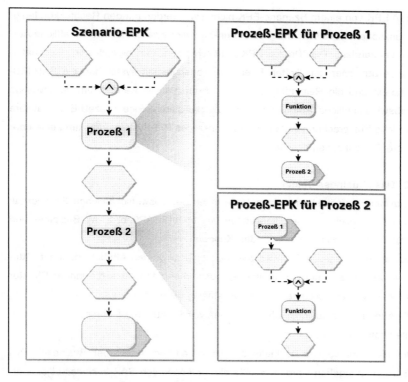

Abb. 6: Zerlegung eines Szenario-EPK in mehrere Prozeß-EPK's

Parallele oder alternative Abhängigkeiten zwischen den Objekten einer EPK werden durch die seit *Boole* bekannten Verknüpfungsoperatoren (UND, ODER, EXKLUSIVES ODER) abgebildet. Die den Prozessen zugeordneten Organisationseinheiten geben Auskunft darüber, auf welcher organisatorischen Ebene ein Geschäftsprozeß durchgeführt werden kann. Dem Prozeß „Kreditorenmahnung" sind z.B. die Organisationseinheiten „Geschäftsbereich" und „Buchungskreis" zugeordnet [SAP97, S. 2-7].

3.2.2. Die Prozeß-EPK

Jede Prozeß-EPK bezieht sich auf genau einen in einem Szenario-EPK vorkommenden Prozeß. Von der Syntax der graphischen Darstellung unterscheidet sich ein

Prozeß-EPK von einem Szenario-EPK nicht. Hier werden mit den Rechtecken lediglich Funktionen modelliert. Unter einer Funktion wird eine betriebswirtschaftliche Aufgabe verstanden. Die Prozeß-EPK's beschreiben die eigentlichen Geschäftsprozesse auf einer detaillierten Ebene. Sie beschreiben systemnah die SAP-R/3-Funktionen und die Reihenfolge, in der sie durchlaufen werden, um die jeweilige betriebswirtschaftliche Aufgabenstellung zu realisieren. Eine Prozeß-EPK hat ihre technische Entsprechung in den Transaktionen des R/3-Systems und kann eine oder mehrere Transaktionen beschreiben.

3.2.3. Das „business object"

Ein *business object* ist eine Kapsel, die einen betriebswirtschaftlichen Sachverhalt auf unterschiedlichen Abstraktionsstufen beschreibt [SAP97b, S. 4]. Beispiele sind „Kundenauftrag", „Einrichtungen" oder „Kunden".

- Die inneren Eigenschaften des *business objects* werden Attribute genannt. Attribute werden zu einem Datenmodell zusammengefaßt, das die innere Struktur des *business objects* detailliert und vollständig definiert.
- Die Attribute des *business objects* werden vor der Außenwelt durch Integritätsregeln geschützt.
- Um die Attribute von business objects zu ändern, muß über Business API's (BAPI's) zugegriffen werden. *BAPI's* als *Methoden* von SAP-*business-objects* erlauben den Zugriff externer Systeme auf die Funktionalität des R/3 Systems und damit die Modellierung unternehmensübergreifender Informations-, Kommunikations- und Steuerflüsse (Schnittstellen).

Die einzelnen *business objects* können den Szenario-EPK's oder den Prozeß-EPK's zugeordnet sein (siehe Abbildung 5).

4. Integration

4.1. Integration von BRP mit dem SAP-R/3-Prozeßmodell

Jetzt soll der Kreis geschlossen werden: Die Modellierung der betrieblichen Abläufe und der Aufgaben - dies ist Inhalt des BPR! Die Auswahl und Ausgestaltung der durch SAP zu unterstützenden Aufgaben und Aufgabenketten - dies ist die Gegenstand der SAP-Prozeßmodellierung! Wie sind nun die Modelltypen aus BPR und SAP zu verbinden?

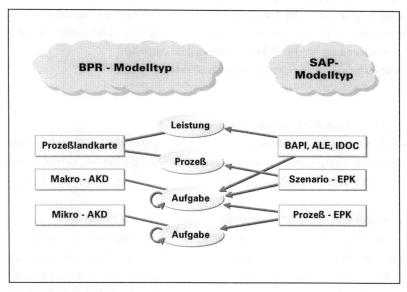

Abb. 7: Integration von BPR und SAP

Abbildung 7 zeigt nochmals die einzelnen BPR-Modelltypen, sowie einige wichtige SAP-Modelltypen. Die Verbindung der Modelle erfolgt dadurch, daß einem Objekt eines BPR-Modelltyps ein SAP-Modelltyp hierarchisch untergeordnet wird. Die möglichen Hierarchisierungsbeziehungen zwischen den Modellen sind nicht eindeutig. Je nach Modellierungsziel können die SAP-Modelltypen alternativ mit verschiedenen BPR-Modelltypen verbunden werden. In der Abbildung 7 werden diese Hierarchisierungsmöglichkeiten durch gerichtete Kanten („ist hierarchisch untergeordnet") dargestellt.

Für den Projektablauf wird folgendes Vorgehen empfohlen:

1. Festlegung der zulässigen Verknüpfungsmöglichkeiten zwischen SAP und BPR.
2. Auswahl der relevanten Szenario-EPK's und Prozeß-EPK's. Diese Prozeß- und Funktionsauswahl wird durch den SAP-Business-Navigator unterstützt. Gleichzeitig wird die Integration der einzelnen Komponenten transparent, die R/3-Dokumentation ist abrufbar, ein Verzweigen zur Anwendungstransaktion ist ebenso möglich. Auch die zugehörigen Customizingaktivitäten werden aufgelistet.
3. Anpassen (Streichen und Erweitern) dieser relevanten EPK auf die Belange des Unternehmens. Dabei sind die vorliegenden, zugehörigen BPR-Modelle eine große Hilfe, da sie den Prozeßablauf bereits grob darstellen.
4. Hierarchisierung mit dem übergeordneten BPR-Modell.

4.2. BPR und das R/3-Business Framework

Bisher wurde nur eine Teilmenge der R/3-Modelle, nämlich die R/3-Prozeßmodelle betrachtet. Die Analyse soll nun ausgedehnt werden auf die betriebswirtschaftliche R/3-Gesamtkonzeption, das *Business Framework*.

4.2.1. Einordnung des R/3-Prozeßmodells in das Business Framework

Zielsetzung des SAP *Business Framework* ist die flexible Integration von Softwarekomponenten, damit der Geschäftsprozeß nicht mehr an den Grenzen eines einzelnen SAP-Systems endet [SAP97b, S. 15]. Die Bausteine des Business Framework sind das oben beschriebene R/3-Prozeßmodell, die Integrationstechnologie *Application Link Enabling (ALE)*, *der SAP Business Workflow*, die *IDOC*-Technologien sowie *das Business Application Programming Interface (BAPI)* [SAP97b, S. 16]. Die BAPI-Technologie soll im folgenden näher exemplarisch untersucht und in unsere BPR-Konzeption eingebettet werden.

4.2.2. Beschreibung der BAPI-Technologie

BAPI's dienen der objektorientierten Kommunikation zwischen einem R/3- und einem Fremdsystem. Die oben bereits grob umrissene BAPI-Technologie soll jetzt anhand von Abbildung 8 vertiefend dargestellt werden [SAP97b, S. 6 -14]. Die Abbildung 8 zeigt den Aufbau eines business objects, während in Abbildung 9 Beispiele für business objects dargestellt werden.

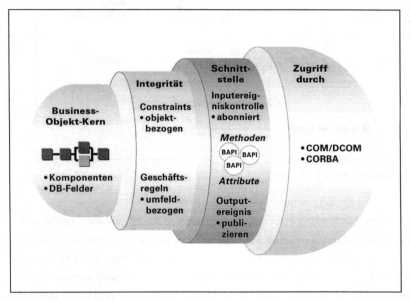

Abb. 8: Aufbau von Business Objects

Ein business object besteht aus einem Kern, der die zentrale betriebswirtschaftliche Logik enthält, insbesondere die Komponenten und Attribute des Datenmodells. In der zweiten Schicht wird die Integrität der Objektinhalte sichergestellt. Die dritte Schicht enthält die Methoden (BAPI's), die Attribute und die Ereigniskontrolle. Die äußerste Schicht ist die (IT-technologische) Zugriffsschicht.

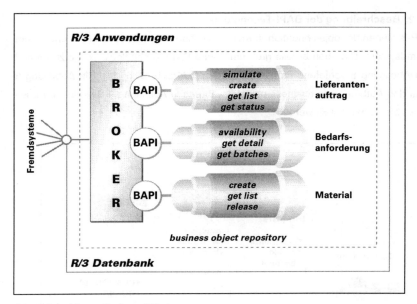

Abb. 9: Beispiele von Business Objects

Nun werden in Abbildung 9 drei *business objects* exemplarisch aufgezeichnet. Auf das business object kann nun von außen über bestimmte Methoden, die sog. BAPI's, zugegriffen werden. Die wichtigsten Methoden der drei Objekte sind ebenfalls eingezeichnet. Ein Fremdsystem kann nun auf ein Objekt zugreifen, indem es einfach den Namen des business objects und den Namen des BAPI's nennt. So erhält man eine sauber definierte, nach außen hin einheitliche Schnittstelle des R/3-Systems. Ökonomischer Nutzen: rasche, kostengünstige, sichere Schnittstellen-Implementierung, Wiederverwendbarkeit, reibungslose technische Interoperabilität.

4.2.3. Szenarien der Koppelung zwischen BPR und BAPI

Mit den BAPI's wird ein externer Zugriff auf die Geschäftsprozesse unseres Unternehmens, d.h. unseres R/3-Systems möglich. Damit lassen sich Geschäftsprozesse über die Grenzen eines Unternehmens hinweg erweitern und beschleunigen. Wie kann nun die Ausgestaltung der BAPI-Technologie mit unseren BPR-Modellen verbunden werden? Wie kann dokumentiert werden, mit welcher Methode die Geschäftsprozesse unternehmensübergreifend abgewickelt werden?

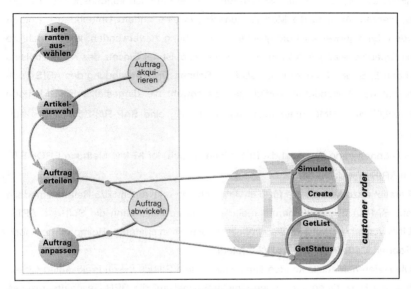

Abb. 10: Ein Szenario zur Koppelung zwischen BPR und BAPI

Dazu wurde in Abbildung 10 zunächst ein Ausschnitt des Makro-AKD's aus Abbildung 2 gezeigt. Die beiden Verbindungen zwischen den Kundenkernprozessen „Auftrag erteilen" und „Auftrag anpassen" und unserem Kernprozeß „Auftrag abwickeln" werden durch *das business object „Customer Order"* unterstützt.

- Der Kundenprozeß „Auftrag erteilen"
  wird unterstützt durch die beiden Methoden (BAPI's):
    - „Simulate" (leistet Verfügbarkeitprüfung und erteilt Preisangebot),
    - „Create" (Anlegen des Auftrags durch den Kunden in unserem System).
- Der Kundenprozeß „Auftrag anpassen"
  wird unterstützt durch die beiden Methoden (BAPI's):
    - „GetList" (Anlisten der Aufträge für Kunde / Verkaufsorganisation mit weiteren Selektionsmöglichkeiten),
    - „GetStatus" (Informationen über Verfügbarkeit und Lieferstatus).

4.3. Aspekte der Toolunterstützung

Der SAP-Business Navigator ist ein reines Anzeige- und Navigationswerkzeug. [SAP97, S. 1-5]. Sollen die R/3-Referenzmodelle dennoch kundenspezifisch angepaßt werden, müssen die Modelle zunächst in eine andere Umgebung importiert werden. Sinnigerweise ist die gleiche Zielumgebung zu verwenden, in der auch die BPR-Ergebnisse abgelegt werden. Sehr verbreitet ist der Einsatz des ARIS-Toolsets [Scheer95, S. 688 ff.] der Firma IDS Prof. Scheer. Die Verwendung des ARIS-Toolsets hat den besonderen Vorteil, daß es sowohl die dargestellte BPR-Methode PROMET$^®$ der KPMG unterstützt und gleichzeitig eine SAP-R/3-Schnittstelle aufweist.

1. So können dann zunächst die BPR Modelle nach der KPMG-Methode PROMET$^®$ im ARIS erstellt werden.
2. Parallel dazu können die für das Unternehmen relevanten R/3-Referenzmodelle aus SAP in das ARIS heruntergeladen werden. Dazu kann die Software ARIS-LINK verwendet werden. Sie ermöglicht auch einen späteren „Reimport" der modifizierten Modelle zurück ins R/3-System.
3. Die Referenzmodelle können dann weiter durch Streichen von irrelevanten Objekten und Hinzufügen von neuen Objekten exakt auf die BPR-Geschäftsprozesse abgestimmt werden.
4. Schließlich werden wie dargestellt die angepaßten R/3-Referenzmodelle mit den BPR-Modellen hierarchisiert.

Am Projektende steht dann eine vollständige Projektdokumentation zur Verfügung:
- sowohl im ARIS-Umfeld:
BPR-Modelle und untergeordnete, maßgeschneiderte R/3-Referenzmodelle;
- als auch im R/3-Umfeld:
relevante, maßgeschneiderte Referenzmodelle, in denen nicht benötigte Funktionen vorab ausgeblendet werden.

5. Nutzeffekte und weitere Visionen zur Integration von BPR und SAP-R/3-Prozeßmodell

Am Ende eines wie dargestellt durchgeführten Projekts bildet die Projektdokumentation einen Leitstand, der die Geschäftsprozesse des Unternehmens und die Realisierung im SAP-R/3 simultan beschreibt und erklärt. Die Prozeßbeteiligten können sich an diesem Leitstand über den Aufbau und Ablauf der Geschäftsprozesse informieren. Dabei kann man sich durch die einzelnen BPR-Hierarchien „navigieren". Und zwar über alle Stufen des BPR hindurch bis schließlich zu den zugeordneten R/3-Prozeßmodellen und schließlich den R/3-Transaktionen, Dokumentationen und zugehörigen Customizingeinstellungen. Man erfährt auch, mit welcher Methode (z.B. BAPI), welcher Geschäftsprozeß realisiert ist. Auf dieser Ebene können gleichzeitig Prozeßverantwortliche definiert werden. Es herrscht Klarheit bei den Abläufen der Unternehmung. Alle Mitarbeiter der Unternehmung erkennen aus den Modellen: Wofür mache ich was? Wer ist der nächste in der Kette? Wer ist der Kunde? Aber auch die Einarbeitung neuer Mitarbeiter wird deutlich erleichtert, wenn sie nicht nur die SAP-Bedienung lernen, sondern auch den übergeordneten Geschäftsprozeß „sehen" können.

Das Topmanagement erkennt am Leitstand auf einen Blick: Welche Prozesse sind mit welchen Technologien realisiert? Ordnet man weiterhin den Kernprozessen im Ist die verursachten Prozeßkosten zu und erweitert die Rechnung um Investitionskosten und Effizienzerlöse (erbracht durch Simultanoptimierung von Geschäftsprozeß und Technologie), so ist damit der Rahmen eines Investitions- und Prozeßcontrolling geschaffen.

Die dargestellte Vorgehensweise unterstützt auch einen strengen Bezug zwischen BPR und R/3-Realität auch nach der Softwareeinführung. Es kann nicht sein (wie in der Praxis üblich), daß mit zunehmender Zeit, sich die R/3-Realität von der Dokumentation immer weiter entfernt. Durch einen Freigabemechanismus (QS) muß erzwungen werden, daß BPR-Modell und R/3-Realität im Zeitablauf intrakonsistent und interkompatibel bleiben. Auch hier ist eine *Coaching*-Unterstützung durch Unternehmensberater zu empfehlen.

5.1. Weitere Visionen

Die dargestellte Methodik eignet sich auch zum Hinzufügen eines R/3-Prozesses im laufenden Betrieb. Der neue Prozeß muß lediglich angepaßt *(customized)* werden und die resultierende Prozeß-EPK mit dem BPR-Modell verknüpft werden. Auf diese Weise können dann konzeptionell sauber z.b. Komponenten des SAP-Workflow schrittweise eingeführt werden. Dieses schrittweise Vorgehen wird durch eine strukturierte Vorgehensweise (stets unter dem Blickwinkel des Gesamtgeschäftsprozesses) und durch saubere, zeitnahe Dokumentationsregeln methodisch unterstützt.

Der dargestellte Mechanismus eignet sich auch vorzüglich dazu, diejenigen Geschäftsprozesse zu optimieren und zu dokumentieren, die nicht mit SAP-R/3 realisiert werden sollen. Für derartige, z.b. selbsterstellte, Programme müssen und können dann die EPK's selbst entwickelt werden, um sie dann mit den BPR-Geschäftsprozessen zu hierarchisieren. Dann bildet die Dokumentation insgesamt wiederum ein vollständiges Abbild der Unternehmung. Entscheidet man sich trotz der dargestellten, umfassenden Synergieeffekte zwischen BPR und SAP-Einführung für eine „Quick and Dirty"-Einführung ohne vorgeschaltetes BPR, so kann die BPR-Methode KPMG-PROMET® auch nachträglich eingesetzt werden, wobei der Gesamtaufwand dann natürlich erheblich höher ist, da man alte Strukturen erneut aufbrechen muß.

5.2. Zusammenfassung

Der hier vertretene, praxisorientierte BPR-Begriff einer Integration von Strategieentwicklung mit dem Prozeß-Redesign in die SAP-Realisierung bildet zugleich einen Ansatz, das seit GUTENBERG bekannte und von JACOB [Jacob81, S. 413 ff.] mit Hilfe der mathematischen Optimierung quantifizierte Interdependenzproblem der Betriebswirtschaftslehre in den Griff zu bekommen: Die einzelnen, interdependenten Projektphasen müssen enger verwoben und vor allem die Engpässe der vorgelagerten Phasen antizipiert und spätere Rückkoppelungen akzeptiert werden [Kor96, S. 256ff.]. Eine weitere Integration ist (wie gezeigt) über den Einsatz von kompatiblen Methoden in den einzelnen Phasen zu erreichen; dazu folgende Übersicht als Zusammenfassung:

Projektphase	BPR	R/3-Prozeßmodell
	(Integration von Strategieentwicklung und Prozeß-Redesign in die SAP-Realisierung)	(vollständige, betriebswirtschaftliche Beschreibung aller R/3-Funktionen, -Prozesse, -Komponenten und -Business-Objekte zur individuellen Auswahl)
Makromodellierung	Identifizieren von kritischen Erfolgsfaktoren und dann das Design von Kernprozesse	Check auf Umsetzbarkeit: Ist für den Kernprozeß ein entsprechendes Prozeßmodell vorhanden?
Mikromodellierung	Selektieren der Kernprozesse und Prozeßkonkretisierung als Aufgabenkette	Wählen, Zurechtschneiden oder Selbsterstellen des entsprechenden Prozeßmodells
Einführung	integrierte Projektdokumentation und Einführungsunterstützung stabiler Referenzpunkt für das Unternehmen	
kontinuierliche Verbesserung	fließende Anpassung von Geschäftsprozessen und SAP-Funktionen Ausgangspunkt für inkrementelle Verbesserungen	

Tab. 1: Zusammenfassung

6. Ergebnis

Die Unternehmensoptimierung einerseits durch ein BPR und andererseits durch die R/3-Implementierung mit Hilfe des R/3-Prozeßmodells schließen sich keinesfalls gegenseitig aus. Vielmehr verstärken sie gegenseitig ihre jeweiligen positiven Wirkungen auf den Erfolg der Unternehmung. Methodisch sauber verknüpft und in der Verbindung von wissenschaftlichen Ergebnissen mit praktischer Beratungs- und BPR- und SAP-Erfahrung, steht der Gesamtnutzen in einem deutlich überproportionalen Verhältnis zu den Teilnutzen der beiden Methoden.

Eine Planung des bestmöglichen Geschäftsprozesses ohne Berücksichtigung von Nebenbedingungen ist praxisfremd! Richtig ist vielmehr die Planung des bestmöglichen Geschäftsprozesses mit vorausschauender Antizipation der R/3-technologischen Rahmenbedingungen:

Welche Prozesse sind im SAP-Standard realisierbar, welche mit geringem Anpassungsaufwand, welche nur mit erheblichem Zusatzaufwand, bei welchen steht diesem Zusatzaufwand ein höherer ökonomischer Nutzen gegenüber? Diese Fragen müssen in der BPR-Phase ständig gestellt werden, damit der Bezug zur Realität und zum ökonomischen Prinzip stets und ständig sehr eng ist.

Damit aber die integrierte Vorgehensweise Ihre volle Nutzwirkung entfalten kann, bestehen auf Seiten des integrierten BPR-SAP-Projektteams und der einzusetzenden Methodik folgende Anforderungen:

- Vorhandensein von Methodik und Erfahrung in Moderation und Management eines BPR-SAP-Integrationsprojektes.
- Wissenschaftliche Ausbildung und zusätzlich Erfahrung mit der BPR-Methode und mit einem R/3-Modul sowie die Kenntnis wichtiger R/3-Kernprozesse und Technologien.
- Einsatz einer theoretisch geschlossenen und gleichzeitig praxisbewährten, den gesamten BPR-Lebenszyklus abdeckenden Methode, z.B. KPMG-Promet®.
- Eignung der Methode derart, daß das BPR-Prozeßmodell mit dem SAP-R/3-Prozeßmodell systematisch und gleichwohl flexibel koppelbar ist.

Stellt dies auch eine hohe Anforderung an den Berater und damit für das beauftragende Unternehmen eine zunächst hohe Investition dar. Eine Investition in die Optimierung der Geschäftsprozesse, die Umsetzung dieser Ideale in die R/3-Praxis und gleichzeitig eine Investition in die ganzheitliche Planung, in die Moderation und Dokumentation des Prozeßgeschehens und des Prozeßergebnisses. Weitere wissenschaftliche Untersuchungen zum BPR und zur betrieblichen Praxis sind erforderlich, damit mehr Koppelungsmöglichkeiten gefunden, definiert und von ihren Anwendungsmöglichkeiten her beschrieben werden können.

Literatur

[Jacob81]	Jacob, Herbert: Der Absatz, in: Jacob, Herbert (Hrsg.), Allgemeine Betriebswirtschaftslehre, Wiesbaden (Gabler) 1981, S. 297-514.
[KeTe97]	Keller, Gerhard; Teufel, Thomas: SAP R/3 prozeßorientiert anwenden, Bonn, Reading (Mass.) (Addison-Wesley) 1997.
[KoJu92]	Kor, Alp; Junginger, Werner: LP-orientierte Finanzplanung mit dem PC, in: Uniforschung, o.J. (1992), H. 1, S. 34 - 43.
[KoJu93]	Kor, Alp; Junginger, Werner: Decision Support in Financial Planing, in: Karman, A. et. al. (Hrsg.): Operations Research ' 92, Heidelberg (Physica) 1993, S. 326-329.
[Kor96]	Kor, Alp: Management industrieller Produktion, Wiesbaden (Gabler), 1996.
[Kor98]	Kor, Alp; Führbaum, Helmut: Betriebswirtschaftliches Reengineering - Ein simulationsgestützter Ansatz zur Optimierung der Geschäftsprozesse, erscheint voraussichtlich im Frühjahr 1998 im Gabler Verlag.
[Öst95]	Österle, Hubert: Business Engineering, Prozeß- und Systementwicklung, Bd. 1, Berlin, Heidelberg, New York (Springer) 1995.
[Öst95a]	Österle, Hubert et al.: Business Engineering, Prozeß- und Systementwicklung, Bd. 2, Berlin, Heidelberg, New York (Springer) 1995.
[SAP97]	SAP AG (Hrsg.): Handbuch: BC - Das R/3-Prozeßmodell (Release 3.1G), Walldorf, 1997.
[SAP97a]	SAP AG (Hrsg.): System R/3, SAP Business-Objekte, Funktionsbeschreibung, Walldorf 1997.
[SAP97b]	SAP AG (Hrsg.): System R/3, Das Business Framework, Funktionsbeschreibung, Walldorf, 1997.
[Scheer95]	Scheer, A.-W.: Wirtschaftsinformatik, Berlin, Heidelberg, New York (Springer) 1995.

Einsatz des ORACLE Designer/2000™ zur Erstellung von Referenzmodellen

Von Prof. Dr. Magret Stanierowski,
Fachhochschule für Technik und Wirtschaft, Berlin

Gliederung:

1. Einführung

2. Methoden und Verfahren des Designer/2000™ zur Erstellung von Referenzmodellen

3. Gestaltung von Prozeßmodellen mit dem Designer/2000™

4. Wertung der Möglichkeiten des Designer/2000™ zur Gestaltung von Geschäftsprozessen im Vergleich mit der Ereignisgesteuerten Prozeßkette

5. Verwendung und Verwaltung von Softwarereferenzmodellen
   5.1. Designer/2000™ -Repository
   5.2. Verwaltung von Referenzmodellen im Designer/2000™

6. Schlußbetrachtungen

1. Einführung

Die Nutzung von Referenzmodellen im Rahmen der Einführung und Entwicklung betrieblicher Anwendungssysteme hat insbesondere im Zusammenhang mit der Einführung von betrieblichen Standardanwendungssystemen wie z.b. SAP/R3 in den letzten Jahren eine starke Verbreitung erfahren. Dieser Trend wird durch das Anbieten branchenspezifischer Lösungen zu den betrieblichen Anwendungssystemen noch verstärkt.

Referenzmodelle zeichnen sich durch ihre Allgemeingültigkeit und ihre idealtypische Ausgestaltung aus. Sie sind allgemeingültig, weil sie sich auf eine größere Zielgruppe z.B. Branche beziehen. Sie bilden eine geeignete Grundlage zur Ableitung unternehmensindividueller Modelle. Dabei gilt, daß die Ableitung unternehmensspezifischer Modelle um so eindeutiger ist, je umfangreicher die Modelle und die darin enthaltenen Alternativen sind [Beck96]. Grundlegende Anforderungen zur Gestaltung von Referenzmodellen sind als Ordnungsrahmen in "Grundsätze ordnungsmäßiger Modellierung (GOM)" eingepaßt [BeSc97] {*siehe Rosemann, Seite 6ff.; Schütte, Seite 71ff.*}. Referenzmodelle werden i.d.R. auf der Basis von BPR-Tools entwickelt und angeboten oder werden vom Hersteller direkt in das Anwendungssystem integriert, wenn es sich um softwarespezifische Referenzmodelle handelt. Die Nutzung von CASE-Tools ist im Rahmen der Entwicklung von Referenzmodellen nicht sehr verbreitet.

In diesem Beitrag wird untersucht, welche Möglichkeiten das CASE-Tool Designer/2000^{TM} von Oracle zur Erstellung und Verwendung von Referenzmodellen bietet. Dabei geht es aus praktischer Sicht geht darum, die Nutzungsmöglichkeiten des Designer/2000^{TM} im Zusammenhang mit der Einführung der betrieblichen Anwendungen Oracle Applications zu analysieren. Für die Unterstützung des Einführungsprozesses sind dabei sowohl Branchenreferenzmodelle als auch Softwarereferenzmodelle relevant. Durch Integration von Branchenreferenzmodellen soll einerseits die Erstellung von unternehmensspezifischen Geschäftsprozessen, andererseits die Konfiguration der Oracle Applications Module unterstützt werden. Die Verwendung der Referenzmodelle soll in das Vorgehenskonzept zur Implementierung und Einführung von Oracle Applications integriert werden.

2. Methoden und Verfahren des Designer/2000™ zur Erstellung von Referenzmodellen

Der Designer/2000™ ist vorrangig im Bereich der Entwicklung von Individualsoftware verbreitet und unterstützt diese in unterschiedlichen Ansätzen, wie z.B. schnelle Applikationsentwicklung (Rapid Application Development) und Reengineering bestehender Applikationen [ODeS95].

Der Designer/2000™ verfügt über Methoden und Tools, die alle Phasen des Softwareentwicklungsprozesses abdecken. Die Verwendung der Tools bezogen auf die Phasen des Entwicklungsprozesses ist in der Abbildung 1 dargestellt [vgl. Nonn97].

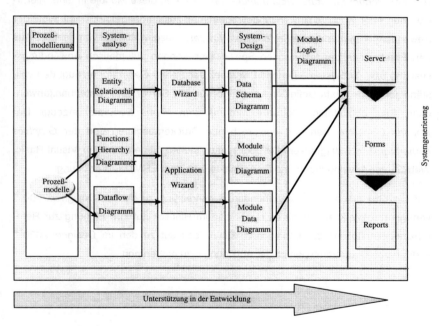

Abb. 1: Erläuterungen zu den Werkzeugen des Designer/2000™

Der *Process Modeller* bietet eine graphische Unterstützung zur Beschreibung, Planung und Modellierung von Geschäftsprozessen. Die im Rahmen der Prozeßmodellierung ermittelten Objekte lassen sich in die Modelle der Systemanalyse übernehmen [ODeP95]. Für die Phase der Systemanalyse stehen als Tools der *Function*

Hierarchy Diagrammer - *FHD*, der *Dataflow Diagrammer* - *DFD* und der *Entity Relationship Diagrammer* zur Verfügung. In der Phase des Systemdesigns werden die Ergebnisse der fachlichen Spezifikation (Analysephase) automatisch in eine technische Spezifikation überführt. Dafür stehen der *Database-* und der *Application Wizard* zur Verfügung. Mit dem *Data Schema Diagrammer – DSD* kann das automatisch generierte Datenbankmodell weiter bearbeitet und verbessert werden. Die Module für die Prüfung und Bearbeitung von Daten (PL/SQL-Code) werden mit dem *Module Logic Navigator-MLN* formuliert. Für den Entwurf von Bildschirmmasken, Berichten und Graphiken steht der *Module Data Diagrammer – MDD* zur Verfügung. Mit dem *Module Structure Diagrammer – MSD* werden diese Module in einer hierarchischen Anordnung zu Anwendungsprogrammen zusammengefaßt. Das Layout der Anwendungen wird mit dem *Preferences Navigator* ausgewählt und vorgegeben. Aus den Ergebnissen der technischen Spezifikation können automatisch Anwendungssysteme bzw. Teilsysteme generiert werden. Der *Server Generator* erzeugt den vollständigen Code (Data Definition Language) für den Server einer Datenbankanwendung. Eine ablauffähige Software wird mit dem *Forms Generator* erzeugt. Der *Reports Generator* generiert entsprechende Druckerausgaben und der *Graphics Generator* Geschäftsgrafiken. Darüber hinaus stehen Generatoren für Visual Basic, Web-Server-Anwendungen und C++ Objekte (aus dem ERM) zur Verfügung.

Auf der Grundlage der vorangehenden Beschreibung zu den im Designer/2000^{TM} verfügbaren Werkzeugen gilt es nun, diese im Hinblick auf ihre Eignung zur Referenzmodellerstellung zu untersuchen. Eine Übersicht zu den im Designer/2000^{TM} verfügbaren Diagrammtypen ist der Abbildung 2 zu entnehmen.

1. Ebene: Fachliche Spezifikation (System-Analyse)

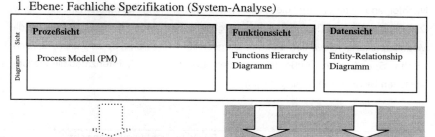

2. Ebene: technische Spezifikation (System Design)

Modulsicht			Tabellensicht
Module Data Diagramm (MDD)	Module Logic Navigator (MLN)	Module Structure Diagramm (MSD)	Data Schema Diagramm (DSD)

Abb. 2: Sichten und Ebenen für die Referenzmodellerstellung mit dem Designer 2000™

Zum Verständnis des Anliegens der Referenzmodellerstellung wird in den weiteren Ausführungen von den nachstehenden Begriffserläuterungen ausgegangen: Referenzmodelle sind Basismodelle, die wiederverwendbare Bausteine beinhalten, die zur Erstellung unternehmensspezifischer Modelle herangezogen werden können. Referenzmodelle müssen eine Anpassung an kundenspezifische Gegebenheiten gewährleisten.

<u>Branchenreferenzmodelle</u> beschreiben Geschäftsprozesse, die typisch für eine bestimmte Branche sind. Sie sind unabhängig von einer konkreten Software.

<u>Softwarereferenzmodelle</u> beschreiben die Geschäftsprozesse, die von einer konkreten Software unterstützt werden.

Die Erstellung von Softwarereferenzmodellen umfaßt die Entwicklung fachlicher Modelle, die die relevante Softwarefunktionalität, Prozesse und verwendete Daten mit ihren Wechselwirkungen beschreiben [Hars94].

Nachfolgend werden für die Referenzmodellerstellung geeignete Modell- bzw. Diagrammtypen des Designer/2000™ vorgestellt. Sie werden bezogen auf die für die Modellerstellung relevanten Ebenen dargestellt: 1.*Fachliche Spezifikation*; 2.*Technische Spezifikation*. Außerdem werden die für die Referenzmodellerstellung typischen Sichtweisen herangezogen:

---

1. *Fachliche Spezifikation*: Prozeßsicht, Funktionssicht und Datensicht;
2. *Technische Spezifikation*: Modulsicht und Tabellensicht

Die Diagrammtypen der fachlichen Spezifikation sind sowohl für die Erstellung von Branchen- als auch Softwarereferenzmodellen verwendbar. Als geeignete Modelltypen zur Erstellung der Referenzmodelle wurden die nachfolgend genannten mit den entsprechenden Tools des Designer/2000™ ausgewählt: *Prozeß-Modell*, *Funktions-Hierarchie-Diagramm*, *Entity-Relationship-Modell*.

Für die Verwendung der Softwarereferenzmodelle sind auch die Diagrammtypen der technischen Spezifikation (des Systemdesign) relevant. Die Ebene des System-Design umfaßt die aus der fachlichen Spezifikation abgeleiteten Sichten auf die Softwaremodule (*Modulsicht*) und das Tabellenmodell (*Tabellensicht*). In der Abbildung 2 sind die für das Systemdesign (technische Spezifikation) verfügbaren Diagrammtypen im Zusammenhang mit den Ergebnissen der fachlichen Spezifikation dargestellt. Für die Überführung der Ergebnisse aus der fachlichen Spezifikation stehen im Designer/2000™ entsprechende Assistenten (*Applications Wizard*, *Database Wizard*) zur Verfügung. Diese erzeugen z.B. aus Funktionen der fachlichen Spezifikation Moduldefinitionen, die dann mit den o.g. Werkzeugen spezifiziert werden können. Bei der Verwendung von Softwarereferenzmodellen kann diese einfache Überführung von kundenspezifischen Funktionserweiterungen in die Phase des Systemdesign für die schnelle Entwicklung von Prototypen genutzt werden. Durch die Regenerierung der Module mit den entsprechenden Funktionen der fachlichen Spezifikation bleibt die Integrität gewährleistet. In analoger Weise lassen sich die in der fachlichen Spezifikation aus der Datensicht ermittelten kundenspezifischen Erweiterungen auch in das Tabellenmodell überführen. [Pfeifer97]

Schwerpunkt der nachfolgenden Betrachtungen sollen die Verwendung von Modell- und Diagrammtypen des Designer/2000™ sein, die zur fachlichen Spezifikation gehören und somit für die Erstellung von Branchen- und Softwarereferenzmodellen geeignet sind. Eine Übersicht zu den Diagrammtypen der fachlichen Spezifikation enthält die Abbildung 3.

1. Ebene: Fachliche Spezifikation (System Analyse)

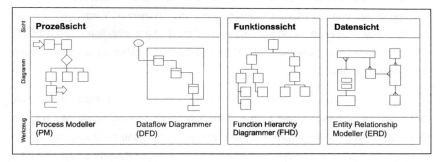

Abb. 3: Ebene der fachlichen Spezifikation

Auf die Möglichkeiten, die der Designer/2000™ zur Modellierung der Daten- und Funktionssicht bietet, soll nicht näher eingegangen werden, da die Verwendung von Funktionshierarchien und Entity-Relationship-Modellen vergleichbar ist zu anderen BPR-Tools. Unterschiede gibt es i.d.R nur in den Modellnotationen. Der *Process Modeller* und seine Möglichkeiten zur Beschreibung der Prozeßsicht werden im nachfolgenden kurz erläutert. In diesem Zusammenhang sei darauf verwiesen, daß über die Modellierungsmöglichkeiten der Prozeßsicht im wesentlichen der Aussagegehalt der Referenzmodelle in ihrer Gesamtheit bestimmt wird.

3. Gestaltung von Prozeßmodellen mit dem Designer/2000™

Der Designer/2000™ beinhaltet mit dem Process Modeller ein Analysetool, das ursprünglich darauf ausgerichtet war, betriebliche Abläufe (Geschäftsprozesse) zu spezifizieren, um diese auf Schwachstellen hin analysieren zu können [Pfeifer97].

Dazu gehört auch die Definition der Aufbauorganisation, d.h. die Analyse der für den Untersuchungsbereich relevanten Struktur- bzw. Organisationseinheiten. Diese Organisationseinheiten werden als Basis für die Einteilung des Prozesses in *Bahnen* herangezogen und zu diesen werden dann die einzelnen Vorgänge/Prozesse ermittelt. Wenn es nicht möglich ist, für einen Prozeß die zuständige Organisationseinheit zu definieren, dann wird der Prozeß einer nicht näher spezifizierten Bahn (Unspecified) zugeordnet.

Bei der Gestaltung eines Prozeßmodells mit Designer/2000™ geht man davon aus, daß Geschäftsprozesse immer in Bezug auf "Kundenreaktionen" entstehen, d.h. ein Geschäftsprozeß sollte einen mit dem Kunden im Zusammenhang stehenden Anfangs- und Endpunkt besitzen. Der Anfangspunkt ist der Prozeßauslöser und der Endpunkt das (externe) Ergebnis. Jede Tätigkeit bzw. jeder Vorgang im Unternehmen kann im o.g. Sinne als Bedingung für einen Geschäftsprozeß aufgefaßt werden. Der Gestaltung von Geschäftsprozessen mit Hilfe des Process Modellers liegt das Prinzip der hierarchischen Zerlegung (Dekomposition) zu Grunde, d.h. in die Modellierung der obersten Ebene werden nur bedeutende Prozesse (Basis- bzw. Kernprozesse) einbezogen. Durch Verfeinerung werden die untergeordneten Prozesse modelliert.

Im Prozeßmodell wird dargestellt, wie die Vorgänge/Prozeßschritte innerhalb eines Geschäftsprozesses (Basisprozeß) ablaufen. Dabei werden die Prozeßschritte in Bezug auf Organisationseinheiten definiert. Diese werden als Bahnen im Prozeßmodell angelegt oder eingefügt.

In der Abbildung 4 ist der Aufbau eines Prozeßmodells dargestellt:

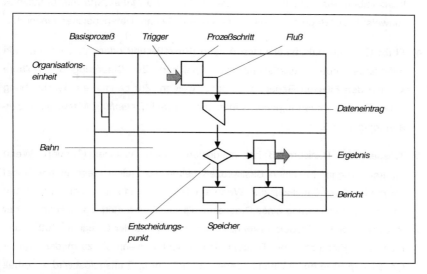

Abb. 4: Elemente eines Prozeßmodells

Nachfolgend werden die Objekttypen/Elemente eines Prozeßmodells und deren Verwendung für Referenzmodelle näher erläutert:

1. **Organisationseinheiten:** Hier wird definiert, wer (welche Organisationseinheit) für die Ausführung eines oder mehrerer Prozeßschritte zuständig ist.

2. **Prozeßschritt:** Zur detaillierten Beschreibung eines Prozeßschrittes können auch die Subtypen *Dateneintrag, Entscheidungspunkt oder Bericht* verwendet werden: Zur Abbildung der Prozesse bzw. Vorgänge wird in der Regel ein allgemeiner Prozeßschritt verwendet. Ein Entscheidungspunkt wird verwendet, wenn für den Prozeßablauf alternative Prozeßausgänge zu beachten sind. Wenn in einem Prozeß eine Funktion verwendet werden soll, die in einem anderen Geschäftsprozeß definiert wurde, so kann sie im zu modellierenden Prozeß als *Global Process Step* eingefügt werden.

3. **Speicher:** Sie können verwendet werden, um komplexere Informationsobjekte zu beschreiben. Als Subtypen sind *Datenspeicher* und *Materialspeicher* benutzbar. Hinweis: In der Regel werden in Referenzmodellen nur Datenspeicher verwendet.

4. **Fluß:** Ein Fluß hat immer einen Anfang (Prozeßschritt oder Speicher) und ein definiertes Ende (Prozeßschritt oder Speicher). Zur Steuerung der Abläufe können den Flüssen Regeln zugeordnet werden. Zur genaueren Beschreibung eines Flusses stehen folgende Typen zur Auswahl: *Datenfluß, Materialfluß, zeitabhängiger Fluß*.

5. **Trigger:** Ein Basisprozeß hat mindestens einen Auslöser (Trigger). Wenn mehrere Trigger für einen Basisprozeß gelten, so stellen diese in der Regel alternative Prozeßauslöser dar. Wenn ein Trigger mehrfach verwendet wird und z.B. in der Verfeinerung eines Prozesses als Auslöser auftritt, so muß das in der Bezeichnung des Triggers gekennzeichnet werden, da der Designer/2000^{TM} das mehrfache Einfügen eines Triggers nicht gestattet. Wenn ein zu modellierender Geschäftsprozeß durch einen anderen Geschäftsprozeß ausgelöst wird, so erhält dieser Trigger die Bezeichnung des Auslöserprozesses.

6. **Ergebnis:** Am Ende bzw. als Ausgang eines Basisprozesses sollte ein definiertes Ergebnis vorliegen. Wenn ein Prozeß einen anderen aus einem anderen Teilbaum anstößt/auslöst, so kann hierfür auch der gleiche Objekttyp verwendet werden, aber mit der Bedeutung einer Prozeßschnittstelle.

In der Abbildung 5 ist beispielhaft ein mit dem Process Modeller entwickelter Prozeß *Vertriebslogistik* dargestellt. Als ein Gegenstand zur Untersuchung der Möglichkeiten des Designer/2000^{TM} für die Prozeßmodellierung wurden die von der Firma IDS Prof. Scheer entwickelten Branchenreferenzmodelle für KFZ-Zulieferer herangezogen. Ziel der Modellierungsarbeiten war zunächst die Abbildung wesentlicher Prozesse aus dem Branchenreferenzmodell der IDS Prof. Scheer mit Hilfe des Designer/2000^{TM}.

Einsatz des Oracle Designer/2000 zur Erstellung von Referenzmodellen 237

VL Vertriebslogistik

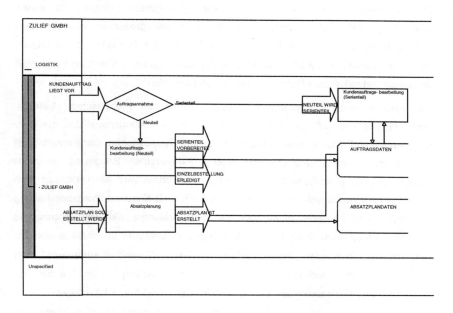

Abb. 5: Prozeßmodell Vertriebslogistik (Zulieferer)

Der Prozeß *Vertriebslogistik* stellt einen Unternehmensprozeßbereich der Branche KFZ-Zulieferer dar. Weitere Bereiche sind die *Beschaffungslogistik, Lagerlogistik* und *Produktionslogistik*.

Am Beispiel des Prozeßmodells "Vertriebslogistik" werden nachfolgend die Darstellungsmöglichkeiten der Elemente des Process Modellers erläutert.

Als zuständige Organisationseinheit wurde der Bereich *Logistik* der ZULIEF GmbH (Bezeichnung der Beispielfirma) angelegt.

Der Gesamtprozeß hat zwei alternative externe Ereignisse (Trigger), die jeweils einen Teilprozeß (Prozeßschritt) innerhalb des Gesamtprozesses auslösen. Das externe Ereignis *Absatzplan soll erstellt werden* löst den Prozeßschritt *Absatzplanung* aus. Dieser erzeugt dann das externe Ereignis (Ergebnis) *Absatzplan ist erstellt* und einen Datenfluß zum Datenspeicher *Absatzplandaten*.

Das externe Ereignis *Kundenauftrag liegt vor* löst den Prozeßschritt *Auftragsannahme* aus. Die *Auftragsannahme* stellt einen Entscheidungspunkt dar, aus dem die alternativen Ereignisflüsse *Neuteil* und *Serienteil* herausgehen. Der Prozeßschritt *Kundenauftragsbearbeitung (Neuteil)* erzeugt die externen Ereignisse *Serienteil vorbereitet* oder *Einzelbestellung ist erledigt*. Außerdem wird ein Datenfluß zum Datenspeicher *Auftragsdaten* erzeugt. Der Prozeßschritt *Kundenauftragsbearbeitung (Serienteil)* wird entweder durch den vom Entscheidungspunkt *Auftragsannahme* erzeugten Ereignisfluß *Serienteil* oder den Trigger *Neuteil wird Serienteil* ausgelöst. Die Prozeßschritt *Kundenauftragsbearbeitung (Serienteil)* benötigt außerdem Daten aus dem Speicher *Auftragsdaten* und erzeugt auch *Auftragsdaten*. Die für den Gesamtprozeß *Vertriebslogistik* definierten Prozesse sind bei der Generierung des dazugehörigen Funktionshierarchiediagramms auf der obersten Hierarchieebene angeordnet. Aus dem in der Abbildung 5 dargestellten Gesamtprozeß wurde der Prozeß *Kundenauftragsbearbeitung (Serienteil)* verfeinert.

Eine Präzisierung des Gesamtprozesses erfolgt immer durch schrittweises Verfeinern der jeweils definierten Prozesse. Damit ist eine Beschreibung des Gesamtprozesses auf der Ebene der Detailfunktionen dann nur noch möglich, indem alle Teilbäume über die einzelnen Zerlegungsstufen zusammengefügt werden.

VL 4 Kundenauftragsbearbeitung Serienteil

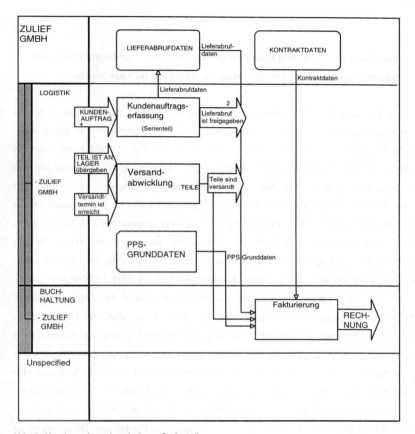

Abb. 6: Kundenauftragsbearbeitung Serienteil

Durch Zerlegung des Basisprozesses *Kundenauftragsbearbeitung Serienteil* wurden die Prozeßschritte *Kundenauftragserfassung (Serienteil)*, *Versandabwicklung* und *Fakturierung* gebildet. Diese komplexen Prozeßschritte erzeugen jeweils eigene externe Ergebnisse. Die Prozeßschritte *Kundenauftragserfassung Serienteil* und *Versandabwicklung* sind nicht direkt über einen Fluß miteinander verbunden, da keine direkte Abhängigkeit zwischen ihnen besteht. Sie werden jeweils durch eigene Trigger ausgelöst.

4. Vergleich der Möglichkeiten des Designer/2000™ zur Gestaltung von Geschäftsprozessen mit der Ereignisgesteuerten Prozeßkette

Um eine Wertung der Möglichkeiten des Designer/2000™ zur Modellierung von Geschäftsprozessen vornehmen zu können, soll als Grundlage die Ereignisgesteuerte Prozeßkette, als eine der am meisten verbreiteten Methoden im Rahmen der Geschäftsprozeßmodellierung herangezogen werden. Eine Ursache für die starke Verbreitung dieser Methode ist sicherlich die Tatsache, daß sie maßgeblich von der Firma SAP als Methode zur Geschäftsprozeßdarstellung entwickelt wurde und folglich im Umfeld der Einführung des Anwendungssystems SAP/R3 auch vielfältig verwendet wird. So hat SAP inzwischen begonnen als Basis für ein integriertes Einführungstool R/3-Workbench bzw. Business Engineer eigene bzw. bereits existierende Branchen-/ Softwarereferenzmodelle in das R/3-System einzustellen [Scheru97]. Im Rahmen dieser Einführungstools wird die Ergnisgesteuerte Prozeßkette zur Prozeßdarstellung verwendet, denn diese Methode hat im praktischen Umfeld in den letzten Jahren eine große Akzeptanz erreicht. Nachfolgend wird zunächst analysiert, welche Möglichkeiten die Ereignisgesteuerte Prozeßkette zur Darstellung und Gestaltung von Geschäftsprozessen bietet. Die Methode der Ereignisgesteuerten Prozeßkette (EPK) beinhaltet eine Möglichkeit zur Geschäftsprozeßmodellierung, die geeignet ist, betriebliche Abläufe abzubilden, und zeitlich-logische Abhängigkeiten darzustellen. Der Auslöser von Funktionen (Prozessen) ist das Ereignis. Ereignisse stoßen einzelne Funktionen an und determinieren somit die Ablauflogik. Durch Zuordnung von Ereignissen zu Funktionen, die wiederum ein oder mehrere Ereignisse erzeugen können, erhält man eine zusammengehörende Aufgaben- und Funktionsabfolge. Eine Übersicht der wesentlichen Elemente einer EPK ist in der nachfolgenden Tabelle 1 enthalten. [KeMe97]

Einsatz des Oracle Designer/2000 zur Erstellung von Referenzmodellen

Bezeichnung	Symbol	Definition
Ereignis	⬡	Das Ereignis beschreibt das Eingetretensein eines Zustandes, der eine Folge (Aktion) bewirkt.
Funktion	▭	Die Funktion beschreibt die Transformation von einem Eingangszustand in einen Zielzustand.
Verknüpfungsoperator	(xor) (v) (∧)	Der Verknüpfungsoperator beschreibt die logischen Verbindungen zwischen Ereignissen und Funktionen.
Kontrollfluß	|	Der Kontrollfuß beschreibt die zeitlich-logische Abhängigkeit von Ereignissen und Funktionen.
Organisatorische Einheit	⬭	Die organisatorische Einheit beschreibt die Struktureinheit eines Unternehmens.
Informations-/ Material-/ Ressourcenobjekt	▭	Das Informations-, /Material-, /Ressourcenobjekt ist eine Abbildung eines Gegenstandes der realen Welt.
Prozeßwegweiser	⬠	Der Prozeßwegweiser zeigt die Verbindung von einem bzw. zu einem anderen Prozeß (Navigationshilfe)

Tab. 1: Übersicht zu den wesentlichen Elementen einer EPK

In ihrem Grundprinzip besteht die EPK aus aktiven Komponenten (Funktionen), die etwas durchführen, und passiven Komponenten (Ereignissen), die aufgrund ihres Eingetretenseins Aktivitäten auslösen. Durch Zuordnung der verantwortlichen bzw. ausführenden organisatorischen Einheiten sowie der in die Funktion ein- und ausgehenden Informationsobjekte wird der Prozeß zu einer ganzheitlichen Aufgabenablaufbeschreibung komplettiert. [KeMe94]

In der Abbildung 7 ist ein Ausschnitt aus der EPK ("Kundenauftragsbearbeitung Serienteil") aus dem Branchenreferenzmodell KFZ-Zulieferer dargestellt.

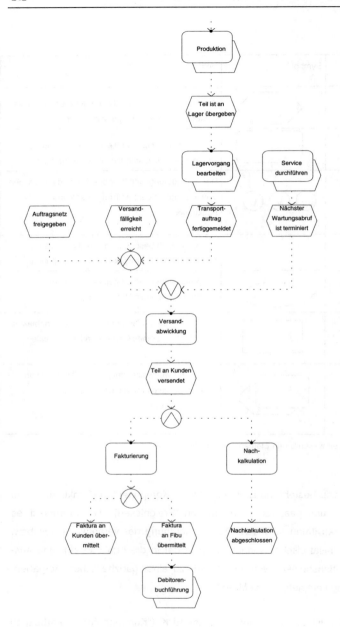

Abb. 7: EPK - Kundenauftragsbearbeitung Serienteil

Einsatz des Oracle Designer/2000 zur Erstellung von Referenzmodellen 243

Die in der Abbildung 7 dargestellte EPK zeigt, wie die Funktionen durch Ereignisse gesteuert werden. Die Navigation zwischen Prozeßmodellen erfolgt über Start– und Endereignisse. Als Navigationshilfe bei sehr komplexen Prozeßdarstellungen wurde für die EPK ein sogenannter Prozeßwegweiser eingeführt, der entweder den vorgelagerten oder den nachfolgenden Prozeß anzeigt. So hat der Prozeß *Fakturierung* das Endereignis *Faktura an Fibu übermittelt,* aber gleichzeitig verweist dieses Ereignis auf den Folgeprozeß *Debitorenbuchführung*. Somit ist das Ereignis Startereignis für den Prozeß *Debitorenbuchführung*. Das Ereignis *Transportauftrag fertiggemeldet* ist ein Startereignis für den Prozeß *Versandabwicklung*. Dieses Ereignis kommt vom Prozeß *Lagervorgang bearbeiten*.

Ein Vergleich der Darstellungsmöglichkeiten beider Methoden zeigt, daß für die Erstellung eines Prozeßmodells im Designer/2000^{TM} annähernd die gleichen Elemente verfügbar sind wie für eine EPK. Das gilt jedoch nur mit der Einschränkung, daß sich dieser Vergleich auf die wesentlichen Elemente einer EPK bezieht. Dabei bietet der Process Modeller noch mehr Variationsmöglichkeiten, um Prozeßschritte und Speicher/Objekte darzustellen. Das kann zur Erhöhung des Aussagegehaltes der Modelle beitragen.

Elemente einer EPK	Elemente des Prozeßmodells
Ereignis	Trigger Ergebnis (Ereignis)Fluß
Funktion	Prozeßschritt mit Subtypen Entscheidungspunkt Dateneintrag Bericht
Verknüpfungsoperator (xor) (v) (∧)	Keine; aber durch Einfügen von Entscheidungspunkten bedingt möglich
Kontrollfluß	Fluß; zum Steuern der Abläufe sind Regeln zuordenbar

Elemente einer EPK	Elemente des Prozeßmodells
Organisatorische Einheit	Organisationseinheit
	Bahn
Informationsobjekt	Speicher mit Subtypen:
	Daten-/ Materialspeicher

Tab. 2: Vergleich der Elemente einer EPK mit den für ein Prozeßmodell verfügbaren Elementen

Aus der Analyse der Möglichkeiten, die der Designer/2000^{TM} zur Gestaltung von Prozeßmodellen bietet, gehen folgende Probleme hervor:

1) Es existieren drei unterschiedliche Formen von Ereignissen: Trigger, externe Ergebnisse (Outcome) und Flüsse, die im Repository als verschiedene Elemente verwaltet werden.

2) Ereignisse lassen sich nicht mehrfach verwenden, so kann z.B. ein in einem Prozeß definierter Trigger nicht in einem anderen Prozeß eingefügt werden, was z.B. bei der Verfeinerung eines Prozesses erforderlich wäre, da sonst das "Wissen" des übergeordneten Prozesses verloren geht.

3) Es fehlt eine Möglichkeit, Organisationsstrukturen als Diagramm abzubilden. Organisationseinheiten sollten auch als Objekte abbildbar und für Prozeßschritte zuordenbar.

4) Die derzeitige Zuordnung der Prozeßschritte zu definierten Organisationseinheiten erschwert es, komplexe organisationsübergreifende Prozesse zu modellieren. Aus der Sicht des derzeitigen Aufbaus des Prozeßmodells wäre es angebracht, die Zuordnung der Organisationseinheit ausblendbar zu machen.

5) Es gibt keine Möglichkeit, Prozeßschritte als wiederverwendbare Komponenten bzw. Standardbausteine zu definieren. Damit wird die Modellierung von Pro-

zessen, die Prozeßschritte aus verschiedenen Funktionshierarchien beinhalten, eingeschränkt. Einen Ausweg hierzu bietet das Einfügen eines globalen Prozesses.

6) Das Navigieren durch Prozeßabläufe, die sich über mehrere Prozeßmodelle erstrecken, wird durch das Hierarchiesierungskonzept und unterschiedliche Verfeinerungsstufen schnell unübersichtlich. Es fehlt ein geeignetes Darstellungsmittel, um einen Überblick über die Gesamtheit aller Prozesse als zunächst unabhängige Prozesse zu erhalten. Solche Darstellungsformen sind aber für die Modellierung komplexer Anwendungen erforderlich.

Zusammenfassend kann anhand des Vergleichs eingeschätzt werden, daß beide Methoden hinsichtlich der Elemente annähernd über die gleichen Möglichkeiten zur Modellierung verfügen, bezüglich der Ablaufgestaltung muß eingeschätzt werden, daß das Verfolgen eines Prozesses in seinem zeitlich-logischen Ablauf anhand eines Prozeßmodells nur bedingt möglich ist.

Der wesentliche Vorzug der Erstellung von Prozeßmodellen mit Hilfe des Designer/2000^{TM} liegt in der Verwaltung der Entwicklungsergebnisse durch das Repository und den Möglichkeiten zur Weiterverwendung der dort abgelegten Ergebnisse.

5. Verwendung und Verwaltung von Softwarereferenzmodellen
5.1. Designer/2000^{TM} -Repository

Alle Objekte, Eigenschaften und Merkmale, die mit verschiedenen Tools des Designer/2000^{TM} erstellt werden, speichert der Designer/2000^{TM} in einem eigenen Repository. Diesem Repository liegt ein Metamodell zugrunde, welches alle Arten von Elementen und Beziehungen, die für den Aufbau der verschiedenartigen Modelle gebraucht werden, beschreibt. Für die Verwaltung der Applikationen und deren Objekte innerhalb des Repositories enthält der Designer den *Repository Object Navigator* und für die Administration das *Repository Admin Utility*. [ODeA95] Das Designerrepository ist als Datenbankschema mit Sichten und Tabellen aufgebaut. Dabei ist es möglich, das Repository um neue Eigenschaften oder Beziehungsarten zu erweitern, so daß sich z.B. auch Petrinetze in das Repository integrieren lassen. [OCaE94] Zur Auswertung der Informationen des Repositoriy ist es darüber hinaus auch möglich, mit dem Developer /2000^{TM} eigene Berichte auf Basis des Repository zu definieren.

Mit *Oracle CASE Exchange* können Informationen zwischen dem Designer-Repository und anderen CASE- bzw. BPR-Tools ausgetauscht werden, z.b. IEF/, IEW/ADW, MSP Data Manager, ARIS-Toolset, Bei jedem Transfer von Projektdaten wird eine protokollierte Konsistenzprüfung durchgeführt. [OcaE94]

Aus den Möglichkeiten des Designer/2000-Repositorys ergeben sich eine Reihe von Vorzügen dieses Entwicklungstools, die z.B. für die Modellierung von Geschäftsprozessen mit dem Designer/2000^{TM} in folgenden Ansätzen umgesetzt werden können:

➢ Entwicklung neuer Modelltypen, die den o.g. Anforderungen besser gerecht werden.

➢ Einbringen "bewährter" BPR-Methoden wie z.B. die EPK, die u.a. im ARIS-Toolset verfügbar ist. Dabei besteht das Ziel, gemäß der unterschiedlichen Anwendungszwecke (Softwarereferenzmodellerstellung, Geschäftsprozeßmodellierung) mehrere Methoden zur Prozeßmodellierung im Designer/2000^{TM} zur Verfügung zu stellen.

➢ Übernahme von Modellierungsergebnissen aus einem anderen Tool und Ablage im Designer/2000^{TM}-Repository zur Weiterbearbeitung mit Tools des Designer/ 2000^{TM}.

➢ Mit Hilfe von Repositoryauswertungen können umfangreiche Informationen zu den angelegten Objekten und Modellen bereitgestellt, die als "Prozeßwissen" für weitere Modellierungsarbeiten verfügbar werden.

5.2. Verwaltung von Referenzmodellen im Designer/2000

Der Designer/2000^{TM} enthält als Entwicklungswerkzeug ein Konzept zur Applikationsverwaltung im Sinne der Verwaltung von Softwareanwendungen. Unter einer Designerapplikation wird dabei eine bezeichnete Sammlung von Objekten des Designerrepository verstanden. [ODeR96] Auf diesem Konzept aufbauend, können die Referenzmodelle innerhalb einer Designerapplikation entwickelt und verwaltet werden. Ermöglicht werden verschiedene Transaktionen, wie z.B. das Erzeugen, Löschen oder Sperren von Applikationsversionen.

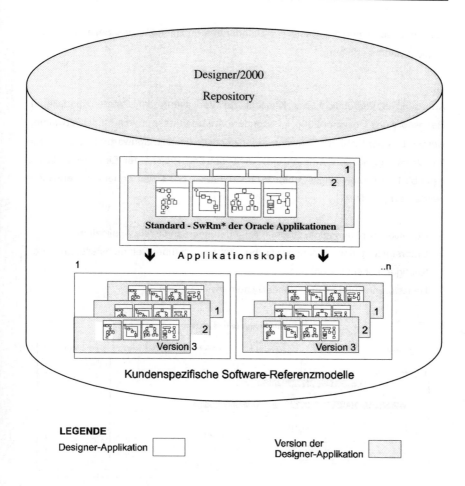

Abb. 8: Verwaltung von Referenzmodellen im Designer/2000™

Diese Verwaltung ist ausreichend, um neben den Standardreferenzmodellen auch kundenspezifische Abwandlungen dieser Modelle als Version der Standardreferenzmodelle zu erzeugen und zu sichern. Das Anlegen einer neuen Version ist nur das einfache Kopieren eines Applikationssystems. Wünschenswert wäre es, wenn beim Erstellen einer Applikation mit den Kundenmodellen Einschränkungen des Prozeß- bzw. Funktionsumfangs möglich wären. Derzeit kann die Analyse der kundenspezifischen Lösung nur auf Basis der Standardreferenzmodelle des gesamten Applikationssystems erfolgen.

Abbildung 8 verdeutlicht das Konzept zur Verwaltung der Referenzmodelle im Repository des Designer/2000^{TM}. Besondere Anforderungen an die Modellverwaltung werden aus der Sicht der Softwarereferenzmodelle gestellt. Softwarereferenzmodelle für *Oracle Applications* werden entwickelt, um den Prozeß der Einführung dieses betrieblichen Anwendungssystems zu unterstützen. Sie sollen dabei u.a. verwendet werden zur [Pfeifer97]:

➤ Definition der kundenspezifischen Anforderungen an Oracle Applications;
➤ Unterstützung der kundenspezifischen Anpassung (über Setupeinstellungen und Konfigurationsoptionen);
➤ Realisierung kundenspezifischer Systemerweiterungen.

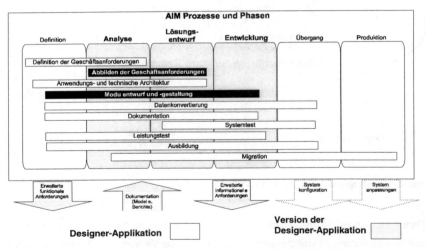

Abb. 9: Verwendung der Softwarereferenzmodelle für die Einführung von *Oracle Applications*

Darüber hinaus hat Oracle ein methodisches Vorgehen für den Einführungsprozeß entwickelt, die *Oracle Application Implementation Method (AIM)*. Diese Methode besteht aus einer Zusammenstellung von definierten Prozessen, die die *Applications* Implementierung unterstützen [AIM96]. AIM definiert auch für den gesamten Implementierungszyklus die notwendigen Projektaufgaben. In der Abbildung 9 ist die *Verwendung der Softwarereferenzmodelle im Einführungsprozeß von Oracle* Applications dargestellt.

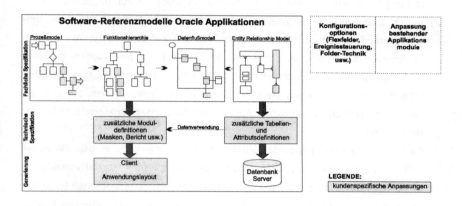

Die im Designer/2000^{TM} enthaltene Versionsverwaltung ermöglicht, die in der Abbildung 8 dargestellten Versionen der einzelnen Softwarereferenzmodelle als Designerapplikationen zu verwalten. Dies bietet für das Standardreferenzmodell die Möglichkeit, Änderungen und Erweiterungen der Softwarereferenzmodelle für jeden Versionsstand von *Oracle Applications* anzulegen und zu verwalten. Für die kundenspezifischen Modelle ergibt sich damit die Möglichkeit, daß verschiedenartige Lösungsansätze entwickelt, bewertet und für die Weiterentwicklung ausgewählt werden können.

6. Schlußbetrachtungen

Aus den vorangehenden Ausführungen geht hervor, daß die aufgezeigten Nutzungsmöglichkeiten des Designer/2000^{TM} es rechtfertigen, ihn als Entwicklungssystem zur Referenzmodellerstellung heranzuziehen. Dabei ergeben sich aus der Sicht der praktischen Erfahrungen in der Nutzung der Designer/2000^{TM} und der dabei aufgezeigten Probleme folgende Schlußfolgerungen:

1) Der Designer/2000 ™ ist insbesondere wegen der Möglichkeiten der Repositorynutzung zur Erstellung und Verwaltung der Softwarereferenzmodelle für *Oracle Applications* geeignet. Die Verfügbarkeit der Modelle als eine spezielle Anwendung auf dem Oracle-Datenbankverwaltungssystem bietet für den Einführungsprozeß von *Oracle Applications* eine Reihe von Vorteilen, wie z.b. die Bereitstellung eines in die Entwicklungsumgebung integrierten Einführungstools.

2) Für die Erstellung von Geschäftsprozessen, wie z.b. im Rahmen von Branchenreferenzmodellen ist der Designer/2000™ mit den zur Zeit verfügbaren Darstellungsmitteln nur bedingt zu empfehlen. Es sind insbesondere zusätzliche Möglichkeiten zur Abbildung komplexer Prozeßabläufe zu schaffen, die über die Möglichkeiten des strukturierten hierarchischen Ansatzes hinaus gehen, und die die Darstellung des zeitlich-logischen Ablaufs innerhalb einer Funktionsfolge besser unterstützen.

3) Es gilt weitere bzw. neue Methoden und Darstellungsmittel in den Designer/2000™ zu integrieren, die die Modellierung komplexer Geschäftsobjekte im Sinne von Business Objects gestatten. Diese Geschäftsobjekte können für unterschiedliche fachliche Zusammenhänge beliebig oft wiederverwendet und kombiniert werden, um damit z.B. durchgängige Prozeßabläufe abzubilden.

Literatur

[AIM96] Oracle Corporation: Application Implementation Method. Release 2, 1996.
[Beck96] Becker, J.: Eine Architektur für Handelsinformationssysteme; Arbeitsbericht Nr. 46 des Institutes für WI der Westfälischen Wilhelmsuniversität Münster, 1996
[BeSc97] Becker, J.; Schütte, R.: Referenz-Informationsmodell für den Handel, Begriff, Nutzen und Empfehlungen für die Gestaltung und unternehmensspezifische Adaption von Referenzmodellen, in: Wirtschaftsinformatik `97, Hrsg.: Krallmann. Heidelberg 1997
[Hars94] Hars, A.: Referenzdatenmodelle: Grundlagen effizienter Datenmodellierung. Wiesbaden 1994.
[KeMe94] Keller,G.; Meinhardt, St.: Business process reengineering auf Basis des SAP R/3 Referenzmodells. In: Prozeßorientierte Unternehmensmodellierung; Schriften zur Unternehmensführung, A.-W. Scheer (Hrsg.), Wiesbaden,1994
[Nonn97] Nonnenmacher, M.: Mittels Oracle Tools effizient vom Geschäftsprozeß zur Lösung. In: Oracle Deutschland; Oracle Welt, München 2/97
[OCaE94] Oracle Deutschland: Einführung in Oracle CASE. München 1994.
[ODeA95] Oracle Corporation: Oracle Designer/2000: A Guide to Repository Administration. Release 1, 1995.
[ODeP95] Oracle Corporation: Oracle Designer/2000: A Guide to Process Modelling. Release 1, 1995.
[ODeR96] Oracle Corporation: Oracle Designer/2000: Reference Guide. 1996.
[ODeS95] Oracle Corporation: Oracle Designer/2000: A Guide to Systems Modelling. Release 1, 1995.
[OMaC94] Oracle Corporation: Oracle Manufacturing Course notes: Using Oracle modules. Release 10, 1994.
[Pfeifer97] Pfeifer, R.: Nutzungsmöglichkeiten des Oracle Designer/2000 für die Erstellung von Referenzmodellen zur Implementierung von Oracle Manufacturing. Diplomarbeit FHTW Berlin 1997.

Modellbasierte Einführung von Oracle Applications

Von Thomas Erdmann,
PROMATIS Informatik GmbH, Karlsbad

Gliederung:

1. Modellbasierte Einführung von Oracle Applications

2. INCOME Referenzmodelle für Oracle Applications

3. Das INCOME Vorgehensmodell

4. Einführungsprojekt mit den INCOME Referenzmodellen
   4.1. Analyse der Istprozesse
   4.2. Die Istanalyse mit INCOME
   4.3. Vorteile der INCOME-Methode
   4.4. Ermittlung der Sollprozesse
   4.5. Sollanalyse mit INCOME
   4.6. Spezifikation Solldaten
   4.7. Ergebnis und Vorteile
   4.8. Deltaanalyse un Entwicklung eines Anforderungskonzeptes
   4.9. Ableitung des Designs der Kundenlösung
   4.10. Implementierungsunterstützung

1. Modellbasierte Einführung von Oracle Applications

Was erwarten Sie von der Einführung eines neuen, modernen, flexiblen Standardsoftwarepakets. Sie versprechen sich schnellere Abläufe, effizienteren Einsatz der Mitarbeiter, bessere Auswertbarkeit Ihrer Daten, neueste Technologie und viele weitere Eigenschaften und Verbesserungen, die Ihnen Software wie Oracle Applications heute bieten kann. Damit Sie diese Ziele erreichen, müssen Sie diese Erwartungen auch an die Vorgehensweise zur Einführung der Standardsoftware stellen. Sie wollen eine schnelle und sichere Einführung, den effizienten Einsatz Ihrer Mitarbeiter, optimale Dokumentation und Auswertung der Phasenergebnisse und die technologische Unterstützung bei Setup, Integration und Zusatzentwicklung. Nutzen Sie die Flexibilität, Offenheit und Modernität von Oracle Applications, damit optimale Prozesse und vollständige Informationen Ihre Investition in die Zukunft sichern.

Sie werden in der Einführungspraxis von Standardsoftwarepaketen sicher schon einige der in der Folge geschilderten Problemstellungen und Gedanken gehört haben. Das muß nicht unbedingt aus der Kritik des Kunden an seinem Berater sein. Viel häufiger wird die Forderung nach einer strukturierten Vorgehensweise mit Unterstützung durch passende Werkzeuge im Kampf beider Seiten um das gemeinsame Ziel deutlich.

Für jene Leser, die bereits Einführungsprojekte von Standardsoftware erlebt haben, werden die ersten Kapitel sicher hauptsächlich einige selbst gemachte Erfahrungen bestätigen. Für jene, die vor einer Einführung von Standardsoftware stehen, soll diese kurze Einleitung einige Probleme ansprechen und ein Gefühl für die notwendigen Schritte zum Erfolg vermitteln.

Die Einführung moderner Standardsoftwarepakete ist sicher eine der vielversprechendsten Möglichkeiten, zu einer besseren Informationsstruktur innerhalb eines Unternehmen zu kommen. Der Weg dorthin ist jedoch oftmals beschwerlich, und in der Vergangenheit hat sich in vielen Projekten gezeigt, daß sich zwar Abläufe und Strukturen geändert, nicht jedoch verbessert haben. Aus dem Wissen um diese Probleme sind Informationssysteme wie Oracle Applications entstanden. Diese Systeme zwingen einem Unternehmen nicht mehr feste Abläufe auf, sondern werden flexibel in das Geschäft eines Unternehmens integriert. Solche Systeme einführen heißt allerdings auch, sich die Prozesse und Abläufe bewußt machen und die Möglichkeiten zur Anpassung nutzen.

2. INCOME Referenzmodelle für Oracle Applications

Sie werden in den folgenden Kapiteln wiederholt über die INCOME Referenzmodelle für Oracle Applications lesen. Damit die Arbeit mit diesen Referenzmodellen verständlich wird, sind die wichtigsten Merkmale hier kurz erläutert. Sollten Sie die INCOME Referenzmodelle schon kennen, können Sie dieses Kapitel überspringen und direkt in das Einführungsprojekt einsteigen. Für jedes Modul von Oracle Applications gibt es ein Referenzmodell {*siehe Stanierowski, S.227-251*}. Die Referenzmodelle sind hierarchisch aufgebaut. Das Übersichtsnetz auf oberster Ebene zeigt die durch das Oracle Applications Modul unterstützten Teilprozesse im Überblick.

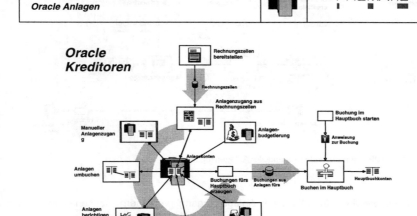

Abb. 1: INCOME Referenzmodell - Lifecycle Oracle Anlagen

In Abbildung 1 sehen Sie das Übersichtsnetz des Referenzmodells für Oracle Anlagen. Die von Oracle Anlagen unterstützten Teilprozesse wie Zugänge, Umbuchungen, Abschreibungen und Abgänge sind hier in Form eines Anlagen Life Cycle dargestellt. Außerdem zeigt das Übersichtsnetz die Schnittstellen zu anderen Oracle Applications Modulen. Das Modul Anlagen hat somit eine Schnittstelle zu Oracle

Kreditoren zur Übernahme von Rechnungspositionen und eine zu Oracle Rechnungswesen zum Buchen im Hauptbuch. Von den Übersichtsnetzen ausgehend, können Sie die Abläufe und die darin dokumentierte Systemunterstützung durch Oracle Applications nachvollziehen.

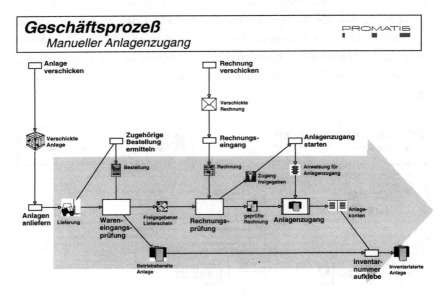

Abb. 2: INCOME Referenzmodell – Manueller Anlagenzugang

Wenn Sie die Aktivität "Manueller Anlagenzugang" verfeinern, so sehen sie den gesamten Teilprozeß des manuellen Anlagenzugangs. Um den Teilprozeß im betriebswirtschaftlichen Gesamtzusammenhang darzustellen, sind auch manuelle Tätigkeiten aufgenommen, welche jedoch nur als Vorschlag zu verstehen sind. Graphisch sind die manuellen Aktivitäten durch das gestreifte Muster gekennzeichnet.

Modellbasierte Einführung von Oracle Applications 257

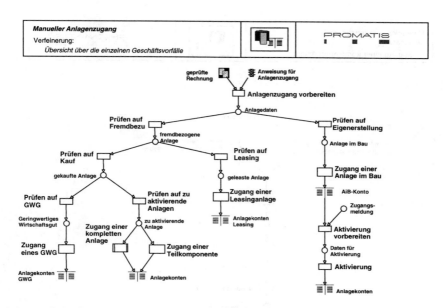

Abb. 3: INCOME Referenzmodelle – Geschäftsvorfall manueller Anlagenzugang

Um den Anlagenzugang in Oracle Applications nun genauer zu betrachten, geht es noch eine Stufe tiefer in der Modellhierarchie. In einer Baumdarstellung sind nun die einzelnen Möglichkeiten eines Anlagenzugangs im Überblick zu sehen, und zwar nach betriebswirtschaftlichen Gesichtspunkten unterschieden (Abbildung 3). So sind Zugänge für geringwertige Wirtschaftsgüter, normale Anlagen, Teilkomponenten, Leasinganlagen und Anlagen im Bau dargestellt. Auch wenn der Anlagenzugang für alle in denselben Dialogmasken erfolgt, so sind doch aufgrund der betriebswirtschaftlichen Charakterisierung Unterschiede zu beachten. Diese sind in den einzelnen Detailabläufen modelliert, in welche sie aus dem Baum entsprechend verzweigen können. Hier sehen Sie exemplarisch den Detailablauf für den Zugang von normalen Anlagen (Abbildung 4).

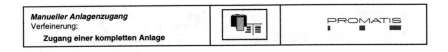

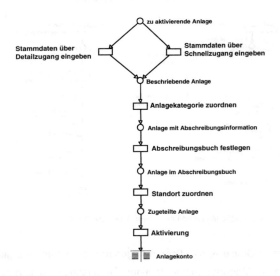

Abb. 4: INCOME Referenzmodell – Zugang einer kompletten Anlage

Die Schnittstellen zwischen den einzelnen Modulen sehen Sie im Übersichtsnetz. Für eine Gesamtbetrachtung der über die Schnittstellen ausgetauschten Daten bieten sich die vorgefertigten Berichte im INCOME Reference Model Analyzer an. Sie können natürlich auch die einzelnen Schnittstellen direkt im Modell näher betrachten. In den Aktivitäten, die durch Oracle Applications direkt unterstützt sind, können Sie die Masken des betreffenden Moduls in Oracle Applications direkt aufrufen. Für die durchzuführende Aktion ist ein typisches Beispiel hinterlegt. Damit wird die Verwendung der Maske für genau diese Aktivität verständlich und die Unterschiede zu anderen Aktivitäten werden deutlich. Die Objekte, welche durch die

Geschäftsprozesse im Referenzmodell verarbeitet werden, sind im Informationsmodell dokumentiert. Diese Objekte können Dokumente in Papierform sein, wie beispielsweise die Rechnung oder der Investitionsantrag, oder auch Schnittstellenbeschreibungen. Alle Informationsobjekte sind durch Attribute beschrieben und in dokumentenartiger Form dokumentiert. Durch die Zuordnung von Informationsobjekten zu den Prozeßabläufen werden objektbezogene Regeln zur Steuerung des Prozesses definiert. Die datentechnische Abbildung der Objekte in Oracle Applications ist durch Zuordnungen vom Informationsmodell zum Datenmodell von Oracle Applications in Designer/2000 dokumentiert.

3. Das INCOME Vorgehensmodell

Die INCOME Referenzmodelle ermöglichen ein modellbasiertes Vorgehen bei der Einführung von Oracle Applications. Dieses Vorgehen ist im INCOME Vorgehensmodell beschrieben. Das INCOME Vorgehensmodell beschreibt den Projektverlauf von der Anlayse bis zur Implementierung. In der ersten Phase werden die Istabläufe ermittelt und in einem Istprozeßmodell dokumentiert. Dieses Modell wird dann zusammen mit den vorgefertigten Referenzmodell wiederverwendet bei der Erstellung eines kundenspezifischen Sollgeschäftsprozeßmodells. In der zweiten Phase werden über eine automatische Deltaanalyse die Abweichungen zwischen Sollprozeßmodell und der im Referenzmodell dokumentierten Standardfunktionalität von Oracle Applications ermittelt. Die Umsetzung dieser kundenspezifischen Anforderungen in das Design wird ebenfalls im Geschäftsprozeßmodell dokumentiert. Damit lassen sich in der dritten Phase Implementierungsvorschläge für Customizing, z.B. Flexfelder, und für Zusatzentwicklungen aus dem Modell per Tastendruck ableiten. Die Anforderungen an Zusatzentwicklungen können direkt in das Designer/2000-Repository generiert werden. Hier schließt sich die Entwicklung mit der CASE-Method an.

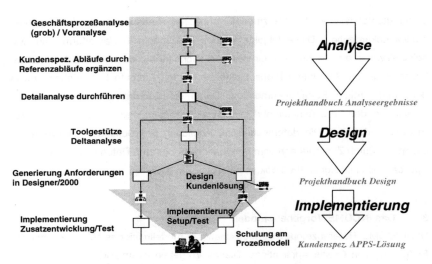

Abb. 5: INCOME Vorgehensmodell zur Einführung von Oracle Applications

Das INCOME Vorgehensmodell zeigt die Durchgängigkeit einer einheitlichen Methode in allen Projektphasen. Konkrete Aktivitätsbeschreibungen sichern die Konsistenz der Ergebnisse. Alle Projektschritte werden durch INCOME als Werzeug für ganzheitliches Geschäftsprozeßmanagment und die INCOME Referenzmodelle unterstützt. Damit wird eine prozeßorientierte Einführung von Oracle Applications gewährleistet. Alle Ergebisse in den einzelnen Projektphasen sind im INCOME Repository dokumentiert. Die Integration des INCOME Repository und des Designer/2000 Repository stellt die Integration mit Oracle Application sicher. Das INCOME Vorgehensmodell läßt sich flexibel in gängige Vorgehensmodelle zur Einführung von Oracle Applications integrieren.

4. Einführungsprojekte mit den INCOME Referenzmodellen

4.1 Analyse der Istprozesse

Vor der Entwicklung eines Anforderungskonzepts für die Implementierung von Oracle Appliactions in einer Organisation muß sich das Projektteam zunächst einen detaillierten Überblick über den derzeitigen Istzustand verschaffen. Dies gilt gleichermaßen für einen externen Berater wie für den Anwender, da die Istabläufe auch dem

Anwender häufig nicht transparent sind. Je detaillierter die Kenntnisse über die Istprozesse sind, umso genauer kann das zu entwickelnde Sollkonzept auf die Bedürnisse der Organisation abgestimmt werden. Aufgrund der Bedeutung der Istanalyse wird ihr in den gängigen Vorgehensmodellen zur Einführung von Oracle Applications, wie beispielsweise AIM, eine eigene Phase eingeräumt. In dieser Projektphase werden die Grundlagen gelegt für den weiteren Projektverlauf. Dadurch können die möglichen Problemstellen frühzeitig erkannt werden. Die Komplexität der Anforderungen auf Kundenseite wird in dieser Phase deutlich. Bislang wird in dieser Phase üblicherweise mit Fragebögen und Interviewtechniken gearbeitet. Zur Dokumentation der Ergebnisse werden meist Office-Produkte verwendet. Aus Zeitgründen wird das Ausfüllen der Fragebögen oftmals ohne Beraterunterstützung durchgeführt. Hierbei kommt es oft zu Verständnisschwierigkeiten, da den Anwendern die Begrifflichkeiten aus Oracle Applications nicht geläufig sind. Auch die Prüfung der Protokolle aus den Interviews geschieht häufig von Kundenseite ohne weitere Hilfestellungen. Bei einer natürlichsprachlichen Beschreibung der Istprozesse und -Systeme führt dies zwangsläufig zu Mißverständnissen und unterschiedlichen Interpretationen. In zeitraubenden, zusätzlichen Sitzungen müssen die Protokolle und Fragebögen daher mehrfach diskutiert, gegengelesen, korrigiert und letztlich zu einem Dokument zusammengefaßt werden.

Dieses Vorgehen bietet von der methodischen Basis kaum Unterstützung für die Projektbeteiligten. Die hierfür verfügbaren Vorlagen sichern im besten Fall die Vollständigkeit der Analyse. Eine Strukturierung im Vorgehen und bei der Dokumentation wird nur bedingt vorgegeben und beschränkt sich meist auf eine sinnvolle Sortierung von Fragen und Ergebnissen. Neben dem vermeidbaren Aufwand für die Klärung von Begrifflichkeiten und Uneindeutigkeiten birgt dieses Verfahren die Gefahr, daß Mißverständisse über die Komplexität der Abläufe und Systemlandschaften nicht erkannt und erst viel später, oft auch schon zu spät, aufgedeckt werden.

4.2 Die Istanalyse mit INCOME

Die Istanalyse wird im INCOME Vorgehensmodell in der ersten Phase beschrieben. Dabei sichert die vollständige Beschreibung eines strukturierten Vorgehens in Verbindung mit dem Einsatz der INCOME Werkzeuge die Durchgängigkeit, Vollständigkeit, Effizienz und inhaltliche Korrektheit der Istanalyse und ihrer Ergebnisse.

Die einzelnen Aktivitäten der Istabläufe werden in graphischen Ablaufmodellen modelliert. Das Modell wird hierarchisch aufgebaut und, wo erforderlich, durch textuelle Beschreibungen vervollständigt. Diese Ablaufmodelle sind sehr leicht lesbar und können einfach und schnell, auch im Dialog mit dem Anwender, abgeändert werden. Ergänzend dazu werden die Objekte beschrieben, die in den Aktivitäten bearbeitet werden. Diese werden in einem Informationsmodell in dokumentenartiger Form beschrieben. Insbesondere Übergänge zwischen einzelnen DV-Verfahren in einem Prozeß werden im Ablaufmodell sofort deutlich und können im Informationsmodell durch Schnittstellenbeschreibungen näher spezifiziert werden. Neben den Abläufen wird auch die Aufbauorganisation als Organigramm graphisch beschrieben. Durch Zuordnung von Organisationseinheiten und Ressourcen zu den Aktivitäten der Abläufe werden Verantwortlichkeiten und Verfügbarkeiten von Ressourcen genau festgelegt.

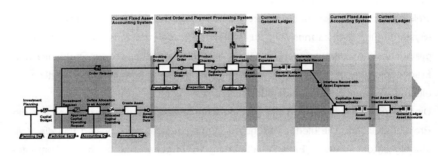

Abb. 6: Beispiel eines Istablaufs

In Abbildung 7 ist ein Istprozeßmodell exemplarisch dargestellt. Er zeigt den Ablauf bei der Beschaffung von Anlagen. In der Planung werden Neuinvestitionen berücksichtigt und einzelne Budgets, beispielsweise pro Kostenstelle, vorgegeben. Soll nun eine Anlage beschafft werden, so muß zunächst ein Investitionsantrag dafür gestellt und genehmigt werden. Vor der nachfolgenden Bestellung, wir nehmen einmal an, die Anlage soll durch Fremdbezug beschafft werden, wird in der Anlagenbuchhaltung bereits die spätere Kontierung und auch die Inventarnummer der Anlage vergeben. Zur Vergabe der Inventarnummer wird der Anlagenstammsatz bereits im herkömmlichen Buchhaltungssystem angelegt. Die Inventarnummer und Kontierung werden auf dem Investitionsantrag vermerkt. Diese Information ist zukünftig in allen Systemen gespeichert, vom Bestellvorgang bis zur Rechnungsprüfung. Nach Buchung der Rechnung im Hauptbuch werden per Batchlauf automatisch Datensätze für die Anlagenbuchhaltung erzeugt. Diese enthalten beispielsweise die Anschaffungskosten. Da der Anlagenstammsatz bereits existiert, kann die Anlage mit dieser Information per Batchlauf automatisch aktiviert werden. Die Schnittstellen zwischen den einzelnen DV-Verfahren werden in der Ablaufbeschreibung sofort deutlich. Die verarbeiteten Objekte wie Rechnung und Investitionsantrag sind im Informationsmodell beschrieben. Hier sind auch die Datenbeschreibungen der Schnittstellensätze zwischen dem Kreditorensystem und dem Hauptbuch sowie für den Schnittstellensatz in das Anlagensystem hinterlegt. Die einzelnen Aktivitäten des Ablaufes, außer den Aktivitäten, die rein maschinell ablaufen, zeigen auch die zuständigen Organisationseinheiten aus dem Organisationsmodell. In jeder Organisationseinheit können die entsprechenden Ressourcen mit Kostensätzen hinterlegt werden.

Aufgrund der intuitiven graphischen Benutzeroberfläche und der einfachen Bedienbarkeit können die einzelnen Modelle sehr schnell erstellt werden. So ist es beispielsweise möglich, bereits am nächsten Tag die Ergebnisse des Analysegesprächs vom Vortag als Ablaufmodell den Anwendern vorzulegen. Je nach Definition des Projektes können die Anwender jedoch auch selbst in die Modellierung eingebunden werden und Ablaufmodelle erstellen. Anhand der auf diese Weise erstellten Modelle werden die Prozesse nochmals diskutiert und mögliche Fehler sofort aufgedeckt. Der Berater kann die Modelle je nach Bedarf schrittweise verfeinern und dokumentieren. Die Erstellung der Ergebnisdokumente für Abnahme- und Genehmigungsverfahren am Ende der Istanalysephase erfolgt aus den erstellten Modellen automatisch per Knopfdruck.

5.3 Vorteile der INCOME-Methode

In unseren Projekten zeigt sich immer wieder, daß die strukturierte Vorgehensweise und Darstellung der Ergebnisse im Prozeßmodell das Verständnis bei allen Projektbeteiligten wesentlich fördert. Der Analytiker bekommt einen sehr schnellen Überblick über die bestehenden Prozesse. Mißverständnisse, Unklarheiten oder Lücken, wie sie bei natürlichsprachlichen Analysedokumenten durch Verwendung von Fachbegriffen und kundenspezifischen Bezeichnungen leicht auftreten können, werden bei Erstellung des graphischen Ablaufmodells sofort aufgedeckt. Sie können bereits in der nächsten Besprechung geklärt und im Modell auch interaktiv korrigiert werden. Die Qualitätssicherung der Analyseergebnisse durch die Fachabteilungen erfolgt somit im direkten Gespräch bereits während der Analysephase. Die Diskussion der eigenen Abläufe anhand der grafischen Modelle führt auch bei den Anwendern aus den Fachabteilungen oft zu einem genaueren Verständnis der eigenen Prozesse und zum Erkennen von Optimierungspotential. Dies ist bei einem natürlich-sprachlichen Protokoll kaum möglich. So werden im Prozeßmodell zum Beispiel Redundanzen aufgedeckt oder kritische Aktivitäten identifiziert. Dadurch ergeben sich automatisch Anforderungen für das zukünftige Sollkonzept. Die Entscheidung für ein Redesign der Prozesse ist mit diesen Aussagen optimal zu unterstützen. Für die Entwicklung eines Sollprozeßmodells durch Optimierung und Redesign können die erstellten Modelle direkt eingesetzt und weiterverwendet werden.

5.4 Ermittlung der Soll-Prozesse

Analog zur Istanalyse geschieht die Aufnahme der zukünftigen Anforderungen ebenfalls über Interviews mit den Anwendern. Zusätzlich werden Fragebögen eingesetzt, in welche der Anwender neben dem Istzustand auch seine neuen Anforderungen eintragen kann. Hierbei treten dieselben Probleme und Verständisschwierigkeiten wie bei der Istanalyse auf. Als weiterer gravierender Nachteil kommt hinzu, daß der Anwender ein Verbesserungspotential der Prozesse meist gar nicht erkennen kann, weil er nicht durch den Einsatz einer geeigneten Methode dazu angeleitet wird.

Sicherlich ist ein Fragebogen für die Ermittlung von fachspezifischen Anforderungen geeignet und durchaus effizient einsetzbar, zum Beispiel zur Klärung von Fragen wie Welche Abschreibungsmethoden sollen verwendet werden?
Wie sollen Anlagegüter zukünftig numeriert werden?
Aber was würden Sie auf die Frage
Welche Prozesse wollen Sie in der Anlagenbuchhaltung ändern?
antworten? Hier kann einem vielleicht sporadisch oder eher zufällig etwas einfallen. Ein systematisches Analysieren der Istprozesse bzw. das Erkennen von Schwach-

stellen und Optimierungspotentialen ist ohne Prozeßmodell jedoch nahezu unmöglich. Die Einführung von Oracle Applications und die damit verbundene Ablösung von Altsystemen macht oft den Weg frei für die Umgestaltung betrieblicher Abläufe und Strukturen. Diese Chancen zur Neugestaltung organisatorischer Abläufe, die durch die Einführung der Standardsoftware automatisch gegeben sind, werden jedoch meist nicht genutzt. Im Vordergrund steht die Abbildung der bestehenden Abläufe mit der Standardsoftware. Ein Grund dafür ist sicherlich die unbegründete, aber instinktive Angst gegenüber Änderungen. Um nichts falsch machen zu können, hält man lieber an den "altbewährten" Prozessen fest. Zusätzlich kommt die Unsicherheit hinzu, daß die neuzugestaltenden Prozesse hinterher vielleicht gar nicht realisierbar sind. Denkt man an den herkömmlichen Ansatz von Business Process Engineering auf der grünen Wiese, so ist diese Angst möglicherweise auch begründet.

Um entscheidende Verbesserungspotentiale im Sinne eines Business Process Redesin bei der Einführung von Oracle Applications nicht zu verlieren, muß eine geeignete Methode gewählt werden, welche dem Anwender seine Ängste nimmt und den Erfolg des Projektes sicherstellt.

5.5 Sollanalyse mit INCOME

Durch die strukturierte und vollständige Darstellung der Abläufe in den INCOME Prozeßmodellen werden dem Anwender Schwachstellen bewußt. Verbesserungspotentiale können sich zusätzlich durch den Einsatz von Oracle Applications ergeben. Um die Abläufe im Hinblick auf den Einsatz von Oracle Applications zu optimieren, werden die INCOME Referenzmodelle eingesetzt. Dabei werden diejenigen Aktivitäten, welche zukünftig mit Oracle Applications durchgeführt werden sollen, mit den entsprechenden Prozeßbeschreibungen aus dem Referenzmodell modelliert. Somit erhält der Anwender die Gewißheit, daß der so gestaltete Ablauf später auch realisierbar ist. Vor der Diskussion der Sollabläufe kann sich der Anwender anhand der Referenzmodelle einen inhaltlichen Überblick über die einzusetzenden Module von Oracle Applications verschaffen. Auf diese Weise können auch Anwender, welche noch nicht an einer Schulung teilgenommen haben oder deren Schulung weiter zurück liegt, schnell einen guten Überblick über die von Oracle Applications unterstützen Abläufe und die Schnittstellen zwischen den einzelnen Modulen bekommen. Aus den Aktivitäten der Abläufe können auch die entsprechenden Dialogmasken von Oracle Applications eingeblendet werden. Für Anwender, welche bereits eine Schulung besucht haben, wird hierbei Vergessenes wieder aufgefrischt und die Zusammenhänge der einzelnen Funktionen werden am Ablauf nochmals verdeutlicht. Je geläufiger dem Anwender die Abläufe in Oracle Applications sind, umso besser lassen sich die Sollprozesse diskutieren und optimieren.

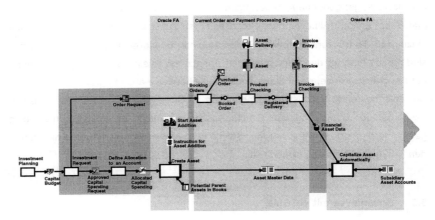

Abb. 7: Beispiel eines Sollablaufs

Anhand des Beispiels aus der Istanalyse können Sie den Weg zum Sollkonzept jetzt weiter verfolgen. Ausgangsbasis ist das Istmodell. Für diejenigen Aktivitäten, welche zukünftig durch Oracle Applications unterstützt werden sollen, werden die passenden Aktivitäten aus dem Referenzmodell ausgewählt. Unterstützt der Detailablauf aus dem Referenzmodell die ausgewählte Aktivität optimal, so wird die Aktivität durch diesen Ablauf entsprechend ersetzt. Gibt es jedoch Abweichungen im Detailablauf, so werden die kundenspezifischen Besonderheiten in den Detailablauf aus dem Referenzmodell übernommen. Diese Zusatzanforderungen ergeben sich entweder aus dem Istablauf oder resultieren aus der Optimierung bzw. Neugestaltung des Gesamtablaufs. In Abbildung 7 sehen Sie den Sollablauf zum oben beschriebenen Istszenario. Was hat sich nun verändert? Insgesamt hat sich der Ablauf zwar vereinfacht, er lehnt sich jedoch noch sehr stark an den Istablauf an. Da in diesem

Fall lediglich das Anlagenbuchhaltungsystem und das Hauptbuch, nicht aber das Kreditoren- oder auch Bestellsystem durch Oracle Applications ersetzt wird, ergibt sich wenig Optimierungspotential. Die Daten für die Anlagenbuchhaltung werden jetzt direkt aus dem Kreditorensystem in die Schnittstelle zum Anlagensystem übergeben. Diese Schnittstelle kennen Sie bereits aus dem Übersichtsnetz im Referenzmodell. Anstelle von Oracle Kreditoren kann sie jedoch durchaus von einem anderen Kreditorensystem genutzt werden. Die Aktivität Anlagenstammsatz anlegen soll zukünftig mit Oracle Applications durchgeführt werden. Dies ist ein manueller Anlagenzugang. Demnach wird jetzt im kundenspezifischen Modell das Netz, welches die Anlagenzugänge in der Baumübersicht zeigt, unter diese Aktivität gehängt. Für die Aktivität Capitalize Asset Automatically kann kein vergleichbarer Ablauf im Referenzmodell gefunden werden. Hier ist also zu diesem Zeitpunkt noch nicht geklärt, ob die Aktivität durch die Oracle Applications Standardfunktionalität unterstützt werden kann. Dies wird in der Designphase festgelegt.

5.6 Spezifikation Solldaten

Im nächsten Schritt zu einem kundenspezifischen Prozessmodell werden die Daten in den Sollabläufen analysiert. Die im Referenzmodell definierten Objekttypen zeigen, welche Daten standardmäßig in Oracle Applications den Ablauf steuern. In unserem Fall wird der Ablauf stark vom Investitionsantrag geprägt. Demnach brauchen wir eine Investitionsantragsnummer, welche zu den Anlagenstammdaten gespeichert werden soll. Um herauszufinden, ob dieses Feld standardmäßig von Oracle Applications unterstützt wird, kann das Referenzmodell entsprechend ausgewertet werden. Mit dem Report über die verwendeten Daten in den systemunterstützten Aktivitäten läßt sich leicht feststellen, ob die Kundenanforderungen abgedeckt sind. Ist dies nicht der Fall, so werden die zusätzlich benötigten Felder in das Informationsmodell aufgenommen. Folglich muß die Investitionsantragsnummer als Zusatzanforderung bezüglich der Daten im Informationsmodell eingetragen werden. Dazu werden neue Objekttypen angelegt. Zu diesen Objekttypen werden die einzelnen Datenfelder oder Attribute definiert. Für die Datenübergabe der Rechnungsdaten an Oracle Fixed Assets soll der vorhandene Schnittstellensatz verwendet werden. Diese Schnittstellenbeschreibung ist aus dem Istmodell im Objektspeicher Asset Expenses bereits vorhanden. Am Ende dieses Modellierungsschritts sind alle

Anforderungen aus dem Istmodell und die funktionalen Neuanforderungen in das kundenspezifische Prozessmodell eingefügt und die verfügbare Systemunterstützung durch Oracle Applications zugeordnet. Dieses Prozeßmodell beinhaltet die bestehenden Anforderungen aus dem Istmodell und die neuen Anwenderwünsche bezüglich Oracle Applications. Die neuen Abläufe können nun anhand des graphischen Modells überprüft werden. Alternativen können anschaulich und effizient diskutiert und bewertet werden. Besonders kritische Teilabläufe können mit dem INCOME Simulator unter Verwendung von Echtdaten in einer dynamischen Simulation verifiziert werden.

4.7. Ergebnis und Vorteile

Auf diese Art und Weise entsteht ein kundenspezifisches Sollgeschäftsprozeßmodell, welches die Optimierung der Istprozesse und die Realisierbarkeit mit Oracle Applications gleichermaßen gewährleistet. Dieses Sollgeschäftsprozeßmodell enthält neben Ablaufmodellen auch Schnittstellenbeschreibungen und Zuständigkeiten. Die Anwender in den Fachabteilungen können sich mit organisatorischen Änderungen bereits im Vorfeld mit Hilfe der Modelle vertraut machen. Die Verwendung der Referenzmodelle geben Auftraggeber und Auftragnehmer gleichermaßen die Gewißheit, daß die neugestalteten Prozesse mit Oracle Applications realisierbar sind.

4.8. Delta-Analyse und Entwicklung eines Anforderungskonzeptes

In der nächsten Phase müssen nun die im Sollmodell spezifizierten Anforderungen in ein Design für die Implementierung von Oracle Applications umgesetzt werden. Hierfür müssen die im Sollmodell definierten Anforderungen mit der Standardfunktionalität von Oracle Applications abgeglichen werden. Ziel des Abgleiches ist es, die Sollprozesse so gut wie möglich im Rahmen der Anpassungsmöglichkeiten von Oracle Applications zu unterstützen. Durch die Verwendung der Referenzmodelle ist im Sollprozeßmodell bereits genau dokumentiert, für welche Abläufe reine Standardfunktionalität gefordert ist. Außerdem sind Abweichungen und zusätzliche Anforderungen im Sollmodell dokumentiert. Diese Zusatzanforderungen müssen nun ermittelt werden, um eine Lösung für die Umsetzung in der Standardsoftware zu finden. Bislang geschieht dieser Abgleich zum Teil auf dem Papier anhand der Protokolle oder bereits direkt am Prototypen. Dies ist sehr zeitaufwendig und sichert keinesfalls die Vollständigkeit. Der Abgleich ist mit INCOME besonders effizient, da die Sollprozesse und das Referenzmodell anhand der gleichen Methoden beschrieben wurden. Beide Modelle sind im INCOME Repository vollständig dokumentiert. Ein Abgleich kann somit vollkommen automatisch erfolgen und ist nur noch eine Sache von Sekunden. Hierzu stehen verschiedene Reports zur Verfügung. Um herauszufinden, welche Aktivitäten des Sollprozeßmodells noch nicht von der Standardsoftware abgedeckt werden, starten Sie einfach den Report Additional Function Requirements. Dieser zeigt alle Aktivitäten des Sollmodells, welche nicht aus dem Referenzmodell stammen, also nicht unbedingt von Oracle Applications abgedeckt werden können. Diese Aktivitätenliste wird nun in einem iterativen Prozess sukzessive bearbeitet. Ziel ist es, für möglichst alle Aktivitäten eine Realisierungsmöglichkeit in Oracle Applications zu finden. Zunächst werden alle Aktivitäten im Sollmodell, die nicht durch die Applikation unterstützt werden sollen, einfach als manuelle Aktivitäten gekennzeichnet. Damit werden beim zweiten Durchlauf des Abgleiches wesentlich weniger Aktivitäten aufgelistet. Diese Aktivitäten sollen zwar durch Oracle Applications abgedeckt werden, sie konnten jedoch nicht bei Entwicklung des Sollmodells durch Abläufe aus dem Referenzmodell ersetzt werden. Für diese Aktivitäten muß analysiert werden, warum die Oracle Applications-Funktionlität sie noch nicht direkt abbildet.

Es handelt sich dabei oft um besondere Kombinationen von Anforderungen, die durch geeigneten Einsatz der Funktionen aus Oracle Applications abseits der standardisierten Pfade doch noch zu lösen sind. Dies kann selbstverständlich nicht automatisch geschehen, sondern hier ist Beraterknow-how gefragt. Wurde eine Lösung für eine Abbildung in Oracle Applications gefunden, so wird dies im Modell entsprechend dokumentiert. Die Zuordnung von Oracle Applications Funktionen zeigt dabei, durch welche Systemfunktionalität die Aktivität abgedeckt werden kann. Im oben beschriebenen Beispiel gibt der Report die aus dem Istmodell übernommenen Tätigkeiten als Zusatzanforderungen aus. Dabei beschreiben die Aktivitäten Investment Planning, Investment Request und Define Allocation to an Account rein manuelle Tätigkeiten. Die Aktivität Create Asset wurde durch einen Referenzablauf ersetzt. Somit wird sie beim Abgleich nicht als Zusatzanforderung ausgegeben. Die manuellen Aktivitäten werden im Modell als solche gekennzeichnet und damit auch nicht mehr im Report ausgegeben. Übrig bleiben zum Schluß Aktivitäten, die nicht mit Oracle Applications abgedeckt werden können. An dieser Stelle ist zu überlegen, ob diese zum Erreichen der strategischen Prozeßziele notwendig sind. Dann sind sie durch ergänzende Informationssysteme zu realisieren. Ist dies nicht der Fall, dann sollte der Sollablauf in Frage gestellt werden.

Parallel dazu muß ein Abgleich der gleichen Art bezüglich der Daten stattfinden. Der Report Additional Data Requirements zeigt alle neu eingefügten Objekttypen und alle neuen Datenfelder zu bestehenden Objekttypen. Sind diese Datenanforderungen nicht im Standardumfang enthalten, so bedeutet dies bei Oracle Applications noch lange keine Zusatzentwicklung. An dieser Stelle müssen nun vom Berater Überlegungen angestellt werden, ob diese Datenanforderungen in Form von Flexfields realisiert werden können. Die Entscheidung, ob eine Realiserung als Flexfield möglich und sinnvoll ist, erfordert die Kenntnis des Oracle Applications Datenmodells. Hier ist wieder der erfahrene Berater gefordert. Die Entscheidung für eine Flexfield-Realisierung wird ebenfalls im Informationsmodell des Sollmodells gekennzeichnet.

Beim Abgleich der Datenanforderungen werden die Informationsmodelle aus Referenzmodell und Sollmodell verglichen. In unserem Beispiel sind das die Objekttypen Capital Spending Request, Financial Asset Data und Fire Insurance. Die Angaben der Investitionsantragsnummer und des Feuerversicherungsbasiswertes sind Zusätze zu den Stammdaten der Anlage. Sie können als Flexfield realisiert werden. Der Objekttyp Financial Asset Data beschreibt den Schnittstellensatz für die automatische Aktivierung. Somit ist er offensichtlich kein Flexfield-Kandidat.

4.9 Ableitung des Designs der Kundenlösung

Aus der Dokumentation der Flexfields geht die Art eines Flexfields noch nicht hervor. Der Report Flexfield Candidates gibt noch alle Flexfields als Descriptive Flexfield aus. Für jedes Flexfield wird jetzt entschieden ob es ein Key Flexfield wird. Ist das der Fall, so wird es im Informationsmodell gekennzeichnet und wird dann im Report als solches ausgegeben. Damit erhalten wir nach der Kennzeichnung eine vollständige Dokumentation der Flexfield-Definitionen in Key Flexfields und Descriptive Flexfields für das Setup der einzusetzenden Oracle Applications Module. Ergänzend dazu wird zu den Flexfields eine Auswahl von möglichen Entities ausgegeben. Diese Entities sind dem ER-Modell der einzusetzenden Oracle Applications Module entnommen. Beim Setup der einzusetzenden Oracle Applications Module werden die Flexfields zu Tabellen eingetragen respektive den Entities im ER-Modell zugeordnet. Diese Zuordnung wird im Informationsmodell dokumentiert und steht damit für die weiteren Entwicklungsschritte zur Verfügung. Weiter werden die Definitionen der Key Flexfields für das Setup in den bestehenden kundenspezifischen Geschäftsprozeßmodellen dokumentiert.

4.10 Implementierungsunterstützung

Damit sind die Voraussetzungen für das Setup der einzusetzenden Oracle Appliations-Module komplett. Die übrigen Anforderungen aus dem Sollkonzept müssen durch Partnerlösungen oder Zusatzentwicklung zur Verfügung gestellt werden. Für die Zusatzentwicklung werden zunächst die notwendigen Erweiterungen des Datenmodells der Oracle Applications-Module in das ER-Modell im Designer/2000 generiert. Die zusätzlichen Entities werden mit Attributen und den Relationen zu bereits vorhandenen Entities generiert. Der Umfang der Datenmodellerweiterung wird vorher durch den Report Potential Data Extensions überprüft. Nachdem nun das ER-Modell in Designer/2000 vollständig den Kundenanforderungen entspricht können alle nicht von Oracle Applications unterstützten Aktivitäten in die Funktionshierarchie in Oracle Designer/2000 generiert werden. Davor werden die Erweiterungen ebenfalls in einem Report ausgegeben und nochmals geprüft. Diese Add-On Generierung zur Funktionshierarchie der Applications-Module umfaßt nicht nur die Funktionsdefinition selbst, sondern auch die Verwendung von Entities und Attributen aus dem Datenmodell der Oracle Applications-Module. Damit ist die Integration der neu zu entwickelnden Programme gesichert.

5. Forschungsarbeit mit den INCOME Referenzmodellen

5.1 Zusammenarbeit mit der Fachhochschule Harz in Wernigerode

Im Rahmen von Forschungsarbeiten des Fachbereichs Wirtschaftswissenschaften der Fachhochschule Harz in Wernigerode arbeiten seit mehreren Jahren Wissenschaftler an der Modellierung betrieblicher Anwendungssysteme und an der Untersuchung und Bewertung verschiedener Vorgehensmodelle zur Einführung von betriebswirtschaftlichen Standardsoftwarepaketen. Mit weiteren Forschungsgebieten im Bereich High End-BPR Tools, CASE und der Entwicklung von multimedialen Informationssystemen legt Prof. Dr. H.-J. Scheruhn, Professor für Wirtschaftsinformatik an der FH Harz, einen besonderen Schwerpunkt auf die Reorganisation und Optimierung von Geschäftsprozessen bei der Einführung von betrieblichen Anwendungssystemen {*vgl. Scheruhn, S. 147-168*}.

Die INCOME-Werkzeuge zur Modellierung, Optimierung und Simulation von Geschäftsprozessen und die INCOME Referenzmodelle für Oracle Applications stellen hier eine der Plattformen für die Forschungsprojekte des Instituts dar. PROMATIS Informatik liefert hierzu nicht nur die Werkzeuge, sondern unterstützt mit den Erfahrungswerten aus der Praxis und Schulungsmaßnahmen diese interessanten Forschungsarbeiten.

5.2 Forschungsprojekt bei der Firma Märkisches Werk in Halver

In Zusammenarbeit mit der Firma Märkisches Werk in Halver wurde von der FH Harz die Modellierung der Geschäftsprozesse in der Finanzbuchhaltung und im Controlling und ein Abgleich der Istprozesse mit den Sollgeschäftsprozessen aus dem INCOME Referenzmodellen für Oracle Applications durchgeführt. Ausgangspunkt war die bereits vollständig erfolgte Einführung von Oracle Applications mit den Modulen Rechnungswesen, Debitoren, Kreditoren und Anlagen bei der Firma Märkisches Werk in Halver. Ziel der Arbeit war die Erstellung eines in INCOME modellierten Buchungshandbuches, in dem die Istbuchungsabläufe der Standardgeschäftsvorfälle des Märkischen Werks in Oracle Applications abgebildet sind. Die Dokumentation sollte sowohl die Architektur der implementierten Softwarelösung als auch deren Anwendung im internen und externen Rechnungswesen dokumentieren. Nachfolgend werden die Ergebnisse dieser Arbeit anhand einiger Beispiele der dokumentierten Geschäftsprozesse für das Kreditorenmodul von Oracle Applications vorgestellt. In einem ersten Schritt wird die entstandene Dokumentation den Anwendern in der Fachabteilung als Buchungshandbuch zur Verfügung gestellt. Natürlich wird durch die Verwendung dieser strukturierten Unterlagen ein effizientes Arbeiten mit dem Anwendungssystem ermöglicht. Auch die Einarbeitung neuer Mitarbeiter kann jetzt optimal unterstützt und gestaltet werden. Durch die integrierte Gesamtdokumentation können sowohl die Gesamtzusammenhänge der Geschäftsprozesse mit Oracle Applications als auch die einzelnen Geschäftsvorfälle schnell und leicht verständlich vermittelt werden.

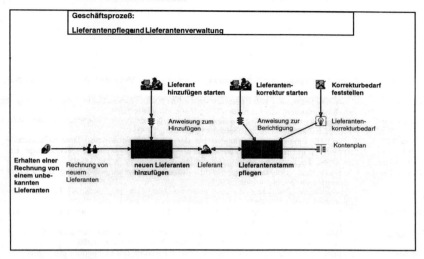

Abb. 8: Kundenprozeß Märkisches Werk – Lieferantenpflege und Lieferantenverwaltung

Natürlich dient die entstandene Dokumentation auch der weiteren Analyse und Optimierung der Geschäftsprozesse und ihrer Realisierung durch Oracle Applications. Damit wird gewährleistet, daß bei sich ändernden Prozessen auch die notwendigen Änderungen in den Anwendungssystemen zeitnah durchgeführt werden können. Durch die Definition von Kennzahlen für die dokumentierten Prozesse und eine ständige Überwachung durch den INCOME Monitor können Handlungsbedarfe automatisch erkannt und die notwendigen Aktivitäten veranlaßt werden. Die Modelle für die Firma Märkisches Werk in Halver beinhalten eine sehr detaillierte Modellierung der einzelnen Aktivitäten für den Buchhalter. Modelliert wurden ausgehend von den Geschäftsprozessen entsprechend der Modellierungskonventionen für die INCOME Referenzmodelle die oben bereits gezeigten Ebenen von Geschäftsprozeßmodellen mit den kundenspezifischen Anpassungen der bestehenden Implementierung von Oracle Applications. Die Detailebenen wurden bei dieser Arbeit um die Aktivitäten der einzelnen Detailabläufe mit der Beschreibung einzelner Buchungsregeln ergänzt. Abbildung 8 zeigt beispielhaft einen Ausschnitt aus dem

Modell für die Pflege und Verwaltung von Lieferanten. Die Bausteine zur Modellierung sind dem INCOME Referenzmodell für Oracle Kreditoren entnommen.

Literatur

[Adam93]	Adam, D.: Planung und Entscheidung. Modelle - Ziele Methoden. 3. Aufl., Wiesbaden 1993.
[Gait94]	M. Gaitanides et al: Prozeßmanagement - Konzepte, Umsetzungen und Erfahrungen des Reengineering. Carl Hanser Verlag München Wien, 1994.
[Hamm93]	M. Hammer und J. Champy: Reengineering the Corporation - A Manifesto for Business Revolution. Nicholas Brealey Publishing, London, 1993.
[Néme95]	T. Németh: Einsatz von Templates bei der simulationsgestützten Geschäftsprozeßoptimierung. In Proc. 6. Kolloquium Software-Entwicklung - Methoden, Werkzeuge, Erfahrungen, Technische Akademie Esslingen, 1995.
[Öste95]	H. Österle et al.: Business Engineering - Prozeß- und Systementwicklung, Band 1 und 2. Springer-Verlag, Heidelberg, 1995.
[Pete81]	J.L. Peterson: Petri Net Theory and the Modeling of Systems. Prentice-Hall, Englewood Cliffs, NJ, 1981.
[PROa96]	PROMATIS Informatik, Karlsbad: INCOME - Management von Geschäftsprozessen. Produktbeschreibung, 1996.
[PROb96]	PROMATIS Informatik, Karlsbad: INCOME Workflow - Entwicklungsumgebung für Oracle-basierte Workflow-Anwendungen. Produktbeschreibung, 1996.
[Reis86]	W. Reisig: Petrinetze: Eine Einführung. Springer-Verlag, Berlin, Heidel-berg, 1986.
[Rose91]	B. Rosenstengel und U. Winand: Petri-Netze, Eine anwendungsorientierte Einführung, 4. Auflage. Vieweg, Braunschweig, Wiesbaden, 1991.
[Schö95]	F. Schönthaler: Simulation-based BPR with INCOME and Oracle Designer/2000. In Proc. OCSIG CASE DAY '95 at IOUW, Philadelphia, PA, 1995.
[ScNé92]	F. Schönthaler und T. Németh: Software-Entwicklungswerkzeuge - Methodische Grundlagen, 2. Auflage. B.G. Teubner, Stuttgart, 1992.
[ScOb93]	F. Schönthaler und A. Oberweis: Simulation betrieblicher Abläufe mit INCOME und Oracle CASE. In Proc. 5. Kolloquium Software-Entwicklung - Methoden, Werkzeuge, Erfahrungen, Technische Akademie Esslingen, 1993, S. 57-68.

Einsatz von Referenzmodellen bei der Implementierung von BAAN

Von Hans-Christian Brockmann
Baan Company, Hannover

Gliederung:

1. DEM-Philosophie

2. Ziel der Erstellung eines Referenzmodells
   2.1. Vereinheitlichung der Philosophie
   2.2. Prozeßorientierte Ansatz
   2.3. Gapanalyse
   2.4. Durchgängige Dokumentation
   2.5. Reduktion von Entwicklungs- und Wartungskosten
   2.6. Know-how-Transfer in das Baan-Umfeld

3. Phasen des Lebenszyklus von Modellen
   3.1. Auslöser für die Modellierung
   3.2. Baan Vision Model
   3.3. Baan Development Model
   3.4. Baan Pre-Sales Model
   3.5. Baan Implementation Model
   3.6. Baan Training Model

4. Benutzung von Referenzmodellen

1. DEM-Philosophie

Betrachtet man die Entwicklung betriebswirtschaftlicher Standardsoftware, so ist zu erkennen, daß zunehmend integrative Lösungen in abnehmenden Entwicklungszeiten fertiggestellt werden müssen. Orientierten sich Lösungen noch vor kurzer Zeit an der Bewältigung spezieller Probleme innerhalb einzelner Teilbereiche einer Unternehmung, so sollen heutige Pakete nicht nur unternehmensumfassende Lösungen bieten, sondern die Integration der gesamten Wertschöpfungskette gewährleisten.

Um diesem ständig wachsenden Erwartungsdruck ihrer Kunden gerecht zu werden, hat die Firma Baan das Konzept des *Dynamic Enterprise Modelling* (DEM) *{siehe Kohl/Schimm, Seite 291ff.}* entwickelt. Dynamic Enterprise Modeling stellt ein neues Konzept für betriebswirtschaftliche Standardsoftware dar. Es beinhaltet das klassische ERP (Enterprise Resource Planning) und geht dabei weit über dessen Rahmen hinaus.

In der vorausgehenden Ausgabe dieses Buches wurde das Konzept des DEM bereits beschrieben [Ull 1997]. In diesem Beitrag soll nach einem kurzen Rückblick auf das DEM-Konzept, der Schwerpunkt auf die Darstellung der Ziele, der Erstellung, des Lebenszyklus und der Anwendung von Referenzmodellen gelegt werden.

ULLMANN forderte, daß zunächst eine ‚BRP-Vision' zu entwickeln sei, d.h. eine Strategie zur Veränderung der betrieblichen Aufgaben und Prozesse *{siehe Hartmann, Seite 353ff.}*. Diese Strategie sei dann in einem Projektmodell zu dokumentieren, welches z.B. durch den Import des passenden Branchenmodells und die Auswahl der erforderlichen Funktionen im Funktionsmodell entsprechend den kundenspezifischen Besonderheiten und Anforderungen entstehe. Die Funktionen ließe sich entsprechend den vorgesehenen Implementationsphasen strukturieren, so daß die Konsequenzen zukünftiger Veränderungen visualisiert werden.

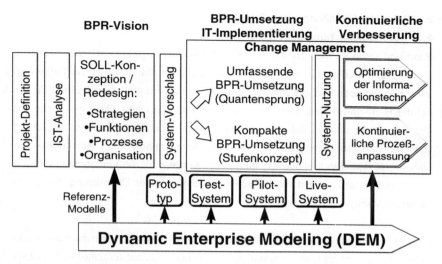

Abb.1: Die Baan-Vorgehensweise – Concurrent BP-/IT-Reengineering

Ergebnis würde ein kundenspezifisches BPR-Modell sein, welches auf Basis von existenten Branchenmodellen und einiger beispielartig angelegter Rollen eine Art Testszenario generieren könne. Dieser generierte Prototyp sollte laut ULLMANN als ein Systemvorschlag als Basis für eine Entscheidungsfindung fungieren. Der Status dieses Systemvorschlags ist mit dem im weiteren Verlauf ausführlicher beschriebenen Pre-Sales Modell vom Umfang her vergleichbar, wobei aber inhaltlich ganz andere Lücken bestehen. Das Pre-Sales Modell benötigt daher genau wie das BPR-Modell einige spezifische Anpassungen und ergänzungen und ist erst dann als Prototyp einsatzbereit. Bei BPR-Projekten wird trotz der verschiedenen Entstehungsgeschichte der Modelle ab der Erstellung des Systemvorschlags mit beiden auf gleiche Weise fortgefahren, wie in Abbildung 1 gut zu erkennen ist. In diesem Artikel wird jedoch weniger auf das aus dem BPR-Projekt entstandene Modell eingegangen, sondern das Interesse liegt vielmehr auf der Entstehung von Industriereferenzmodellen und ihrem Einsatz bei der Implementierung der Standardsoftware.

2. Ziel der Erstellung eines Referenzmodells

2.1. Vereinheitlichung der Philosophie

Baan und seine Kunden operieren in einem zunehmend global denkenden Umfeld. Dieser Trend muß sich in der zur Verfügung gestellten Standardsoftware fortsetzen. Viele Kunden operieren auf verschiedenen Kontinenten und suchen Partner, die sie bei der Homogenisierung ihrer Prozesse unterstützen können. Die Firma Baan hat sich die Optimierung der Value Chain sowie die Vereinfachung und Standardisierung von Geschäftsprozessen zum Ziel gesetzt. Hierzu gehört auch, seinen Kunden einheitliche Schnittstellen und ein integratives Konzept für die Vernetzung im Sinne von Multi-Site und mit externen Partnern im Sinnes einer Optimierung der Value Chain zur Verfügung zu stellen.

Die Forderung der Unternehmen komparative Vorteile von Ländern zu nutzen und sich nicht auf wenige lokale Partner zu beschränken (*global sourcing*) verbirgt sich die vornehmliche Quelle der Notwendigkeit einheitliche Standards bei allen Gliedern der Wertschöpfungskette zu verwirklichen. Die Erstellung von Referenzmodellen spielt dabei die Rolle, die Richtlinien für die Gestaltung der Prozesse zu standardisieren und global einsetzbar zu machen. Durch den evolutionären Prozeß der Entwicklung der Referenzmodelle ist es möglich, global allen Projekten jeweils den neuesten Erkenntnisstand eines Referenzmodells zur Verfügung zu stellen. Das hat für Unternehmen den Vorteil, daß sie, auf welchem Erdteil sie auch operieren mögen, immer auf vertraute Standardprozesse zurückgreifen können. Zudem haben sie global Zugang zu gleichbleibend qualifizierten und dennoch lokalen Beratungsressoucen.

2.2. Prozeßorientierter Ansatz

Durch einen prozeßorientierten Ansatz bei der Erstellung der Modelle ist die Baan Company in der Lage *best practices* modular allen ihrer Kunden zur Verfügung zu stellen. Darüber hinaus können die *Key-User (*Anwender in Schlüsselpositionen innerhalb der Unternehmen*)* bei der Gestaltung ihrer internen Prozesse auf die im DEM hinterlegten Prozeßbibliotheken zurückgreifen. Der DEM stellt somit schon in der Phase des *Business Process Reengineering* ein herausragendes Werkzeug zur Verfügung, mit dessen Hilfe Istprozesse auf eine derart standardisierte Weise dargestellt werden können, daß ein Abgleich mit bestehenden Sollprozessen extrem vereinfacht und veranschaulicht wird. Bei globalen Unternehmen können so zum Beispiel anhand eines Werkes einmal alle Sollprozesse modelliert und erprobt werden, um diese dann als Vorgaben für die Vereinheitlichung der Prozesse bei allen weiteren Werken zu nutzen.

Um als BPR-Werkzeug erfolgreich zu sein, muß ein Referenzmodell folgende Fragen beantworten:

1. Welche Funktionen werden innerhalb der Unternehmung benötigt? (WAS wird im Unternehmen getan?) *business function models*.
2. Welche Geschäftsprozesse finden im Unternehmen statt um die Funktionen zu erfüllen? (WIE werden die Funktionen erfüllt?) *business process models*.
3. Wie ist die Organisation strukturiert, welches im *enterprise structure model* und dem *business organization model* hinterlegt wird (Abbildung 2).

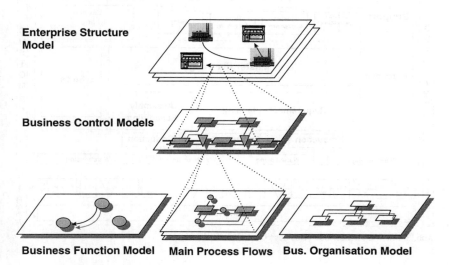

Abb. 2: Teile des Baan Unternehmensmodells

Schon auf Ebene der *Business Control Models* (BCMs = Übersicht der Geschäftsfunktionen mit Darstellung ihrer relativen Position zu internen und externen Geschäftseinheiten) ist der Fokus auf den Kernprozess der Unternehmung gelegt. In der graphischen Darstellung der BCMs liegen nämlich von unten nach oben verteilt die Prozesse, die jeweils am dichtesten am Kernprozess beteiligt sind. Im Beispiel in Abbildung 3 ist deutlich der physische Fluß des Wertschöpfungsprozesses zu sehen. Unmittelbar darüber befinden sich diejenigen Prozesse, welche direkt mit dem physischen Wertschöpfungsprozess in Verbindung stehen.

Auf den weiteren Ebenen befinden sich - hierarchisch angeordnet - die Planungsebenen der Organisation. Jeweils dem Front-end bzw. Back-end der Organisation zugewandt sind Vertrieb und Einkauf angeordnet.

Zweidimensionale Darstellungen haben das Problem, daß sie in der Regel nicht ausreichen, um alle Facetten einer Unternehmung darzustellen. Aus diesem Grund geht man auf der BCM-Ebene noch einen Schritt weiter und modelliert für jede Funktion dieser Gesamtübersicht eine eigene Prozessübersicht welche auf demselben logischen Konzept beruht (Abbildung 4).

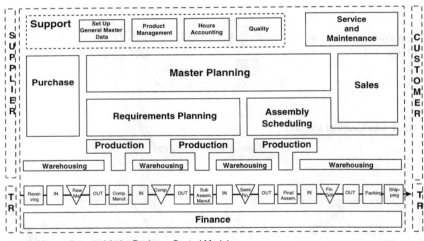

Abb. 3: Unternehmenssicht im Business Control Model

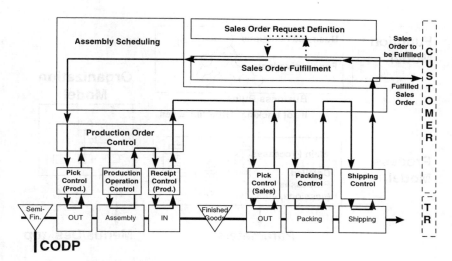

Abb. 4: Prozeßsicht im Business Control Model

Darunter wiederum besteht das Referenzmodell aus den im DEM modellierten Prozeßketten auf Basis des Prinzips von Petrinetzen, deren Elemente direkt an die ausführbaren Programmobjekte in der Applikation gekoppelt sind.

2.3. Gapanalyse

Bei der im Rahmen einer Implementierung üblicherweise durchgeführten Gegenüberstellung des Istmodells mit dem Sollmodell wird deutlich, in wieweit Anpassungen der Standardsoftware erforderlich werden, um die durch ein b*usiness process reengineering* festgesetzten Ziele der Unternehmung zu realisieren. Dabei eignen sich die hirarchischen Stufen der Modellierung gut dazu, die Betrachtungsebenen dem Focus und den Kenntnisstand des Betrachters anzupassen. So ist für das Topmanagement nicht die detaillierte Betrachtung der Petrinetze von Interesse, sondern die Betrachtung kann sich ganz auf die übergeordnete Gesamtsicht der Prozesse konzentrieren.

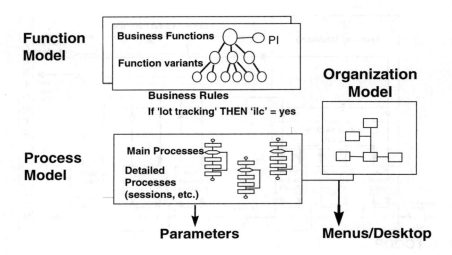

Abb. 5: Das Unternehmensmodell auf allen Ebenen

Für taktische Entscheider hingegen sowie für Key-User ist der Abgleich der Prozesse auf Detailebene von großer Bedeutung. Im Rahmen der ersten Projektphase eines Baan-Projekts werden daher Key-User Teams zusammengestellt, welche nur die Prozesse evaluieren, die direkt in ihren persönlichen Arbeitsbereich fallen.

2.4. Durchgängige Dokumentation

Durch die Verfügbarkeit von Referenzmodellen wird es Kunden und Partnern erleichtert, den Funktionalitätenumfang bestehender Lösungen zu bewerten. Mußte man sich früher noch mühsam durch Aktenberge kämpfen, um Fragen zu Funktionalitäten zu beantworten, so können Anwender, potentielle Kunden und Partner sich anhand der Referenzmodelle heute sehr schnell einen Überblick über die bestehenden Funktionalitäten verschaffen.

Durch Benennung von sogenannten „Ownern" wird innerhalb der Unternehmen festgelegt, wer für die Pflege und die Dokumentation der Veränderungen an einem Modell verantwortlich ist. Somit ist sicher gestellt, daß alle Nutzer eines Modells in der Lage sind, sich direkt mit dem *Owner* in Verbindung zu setzen, um etwaige Neuerungen aus erster Hand zu erfahren.

Das Referenzmodell hat jedoch nicht nur Relevanz bei der Einführung der Baan-Software, sondern kann auch immer wieder dazu verwendet werden, Mitarbeiter in neue Tätigkeitsbereiche einzuarbeiten. Durch den prozeßorientierten Ansatz und den direkten Übergang aus den Petrinetzmodellen in die Applikationen wird immer wieder die Detailtätigkeit mit dem Kernprozeß der Unternehmung in Beziehung gesetzt. Diese Basis hat sich als hervorragende Methode bewährt, um neue Mitarbeiter einzuarbeiten und ihnen somit die Integration in die Unternehmung zu erleichtern.

2.5. Reduktion von Entwicklungs- und Wartungskosten

Erst durch die Nutzung von Referenzmodellen können extensive Softwarebibliotheken überschaubar gemacht werden. Zusätzlich zur Hinterlegung der in schriftlicher Form festgehaltenen Feinkonzepte ist somit die Möglichkeit gegeben, sich auf einer höheren und damit auch überschaubareren Ebene ein Bild über den Funktionsumfang eines Softwaremoduls zu verschaffen. Nur durch diese übersichtliche Dokumentationsweise ist es möglich, wirklich von der Modularität einer Standardsoftware sowohl bei der Neuentwicklung als auch bei der kundenspezifischen Anpassung zu profitieren.

Nach Festlegung der notwendigen *business functions* (Einkauf, Verkauf, Lager etc.) können sehr schnell alle wichtigen Prozesse modelliert werden. In einem zweiten Schritt werden diese Ist- oder Sollprozesse mit existenten Prozessen aus der Softwarebibliotek verglichen. Durch die Modularität der einzelnen Pakete ist es daraufhin in der Regel möglich, ca. 80% der Geschäftsprozesse aus existierenden Modulen abzuleiten.

Ergebnis ist, daß der Kunde auf bewährte Standards zurückgreifen kann und sich somit der Einführungsaufwand ganz auf die speziellen Kundenwünsche konzentriert. Auf diese Weise kann ein Unternehmen Vorteile von Standardsoftware nutzen, ohne auf eine branchen- und kundenspezifische Anpassung verzichten zu müssen. Notwendige Anpassungen können in vielen Fällen durch eine Umgestaltung der im Kundenmodell hinterlegten Geschäftsprozesse vom Kunden selbst vorgenommen werden. Durch die Fähigkeit des DEM, die im Kundenmodell graphisch geänderten Rollen und Prozesse direkt in die Baan-Software zu übersetzen, kann ein Unternehmen ohne viel Aufwand dynamisch auf sich ändernde Geschäftsabläufe reagieren.

Sollte dennoch Programmieraufwand erforderlich werden, so ist durch die Klarheit der Strukturen ein schneller Zugriff auf die entsprechenden Programme gewährleistet. Dies führt ebenfalls zu einer deutlichen Reduktion des Wartungsaufwands.

2.6. Know-how-Transfer in das Baan-Umfeld

Referenzmodelle haben nicht nur den Zweck der Kostenreduktion in der Einführung und Anpassung von Software, sondern tragen auch erheblich dazu bei, erprobte Lösungsansätze und Vorgehensweisen zu kommunizieren. Dabei sind die Referenzmodelle nicht dazu gedacht Berater, Entwickler oder Kunden in ein enges Korsett zu zwängen, sondern sie sollen eine einheitliche Plattform zur Verfügung stellen und Wissen über die Vorgehensweisen der erfolgreichsten Unternehmen der Branche verschaffen.

Solch eine einheitliche Plattform hat einen „Entstehungszyklus" der mit einem „Vision Model" beginnt und durchläuft verschiedene Phasen bis hin zu einem Referenzmodell (Abbildung 6).

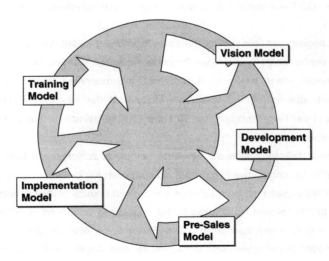

Abb. 6: Lebenszyklus von Referenzmodellen

3. Phasen des Lebenszyklus von Modellen

3.1. Auslöser für die Modellierung

Auslöser für die Entwicklung eines neuen Referenzmodells ist in der Regel der Markt. Sei es über die durch Kunden an die Unternehmung herangetragene Nachfrage, oder sei es durch die strategische Unternehmensentscheidung, Kompetenz in einem bestimmten Geschäftsfeld aufzubauen und zu unterstützen.

3.2. Baan Vision Model

Als erstes grundlegendes Entwicklungsstadium eines neuen Referenzmodells ist das *Vision Model* zu betrachten. Aus einer Zusammenarbeit von Produktmarketing, Softwareentwicklung und Modellentwicklung entsteht eine Vision der Marktanforderungen auf allen Ebenen. Kernfragen sind: Was sind zukünftige Erfolgsfaktor für Marktteilnehmer in dem Zielsegment und wie muß Standardsoftware aussehen, um die Unternehmen so gut wie möglich zu unterstützen? Um dieser Frage auf den Grund zu kommen, werden Partner mit spezifischem Know-how in dem Segment genauso hinzugezogen wie Wissenschaftler von Hochschulen und Repräsentanten potentieller Kunden aus den zu erarbeitenden Marktsegmenten.

Auf diesem Niveau ist explizit keinerlei Rücksicht auf die bestehende Standardsoftware zu nehmen. Die Freiheit, innovative Lösungsansätze zu finden, soll maximiert werden. Ergebnis dieser globalen Suche nach *best practices* und dem Erforschen der Kernkompetenzen, die den Erfolg der führenden Unternehmen ausmachen, ist die Erstellung des *Vision Models*. Diese Vision kann als roter Faden gesehen werden, der bei der späteren Realisierung des Referenzmodells helfen soll, der Philosophie des visionären Lösungsansatzes treu zu bleiben. Das Ergebnis ist ein sogenanntes *Business Control Model* (BCM), welches auf oberster Ebene das Umfeld und dessen Interaktionen mit der Unternehmung darstellt. Hier werden bereits die wichtigsten business functions (Geschäftsbereiche, wie Finanzen, Marketing, Vertrieb, Einkauf, Lagerwirtschaft) mit einer überschriftartigen Bezeichnung der Schlüsselprozesse modelliert (Abbildung 3). Zugleich wird eine Marktstudie vorrangetrieben, die versucht festzustellen, welche bereits am Markt befindlichen Lösungen zur Verfügung stehen. In einem zweiten Schritt werden diese Systeme entsprechend ihres Potentials bewertet. Diese Schritte sind notwendig, um festzustellen, ob es bereits Lösungen gibt, welche den Kundenanforderungen genügen und ob es sinnvoll ist, diese als (best of breed) Lösung an die Software anzuknüpfen.

Grundsätzlich ist es eine Anforderung des Marktes, daß Lösungen möglichst schnell und reibungslos zur Verfügung gestellt werden. Kann also mit einem Partner, welcher bereits führend in einem gewissen Segment ist, eine gemeinschaftliche Lösung für dieses Segment erabeitet werden, so ist dieses in der Regel im Sinne der Kunden die beste Lösung.

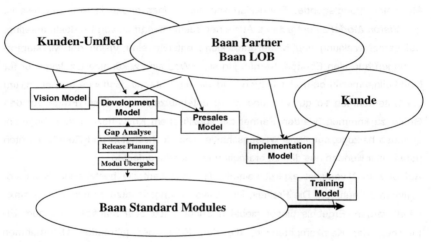

Abb. 7: Entwicklungspartnerschaft für Referenzmodelle

3.3. Baan Development Model

Ausgehenden von den im *Vision Model* festgelegten Funktionalitäten wird im *Development Model* jetzt eine zeitorientierte Darstellung gewählt. Zwar werden weiterhin noch keine Funktionen ausgegrenzt, aber ihre Machbarkeit und der zu erwartende Realisierungsaufwand sind zu bewerten. Zu diesem Zweck werden für die Lösung der Anforderungen aus den funktionalen Bereichen (business function model) verschiedene Lösungsansätze aufgezeigt. Die am besten geeigneten Lösungen werden sodann mit detaillierten, softwareorientierten Prozeßdiagrammen dokumentiert (business process model).

Auf Ebene des **Development Models** muß jetzt Berücksichtigung finden, daß es sich bei Baan um Standardsoftware handelt. Dies bedeutet, daß nicht etwa jeder Prozeß neu entwickelt werden soll, sondern auf bewährte Module zurückgegriffen werden kann. Hierbei ist aus globaler Sicht zu betrachten, ob die von einem Modul bewältigte Funktion ein gewisses Mindestmaß an Übereinstimmung mit der zu entwickelnden Funktionalität hat. Die verbleibenden nicht vom existierenden Modul abgedeckten Funktionalitäten, müssen als Gap (Lücke) identifiziert und dokumentiert werden.

Die Summe aller Gaps bildet den erwarteten Entwickelungsbedarf. Dieser wird im **Development Model** mit der Releaseplanung der Standardsoftware abgestimmt, um Mehrfachentwicklungen zu vermeiden. Aus dieser Randbedingung und der Anforderung, ein möglichst schnell lauffähiges Paket zu erarbeiten, wird eine Road Map erstellt, welche die Fertigstellungstermine von Teilprozessen festlegt und die Integration adaptierter Prozesse koordiniert. Zum Abschluß der Entwicklung eines **Development Models** wird ein integriertes Testszenario erarbeitet. Das Szenario vermittelt einen Überblick, welche Funktionen von dem Modell bewältigt werden können und dient zugleich als Überprüfung, ob alle oder welche der im **Vision Model** aufgestellten Forderungen abgedeckt werden.

3.4. Baan Pre-Sales Model

Die Gestaltung eines **Pre-Sales Models** erfordert eine Line of Business (LOB–Teilbereich einer Unternehmung in dem Industrie Know-how oder die Aktivitäten in einem Geschäftsfeld zentriert wird) bezogene Anpassung des **Development Models**. Die Business Control Modelle werden bezüglich branchenspezifischer Feinheiten terminologischer und technischer Natur überarbeitet, da es das Ziel von Pre-Sales Modellen sein muß, einem potentiellen Kunden einen möglichst reibungslosen Einstieg in eine Applikation zu gewähren.

Dazu gehört auch, daß auch auf höchster Abstraktionsebene dafür gesorgt wird, daß dem Kunden die Sicht auf das globale Konzept nicht durch Details versperrt wird. Detaillierte Betrachtungen einzelner Prozesse sind erst auf einem zweiten Niveau erforderlich. Hierfür werden bei der Erstellung des Pre-Sales Model branchenspezifische Testszenarien in Form von Stammdaten im Modell aufgebaut die es erlauben Anhand von dem Zuhörer vertrauten Daten, die Anwendungsweise von Baan zu demonstrieren. Ziel eines Pre-Sales-Modells ist die Kommunikation der Philosophie und die Gewinnung neuer Partner und Kunden, die zum einen von dem in den Modellen integrierten Industrieknow-how profitieren möchten, zum anderen aber auch bereit sind, sich aktiv an der Weiterentwicklung dieser Philosophie zu beteiligen. Erst durch diesen Weiterentwicklungsprozeß können Baan Kunden und Partner im vollem Maße von den global gesammelten Erfahrungen profitieren.

3.5. Baan Implementation Model

Ein weiterer Schritt in der Evolution eines Referenzmodells ist die Erstellung eines *Implementation Model*. Dieses Model ist dazu gedacht, den Echtbetrieb der kundenspezifischen Adaption der Standardsoftware vorzubereiten. Auf Ebene der Business Control-Modelle werden jetzt alle ‚trigger' aufgezeigt, welche Transaktionen innerhalb oder zwischen Unternehmensbereichen oder zwischen der Unternehmung und externen Partnern auslösen.

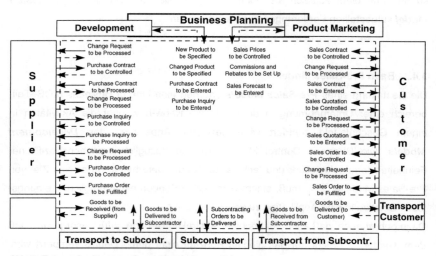

Abb. 8: Externe Auslöser von Geschäftsvorgängen (Trigger)

Im Rahmen dieses Models wird ein „Wizard" zur Verfügung gestellt, der die Konfiguration der Funktionen weitgehend automatisiert. Dies geschieht auf Basis der hinterlegten Rollen, Geschäftsprozesse und Funktionsverknüpfungen, welche, wie in Abbildung 8, als Auslöser von Geschäftsvorgängen dargestellt werden. Bei einem fertiggestellten *Implementation Model* sind alle Geschäftsprozesse detailliert im DEM abgebildet und mit Baan-Programmen oder integrierten Partnerlösungen verknüpft. Arbeitsanweisungen und Hilfetexte werden erstellt und für Onlinezugriffe hinterlegt. Das Setzen der Parameter wird immens vereinfacht, da über eine automatische Benutzerführung alle notwendigen Parameter abgefragt werden und somit sichergestellt wird, daß alle notwendigen Einstellungen durchgeführt werden. Zur Implementation der Baan-Software bedarf es jetzt nur noch der Eingabe der Stammdaten. Um diesen Prozeß zu vereinfachen, kommen wiederum Wizards zum Einsatz, welche die sogenannte Mußdaten Eingabe unterstützen.

3.6. Baan Training Model

Es besteht die Möglichkeit für Kunden *Training Models* einzurichten, die den jeweiligen Anwender entsprechend der vorher für sie hinterlegten Rollen ein selbständiges Erlernen der Nutzung von Baan ermöglichen. Für die Schulung von Key-User-Gruppen kann ein Trainingsprogramm zur Organisation der Ausbildung erstellt werden. Mit Hilfe dieses Plans ist es möglich, strukturiert Wissen auf Basis von Fallbeispielen zu vermitteln. Darüber hinaus können kleine Übungen auf Basis der bereits im Implementation Model hinterlegten Testdaten erarbeitet werden.

4. Benutzung von Referenzmodellen

Zusammenfassend kann gesagt werden, daß Referenzmodelle in allen Bereichen des Entwicklungszyklus der Software bis hin zur Implementation und als Entscheidungshilfe bei Softwareanwendern ihren Platz finden. Referenzmodelle fungieren als Basis für die Umsetzung einer langfristigen Vision der Weiterentwicklung der Industrie und der Software. Auf Basis dieser Vision werden immer spezifischer werdende Anforderungen in die Modelle aufgenommen, bis sie sich zu einem Model der konkreten Softwarelösung verdichten. Referenzmodelle spielen eine wichtige

Rolle bei der Strukturierung der Implementationen des Baan ERP-Systems. Darüber hinaus helfen sie bei der Schulung von Key-Usern und sind geeignete Hilfsmittel, um eine Restrukturierung im Sinne des BPR zu unterstützen. Die Vorgehensweise, mit Hilfe des DEM von einer ‚BPR-Vision' zu einer erfolgreichen Softwareimplementierung zu kommen, wurde in [Ull97] dargelegt. Es bleibt festzustellen, daß die Entwicklung eines Standardindustriereferenzmodells sich auf der Ebene des Systemvorschlages mit der Entwicklung eines Projektmodells trifft. Bis zu diesem Zeitpunkt besteht in sofern ein Unterschied, als bei Projektmodellen, welche aus BPR-Initiativen hervorgegangen sind, die einzelne Unternehmung im Mittelpunkt stehen, während bei einem unabhängigen Standardreferenzmodell (Vision Model) bzw. dem Development Model die Kernbedürfnisse des gesamten Industriezweigs repräsentiert sein sollen.

Erst auf Ebene des Pre-Sales Modells wir hervorgehend aus der Standardentwicklung ein Kundensystemvorschlag erstellt. Von hier an verschmelzen die Pfade und aus beiden Modellen werden Testsysteme, Pilotsysteme und letztlich ein Produktionssystem (Implementations- und Kundenmodelle) erarbeitet (Abbildung 1). Durch die Kombination dieser beiden Ansätze, internes BPR und die Nutzung von Branchenmodellen, können Kunden somit sowohl auf eigene, als auch auf die Prozesse führender Unternehmen der Industrie (best practices), die im Branchenmodell festgehalten sind, zurückgreifen. Dieser Ablauf gibt die Sicherheit für eine IT-Investitionsentscheidung, die Entscheidungsträger heute in einem sich dynamisch verändernden Unternehmensumfeld benötigen.

Literatur

[Ull97]   Ullmann, W.: Modellbasierte Einführung betrieblicher Anwendungssysteme Orgware unterstützte Einführung von TRITON /BAAN IV. Dt. Univ.-Verl.; Wiesbaden : Gabler, 1997.

[TenVo97]   Ten Voorde, Henk: The lifecycle of Enterprise Models, Baan Business Innovations, 1997.

[BBI]   BBI: Enterprise Reference Models; Baan Business Innovations, 1997.

[Scheru97]   Scheruhn, H.-J.: Modellbasierte Einführung betrieblicher Anwendungssysteme Einführung betrieblicher Anwendungssysteme. Dt. Univ.-Verl.; Wiesbaden : Gabler, 1997

Dynamic Enterprise Modeling

Von Ullrich Kohl / Guido Schimm
Baan Company, Hannover

Gliederung:

1. Überblick

2. Enterprise Structure Model - ESM

3. Business Control Model - BCM

4. Business Function Model - BFM

5. Business Process Model - BPM

6. Business Organization Model - BOM

7. Business Data Model - BDM

8. Zusammenfassung und Ausblick

1. Überblick

Betriebliche Anwendungssysteme mit Hilfe von Modellen zu konfigurieren und permanent den sich ändernden Anforderungen an das System anzupassen, kann zum heutigen Zeitpunkt mit Sicherheit als strategischer Vorteil und damit zukunftsweisend für die Entwicklung der Informationstechnologie gewertet werden. Die Systeme der Baan Company integrieren vollständig diese Möglichkeiten durch den Dynamic Enterprise Modeler. Ziel dieses Beitrages ist es, einen Einblick in das Dynamic Enterprise Modeling zu geben. Bevor jedoch die der Modellierung im Dynamic Enterprise Modeler zugrundeliegende Methodik skizziert wird, soll der Fokus zuerst auf mögliche Schritte in der Optimierung eines Unternehmens gelegt werden.

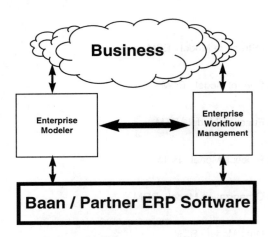

Abb. 1: Integration Dynamic Enterprise Modeler

Das im Folgende beschriebene Vorgehen muß nicht zwangsläufig auf jedes Unternehmen zutreffen, es werden hier die maximalen Optimierungsschritte beschrieben. Ein erster Schritt in der Verbesserung des Unternehmens besteht im allgemeinen darin, daß funktionale und somit auch ablauforientierte Aufgaben des Unternehmens optimiert werden. Da eine derartige Optimierung jedoch nicht zur Optimierung des gesamten Unternehmens führt, wird sich in einem weiteren Schritt die Optimierung des Unternehmens insgesamt anschließen. Da Unternehmen heute vermehrt in

Zulieferketten eingebunden sind, bzw. diese für sich nutzen, kann sich eine Optimierung der Supply Chain anschließen. Hierbei kann z.b. die Schnittstelle zu

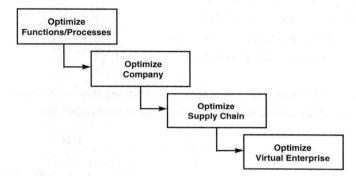

Abb. 2: Optimierungsschritte

anderen Unternehmen im Vordergrund stehen. Als Stichwort sei z.B. der elektronische Datenaustausch (EDI) in der Automobilindustrie genannt. Letzter Schritt dieses Prozesses könnte die Optimierung des virtuellen Unternehmens sein. Unter einem virtuellen Unternehmen ist in diesem Zusammenhang nicht die rechtliche Sicht auf ein Unternehmen, sondern vielmehr die logische Sicht auf eine gesamte Unternehmenskette vom Zulieferer bis hin zum Endverbraucher zu verstehen. Die o.g. Optimierung des virtuellen Unternehmens steht vor dem Hintergrund, daß Unternehmen heutzutage vermehrt global aktiv sind. Es sei an dieser Stelle noch bemerkt, daß natürlich auch nur Teile dieser Optimierung vorgenommen werden können. Aufgabe des Dynamic Enterprise Modeler (DEM) ist es nun, diese verschiedenen Optimierungen nicht nur grafisch in einem Modell umzusetzen, sondern vielmehr auch die Schnittstelle zum Anwendungssystem zu bieten. Hierzu stehen dem Nutzer des DEM mehrere Modelltypen zur Verfügung, die miteinander in Beziehung stehen. Damit ist gewährleistet, daß die Komplexität des Modellierungsgegenstandes durch Darstellung in verschiedenen Sichten verringert wird ohne einen Informationsverlust in Kauf nehmen zu müssen. Die für die Sichten verwendeten Modelle sind

- das Enterprise Structure Model (ESM),
- das Business Control Model (BCM),
- das Business Function Model (BFM),
- das Business Process Model (BPM),
- das Business Organization Model (BOM)
- sowie das Business Data Model (BDM).

In Abbildung 3 ist eine Übersicht über die verschiedenen Dynamic Enterprise Model gegeben. Das Business Data Modell ist hierbei nur stilisiert aufgetragen.

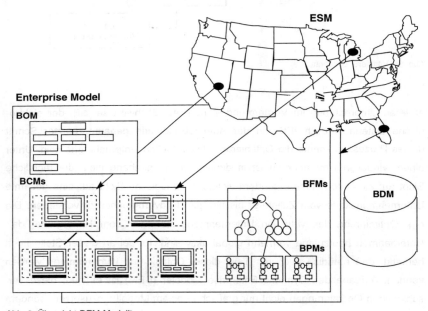

Abb. 3: Übersicht DEM-Modelltypen

Bis auf das ESM kann jedes dieser Modelle selbst aus einer Menge von Diagrammen bestehen, innerhalb derer die spezifischen Modellinhalte modelliert und dargestellt werden. Die verschiedenen Modelle werden in drei aufeinander aufbauenden Ebenen verwendet. Die unterste Ebene bildet die generische Ebene. Sie ist eine generelle Bibliothek von Komponenten, die als Depot oder Repository bezeichnet wird. Dieses Depot stellt die Obermenge aller Funktionen und Prozesse dar, die in den Modellen der übergeordneten Ebenen verwendet werden können, d.h. alle in den folgenden Ebenen verwendeten Komponenten des BFM und BPM sind bereits im Depot enthalten. Außerdem werden hier Regeln und Wizards definiert. Auf die generische Ebene setzt die branchenspezifische Ebene auf. In ihr sind die verschiedenen Referenzmodelle positioniert. Ein Referenzmodell ist eine Untermenge der im Depot enthaltenen Komponenten zuzüglich eines BCM. Auch kann auf dieser Ebene ein Organisationsmodell eingefügt werden. Über der branchenspezifischen Ebene befindet sich die kundenspezifische Ebene, die das jeweilige Projektmodell beinhaltet. Ein Projektmodell ist dabei eine Untermenge der Bestandteile des ausgewählten Referenzmodells mit der Ergänzung um kundenspezifische Organisationskomponenten und Unternehmensstrukturen. Sind darüber hinaus kundenspezifische Ergänzungen des BFM oder BPM vorzunehmen, so sind diese in das Depot einzustellen, um von dort auf das Projektmodell übertragen zu werden. In diesem Zusammenhang wird vom Modellierungswerkzeug ein Versionsmanagement unterstützt. Für den Einsatz der Projektmodelle sind zwei Szenarien denkbar: Phasing und Scoping. Beim Phasing wird das System operativ unternehmensweit eingeführt und im weiteren Zeitverlauf optimiert. Dieses hat den Vorteil, daß der ROI schneller erreicht wird. Dieses wird in Abbildung 4 symbolisch dargestellt.

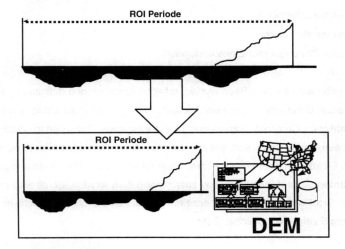

Abb. 4: Verkürzte ROI-Periode durch DEM

Wird das System in einem Pilotprojekt an einem Standort eingeführt und dann in dieser Form auf andere Standorte übertragen, so spricht man von Scoping.

2. Enterprise Structure Model - ESM

Viele Unternehmen sind heute nicht mehr nur an einem Standort aktiv, vielmehr lassen sich einzelne Unternehmenseinheiten eines Unternehmens an verschiedenen marktnahen Standorten lokalisieren. Eine Unternehmenseinheit wird hierbei in Anlehnung an die Baan-Terminologie als Company bezeichnet. Geht man also davon aus, daß mehr als ein einzelne Company modelliert werden soll, dann bildet das ESM den konzeptionellen Ausgangspunkt für alle weiteren Modelle des DEM. Hierzu kann die Supply Chain auf der Ebene des Gesamtunternehmens im Enterprise Structure Model modelliert werden. Das ESM beinhaltet neben verschiedenen Unternehmenseinheiten auch die zwischen diesen Einheiten bestehenden Beziehungen. Unternehmenseinheiten in Bezug auf die Supply Chain können z.B.

- Kunden,
- Verkaufsbüros,
- Distributoren,
- Montageorte,
- Produktionsstandorte,
- Zulieferer aber auch
- zentrale Planungs- und Einkaufsstandorte

sein.

Damit später ein Link zum Baan-System erfolgen kann, werden definitionsgemäß die modellierten Unternehmenseinheiten jeweils einer logistischen sowie einer finanzwirtschaftlichen Company zugeordnet. Logistische sowie finanzwirtschaftliche Companies werden im Baan Konzept für die Umsetzung des Multi-Site-Konzepts verwendet. Es können aber auch mehrere Unternehmenseinheiten zu einer logistischen und finanzwirtschaftlichen Company zusammengefaßt werden. Somit wird eher eine logische Sicht auf die Unternehmenseinheiten als eine physische Sicht modelliert. Abbildung 5 zeigt ein mögliches ESM.

Dynamic Enterprise Modeling 297

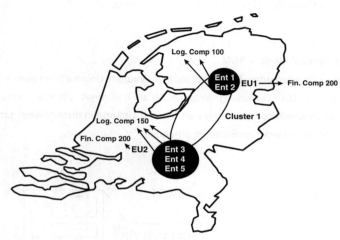

Abbildung 5: ESM

Damit die modellierten Unternehmenseinheiten weiter spezifiziert werden können, werden Attribute für sie definiert. Dieses können neben den schon erwähnten Companies z.b. auch Name, Beschreibung sowie zugehörige Referenzmodelle sein. Die Beziehungen zwischen den Unternehmenseinheiten können naturgemäß verschiedener Art sein. Hierbei ist an

- Auftragsflüsse,
- Güterflüsse,
- Finanzflüsse aber auch
- Informationsflüsse

zu denken.

Diese Beziehungen zwischen den einzelnen Unternehmenseinheiten stehen stellvertretend für hinterlegte Prozesse. Als Beispiel sei hier eine Unternehmenseinheit betrachtet, die zu keiner anderen Unternehmenseinheit, welche zu einer unterschiedlichen logistischen oder finanzwirtschaftlichen Company gehört, in Beziehung steht. Der Prozeß des Empfangs von Gütern hat somit keine Auswirkungen auf komplizierte Einkaufsprozesse, da es sich lediglich um eine Lagerbewegung handeln muß.

Steht die Unternehmenseinheit dagegen mit anderen Einheiten (unterschiedlichen Companies zugeordnet) in Verbindung, dann erfordert ein Ausgang von Ware gleichzeitig Prozesse des Verkaufs inklusive Rechnungsschreibung.

3. Business Control Model - BCM

Ausgehend vom oben erläuterten ESM wird jeder definierten Unternehmenseinheit ein BCM zugeordnet. Die Zuordnung eines BCM zu mehreren Unternehmenseinheiten ist dann vorzunehmen, wenn es sich bei den Unternehmenseinheiten um identische Typen an verschiedenen Standorten handelt.

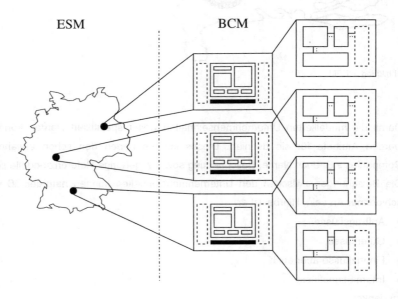

Abb. 6: Beziehung ESM - BCM

Durch die Diagramme dieses Modells werden Umfang und Inhalt des Unternehmensmodells bezüglich der Unternehmenseinheit auf konzeptioneller Ebene definiert und aggregiert dargestellt. In den Modellen dieses Typs wird ersichtlich, welche betrieblichen Funktionsbereiche mit welchen Funktionen durch das Unternehmensmodell abgebildet werden und zu welchen externen Geschäftspartnern klar definierte Schnittstellen bestehen. Die Basiselemente des BCM verkörpern betriebliche Funktionen bzw. Funktionsbereiche, die auf hohem Abstraktionsgrad Aggregate i.d.R. mehrerer Funktionen repräsentieren, um die Lesbarkeit des BCM zu erhöhen. Es sollten dabei nur solche Funktionen in übergeordneten Funktionen aggregiert werden, die einer gemeinsamen sachlichen bzw. betriebswirtschaftlichen Kategorie angehören. Auf detaillierterer Ebene sind Funktionen Darstellungen von Geschäftsprozessen bzw. Teilgeschäftsprozessen. Die Verknüpfung von Geschäftsprozessen einzelner Funktionsbereiche zu übergeordneten Abläufen und die Interaktion der Prozesse zu modellexternen Geschäftspartnern wird durch als Pfeilpaare dargestellte Prozeßtrigger modelliert. Wobei hier ein Pfeil die Aufforderung zur Durchführung einer Funktion durch eine andere repräsentiert, während der zweite Pfeil die Rückmeldung von der ausführenden zur aufrufenden Funktion symbolisiert. Triggerpfeilpaare verbinden modellexterne Funktionen und unternehmensexterne Geschäftspartner mit modellinternen Funktionen, interne Funktionen untereinander oder mit den als Prozeßboxen und Lagerpunkten dargestellten Elementen des Kerngeschäftsprozesses. Darüber hinaus besteht die Möglichkeit, daß eine Funktion sich in bestimmten Zeitabständen selbst anstößt, was durch einen mit einem Uhrsymbol ergänztes Triggerpfeilpaar modelliert wird, das von der Funktion ausgehend in dieselbe mündet.

Die Triggerpfeilpaare sind gleichzeitig Start- und Endstatus eines Geschäftsprozesses. Dadurch treten der aus einem Triggerpfeilpaar resultierende Start- und Endstatus auch eines funktionsübergreifenden Geschäftsprozesses immer gemeinsam in nur einer Funktion auf. Diese Konvention wird als Request-Feedback-Loop bezeichnet. Sie stellt sicher, daß jeder Anstoß eines Prozesses (Request) in eine Rückmeldung (Feedback) über die erfolgreiche Bearbeitung resultiert. Die Interaktion zweier Funktionen verläuft gemäß des Request-Feedback-Loop immer nach dem folgendem Schema: Funktion A verlangt von Funktion B eine Aktion bezüglich eines Informationsobjektes (Request). Daraufhin bestätigt Funktion B den Auftrag (Commit) und führt die entsprechende Aktion aus, währenddessen Funktion A auf das Ende der Ausführung wartet. Hat Funktion B die Ausführung der Aktion bezüglich des Informationsobjektes beendet, meldet sie dieses der Funktion A (Feedback / Complete), welche daraufhin das Ergebnis akzeptiert (Accept).

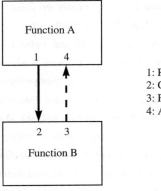

Abb. 7: Request-Feedback-Loop

Die Verknüpfung von Funktionen bzw. der durch sie repräsentierten Prozesse zu funktionsübergreifenden Geschäftsprozessen wird realisiert, indem innerhalb eines Prozesses ein weiterer Prozeß angestoßen wird, wobei der anstoßende Prozeß gemäß den Konventionen des Request-Feedback-Loops auf das Feedback des angestoßenen Prozesses warten muß bevor er fortgesetzt werden kann. Sind also mehrere Funktionen durch Triggerpfeilpaare miteinander verbunden, so ergibt sich eine Aufrufschleife, die in der Funktion endet, in der sie ihren Anfang nahm. Diese Aufrufschleife wird auch als Prozeßsteuerungskreis (Process Control Cycle) bezeichnet.

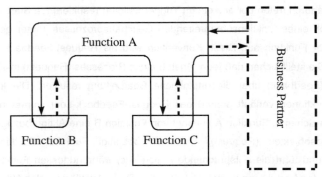

Abb. 8: Aufrufschleife

Die bisher dargestellte Request-Feedback-Loop zeigt den erfolgreichen Fall der Behandlung eines Informationsobjektes durch den Geschäftsprozeß. Unter normalen Umständen folgte dem Request die Ausführung des Prozesses und die anschließende Übergabe des Resultates an die aufrufende Funktion. Voraussetzung dafür ist, daß der Geschäftsfall, d.h. der auszuführende Prozeß, mit diesem Informationsobjekt klar als ausführbar definiert wurde. Das Informationsobjekt ist hierbei eine Entität, die durch den Prozeß fließt und eindeutig durch ihre Attribute beschrieben wird, welche Informationen enthalten, die für die erfolgreiche Ausführung des Prozesses und das Erreichen des Prozeßendes bestimmend sind. Durch ein Request-Feedback-Loop wird Typ und Inhalt eines Triggers definiert. Als Geschäftsfall wird eine klare und eindeutige Beschreibung der Aktivitäten und Ergebnisse bezeichnet, die ein einer Funktion zugeordneter Prozeß bezüglich eines Informationsobjekts zu realisieren hat. Es wird angenommen, daß der Request in Bezug auf die Ausprägung bzw. Vollständigkeit des Informationsobjektes behandelbar ist. In der Realität kann die Ausprägung des Informationsobjektes jedoch unvollständig oder unpassend sein. Im Falle, daß der Request durch das Informationsobjekte nicht eindeutig ist, wird er in eine andere Loop umgeleitet. Deren Feedback besteht dann aus der Empfehlung, den Request neu zu formulieren. Es ist sinnvoll diese Schleife der Ausnahmebehandlung bei der Definition des Modellumfangs und der Spezifikation der Geschäftsprozesse zu beschreiben. Diese Ausnahmen werden so implizit Bestandteil des BCM. Ist die Aufnahme von Ausnahmen bzw. Veränderungen bezüglich des Informationsobjektes in das Modell abhängig von Entscheidungen, die im Zusammenhang mit der Prozeßkonfiguration gemacht werden, so sind sie im Zusammenhang mit statischen Bedingungen implizit im Modell enthalten. Werden Prozeßanstöße regelmäßig geändert, sollten diese Veränderungen als Bestandteil des Geschäftsablaufes verstanden und sich dementsprechend in der Modellierung niederschlagen.

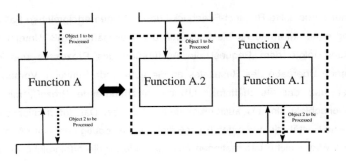

Abb. 9: Aufteilung einer Funktion

Da eine Funktion letztendlich nur auf genau ein Request mit dem dazugehörigem Feedback reagiert, besteht die Notwendigkeit, daß Funktionsaggregate in einer detaillierteren Ebene in Funktionen unterteilt werden, welche die o.g. Anforderung erfüllen. Weitere Kriterien einer Funktionsunterteilung sind die Charakteristik und Frequenz der Prozeßveränderung sowie der Grad von Detailveränderungen. Die Granularität der Funktions- und Prozeßhierarchie wird auf diese Weise im BCM schon sehr früh wesentlich geprägt.

Die Erstellung eines BCM erfolgt in acht aufeinanderfolgenden Schritten. In den ersten beiden Schritten wird ein Ordnungsrahmen entworfen, der in den folgenden sechs Schritten auszufüllen ist. Der erste Schritt beinhaltet die Definition des Umfangs des Modells und somit des Projektes. Es ist hier festzulegen, welche betrieblichen Funktionsbereiche und Funktionalitäten durch das Modell beschrieben werden und mit welchen Geschäftspartnern außerhalb des Modells diese interagieren. Nachdem alle den Umfang des Modells ausmachenden Funktionsaggregate, als der Modellkern, bestimmt sind, erfolgt die Definition der relevanten modellexternen Funktionen. Es werden hier alle unternehmensinternen Funktionen aufgenommen, die durch das Modell nicht näher spezifiziert werden, jedoch mit den modellinternen Funktionen bzw. Prozessen interagieren. Es kann sich hierbei beispielsweise um Querschnittsfunktionen des Unternehmens handeln. Anschließend werden alle Geschäftspartner der Unternehmensumwelt definiert, mit denen die modellinternen Funktionen interagieren. Typischerweise werden physisch inputorientierte Geschäftspartner am linken Rand und physisch outputorientierte Geschäftspartner am rechten Rand eines Diagramms angeordnet.

Ein BCM kann i.d.R. nicht nur innerhalb eines einzigen Diagramms dargestellt werden. Die Abbildung eines komplexen Unternehmens und seiner relevanten Umwelt erfolgt deshalb innerhalb mehrere Diagramme des BCM, die untereinander einen hierarchischen Aufbau aufweisen. An der Spitze des Modells steht dazu ein Gesamtdiagramm, welches im Überblick die Positionen hochaggregierter Funktionen darstellt. Jedem modellinternen Funktionsaggregat wird dann ein weiteres, detaillierteres Diagramm untergeordnet. Die Hierarchisierung wird soweit fortgesetzt, bis Funktionen abgebildet werden können, die in ihrer Detailliertheit die Basis des Business Function Models und des Business Process Models bilden können.

Besitz eine Funktion hier nur ein eingehendes Triggerpfeilpaar oder mehrere gleiche eingehende Triggerpfeilpaare von verschiedenen anderen Funktionen, so wird ihr später genau ein Prozeß zugeordnet. Werden hingegen Funktionen modelliert, für die mehrere verschiedene eingehende Triggerpfeilpaare definiert sind, so resultiert dies in der späteren Zuordnung mehrerer Prozesse zu dieser Funktion, da ein Prozeß wie bereits erwähnt nur genau ein Start- und Endstand besitzt.

Die Auffassung der Verfasser über die Zuordnung mehrerer Prozesse zu einer Funktion ist jedoch, daß jeweils nur ein Prozeß einer Funktion zugeordnet werden sollte. Dieses begründen wir

1. Mit der Definition einer Funktion, die eigentlich nur einen aggregierten Prozeß darstellt. Somit kann einer Funktion nicht mehr als ein Prozeß zugeordnet werden.
2. Sehen wir die Gefahr der Unübersichtlichkeit der Zuordnung mehrerer Prozesse. Dieses ist zwar, und das sei an dieser Stelle nicht verschwiegen, beim Phasing (d.h. bei der laufenden Optimierung in mehreren Phasen) von Vorteil. Hier werden einer Funktion in Abhängigkeit von der jeweiligen Phase verschiedene Prozesse zugeordnet.

Im zweiten Schritt werden die durch die Request-Feedback-Loops repräsentierten Informationen spezifiziert, die als Trigger die Interaktion zwischen modellexternen und –internen Elementen darstellen. Das Ergebnis des Schrittes ist demzufolge die Definition der Schnittstellen zwischen den modellinternen und -externen Funktionen, sowie den relevanten Geschäftspartnern der Unternehmensumwelt. Die Darstellung der Verknüpfung modellinterner und –externer Funktionen mittels der Triggerpfeilpaare erfolgt im Gesamtdiagramm des Modells. Durch die Definition der Schnittstellen wird es später möglich, einen Prozeß von außerhalb des Modellumfangs kommend in das Modell hinein zu verfolgen.

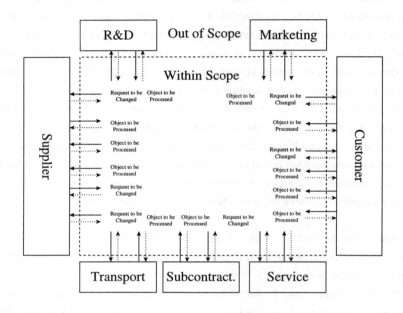

Abb. 10: Erstellung BCM - Modellumfang und Schnittstellen

Mit der Vollendung der ersten beiden Schritte ist die extern gerichtete Erstellung des BCM abgeschlossen und ein grober Ordnungsrahmen i.S. einer Schale definiert. Die folgenden Schritte beziehen sich auf die Modellierung der Interna, also des Kerns. Im folgendem dritten Schritt der Erstellung eines BCM wird der Kerngeschäftsprozeß modelliert. In einem produktionsbezogenem Kontext handelt es sich hierbei um den physischen Güterstrom. An dieser Stelle sei noch angemerkt, daß natürlich auch ein Informationsfluß oder ein Finanzfluß modelliert werden kann. Dieses muß dann jedoch in unterschiedlichen BCMs erfolgen. Der physische Güterstrom besteht im

Modell aus Produktionsschritten (Process Boxes), Lägern (Stock Points) und Warteschlangen (Queues). Läger werden hierbei als Orte innerhalb des Flusses definiert, an denen Güter gesammelt bzw. gebündelt werden, während sie auf eine Entscheidung über ihre weitere Bestimmung oder Transformation warten. Vor und nach einem Lager ist ein durch eine übergeordnete Funktion zu steuernder Ein- bzw. Auslagerungsabschnitt dargestellt. Bei Warteschlangen handelt es sich hingegen um Punkte, an denen Güter gesammelt bzw. gebündelt werden, während sie auf Ressourcen des folgenden Prozesses warten. Diese Warteschlangen werden im Unterschied zu den Lägern nicht durch übergeordnete Funktionen gesteuert. Zwischen zwei Produktionsschritten befindet sich ein Lager oder eine Warteschlange. Die Darstellung des physischen Güterflusses erfolgt typischerweise am unteren Rand eines Diagramms.

Der vierte Schritt beinhaltet die Definition der Lage des Kunden-Auftrags-Entkopplungspunktes (Customer Order De-coupling Point – CODP) innerhalb des Kerngeschäftsprozesses. Dieser Punkt befindet sich immer in einem Lager. Alle Elemente, die vor diesem Punkt im physischem Güterfluß modelliert wurden, sind dadurch gekennzeichnet, daß sie auf Basis von Vorhersagen koordiniert werden; dem Punkt folgende Elemente werden hingegen auf Basis konkreter Kundenbestellungen koordiniert.

Aufbauend auf der Darstellung des physischen Güterflusses wird im fünftem Schritt die Schicht der Funktionen modelliert, die auf unterster Ebene für die Steuerung und Überwachung des physischen Güterflusses verantwortlich sind.

Im folgenden sechsten Schritt sind die Funktionen der höheren Steuerungsebenen zu definieren. Es handelt sich hierbei beispielsweise um Planungsfunktionen der produktionsnahen Bereiche. Um die Funktionen des Absatzes und der Beschaffung wird das BCM im siebenten Schritt erweitert. Das Funktionsaggregat der Beschaffung wird hierbei typischerweise auf der linken Seite des Diagramms, im Anschluß an die unternehmensexternen Geschäftspartner des Unternehmensinput positioniert. Analog kann auf der rechten Seite des Diagramms, vor den unternehmensexternen Geschäftspartnern des Unternehmensoutput das Funktionsaggregat des Absatzes eingefügt werden.

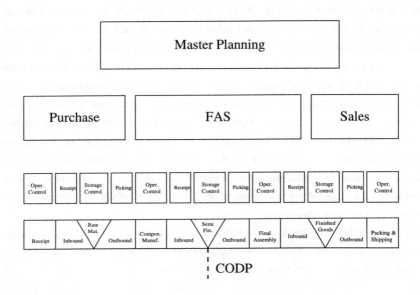

Abb. 11: Erstellung BCM - Aufbau in Schichten

Nachdem alle Funktionen im Umfang des Modells, die mit ihnen interagierenden Geschäftspartner und der physische Güterstrom modelliert sind, gilt es im achten Schritt die Beziehungen zwischen ihnen und damit die Verknüpfung der entsprechenden Prozesse zu definieren.

Die Funktionen der dem physischen Güterstrom nächsten Schicht werden mit den Produktionsschritten, Lägern und Ein- bzw. Auslagerungspunkten durch entsprechende Triggerpfeilpaare verknüpft. Darauf aufbauend können diese Funktionen wieder mit den ihnen übergeordneten verbunden werden, wobei man sich daran orientiert, welche Prozesse vor bzw. in Folge welcher Prozesse ablaufen. Einen weiteren Ausgangspunkt der Verknüpfung von Funktionen zu funktionsübergreifenden Geschäftsprozessen stellen die bereits definierten Schnittstellen zwischen dem Modellkern und den modellexternen Elementen dar. Beispielsweise stößt ein Kunde eine Funktion im Absatz an, oder die modellexterne Funktion „Forschung und Entwicklung" triggert eine Funktion der Produktionsplanung. Es kann also synchron bottom-up und top-down die Verknüpfung der Funktionen zu ganzheitlichen Geschäftsprozessen modelliert werden. Das Vorantreiben der Verknüpfungen aus beiden Richtungen führt letztendlich dazu, daß an gewissen Punkten die Request-Feedback-Loops zu ganzheitlichen Geschäftsprozessen verschmelzen. Oftmals findet dieses Zusammentreffen in den modellinternen Funktionen der höheren Steuerungsebenen statt, da hier für die Gestaltung der Prozesse das betriebliche Know-how abgebildet wird und nicht physisch oder extern determinierte Funktionen dominieren.

Abschließend werden im letzten Schritt die periodischen Aktivitäten modelliert. Es handelt sich hierbei um Funktionen, die sich in regelmäßigen Zeitabschnitten selbst anstoßen. Die Modellierung der in diesem Schritt definierten Triggerpfeilpaare erfolgt in den Diagrammen des Modells, in denen die detaillierte Darstellung der einzelnen Funktionen zu finden ist.

Das BCM bietet eine funktionsorientiert hierarchisierte Sicht auf die Funktionen und damit auch auf die Geschäftsprozesse eines Unternehmens. Die Granularität der Hauptprozesse orientiert sich an den Grenzen der einzelnen Funktionen. Darüber hinaus bietet das BCM eine weitere Sicht, indem durch die Verknüpfung der Funktionen funktionsübergreifende Geschäftsprozesse innerhalb des BCM definiert werden. Ein BCM ist demnach ein funktions- und geschäftsprozeßorientiertes Model und damit geeignet, die Funktionalitäten und Geschäftsprozesse eines komplexen Unternehmens abzubilden.

4. Business Function Model - BFM

Ein Business Function Modell besteht aus einer Menge von Funktionsdiagrammen, die in ihrer Gesamtheit eine Hierarchie betrieblicher Funktionen abbilden, wie sie im BCM definiert wurde. Es werden im BFM mehrere Hierarchieebenen unterschieden, wobei die beiden untersten Ebenen von besonderem Interesse sind. Das Funktionsmodell bildet logisch eine Baumstruktur, deren einzelne Äste, ausgehend von der Unternehmensebene, in jeweils einem eigenen Diagramm dargestellt werden. Eine Funktion wird demnach mit einem Diagramm hierarchisiert; Kanten zur Darstellung der Hierarchisierung existieren nicht. Hierarchisierte Funktionen werden schattiert dargestellt.

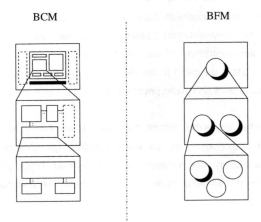

Abb. 12: Beziehung BCM- BFM

Die höchste Hierarchieebene bildet Unternehmensebene (company level). Diese Ebene beinhaltet i.d.R. nur eine Funktion, die als Funktionsaggregat alle innerhalb des BCM definierten Funktionen umfaßt und die Wurzel des hierarchischen Baumes der Funktionen darstellt. In den folgenden zwei Ebenen, der Megafunktionsebene (mega function level) und der Hauptfunktionsebene (major function level), werden die jeweiligen Funktionsaggregate aus dem BCM modelliert. In der sich anschließenden vorletzten Ebene, der ersten Geschäftsfunktionsebene (business function level 1 / main function) befinden sich dann die nicht weiter hierarchisierbaren Funktionen, wie sie im BCM definiert wurden. Den Funktionen dieser Ebene werden die Hauptprozesse des BPM zugeordnet. Die Verknüpfung einer Funktion im BFM und eines Hauptprozesses im BPM wird mit Hilfe der Prozeßauswahlregeln (Select Processes Rules) realisiert. Diese Regeln beinhalten die Aussagen, daß wenn bestimmte Funktion vorhanden sind auch die zugehörigen Prozesse im BPM existieren müssen.

Die letzte Ebene des BCM bildet die zweite Geschäftsfunktionsebene (business function level 2). Hier werden die einer Hauptfunktion zugeordneten Funktionsvarianten mit den sie verbindenden Optimierungspfaden dargestellt. Mit Hilfe statischer Bedingungen können Prozesse modelliert werden, die mehrere alternative Ausführungspfade besitzen. Es wird jedoch schon zur Implementierungszeit entschieden welcher der Pfade künftig aktiv sein soll. Alle nicht ausgewählten Pfade werden deaktiviert. In Abhängigkeit davon welche Pfade eines Prozesses aktiv bzw. deaktiv sind, ergeben sich Varianten einer Funktion der ersten Geschäftsfunktionsebene. Es ist hiermit die Möglichkeit gegeben, künftige und absehbare Optimierungsschritte innerhalb des Umfangs einer Funktion zu modellieren. Durch Pfeile zwischen den Funktionsvarianten werden die Schritte der Optimierung dargestellt. Automatisiert wird die Konfiguration des Prozesses indem den Funktionsvarianten Regeln zum Setzen statischer Bedingungen (Set Static Condition Rules) zugeordnet werden, die ihrerseits die Aktivierung bzw. Deaktivierung statisch konditionierter Prozeßpfade determinieren.

In der praktischen Modellierung müssen nicht zwingend alle Ebenen verwendet werden; diese Hierarchie stellt jedoch einen typischen Modellierungsrahmen für das Funktionsmodell dar, wie er sich aus vielen BCM ergibt. Existenzielle Abhängigkeiten zwischen Funktionen können mit Hilfe der Konsistenzregeln (Consistency Rules) modelliert werden. Regeln dieses Typs stellen sicher, daß das Vorhandensein einer Funktion das Vorhandensein einer anderen Funktion im Modell voraussetzt. Werden Modelle als Basis anderer Modelle benutzt und findet dabei ein Auswahlvorgang bezüglich der in das neue Modell zu übernehmenden Elemente statt, so kann mittels dieser Regeln die Konsistenz derartig abgeleiteter Modelle schon bei der Modellierung der Basis gewährleistet werden.

5. Business Process Model - BPM

Die Modellierung der eigentlichen Prozeßabläufe erfolgt im Business Process Model. Das Modell beinhaltet eine Menge von Diagrammen, die jeweils einen Prozeß abbilden. Bezüglich der Granularität setzt das BPM dort fort, wo BCM und BFM endeten. Eine Überschneidung besteht lediglich hinsichtlich der Funktionsvarianten des BFM, die wie bereits dargestellt Prozeßinterna abbilden.

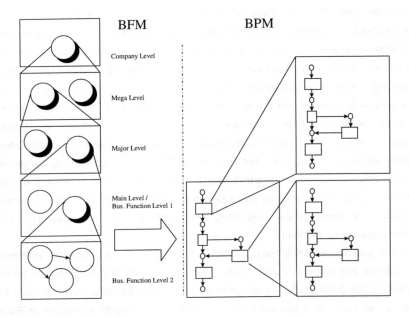

Abb. 13: Beziehung BFM - BPM

Innerhalb des BPMs werden zwei Gruppen von Prozessen unterschieden. Zum einen handelt es sich um die Gruppe der Hauptprozesse, die wie bereits dargestellt den Funktionen der vorletzten Schicht des BFM entsprechen. Zum anderen existiert die Gruppe der Detailprozesse. In diesen Prozessen werden softwarespezifische Abläufe modelliert. Bei entsprechend atomarisierter Software ergeben sich Abhängigkeiten und Reihenfolgen bezüglich der Ausführung von Softwareapplikation. Diese Sachverhalte werden innerhalb der Detailprozesse abgebildet. Im Gegensatz dazu enthalten Hauptprozesse das betriebswirtschaftliche Know-how eines Ablaufes. Sie stehen damit über den Detailprozessen, die sie mittels hierarchisierter Prozeßelemente enthalten. Ein Detailprozeß kann so in mehreren Hauptprozessen verwendet werden, nämlich immer dann, wenn der selbe softwareorientierte Ablauf innerhalb des Hauptprozesses modelliert werden soll. Ist eine Softwareapplikation sehr komplex, d.h. umfaßt sie mehrere Arbeitsschritte, die ggf. alternativ im jeweiligen Kontext ausgeführt werden können, so entfällt die Möglichkeit den Prozeß der innerhalb der

Softwareapplikation auszuführenden Aktivitäten zu modellieren. Hinsichtlich der mit der atomaren Modularität einer Softwareapplikationsmenge gegebenen Flexibilität der Modellierung und Mehrfachverwendung, ist die Atomarisierung von Softwareapplikationen, die im Falle betriebswirtschaftlicher Anwendungssysteme oftmals Transaktionen realisieren, zu empfehlen.

Die Modellierung der Prozesse erfolgt nach der Petrinetzmethode. Die Prozesse bestehen demnach aus den folgenden Elementen: Status (State), Aktivität (Activity), Kontrollaktivität (Control Activity) und Unterprozeß (Subprocess). Ein Status enthält das Informationsobjekt, das von der dem Status folgenden Aktivität bearbeitet wird. Kontrollaktivitäten dienen der Verzweigung (Split) bzw. Verschmelzung (Join) des Steuerflusses. Die Art der Verzweigung entspricht dabei einem der logischen Operatoren OR, XOR oder AND. Die AND-Verzweigung verfielfältigt ein Informationsobjekt und gibt die so entstandenen Informationsobjekte an die ihr folgenden Statuselemente ohne Beachtung jeglicher Konditionen weiter. Die OR- und XOR-Verzweigung erfolgt hingegen unter Beachtung der den Ausgängen der Kontrollaktivität zugeordneten Konditionen gemäß der durch den Operator definierten Logik. Eine Vervielfältigung des Informationsobjekts ist hier nur für OR-Verzweigungen relevant. Die Verschmelzung des Steuerflusses wird für OR- und AND-Verschmelzungen mittels Kontrollaktivitäten modelliert. In beiden Fällen müssen die verschiedenen eintreffenden Informationsobjekte synchronisiert werden, um in Form eines Informationsobjekts an den folgenden Status weiter gegeben zu werden. Die aus XOR-Verzweigungen resultierenden Verschmelzungen erfolgen an einem Status, da durch die Logik der Verzweigung bedingt immer nur ein Pfad gewählt werden konnte und demzufolge nur ein Informationsobjekt existiert. OR-Verzweigungen lassen sich demnach von XOR-Verzweigungen durch die sie verschmelzenden Konstrukte unterscheiden.

Kontrollaktivitäten sind entweder statischer oder dynamischer Art. Statische Bedingungen reflektieren Implementierungsentscheidungen. Sie sind entweder wahr oder falsch. Wird eine Kontrollaktivität mit statischen Bedingungen verknüpft, so führt dies zur Aktivierung bzw. Deaktivierung des Steuerflusses, der im Falle der Deaktivierung grau dargestellt wird. Die Verwendung von Kontrollaktivitäten mit statischen Bedingungen steht in Zusammenhang mit den oben genannten Optimierungspfaden innerhalb einer Funktion auf der zweiten Geschäftsfunktionsebene. Werden Kontrollaktivitäten mit dynamischen Bedingungen verknüpft, dann handelt es sich um operative Entscheidungen, die für jeden Prozeßablauf neu getroffen werden müssen. Aktivitäten transformieren ein Informationsobjekt aus einem Inputstatus in einen Outputstatus. Die Aktivität kann hierbei im Modell näher spezifiziert werden. Sie ist entweder manuell zu realisieren, es wurde ihr eine Programm (Session) des Bann-Systems hinterlegt, mit dessen Hilfe die Aktivität auszuführen ist, oder der Aktivität ist eine Menge beliebiger Programme hinterlegt, über dessen Einsatz der die Aktivität Ausführende selbst entscheidet. Darüber hinaus besteht die Möglichkeit, Aktivitäten Instruktionstexte und Rollen zuzuordnen.

Um komplexe Prozesse lesbarer zu machen, besteht die Möglichkeit Hierarchisierungen mittels Unterprozessen zu modellieren. Durch die Verwendung von Unterprozessen wird ebenfalls die oben erwähnte Verknüpfung von Haupt und Detailprozessen realisiert. Wird eine Aktivität mit einem Prozeß hierarchisiert, dann ist sie als Unterprozeß schattiert dargestellt. Ein Prozeß beginnt und endet mit einem Status. Der Start- bzw. Endstatus entspricht bei Hauptprozessen den Triggerpfeilpaaren der Funktionen im BCM. Zwischen zwei Aktivitäten bzw. Kontrollaktivitäten wird jeweils ein Status modelliert.

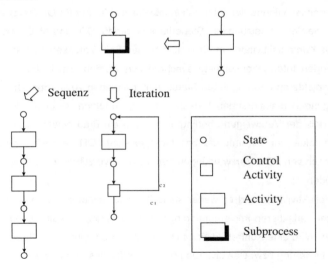

Abb. 14: DEM-Petrinetznotation

Prozesse ohne Verzweigung des Steuerflusses bestehen damit aus einer Sequenz von abwechselnd aufeinanderfolgenden Statuselementen und Aktivitäten. Unter Berücksichtigung der dargestellten Spezifika der verwendeten Petrinetzmodellierung ergeben sich insgesamt fünf semantische Konstrukte als sogenannte Building Blocks: Sequenz von Aktivitäten, parallele Aktivitäten, optionale parallele Aktivitäten, spezialisierte Aktivitäten und Iteration. Die Sequenz von Aktivitäten wird gebildet, indem eine Aktivität durch eine klar definierte Folge von Aktivitäten substituiert wird. Die Modellierung paralleler Aktivitäten erfolgt durch die Substitution einer Aktivität mit einer AND-Verzweigung, den nachfolgenden Aktivitäten und der abschließend erforderlichen AND-Verschmelzung. Analog erfolgt die Modellierung der optional parallelen Aktivitäten, nur daß hierbei die OR-Verzweigung bzw. –Verschmelzung zum Einsatz kommt. Spezialisierte Aktivitäten werden durch die Substitution einer Aktivität mit einer XOR-Verzweigung, den folgenden sich gegenseitig ausschließenden Aktivitäten und der abschließenden Verschmelzung des Steuerflusses in einem Status realisiert. Soll eine Iteration modelliert werden, so ist eine Aktivität mit dem folgenden Konstrukt zu substituieren: Einem Startstatus folgt die ggf. mehrfach zu wiederholende Aktivität.

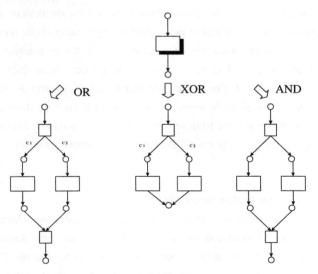

Abb. 15: DEM-Petrinetznotation (Verzweigungen)

Dieser Aktivität folgt nach einem Status eine XOR-Verzweigung, deren einer Ausgangspfad zurück zum vor der Aktivität positioniertem Status führt, und somit die Iterationsschleife darstellt, deren anderer Ausgangspfad die Ausführung ohne Iteration beschreibt und demzufolge im Endstatus des Konstruktes mündet. Durch die Substitution einer Aktivität eines Building Blocks mit einem weiteren Building Block sind so beliebig komplexe Steuerflüsse innerhalb eines Prozesses modellierbar. Unabhängig davon wie oft Substitutionen vorgenommen werden, d.h. wie komplex die modellierten Prozesse sind, ist gewährleistet, daß immer nur genau ein Start- bzw. Endstatus für jeden Prozeß existiert und damit die Konsistenz des Modells hinsichtlich des BCM gesichert ist. Es wird empfohlen, die Prozesse eines BPM nach der oben dargestellten Methodik zu modellieren. Dadurch wird sicher gestellt, daß die Prozesse durch ein Workflowmanagementsystem ausführbar sind. In diesem Kontext sind der Modellierung von Sequenzen von Aktivitäten die Modellierung von parallelen Aktivitäten vorzuziehen, insofern keine Abhängigkeiten bezüglich der Reihenfolge der einzelnen Aktivitäten bestehen. Befindet sich vor einer dynamischen Kontrollaktivität eine manuelle Aktivität, die zur Entscheidungsfindung bezüglich der folgenden Verzweigung dient, so kann dessen explizite Modellierung innerhalb Workflow-tauglicher Prozesse entfallen, denn Kontrollaktivitäten sind letztendlich Aktivitäten, die den Vorgang der Entscheidungsfindung durch das System, zum Zeitpunkt der Implementierung oder auf manuellem Wege abbilden. Der am häufigsten ausgeführte Pfad eines Prozesses wird an der linken Seite des Diagramms von oben nach unten modelliert. Die alternativen Pfade sind an der rechten Seite des Hauptpfades zu modellieren. Diese Konvention dient der Lesbarkeit und visuellen Übereinstimmung der Prozesse eines BCM. Aus gleichem Grund wird die Beschränkung eines Prozesses auf die Seite eines Diagramms präferiert.

6. Business Organization Model - BOM

Das BOM beschreibt in seinen Diagrammen den organisationalen Aufbau eines Unternehmens. Zur Modellierung stehen Symbole für Linien- und Stabseinheiten sowie Kanten, die entweder eine hierarchische oder eine funktionale Zuordnung beschreiben, zur Verfügung. In diesem Modelltyp besteht auch die Möglichkeit der Hierarchisierung einzelner Organisationseinheiten mit detaillierteren Diagrammen. Dem Symbol einer Sparte des Unternehmens wird dazu beispielsweise ein Diagramm mit dem Organigramm eben dieser Sparte hinterlegt. Hierarchisierte Elemente werden auch hier schattiert dargestellt. Ein Schlüsselelement ist die Identifikation von Rollen. Unter einer Rolle wird eine Menge von Aktivitäten verstanden, die einer Person oder einer Gruppe von Personen zugeordnet werden können. Personen innerhalb einer Unternehmensorganisation werden Rollen zugeordnet, durch die sie autorisiert werden, bestimmte Aktivitäten innerhalb der Geschäftsprozesse auszuführen. Wie bereits weiter oben gezeigt, werden auch Aktivitäten mit Rollen verknüpft. Es wird damit letztendlich festgelegt, welche Personen welche Aktivitäten realisieren.

7. Business Data Model - BDM

Im Vordergrund des Dynamic Enterprise Modeling steht die Modellierung eines Unternehmensmodells, welches primär die Geschäftsprozesse einer Unternehmung fokussiert, die letztendlich eine Schlüsselfunktion zur Erreichung der Unternehmensziele besitzt. Eine Ergänzung erfahren die geschäftsprozeßorientierten Modelle durch das BDM, welches als Entity-Relationship-Modell die Datenstrukturen darlegt, auf denen die Geschäftsprozesse operieren. Es werden so die Beziehungen zwischen den Aktivitäten der Prozesse und den durch sie bearbeiteten Daten erkennbar; die Prozeßsicht wird um eine Sicht erweitert, die den Datenfluß innerhalb und zwischen Aktivitäten bzw. Prozessen dokumentiert. Das BDM dient dementsprechend in erster Linie der Dokumentation der dem betrieblichen Anwendungssystem zugrundeliegenden Datenstrukturen. Es unterstützt in dieser Funktion die Customizing- und Reengineeringaktivitäten, indem es Transparenz unterhalb der Prozeßebene schafft. Weiterhin kann das Datenmodell somit die Migration von einem Anwendungssystem zu einem anderen erleichtern, indem es den Export und Import von Datenstrukturen erlaubt. Hier ist ein weiterer Schritt zur Flexibilisierung betriebswirtschaftlicher Anwendungssysteme gelungen. Das BDM kann auf verschiedenen Abstraktionsebenen definiert werden. Neben der Darstellung auf der Ebene von Datenclustern, die eine Menge logischer Entitäten repräsentieren, kann das BDM auch auf der Ebene logischer oder physischer Entitäten gebildet werden. Logische Entitäten werden hierbei mit Objekten der realen Welt verglichen und bestehen ihrerseits aus einem oder mehreren physischen Entitäten, die den Tabellendefinitionen der dem Anwendungssystem zugrunde liegenden Datenbank entsprechen.

8. Zusammenfassung und Ausblick

Dynamic Enterprise Modeling hat sich in der Praxis als eine Methode bewährt, unterschiedlichste Unternehmensformen transparent abzubilden. Die hierzu verwendeten Modelltypen unterstützen eine vereinfachte Darstellung des komplexen betriebswirtschaftlichen Modellierungsgegenstandes. Die von DEM verwendeten Modelltypen erlauben es auch, wichtige betriebswirtschaftliche Problemstellungen der Zukunft wie z.B. Multi-Site-Umgebung adäquat zu modellieren. Wenn man dieses in Verbindung mit der engen Verknüpfung des Modellierungwerkzeuges mit dem BAAN-System sieht, dann ist leicht nachzuvollziehen, daß hier eine integrierte Lösung geschaffen worden ist, die es dem Nutzer relativ einfach macht, sein Unternehmen, und durch die enge Verknüpfung des Tools mit der Applikation, auch seine Anwendung stetig den sich ändernden Anforderungen anzupassen. Ein wichtiger Vorteil gegenüber anderen Tools erscheint den Autoren hier die enge Kopplung des DEM an ein betriebswirtschaftliches System.

Zukünftig wird die Unternehmensmodellierung im Zusammenhang mit betriebswirtschaftlichen Anwendungssystemen über Customizing und Continuous Business Improvement hinaus weiter an Bedeutung gewinnen. Dafür verantwortlich ist einerseits der Einsatz besonders der Prozeßmodelle für das Workflowmanagement. Andererseits wird eine Atomarisierung bestehender Transaktionsapplikationen und der Durchbruch objektorientierter Technologien eine flexible Steuerung der Software forcieren. Träger dieser Steuerung können Unternehmensmodelle sein, die mit der vorgestellten Methodik des Dynamic Enterprise Modeling geschaffen wurden.

Literatur

[Baan96] Baan Business Innovation: Dynamic Enterprise Modeling, Deventer 1996
[KlSc97] Klockhaus, E. / Scheruhn H.J. (Hrsg.): Modellbasierte Einführung betrieblicher Anwendungssysteme, Wiesbaden 1997
[Scheer95] Scheer, A.-W.: Wirtschaftsinformatik, Berlin-Heidelberg-New York 1995
[Scher98] Scheruhn, H.-J.: Integration von Referenzmodellen bei der Einführung betrieblicher Anwendungssysteme, in Becker, J. / Rosemann, R. / Schütte, R. : Referenzmodellierung: State-of-the-Art und Entwicklungsperspektiven, Heidelberg et al. 1998.

ARIS - House of Business Engineering: Rahmenwerk für die Modellierung und Ausführung von Geschäftsprozessen

Von Prof. Dr. August-Wilhelm Scheer
Institut für Wirtschaftsinformatik - IWi, Universität des Saarlandes, Saarbrücken

Gliederung:

1. Informationsmodellierung als Kernkompetenz für das Prozeßmanagement

2. Die Geschäftsprozeßarchitektur als Kernkompetenz für das Prozeßmanagement
    2.1. Prozeßoptimierung
    2.2. Prozeßmanagement
    2.3. Workflow
    2.4. Bearbeitung
    2.5. Customizing

1. Informationsmodellierung als Kernkompetenz für das Prozeßmanagement

Computergestützte betriebswirtschaftliche Informationssysteme dienen der Unterstützung der Geschäftsprozesse. Da die Entwicklung von Informationssystemen und das Management von Geschäftsprozessen komplexe Aufgaben sind, ist es erforderlich, die Abläufe im Betrieb in Modellen darzustellen.

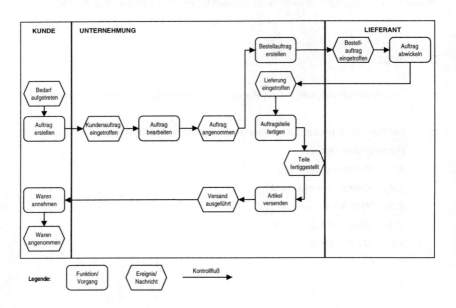

Abb. 1: Einfaches Geschäftsprozeßmodell

Abbildung 1 beschreibt den Geschäftsprozeß der industriellen Kundenauftragsbearbeitung vom Bedarfszeitpunkt des Kunden bis zu der Warenübergabe mittels der Methode der einfachen ereignisgesteuerten Prozeßkette (EPK). Dabei wird der logische Ablauf eines Prozesses, sein Kontrollfluß, durch eine Kette von Ereignissen und betriebswirtschaftlichen Funktionen beschrieben. Ereignisse lösen jedoch nicht nur Funktionen aus, sie kennzeichnen auch das Ende einer Funktionsausführung. Durch die Verwendung logischer Konnektoren können mittels der Methode der EPK beliebig komplizierte Kontrollstrukturen abgebildet werden [Scheer95].

Die Erstellung von Prozeßmodellen ist nicht auf die Einsatzfelder in Industriebetrieben beschränkt. Prozeßmodelle können vielmehr für die unterschiedlichsten Anwendungsbereiche erstellt werden. So ist für das Management von Dienstleistungs- und Verwaltungsprozessen deren modellhafte Beschreibung ebenso gefordert, wie die Modellierung von Softwareengineering- oder Business Process Reengineering-Abläufen im Rahmen des Projektmanagements.

Die Notwendigkeit zu einer integrierten Betrachtung der verschiedenen Prozeßtypen wächst. Dies ist zum einen durch das Verschmelzen von Produkt und Dienstleistung begründet und zum anderen durch Organisationskonzepte, die den kontinuierlichen Verbesserungsprozeß direkt in die operativen Abläufe einbinden. Am Beispiel eines Systemlieferanten in der Automobilindustrie wird die enge Verbindung von Produkt, Dienstleistung und kontinuierlicher Verbesserung besonders deutlich. Heute liefern in der Regel mehrere Lieferanten im Systemverbund Lenk- und Achssysteme, komplette Kfz-Elektronik oder Getriebekomponenten. Dabei übernehmen sie von der Entwicklung, über die Planung, Montage und Qualitätssicherung bis hin zu dem Ersatzteilgeschäft, Dienstleistungen, die früher vom Automobilhersteller selbst ausgeführt wurden. Diese Dienstleistungen sollen nicht nur ausgeführt, sondern nach Maßgaben des Automobilherstellers ständig verbessert werden. Der Automobilhersteller wiederum erweitert sein Kerngeschäft um die Bereitstellung von Freizeitartikeln bis hin zu kompletten Finanzierungsangeboten. Die Marktstrategien in der Automobilindustrie sind also maßgeblich von der Fähigkeit zur Kombination von Produkt und Dienstleistung gekennzeichnet.

Die Modellierung der Geschäftsprozesse sollte sich daher an dem allgemeinen Begriff der „Leistung" orientieren, der als Synonym zu den Begriffen „Produkt", „Dienstleistung" und „Verbesserung" gesehen werden kann. Eine Leistung bezeichnet in diesem Sinne das zentrale Ergebnis eines Geschäftsprozesses, das durch Kombination bzw. Transformation eingesetzter Leistungen in Ergebnisleistungen erzeugt wird. Die Transformation von Leistungen erfolgt in Funktionen, die durch Ereignisse gestartet und ausgelöst werden. Bei der Gestaltung und Ausführung der Geschäftsprozesse ist dieser Gedanke der Leistungsorientierung jedoch nicht auf den Leistungsaustausch mit externen Marktpartnern beschränkt. Vielmehr können auch für unternehmensinterne Beziehungen Leistungsflüsse definiert werden. An die Stelle der Marktpreise treten im Fall interner Leistungsbeziehungen Verrechnungspreise, welche die Geldwertigkeit der Leistungen ausdrücken.

Damit bei der Gestaltung und Steuerung der Geschäftsprozesse dieser ganzheitlichen Sichtweise und dem Prinzip der Marktorientierung gefolgt werden kann, müssen Modellierungskonstrukte bereitgestellt werden, welche die Beschreibung der relevanten betriebswirtschaftlichen Zusammenhänge ermöglichen. Abbildung 2 stellt die Konstrukte eines allgemeinen Geschäftsprozeßmodells für die Methode der erweiterten ereignisgesteuerten Prozeßkette dar.

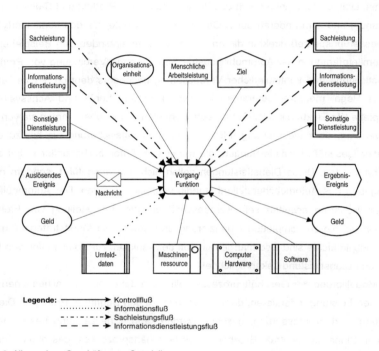

Abb. 2: Allgemeines Geschäftsprozeßmodell

Die einfache Beschreibung eines Geschäftsprozesses durch seinen Kontrollfluß, der den logischen Ablauf von Ereignissen und Funktionen wiedergibt (vgl. Abbildung 1), kann nun durch die Angabe des Informations- und des Leistungsflusses erweitert werden. Der Informationsfluß bildet den zweckbezogenen Zugriff auf Daten ab, die in den einzelnen Funktionen gebraucht bzw. erzeugt oder verändert werden. Träger von Informationen können einzelne Datenobjekte oder zu gröberen Datenclustern zusammengefaßte Datenstrukturen sein. Im allgemeinen Geschäftsprozeßmodell wird dieser Fluß durch gepunktete Linien veranschaulicht. Der Leistungsfluß gliedert sich in den Sachleistungsfluß (Punkt-Strich-Linien) und den Dienstleistungsfluß, wobei Dienstleistungsflüsse alleine auftreten können, Sachleistungsflüsse jedoch in der Regel durch Dienstleistungsflüsse begleitet werden. Während Sachleistungen als materielle Leistungen relativ eindeutig zu bestimmen sind, ist der Begriff der Dienstleistung vielfältig. Dienstleistungen werden deshalb weiter in Informationsdienstleistungen, bei denen die Dienstleistung in der Erzeugung und Bereitstellung von Informationen besteht, und in sonstige Dienstleistungen (z. B. Wartungs-, Reparatur- oder Versicherungsleistung) unterschieden. Dem Informationsdienstleistungsfluß (gestrichelte Linie) kommt bei der Entwicklung von Informationssystemen eine besondere Rolle zu. Er beschreibt die Wertschöpfung des immateriellen Werkstoffs „Information".

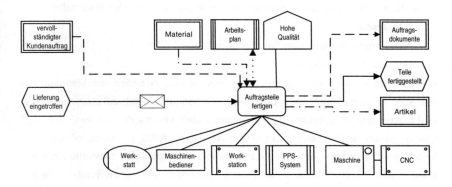

Abb. 3: Verfeinerter Ausschnitt des Geschäftsprozeßmodells

Abbildung 3 veranschaulicht die umfassenden Beziehungen der Funktion „Auftragsteile fertigen" aus Abbildung 1 mit der Methode der erweiterten ereignisgesteuerten Prozeßkette (eEPK). Durch die ganzheitliche Betrachtung hat sich die Komplexität bei der Geschäftsprozeßmodellierung wesentlich erhöht. Mit der Architektur integrierter Informationssysteme (ARIS) [Scheer92] wurde ein methodisches Rahmenwerk zur Entwicklung von Informationssystemen geschaffen, mit dem die Komplexität von Geschäftsprozessen beherrschbar wird. ARIS steht im Mittelpunkt der in dieser Arbeit beschriebenen Geschäftsprozeßarchitektur „ARIS-House of Business Engineering". Auf den vier Ebenen der Geschäftsprozeßarchitektur werden Methoden und Werkzeuge für ein ganzheitliches Geschäftsprozeßmanagement, begonnen bei der Modellierung der Geschäftsprozesse bis hin zu ihrer informationstechnischen Realisierung, bereitgestellt.

2. Die Geschäftsprozeßarchitektur „ARIS - House of Business Engineering"

Die betriebliche Wertschöpfung erfolgt in den Geschäftsprozessen, deren Ablauf durch Informationstechnik unterstützt wird. Analysiert man die Geschäftsprozesse eines Unternehmens, so ergeben sich vier Hauptaufgaben, die ein Informationssystem erfüllen muß:

- Beschreibung und Optimierung der Geschäftsprozeßstruktur
- Kapazitäts-, zeit- und kostenoptimale Planung der laufenden Geschäftsprozesse
- Steuerung der einzelnen Geschäftsvorfälle
- Bearbeitung der einzelnen Funktionen

Diese Aufgaben sind nicht auf Produktionsprozesse, in denen die Materialtransformation im Vordergrund steht, beschränkt, sie können weitgehend auch auf Dienstleistungsprozesse (Datentransformationsprozesse) übertragen werden. Die Aufgaben lassen sich einem 4-Ebenenmodell, dem „ARIS - House of Business Engineering" zuordnen. Abbildung 4 beschreibt in komprimierter Form die einzelnen Ebenen des „ARIS - House of Business Engineering" und veranschaulicht die Beziehungen, die es zwischen den Ebenen gibt.

In den folgenden Kapiteln wird die Nutzung von Modellen auf allen Ebenen der Architektur beschrieben. Dies führt zu einem prozeßorientierten Softwarekonzept, wobei durch die Rückkopplungen zwischen den Ebenen eine kontinuierliche Verbesserung der Geschäftsprozesse erreicht wird.

ARIS - House of Business Engineering

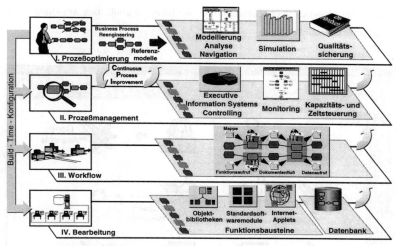

Abb. 4: Die Geschäftsprozeßarchitektur „ARIS - House of Business Engineering"

2.1. Prozeßoptimierung

Auf der Ebene I „Prozeßoptimierung" werden die Geschäftsprozesse analog einer Arbeitsplanung in der Fertigung beschrieben. Dazu wird mit dem ARIS-Konzept ein Methodenangebot bereitgestellt, das alle Aspekte von Geschäftsprozessen abdeckt. ARIS richtet verschiedene Sichten auf ein Unternehmen. Durch die Zerlegung in Daten-, Funktions-, Organisations- und Leistungsmodelle wird die Komplexität eines Unternehmensmodells erheblich reduziert. In der Steuerungssicht werden die Beziehungen zwischen den anderen Sichten erfaßt und die ganzheitliche Beschreibung der Geschäftsprozesse ermöglicht. Das ARIS-Toolset ermöglicht die computerunterstützte Anwendung des ARIS-Konzepts [Scheer92]. Es unterstützt die Modellierung, Analyse und Navigation von Geschäftsprozessen.

Zur Modellierung der Prozesse steht in der Steuerungssicht die bereits vorgestellte Methode der ereignisgesteuerten Prozeßketten (EPK) zur Verfügung. Durch die Bereitstellung der ereignisgesteuerten Prozeßkette (EPK) als grafische Prozeßbeschreibungssprache mit einfachem Regelwerk wurde angestrebt, daß die Mitarbeiter die von ihnen verantworteten Prozesse selbst modellieren können. Die angebotenen semiformalen Sprachkonstrukte können zu diesem Zweck noch um grafische Symbole angereichert werden, die weitgehend mit der betrieblichen Erfahrungswelt der Mitarbeiter übereinstimmen. Abbildung 5 stellt dies am Beispiel einer Auftragsbearbeitung dar.

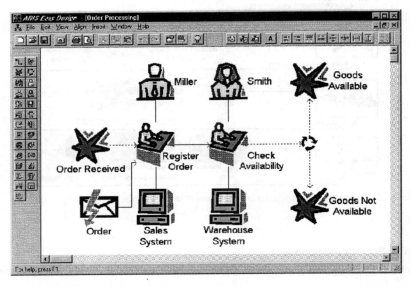

Abb. 5: Prozeßmodell mit grafischen Symbolen

Die grafischen Darstellungsmethoden des ARIS-Toolsets bringen zwar bereits erhebliche Fortschritte gegenüber traditionellen textlichen oder systemnahen Dokumentationen von Anwendungssoftware, einen Niveausprung in Darstellung und Modellmanipulation bieten aber Virtual Reality (VR)-Systeme. Hier werden die Modellobjekte nicht durch mehr oder weniger abstrakte zweidimensionale Symbole dargestellt, sondern durch dreidimensionale realitätsnahe Metaphern. Die Metaphern können dabei bis zu fotorealistischen Darstellungen von Geschäftsprozeßobjekten ausgearbeitet werden, so daß der Anwender die Geschäftsprozesse quasi "erleben" kann. Der Benutzer sieht den Mitarbeitern eines Geschäftsprozesses bei ihren Tätigkeiten zu. Weiterhin stehen ihm neuartige Navigationsmöglichkeiten zur Verfügung: Durch das stufenlose Annähern an Objekte wird die Detaillierung der Beschreibung erhöht, d. h. Objekte werden sichtbar, die bei weiterer Entfernung lediglich schemenhaft zu sehen sind. Auch kann der Benutzer frei zwischen verschiedenen Modelltypen wandern. Abbildung 6 zeigt links einen Geschäftsprozeß des am Institut für Wirtschaftsinformatik (IWi) in Saarbrücken entwickelten VR-Systems VIRTUOS, der durch die Metapher "Highway" dargestellt ist (er beschreibt den "Implementation-Highway für die R/3-Einführung") und rechts das Eintauchen in die Ausführung der Funktion „Ermittlung des R/3 Sollkonzepts" innerhalb des Prozesses.

Abb. 6: Geschäftsprozeßmodellierung mittels Virtual Reality-Technologie

Zur Unterstützung der Modellierung von Geschäftsprozessen kann vorhandenes Wissen über sinnvolle Strukturen von Geschäftsprozessen als Ausgangslösung einbezogen werden. Diese Referenzmodelle, die aus empirisch erhobenen Best-Practice-Beispielen oder aus theoretischen Überlegungen abgeleitet sind, bringen erhebliche Einsparungen bei der Gestaltung von optimalen Abläufen. Referenzmodelle können nach dem ARIS-Konzept beschrieben und im ARIS-Toolset gespeichert werden. Damit können bei der Prozeßgestaltung auch die Möglichkeiten Modellvergleich, -anpassung und -änderung genutzt werden.

Bei den Referenzmodellen kann zwischen Vorgehensmodellen, Softwaremodellen und Branchenmodellen unterschieden werden. Branchenmodelle beziehen sich auf typische operative Geschäftsprozesse wie Logistik, Produktentwicklung oder Finanz- und Rechnungswesen. Sie stehen in ARIS unter anderem für die Branchen Papierindustrie, Chemische Industrie, Maschinenbau, Anlagenbau und Energieversorgungsunternehmungen zur Verfügung.

2.2. Prozeßmanagement

Auf der Ebene II „Prozeßmanagement" werden aus der Sicht des „Business Process Owners" die laufenden Geschäftsprozesse eines Zeitraums geplant und verfolgt. Ihm werden dazu Verfahren zur Zeit- und Kapazitätssteuerung sowie zur Kostenanalyse angeboten. Über ein Prozeßmonitoring kann sich der Prozeßmanager aktuell über die Bearbeitungszustände seiner Prozesse informieren. Bei Projektabläufen, wie der Durchführung eines Business Process Reengineering (BPR)-Projektes, der Planung und Realisierung eines Workflowsystems oder der Einführung von Standardsoftware, können aus dem ARIS-Vorgehensreferenzmodell automatisch die Projektprozeßketten sowie die Ressourcendefinitionen des Projektsteuerungssystems MS-Project generiert und als Ganttdiagramme oder Netzpläne abgebildet und verwaltet werden. Bei operativen Prozessen können auf der Ebene II mächtigere Steuerungssysteme als zur Projektsteuerung erforderlich sein. Die in der Fertigung bereits bewährten Leitstandssysteme können auch für die Steuerung von z. B. Softwareentwicklungs- und Verwaltungsprozessen eingesetzt werden.

Referenzmodelle von Geschäftsprozessen können Zeit- und Kostenvorgaben der einzelnen Funktionen umfassen. Anhand der Projekt- und Leitstandssysteme werden dann Informationen über kosten- und zeitmäßige Soll-Istabweichungen der durchgeführten Geschäftsprozesse gewonnen. Diese werden, zusammen mit weiteren Informationen, zur laufenden Verbesserung der Geschäftsprozesse genutzt. Damit ist ein enger Regelkreis zwischen der Ebene I und der Ebene II zur kontinuierlichen Geschäftsprozeßverbesserung (CPI = Continuous Process Improvement) geschlossen. Alle auf der Ebene I verfügbaren Methoden, wie Prozeßanalyse, Modellvergleich oder Simulation können auch bei der kontinuierlichen Prozeßverbesserung eingesetzt werden.

Die in ARIS integrierte Prozeßkostenrechnung bildet eine wichtige Komponente für das Einleiten eines permanenten Verbesserungsprozesses. Das gegenwärtige betriebswirtschaftliche Kostenrechnungssystem betont mit seiner Konzentration auf die Kostenstellenrechnung eine funktionale Sicht. Ziel der Plankostenrechnung ist es beispielsweise, die nach Funktionen gebildeten Kostenstellen kostenoptimal zu steuern. Dagegen sind die Kosten der Geschäftsprozesse unbekannt. Mit ARIS werden auch Konzept und Tool zur Prozeßkostenrechnung bereitgestellt. {*vgl. Berkau, C.; S. 333ff.*} Die Kostensätze eines traditionellen Kostenrechnungssystems werden mit den modellierten Geschäftsprozessen verknüpft, so daß die Kosten pro

Prozeß ermittelt werden können. Neben der Kostensicht interessiert sich der „Business Process Owner" auch für die Bearbeitungszustände der gerade ausgeführten Prozesse. Dazu kann er sich über eine Monitoringkomponente in grafischer Form die einzelnen, gerade ausgeführten Prozesse anzeigen und die bereits beendeten Funktionen grafisch hervorheben lassen. Damit sind alle zeitlichen, kapazitiven und organisatorischen Zustände der Prozesse bekannt. Die Prozeßdaten können zur Unterstützung des Prozeßmanagements zu einem Executive Information System (EIS) oder Data Warehouse verdichtet werden.

2.3. Workflow

Auf der Ebene III „Workflow" werden die zu bearbeitenden Objekte, z. B. die Kundenaufträge mit ihren Dokumenten oder die Schadensmeldungen in einer Versicherung, von Arbeitsplatz zu Arbeitsplatz transportiert. Workflowsysteme übernehmen diese Vorgangssteuerung von dem Computersystem eines Arbeitsplatzes zu dem System des nächsten Arbeitsplatzes. Der Dokumentenfluß ist in Abbildung 4 durch eine „Mappe" gekennzeichnet. Die „Mappe" enthält elektronische Verweise auf die zur Bearbeitung benötigten Daten und die aufzurufenden Funktionsbausteine. Für die Vorgangssteuerung ist eine detaillierte, auf den einzelnen Vorgangstyp bezogene Beschreibung des Ablaufs sowie der beteiligten Bearbeiter erforderlich. Diese Geschäftsvorfälle auf Ausprägungsebene werden durch Kopieren der auf Ebene I festgelegten Geschäftsprozeßstruktur erzeugt. Die Workflow Management Coalition arbeitet an einer generellen Regelung für eine solche Verbindung von Geschäftsprozeßmodellierungswerkzeug und Workflowsystemen [vgl. Holl95]. Das gleiche gilt für die Versorgung der Ebene II mit Ergebnissen des Workflow, indem z. B. Angaben über Istzeiten, -mengen und -kosten an die Ebene II zur Auswertung übergeben werden. Durch diese Rückkopplungen wird ein modellbasiertes Prozeßmonitoring und eine kontinuierliche Verbesserung der Geschäftsprozesse ermöglicht. Die aus den Modellen der Ebene I abgeleitete Prozeßdarstellung des Workflow-Systems kann darüber hinaus zur Benutzerführung der Sachbearbeiter dienen. Dies erhöht die Einsicht in organisatorische Zusammenhänge der Geschäftsprozesse.

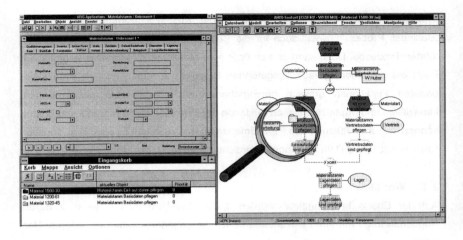

Abb. 7: Prozeßorientierte Benutzerführung

Abbildung 7 verdeutlicht diese Ausführungen. Im rechten Fenster wird aus einem allgemeinen Geschäftsprozeßablauf ein konkreter Ablauf abgeleitet. Die Konkretisierung betrifft die Angaben individueller Bearbeiter sowie die Auswahl eines bestimmten Weges aus mehreren Alternativen, die in der generellen Geschäftsprozeßbeschreibung vorgegeben sind. Der Sachbearbeiter sieht also genau, wie er in den Ablauf eingebettet ist, wer sein Vorgänger bei der Bearbeitung war und wer sein Nachfolger ist. Im linken oberen Fenster wird das zu der aktuellen Funktionsbearbeitung benötigte Softwaremodul (Ebene IV) bereitgestellt, im linken unteren Fenster kann der Sachbearbeiter die zur Bearbeitung anstehenden Tätigkeiten dem elektronischen Posteingangskorb entnehmen. Nach Beendigung einer Tätigkeit schiebt er den Vorgang in seinen elektronischen Postausgangskorb und der Bearbeiter des nächsten Schrittes wird aufgrund der aktuellen Kapazitätssituation bestimmt.

Bei der Vorgangssteuerung können Prozesse mit wohldefinierter Ablaufstruktur und Prozesse mit nur grob definierter Abfolge unterschieden werden. Auf den ersten Blick sind Workflowsysteme eher zur Steuerung wohlstrukturierter Prozesse geeignet. Schwächer strukturierte Prozesse werden dagegen eher von Groupwaresystemen unterstützt, die lediglich Werkzeuge wie Electronic Mail, Video Conferencing usw. anbieten, aber keine logischen Prozeßkenntnisse benötigen. In der Realität wird aber immer eine Mischung aus beiden Strukturierungsformen vorliegen. So sehen auch Workflowsysteme „Ausnahmebehandlungen" vor, d. h. die auf Modellebene vorgegebene Ablaufsteuerung kann ad hoc geändert werden. Diese Funktionalität kann auch mit Groupwarewerkzeugen verknüpft werden. Des weiteren können schwach-strukturierte Teilprozesse in Form von „Black Boxes" modelliert werden, deren fallspezifische Bearbeitung mit Groupwarewerkzeugen unterstützt werden kann. Auf diese Art und Weise werden Workflow- und Groupwaresysteme zunehmend miteinander verschmelzen.

2.4. Bearbeitung

Auf der Ebene IV „Bearbeitung" werden die zu den Arbeitsplätzen transportierten Dokumente konkret bearbeitet. Hierfür werden computergestützte Anwendungssysteme von einfachen Textverarbeitungsprogrammen bis hin zu komplexen Standardsoftwaremodulen und Internet-Applets eingesetzt.

Die Anbieter integrierter Softwaresysteme sind gegenwärtig dabei, ihre Systeme in kleinere Module zu zerlegen und diese lediglich lose zu koppeln. Damit wird es möglich, Releasewechsel auf Modulebene durchzuführen und nicht nur auf Ebene des Gesamtsystems. Insgesamt besteht ein klarer Trend zur stärkeren Zerlegung von Anwendungssoftware in Komponenten (Componentware), die über Prozeßmodelle zu Gesamtlösungen montiert werden. Daraus ergeben sich auch Anforderungen an die Beschreibung von Modellen. Durch die Suche und Auswahl in Modellbibliotheken soll eine flexible Systemkonfiguration ermöglicht werden. Bei einem objektorientierten Ansatz sind Daten und Funktionen gekapselt und kommunizieren über ein Nachrichtensystem. Das Kommunikationssystem entspricht dann dem Workflowsystem als Transportsystem, und die Objekte entsprechen der „Mappe" mit Hinweisen auf Daten und Funktionen. Wichtig ist, daß die Ebene III die Verantwortung für den gesamten Ablauf des Vorgangs übernommen hat, die dann die zu bearbeitenden Objekte, z. B. ein elektronisches Formular für eine Schadensmeldung in der Versicherung, einen Kreditantrag in einem Kreditbearbeitungsprozeß oder einen Kundenauftrag innerhalb einer Kundenauftragsbearbeitung, an die entsprechenden Bearbeitungsstellen weitergibt und die Programmbausteine aufruft. Die Trennung zwischen dem Kontrollfluß von Programmen und der Funktionsausführung bewirkt gravierende Änderungen auf dem Softwaremarkt. Hersteller von konventioneller Anwendungssoftware werden sich entscheiden müssen, ob sie lediglich auf der Ebene IV als Modul-Broker "Componentware" mit Bearbeitungsfunktionen anbieten werden, oder ob sie auch in das aufstrebende Geschäft der Workflowsysteme einsteigen. Umgekehrt ergibt sich für Softwarehersteller, die bisher noch wenig Anwendungssoftwareerfahrung haben, ein neuer Einstiegspunkt durch die Entwicklung von Workflowsystemen. Gerade bei Dienstleistungsanwendungen können die Bearbeitungsregeln auf der Ebene IV so einfach sein, daß sie lediglich das Eintragen oder Verändern von Dokumenten betreffen. Damit würden sich viele Funktionen durch einfache Aufrufe von Spreadsheet- oder Textverarbeitungsprogrammen erfüllen lassen. Um so wichtiger ist dann aber die Steuerung des Zusammenhalts des Ablaufs durch das Workflowsystem. Für den Anwender bedeutet dies, daß eine neue Anwendungssoftwarearchitektur verfügbar ist. Gerade Dienstleistungsunternehmungen wie Banken und Versicherungen {*siehe Schneider, S. 135ff.* } sehen sich in aller Regel keinem großen Angebot an Standardsoftware zur Unterstützung ihrer operativen Abläufe gegenüber. Sie können nun durch den Einstieg in Ebene I ihre Geschäftsabläufe zunächst modellieren und diese mit der Ebene III zur Ablaufsteuerung durch ein Workflowsystem umsetzen. Auf der Ebene IV können sie noch ihre alte Software zur Unterstützung der Bearbeitungsregeln einsetzen. Hierzu ist es allerdings erforderlich, daß die Software der Ebene IV in so feine Module zerlegt wird, daß sie einer Workflowsteuerung zugänglich wird.

2.5. Customizing

Aus der Modellierungsebene (Ebene I) kann nicht nur die Ablaufsteuerung der Ebene III abgeleitet werden, sondern es lassen sich auch Bearbeitungsregeln und Datentransformationen (Ebene IV) generieren. Aus einer zunächst allgemein definierten Schar von Bearbeitungsregeln können z. B. diejenigen herausgefiltert und adaptiert werden, die für konkrete Geschäftsabläufe wichtig sind. Mit dem „ARIS - House of Business Engineering" wird dieser Gedanke eines modellgetriebenen Customizings konsequent unterstützt:

Über die Änderung von Attributen des Datenmodells auf der ersten Ebene werden die Datentabellen der vierten Ebene eingestellt. Durch Änderungen der Prozeßmodelle werden Reihenfolgen von Funktionsabläufen modifiziert. Durch die Änderung von Funktionsmodellen werden Funktionen ausgeschaltet oder aktiviert. Und über das Organisationsmodell werden Funktionen bestimmten Organisationseinheiten zugeordnet und darauf auch der Maskenablauf ausgerichtet. Die Anwendungssoftware leitet sich somit direkt aus den branchenspezifischen Referenzmodellen ab, die mit der ARIS-Methode beschrieben sind und mit Hilfe des ARIS-Toolset zu einem unternehmensindividuellen Sollmodell entwickelt werden. Um das Modell in eine Anwendungssoftware umsetzen zu können, steht ein Build-Time-System, eine Klassenbibliothek und ein Konfigurationsmodell zur Verfügung. Das Build-Time-System setzt das firmenspezifische ARIS-Modell auf der Grundlage objektorientierter Programmierung in ein operatives Anwendungssystem (Run-Time-System) um. Dabei greift es auf eine Klassenbibliothek zu, die aus vordefinierten betriebswirtschaftlichen und DV-technischen Klassen besteht.

Die Bearbeitungsregeln für die Umsetzung sind im Konfigurationsmodell hinterlegt. Sie gewährleisten z. B. die DV-technische Umsetzung der ARIS-Modelle in Datenbankobjekte, die Beschreibung der Datenbankobjekte sowie die Verbindungen zwischen externen und internen Bezeichnern (z. B. für Tabellen und Spalten). Das modellgestützte Customizing ermöglicht neben der Beeinflussung der Ablaufregeln die Anpassung oder Erweiterung von Datenmodellen, Dialogmasken und der Ablauforganisation. Somit wird die Anwendung direkt aus dem Prozeßmodell des Unternehmens abgeleitet und aus Businessobjekten konfiguriert (vgl. Abbildung 8).

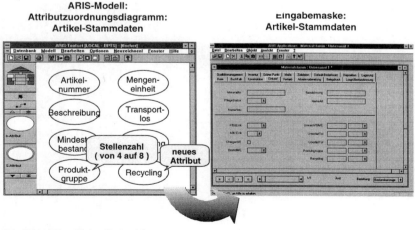

Abb. 8: Modellgestütztes Customizing

Literatur

[GaSch95]   Galler, J., Scheer, A.-W.: Workflow-Projekte: Vom Geschäftsprozeßmodell zur unternehmensspezifischen Workflow-Anwendung. Information Management 1/95, S. 20-27.
[Holl95]   Hollingsworth, D.: The Workflow Reference Model. In: Workflow Management Coalition (Hrsg.): Document TC00-1003, Draft 1.1 3-Jan-95.
[Scheer92]   Scheer, A.-W.: Architektur integrierter Informationssysteme. 2. Aufl., Berlin u. a. 1992.
[Scheer95]   Scheer, A.-W.: Wirtschaftsinformatik - Referenzmodelle für industrielle Geschäftsprozesse. 6. Aufl., Berlin u. a. 1995, S. 49-54.

Prozeßkostenrechnung als Instrument für das Optimieren von ganzheitlichen Prozeßstrukturen

Von Prof. Dr. Carsten Berkau
Fachhochschule Osnabrück, Standort Lingen/Ems

Gliederung:

1. Kostenrechnerische Grundlagen für die Geschäftsprozeßbewertung

2. Prozeßkostenrechnung für das Business Process Reengineering

3. Modellierung als Grundlage für die Prozeßkostenrechnung

4. Prozeßkostenrechnung zur Bewertung von Dienstleistungen und Prozessen der indirekt produktiven Leistungsbereiche

5. Modellbasierte Prozeßkostenrechnung
   5.1. Modellbildung
   5.2. Übernahme der prozeßkostenrechnungsrelevanten Kostenstellenkosten
   5.3. Funktionsanalyse
   5.4. Prozeßkalkulation

6. Zusammenfassung und Ausblick

1. Kostenrechnerische Grundlagen für die Geschäftsprozeßbewertung

Bei dem bestehenden Käufermarkt sehen sich die Unternehmen hohen Flexibilitätsanforderungen ihrer Kunden gegenübergestellt. Sie reagieren durch den Einsatz von solchen Betriebsmitteln, mit denen sehr unterschiedliche Produkte herstellbar sind. Dies führt wegen hohem Investitionsvolumen und wegen der nicht direkten Zuordnung von Aggregaten zu Erzeugnissen zu gemein- insbesondere zu fixkostenlastigen Kostenstrukturen. Nicht nur in den direkt produktiven Bereichen von Industrieunternehmungen, sondern auch im Produktionsbereich entstehen deshalb zunehmend immer mehr große Fixkostenblöcke, deren nur langfristige Abbaufähigkeit im Gegensatz zu der Forderung nach hoher Flexibilität steht. Die Folge davon ist, daß bedeutsame Anteile der Gesamtkosten in den Unternehmen volumenunabhängig anfallen. Dabei gilt nicht mehr, daß die meisten Kosten durch das Produzieren der Erzeugnisse verursacht würden, sondern daß sie im Vorfeld der Produktion oder der Erstellung von Dienstleistungen als Bereitschaftskosten aufzuwenden sind. Für die Kostenrechnung und das Controlling führt die skizzierte Kostenstrukturtendenz unmittelbar dazu, daß die Kosten von Geschäftsprozessen in der Stückkostenkalkulation und kurzfristigen Erfolgsrechnung mit den bestehenden Kostenrechnungsinstrumenten schlecht abbildbar sind, da kein Kausalbezug zur Leistungserstellung herstellbar ist. Häufig treffen dann hohe Deckungsbeiträge auf hohen Fixkostenblöcke, so daß ein Hinweis für die Einflußnahme auf die Gemeinkosten aus der Kostenrechnung nicht unmittelbar abgeleitet werden kann. Die Kostenrechnung als Controllinginstrument ist daher zu hinterfragen. Sich methodisch allein auf die variablen Kosten im Controlling zu stützen, wäre aber - wie unmittelbar einsichtig ist - falsch. Um "fixe" (i.S.v. beschäftigungsunabhängig), aber mittelfristig disponierbare Gemeinkosten zu planen und zu steuern, bedarf es einer Kostenrechnungsmethodik, die die kurzfristigen Fragestellungen unterstützenden Kostenrechnungssysteme additiv ergänzt. Dies kann durch einen Ausbau bestehender Kostenrechnungsinstrumente oder durch das Parallelschalten von neuen mit bestehenden Kostenrechnungssystemen geschehen. Von den "neuen" Kostenrechnungsinstrumenten wird gefordert, daß sie die Kostenverläufe derjenigen Kostenarten erklären und vorhersagen können, deren Höhe sich nicht direkt mit einer Variation der Absatzmenge ändert. Gleichwohl lassen sich solche Kostenarten z.B. durch Entscheidungen verändern. Die Fundierung von Entscheidungen zum Aufbau oder Abbau von Gemeinkostenblöcken wird häufig den Kostenverantwortlichen überlassen. Sie ist jedoch schwierig, da Beschäftigungsänderungen nur selten Kostenverläufe bestimmen, weil ja die beschäftigungsfixen Kosten nicht durch die Produktion von Erzeugnissen oder das Erstellen einer Dienstleistung verursacht werden. Ein retrogrades Ableiten von Kostenbeträgen z.B. aus dem Produktionsprogramm ist somit nicht möglich. Eine Antwort auf die Zurechnungsprobleme, die mit einer Volumenunabhängigkeit von Kosten verbunden sind, liefert die Prozeßkostenrechnung, bzw. Das Activity Based Costing. Prozeßorientierte Kostenrechnungsinstrumente basieren nicht wie die bekannten Systeme des Direct Costing auf dem Prinzip:

Produkte verursachen Kosten

sondern arbeiten nach dem Grundsatz:

Produkte erfordern Geschäftsprozesse und
Prozesse erfordern eine kostenwirksame Ressourcenbereitstellung.

Die Trennung begründet die Zweistufigkeit der prozeßbasierten Kostenmethoden. Eigentlich ist der Prozeßgedanke in der Kostenrechnung überhaupt nichts neues. Jede Kostenstellenrechnung basiert auf dem Prinzip, daß Kosten gemäß der Leistungserstellung einer Kostenstelle verrechnet werden. Dabei wird jedoch immer davon ausgegangen, daß die Kostenstelle im Plan entsprechend des Kostenstellenkostensatzes genausoviel proportionale Kosten beansprucht, wie sie die Leistung empfangende Kostenstelle belastet. Es wird also impliziert, daß auch die Sekundärkosten durch die Leistungsinanspruchnahme verursacht werden und daß sie deshalb unmittelbar dem Kalkulationsobjekt, das die Leistung nachgefragt hat, zurechenbar sind. Daß bereits hier eine Funktions-/Prozeßorientierung der Kostenrechnung besteht, belegt der Begriff Activity, mit dem wir die Leistungsart ins Englische übersetzen.

Die Prozeßkostenrechnung basiert auf dem gleichen Mechanismus. Der Unterschied besteht nun darin, daß sie nicht nur verursachte Kosten zu erklären versucht, sondern gleichzeitig sich auf Kostenarten bezieht, die volumenneutral anfallen. Bei einer die Teilkostenrechnungen, wie z.B. die Grenzplankostenrechnung, ergänzenden Prozeßkostenrechnung, sind demzufolge alle verursachungsgerecht zurechenbare Kosten über die beschäftigungsabhängige Plankostenrechnung zu verrechnen. Die verbleibenden Kosten sollten nur dann - wenn sie einen Prozeßbezug erkennen lassen - gemäß der Inanspruchnahme von Prozessen auf Kalkulationsobjekte zugerechnet werden. Als Maßstab hierzu dient der sogenannte Cost Driver, der sich als Maßgröße der Prozeßleistung proportional zu den Prozeßkosten verhält. Das Finden von Cost Drivers ist häufig eines der schwierigsten Probleme in der Prozeßkostenrechnung, da die Qualität der Cost Driver die Sinnhaftigkeit der Kostenzurechnung determiniert.

Soll die Prozeßkostenrechnung anderen Methoden der Kostenrechnung gegenübergestellt werden, dann erfüllt sie am ehesten den Zweck, der einst von der stufenweisen Fixkostendeckungsrechnung erfüllt werden sollte. Es sollen die volumenunabhängigen Kosten gezielt einzelnen Deckungsbeitragsobjekten zugeordnet werden, um daraus Entscheidungen zur Sicherstellung der Wirtschaftlichkeit des Unternehmensgeschehens zu fundieren.

Das Ziel der prozeßorientierten Kostenrechnung besteht jedoch nicht allein darin, die Kosten erklären zu können, sondern muß ausgehend hiervon sein, die Steuerung und die Abstimmung des Unternehmens mit Kosteninformationen zu unterstützen. Vom Controlling wird gefordert, die Effektivität und Effizienz betrieblichen Handelns sicherzustellen. Hierfür wird als eines der wichtigsten Instrumente die Kostenrechnung angeführt. Aus der Perspektive der Prozeßkostenrechnung muß es darum gehen, Prozesse so auszuwählen und so zu strukturieren, daß sie insgesamt der Erfüllung des Unternehmenszielsystems gerecht werden. Geplante Prozesse müssen dabei konsequent überprüft werden können, ob sie den Vorgaben, die wirtschaftliches Handeln implizieren, entsprechen.

Das Ziel einer prozeßorientierten Kostenrechnung muß es also sein:

1. die richtigen Prozesse für das Unternehmen zu identifizieren und sie zu gestalten
2. die planmäßige Prozeßabwicklung sicherzustellen.

Somit wird das Gestalten von Geschäftsprozessen und ihre quantitative Analyse mit Zeit- und Kostendaten immer mehr zur Aufgabe für den Controller. Die Prozeßkostenrechnung ist über das Bewerten von ganzheitlichen Geschäftsprozessen in der Lage, diejenigen Prozesse zu ermitteln, die eine wirtschaftliche Leistungserstellung ermöglichen. Hierzu ist jedoch erforderlich, das die gesamten Prozeßstrukturen eines Unternehmens transparent sind. Häufig sind zwar grundsätzlich alle

Kosten, die durch die Leistungserstellung unmittelbar verursacht werden, detailliert bekannt. Diese nehmen jedoch nur einen geringen Anteil an den Gesamtkosten ein. Diejenigen Prozesse, die volumenunabhängige Gemeinkosten in Anspruch nehmen, sind dagegen häufig nicht bekannt, und wenn, dann nicht quantitativ erfaßt. Die Bezeichnung hidden factory bringt dies zum Ausdruck.

Um in den Gemeinkostenbereichen die Kosten für Prozesse ermitteln zu können, ist es erforderlich, die Prozesse zu analysieren und sie im IST respektive im PLAN zu beschreiben. Hierfür haben sich die in der Architektur integrierter Informationssysteme (ARIS) eingeordneten ereignisgesteuerten Prozeßketten bewährt [Scheer92] {siehe Scheer, S. 317; Nüttgens/Zimmermann, Seite 24ff.}. Die Prozeßbeschreibungsmethode ist aus der Petrinetztheorie abgeleitet und erlaubt, die Prozesse in ihrer Ablauflogik vollständig zu erfassen, d.h. sie beschreibt den Kontrollfluß von Geschäftsprozessen. Eine Prozeßkette wird durch ein Starterereignis angestoßen. Das Ergebnis der ersten Funktion (= Aktivität, Tätigkeit) ist wiederum ein Ereignis für eine nachfolgende Funktion. Es besteht ein für die Kostenrechnung auswertbarer Zusammenhang zwischen Leistungen und Funktion. Durch das alternierende Modellieren von Ereignissen und Funktionen entsteht eine logische und vollständige Beschreibung eines Geschäftsprozesses. Damit Verzweigungen und Zusammenführungen im Prozeß abbildbar werden, sind in die Beschreibungmethode logische Verknüpfungsoperatoren integriert worden, so daß sich Geschäftsprozeßnetze modellieren lassen.

Grundsätzlich gilt für jede Prozeßbewertung: Es kann nur ein Prozeß bewertet werden, der bekannt ist. Somit besteht grundsätzlich der erste Schritt im Prozeßkostenmanagement im Beschreiben von Prozessen. Ein Kostenrechnungssystem, daß auf nicht exakt oder mengenmäßig nicht quantifizierten Prozeßvorstellungen basiert, kann den Zielen eines Prozeßkostenmanagement nicht gerecht werden. Auf der Grundlage von Prozeßmodellen können die Prozeßkosten für Prozeßketten kalkuliert werden. Hierzu werden als Basisinformationen Daten von den bestehenden kostenstellenorientierten (Basis-)Kostenrechnungssystemen übernommen. Die Prozeßkostenrechnung wird somit zu einem integralen Bestandteil innerhalb einer ganzheitlichen Kostenrechnungsmethodik. Die Kosten werden von Kostenstellen über Funktionen auf Prozesse verrechnet und stehen anschließend für die Stückkostenkalkulation oder die kurzfristige Erfolgsrechnung zur Verfügung.

2. Prozeßkostenrechnung für das Business Process Reengineering

Das Ziel des Business Process Reengineering {*siehe Hartmann, Seite 353ff.; Meyners/Specht, Seite 369ff.*} ist, Prozeßstrukturen nutzbringend für das Unternehmen zu gestalten. Damit ist unmittelbar verbunden, die Prozeßkosten für einen ganzheitlichen Geschäftsprozeß unter Berücksichtigung der Prozeßleistung zu minimieren. Immer dann, wenn Ressourcen gemeinsam von mehreren Prozessen beansprucht werden {*siehe Maicher, Seite 115.*}, dürfen Geschäftsprozesse nicht mehr isoliert voneinander betrachtet werden. Statt dessen ist es dann im Grundsatz erforderlich, ein Gesamtsystem aus mehreren Kostenstellen und mehreren Prozessen gleichzeitg quantitativ zu betrachten. Dabei ist sicherzustellen, daß die gewählten Untersuchungsausschnitte jeweils vollumfänglich abgebildet werden. Nur bei vollständiger Modellbildung des Untersuchungsbereichs kann überhaupt das Prinzip der Prozeßkostenrechnung, volumenunabhängige, aber leistungsmengeninduzierte Prozesse gemäß ihrer Inanspruchnahmemengen zu bewerten, angewendet werden.

Zum Beschreiben von allen Objekten, die mit Geschäftsprozessen in Zusammenhang stehen, dient die multiperspektivische Betrachtung {*siehe Rosemann, Seite 11-19*} von Prozeßstrukturen, wie sie in der sichtenorientierten ARIS-Architektur vorgesehen ist. Modelle für die Prozeßkostenrechnung beziehen sich dort auf die Organisations-, Funktions- und Steuerungssicht. Zur Reduktion von Komplexität ist es zweckmäßig, nicht zu detailliert zu modellieren, dafür muß aber die Vollständigkeit des Untersuchungsbereichs sichergestellt sein. Ein Optimieren von Geschäftsprozeßkosten unterscheidet sich jedoch aufgrund des disponiblen Verhaltens der z.B. im Bürobereich betrachteten Kostenarten von den bestehenden Teilkostenrechnungssystemen. Häufig wird beim Business Process Reengineering nicht ausreichend berücksichtigt, daß Kosten sich nicht durch Beeinflussen der Leistungsmenge von Prozessen bzw. Funktionen steuern lassen. Da sie zu einem geringen Anteil volumenabhängig sind, ist es vielmehr erforderlich, beim Business Process Reengineering nach dem Management von Prozessen ebenfalls die Ressourcenbereitstellung zu überprüfen. Schlanke Prozesse sparen erst dann Ressourcen, wenn ebenfalls die Bereitschaftskosten für das Abwickeln von Geschäftsprozessen an die Prozeßoptimierung angepaßt worden sind. DV-Systeme für das Prozeßkostenmanagement müssen dies funktional abdecken. Die klassischen Gemeinkostenfallen ließen sich dadurch frühzeitig entschärfen. Als Instrument für die Überwachung der Prozeßeffizienz ist die Prozeßkostensatzanalyse geeignet. Sie zeigt die Unwirtschaftlichkeit von Geschäftsprozessen durch einen überhöhten Prozeßkostensatz an und macht gleichzeitig durch einen zu geringen Planprozeßkostensatz auf nicht durchführbare Prozeßbestandteile aufmerksam. Das Prozeßkostenmanagement basiert auf dem Vergleich zwischen Prozeßkosten. Dabei ist immer der gesamte Geschäftsprozeß das zu optimierende Objekt. Zum Identifizieren der vorteilhaftesten Prozeßstruktur werden die Prozeßkosten der Prozeßalternativen simuliert. Mit der Simulation wird grundsätzlich das gesamte Prozeßmodell untersucht. In dem Prozeßmodell sind alle Teilschritte eines Geschäftsprozesses enthalten. Weiterhin werden die Kosten jeder Kostenstelle vollständig simuliert, die von dem zu untersuchenden oder dem geplanten Prozeß durchlaufen wird. Bei der Gestaltung von Prozeßstrukturen wird somit (1) nach möglichen Alternativen gesucht und (2) überprüft, inwieweit diese eine Reduktion von Prozeßkosten möglich machen. Nicht selten erlaubt erst eine Kombination von mehreren Prozeßmaßnahmen, die Bereitschaftskosten für das Abwickeln von Geschäftsprozessen abzusenken. Daher ist es um so wichtiger, Kenntnis über die Wirkzusammenhänge zwischen Funktionen, ganzheitlichen Geschäftsprozessen, Kosteneinflußfaktoren und Prozeßkosten empfängerorientiert aufbereitet zu besitzen. Eine Simulationssoftware muß den Überblick über mögliche Prozeß- und Kostenstellenänderungen bewahren helfen. Häufig ist das Vorgehen bei dem Prozeßkostenmanagement dadurch gekennzeichnet, daß Prozeßalternativen miteinander verglichen werden. Dabei wird diejenige Prozeßvariante ausgewählt, deren Prozeßparameter die wirtschaftlichste Konstellation aus Prozeßdurchlaufzeit, Prozeßmenge und Prozeßkosten darstellen. Es spielt keine Rolle, ob die zu vergleichenden Alternativen geplante Prozeßstrukturen sind oder ob sie aus bereits implementierten Prozeßalternativen bestehen. Letzteres wird beim Benchmarking von Prozeßkennzahlen {siehe Maicher, S.126} verwendet [KüLo96, S.121-140]. Insbesondere bei filialisierten Unternehmen, wie Dienstleistern, resultiert aus dem direkten Prozeßvergleich häufig das Finden von geeigneten Prozeßstrukturen. Aus dem oben geschilderten Vorgehen zum Prozeßkostenmanagement folgt unmittelbar als wichtigste Forderung, daß Werkzeuge für die Prozeßoptimierung sehr flexibel sein müssen. Es muß einfach sein:

- Prozeßstrukturen zu beschreiben und sie mit den Vertretern der Fachabteilungen besprechen zu können (Kommunikationsfunktion der Prozeßmodellierung).

- Prozeßvarianten zu bilden und abzuschätzen, welche Änderungen das Umstrukturieren eines Geschäftsprozesses bewirkt (Business Process Reengineering)
- Reale Prozeßveränderungen im Simulationsmodell nachzubilden
- Prozesse zu bewerten, um schnell mögliche Prozeßalternativen vergleichen zu können (Prozeßkostenrechnung).
- Zu prüfen, ob mit einer Reduktion der Ressourcenbereitstellung Prozeßausführungen in Frage gestellt werden (Prozeßsimulation).
- Die Wirksamkeit von Prozeßmaßnahmen zu überwachen (Prozeßkostenkontrolle).

Es ist unmittelbar ersichtlich, daß das Prozeßkostenmanagement übersichtliche Werkzeuge erforderlich macht, mit denen Modelle von Geschäftsprozessen realitätsnah und in einer einfachen Beschreibungssprache abgebildet werden. Es hat sich herausgestellt, daß das grafische Modellieren von Geschäftsprozessen in unterschiedlichen, logisch miteinander verknüpften Sichten eine Methode darstellt, die den oben genannten Forderungen gerecht wird. So gelingt es, Prozeßkostenmanagement in den Methodenbaukasten der Kostenrechnung zu integrieren und als wirkungsvolles Controllinginstrument anzuwenden. Als Effizienzkriterium ist die Wirtschaftlichkeit der Instrumente selbst zu betrachten! Die Aufgabe, ganzheitliche Geschäftsprozesse auf der Grundlage von Modellbeschreibungen zu koordinieren, wird das Controlling nachhaltig verändern. Dies betrifft ebenfalls DV-Systeme, die den Controller hierbei unterstützen [Berk97, S. 30]. Dies schließt ebenfalls unternehmensübergreifende Prozeßketten mit ein [Hirs96, S. 229-254].

3. Modellierung als Grundlage für die Prozeßkostenrechnung

Bei vielen Unternehmen liegen derzeit funktionsorientierte Organisationsformen vor. Trotz guter Gründe hierfür, wie z.B. Spezialistenbildung, spricht jedoch dagegen, daß die Sicht auf abteilungsübergreifende Prozeßabläufe versperrt wird. Da so die Kontroll- und Steuerungsinstrumente nur auf Segmente eines abteilungsübergreifenden Geschäftsprozesses gerichtet werden, fehlen prozeßgerechte Kosten- und Zeitsteuerungen. Als Folge entstehen unverhältnismäßig lange Durchlaufzeiten für Geschäftsprozesse und ein viel zu hoher Ressourcenaufbau in den Gemeinkostenbereichen.

Der Trend geht dahin, daß viele Unternehmen beginnen, die durch die Abteilungsbildung entstandene künstliche Segmentierung ihrer Geschäftsprozesse wieder zurückzunehmen. Wer Geschäftsprozesse im Unternehmen jedoch gezielt beeinflussen will, muß sie genau kennen. Daher ist es im ersten Schritt unumgänglich, abteilungsübergreifende Geschäftsprozesse formal zu beschreiben. Die Beschreibungsmethode muß den Forderungen nach ausreichender Formalisierung wegen der Darstellungseinheitlichkeit und einfacher Verständlichkeit entsprechen. Ist der Informationsbedarf weiter auf quantitative Größen, wie Durchlaufzeiten und Kosten für Geschäftsprozesse, gerichtet, müssen zusätzlich auch quantitative Bewegungsdaten abbildbar sein.

Mit der bereits erwähnten ARIS-Architektur läßt sich die Komplexität von Geschäftsprozessen beherrschen. Es entstehen realistische Modelle von Geschäftsprozessen, die nicht nur zu ihrer Beschreibung, sondern ebenfalls als Entscheidungs- und Simulationsmodelle und für quantitatives Controlling verwendbar sind. Die Modelle werden nicht für jede individuelle Ausprägung eines Geschäftsprozesses einzeln entwickelt, sondern sie beschreiben die Abläufe auf einer abstrakten Typebene. Die Abstraktion der Modellbildung paßt zum Verrechnungsprinzip der Prozeßkostenrechnung.

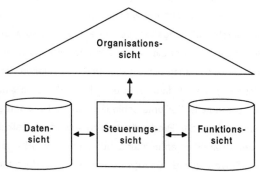

Abb. 1: Architektur integrierter Informationssysteme [Scheer92]

In ARIS werden alle Elemente, die für einen Geschäftsprozeß relevant sind, z.B. Funktionen, Ereignisse, Organisationseinheiten etc., durch Objekttypen beschrieben. Diese werden durch grafische Symbole repräsentiert, die ihrerseits durch Kanten miteinander verbunden werden können, um Beziehungen zwischen den Objekten darzustellen. Da beim Prozeßmanagement quantitative Ziele verfolgt werden, muß die Modellierung in ARIS um zeitlich veränderliche Kennzahlen für Objekte erweitert werden. Dadurch lassen sich abrechnungsperiodenbezogene Bewegungsdaten darstellen und miteinander vergleichen.

4. Prozeßkostenrechnung zur Bewertung von Dienstleistungen und Prozessen der indirekt produktiven Leistungsbereiche

Zur Beherrschung des modellierten Geschäftsprozesses bezogen auf Zeit- und Kostengrößen ist die Ausgestaltung der bestehenden Kostenrechnungssysteme als kostenstellenorientierte Instrumente nicht zweckdienlich. Um kostenrelevante Entscheidungen für die Geschäftsprozeßoptimierung zu treffen, müssen die unterschiedlichen Kostenarten für Geschäftsprozesse differenziert ausgewiesen werden. Einzelkosten und variable Gemeinkosten sind wie bisher verursachungsgerecht zu verrechnen. Die restlichen Kosten dürfen nicht wegen ihres großen Volumens pauschal oder wertmäßig geschlüsselt werden. Aufgrund ihrer dispositiven Beeinflußbarkeit sind prozeßvolumenabhängige Bereitschaftskosten trotz ihres Fixkostencharakters proportional zur Beanspruchung auf Geschäftsprozesse zuzurechnen. Als Rechenziel der Prozeßkostenrechnung wird daher die Bewertung der Ressourceninanspruchnahme durch abteilungsübergreifende Geschäftsprozesse angegeben. Daraus sind Entscheidungen über die Gestaltung und Beeinflussung von Geschäftsprozessen und von diesen beanspruchte Ressourcen abzuleiten. Beim Ausweis von Geschäftsprozeßstückkosten ist dann aufgrund des Fixkostencharakters der zugerechneten Kostenbestandteile bei unterschiedlich hoher Ressourcenauslastung im Zeitverlauf ein Schwanken der Produktkosten zu erwarten. Kalkulationsaussagen lassen sich bei der Prozeßkostenrechnung nur dann sinnhaft machen, wenn die verwendeten Cost Drivers (i.w.S. Bezugsgrößen der Prozeßkostenrechnung) proportionalabhängig zur Produkt- bzw. Dienstleistungsmenge sind. Keinesfalls lassen sich jedoch Grenzkosten für Geschäftsprozesse ausweisen, die angeben wieviele Kosten anfielen, wenn zusätzliche Geschäftsprozeßabwicklung stattfinden oder die einzusparen wären, wenn ein Geschäftsprozeß nicht ausgeführt würde. Es wird hier keineswegs davon ausgegangen, daß bestehende Kostenrechnungssysteme von der Prozeßkostenrechnung substituiert werden. Vielmehr werden die Kostenrechnungssysteme durch die Prozeßkostenrechnung ergänzt. Aus Abbildung 2 wird deutlich, daß die modellbasierte Prozeßkostenrechnung auf den Kostendaten der kostenstellenorientierten Kostenrechnungssysteme wie auch auf den Prozeßstrukturinformationen aus der Geschäftsprozeßmodellierung aufbaut [Berk95, S. 157].

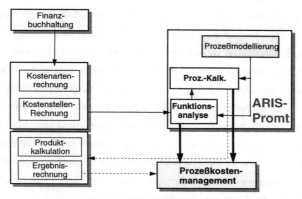

Abb. 2: Kostenstellenorientierte Kostenrechnungssysteme und Prozeßkostenrechnung [Berk95, S. 157]

Die Prozeßkostenrechnung kann die erforderliche Kostentransparenz in Dienstleistungs- und Produktionsunternehmen deutlich verbessern und zu einer effizienteren Ressourcenauslastung beitragen. SCHEER zeigt, daß das Rechenprinzip der Prozeßkostenrechnung nicht grundsätzlich neu ist. Vielmehr gelingt es ihr, die von der Kalkulation der Fertigungskosten bekannte Verrechnungssatzkalkulation auf Dienstleister zu übertragen [Scheer95, S. 676ff.]. Die Voraussetzung hierfür ist, daß die Datengerüste, die im Fertigungsbereich durch Stücklisten und Arbeitspläne, vorliegen, im Rahmen der Modellierung ebenfalls in Dienstleistungsunternehmen aufgebaut werden. Dann können Prozeßkostensätze als durchschnittliche Kosten aufgefaßt werden, die vereinfachend von Cost Drivers direktproportional abhängen und der Abwicklung einer einzelnen Geschäftsprozeßeinheit zurechenbar sind. Die Prozeßkostenrechnung betrachtet dazu ausschließlich beschäftigungsabhängige Kosten als variabel, alle anderen Kosten werden grundsätzlich als fix eingestuft. Damit stimmt die Kostenspaltung mit der des Basiskostenrechnungssystems im Prinzip überein. In Abhängigkeit ihrer Abbaufähigkeit werden jedoch nach der Fristigkeit des Rechnungsziels bei der Prozeßkostenrechnung beschäftigungsfixe Kosten noch einmal in beeinflußbare und unveränderliche gespalten. Die beeinflußbaren Kostenstellenkosten werden dazu vollständig auf Teilprozesse nach dem Beanspruchungsprinzip verrechnet. Hierbei werden im Gegensatz zur Vorgangskostenrechnung [Vika91] auch Leerkosten auf Teilprozesse zugerechnet. Dies, weil aus der Kostenanalyse der Leerkostenanteil an den anteiligen Bereitschaftskosten noch gar nicht bekannt sein kann. Gelingt es hingegen durch Prozeß- und Ressourcenanalysen Vorgabeprozeßkostensätze zu ermitteln, das sind die Prozeßkostensätze, die bei wirtschaftlicher Ausführung einer einzelnen Geschäftsprozeßeinheit anfielen, ist die Differenz zwischen Istprozeßkostensatz und dem Vorgabeprozeßkostensatz als Leerkosten je Geschäftsprozeßeinheit interpretierbar. Eine DV-systemseitige Analyse der Geschäftsprozeßkosten verbunden mit der Aussage, ob die Istkosten zu hoch oder bestimmte Plankosten angemessen sind, kann die Prozeßkostenrechnung nicht hervorbringen. Die Prozeßkostenrechnung regt vielmehr zu gezielten Prozeßanalysen an, indem sie einen skalierbaren Kennwert, den Prozeßkostensatz, als benchmarkfähigen Maßstab der Prozeßkosten bereitstellt.

5. Modellbasierte Prozeßkostenrechnung

Durch das Aufbauen eines grafischen, prozeßorientierten Kostenmodells können mehrdimensionale Kostenabhängigkeiten zwischen den Objekten, wie Kostenstelle, Kostenart, Kostenelement, Cost Driver, Funktion und Prozeß, in abteilungsübergreifenden Modellen beschrieben werden. Sie werden durch die Modellbildung übersichtlich strukturiert und stellen eine realitätsnahe quantitative Bewertungsgrundlage für Geschäftsprozesse dar. Als Werkzeug für die modellbasierte Prozeßkostenrechnung wurde das Werkzeug ARIS-Promt beschrieben, das von der IDS Prof. Scheer GmbH und der Plaut AG gemeinsam entwickelt wurde [BeFl95]. Im weiteren wird das Vorgehen bei der modellbasierten Prozeßkostenrechnung vorgestellt:

Im Vorfeld der eigentlichen Kostenzurechnung auf Geschäftsprozeßeinheiten werden die kostenrelevanten Geschäftsprozeßabschnitte identifiziert, als Funktionen modelliert, strukturiert und bezüglich ihrer Kostenwirkung analysiert. Durch ablauforientierte Prozeßbeschreibungen in ereignisgesteuerten Prozeßkettenmodellen (EPK) werden dazu logische Vorgänger-Nachfolger-Beziehungen zwischen Funktionen innerhalb eines Geschäftsprozesses entwickelt. Die modellbasierte Prozeßkostenrechnung trennt zeitlich zwischen den Schritten Aufbau des Kostenmodells und Durchführen der periodischen Prozeßkostenrechnung. Das folgende Vorgehen liegt ihr zugrunde:

- Modellbildung (einmalig und partiell bei Veränderungen der Strukturen),
- Übernahme der prozeßkostenrelevanten Kostenstellenkosten (periodisch),
- Funktionsanalyse (periodisch),
- Prozeßkalkulation (periodisch).

5.1. Modellbildung

Die Abbildung 2 zeigt, daß die modellbasierte Prozeßkostenrechnung auf Geschäftsprozeßmodellen aufbaut. Diese erlauben die übersichtliche Darstellung der Struktur prozeßkostenrelevanter Objekte und gewähren den Überblick über die Einflußgrößen auf die Prozeßkostenhöhe. Damit die von der Prozeßkostenrechnung ausgewiesenen Geschäftsprozeßkosten realitätsnah sind, ist es erforderlich, grundsätzlich alle Faktoren zu berücksichtigen, die auf Prozeßkosten wirken. Allein davon auszugehen, daß Geschäftsprozesse selbst die Prozeßkosten beeinflussen, würde zwar das Kostenmodell wesentlich vereinfachen, gleichzeitig aber die realitätsferne Annahme implizieren, Prozeßkosten seien immer Prozeßeinzelkosten. Dies verfälscht die ausgewiesenen Prozeßkosten und führt zu gefährlichen Folgen, da die daraus abgeleiteten Prozeßoptimierungen fehlgeleitet sind. Vielmehr ist darzustellen, daß die Geschäftsprozeßkosten von Kostenstellenkosten, Ressourcen, Kostenarten, Cost Drivers, anderen Geschäftsprozessen, deren Funktionen etc. beeinflußt werden. Für die Prozeßkostenrechnung und das Prozeßkostenmanagement sind im Schritt Modellbildung mehrere Partialmodelle aufzustellen. Sie beschreiben jeweils die prozeßkostenrelevanten Zusammenhänge aus verschiedenen Perspektiven. Die Algorithmen der Prozeßkostenrechnung in ARIS-Promt greifen auf die abgespeicherten Objekte und ihre Strukturen zu. Um Prozeßkosten, die Bewegungsdaten sind, abbilden und vergleichen zu können, wird die Modellierung um Modellinstanzen ergänzt. Die für die Prozeßkostenrechnung mindestens benötigten Modelltypen werden in Abbildung 3 gezeigt.

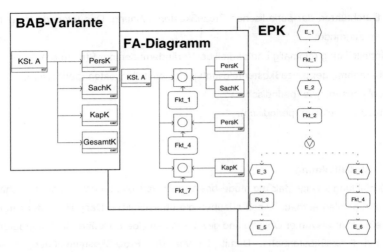

Abb. 3: Modelltypen für die dispositionsbezogene Prozeßkostenrechnung

Im Rahmen der Modellbildung werden die Modelle BAB-Variante, Funktionsanalysediagramm (FA-Diagramm) und EPK für den Untersuchungsbereich der Prozeßkostenrechnung entwickelt. In der BAB-Variante ist definiert, welche Kostenarten einer Kostenstelle für die Prozeßkostenrechnung berücksichtigt werden sollen. Das FA-Diagramm strukturiert die Funktionen als Geschäftsprozeßelemente nach den Orten ihrer Funktionsausführung und ordnet ihnen die beanspruchten Ressoucen (bewertet als Kostenart) zu. In der EPK wird schließlich die abteilungsübergreifende Ablaufstruktur eines Geschäftsprozesses abgebildet.

5.2. Übernahme der prozeßkostenrechnungsrelevanten Kostenstellenkosten

Das Prinzip der Prozeßkostenrechnung besteht darin, Kostenstellenkosten auf Geschäftsprozeßeinheiten zu überwälzen. Als Grundlage für die Übernahme der Kostenstellenkostenwerte aus dem Basiskostenrechnungssystem besteht die in der Modellbildung entwickelte BAB-Variante je Kostenstelle. Aus diesem Modelltyp läßt sich durch systemseitige Instanziierung automatisch die abrechnungsperiodenspezifische BAB-Tabelle erzeugen. Sie ist eine Matrix, die die Kostenstellenkosten im Plan und im Ist, wie sie im bestehenden Basiskostenrechnungssystem ermittelt wurden, beschreibt. Durch eine automatische Schnittstellenfunktion gelingt in ARIS-Promt eine hohe Integration der Prozeßkostenrechnung in das System der Kostenrechnung. Die Schnittstellenfunktion entwickelt aus einem Datenextrakt die BAB-Variante und trägt die auf den Abrechnungszeitraum bezogenen Bewegungsdaten in die BAB-Tabelle ein. Abbildung 4 zeigt eine BAB-Tabelle und die zugehörige BAB-Variante.

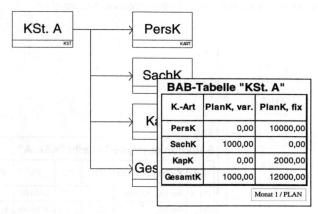

Abb. 4: Beschreibung von Kostenstellenkosten in ARIS-Promt

In Abbildung 4 sind der "KSt. A" im Plan Personal-, Sachmittel- und Kapitalkosten jeweils als bezugsgrößenvariable wie als fixe Kostenstellenkosten zugeordnet. Die Daten beziehen sich auf einen bestimmten Monat (Monat 1). Da die innerbetriebliche Leistungsverrechnung im kostenstellenorientierten Basiskostenrechnungssystem vereinfachte Prozeßleistungsverflechtungen wertmäßig abbildet, werden im bezug auf die Prozeßstruktur differenzierteren System der Prozeßkostenrechnung sekundäre Kostenelemente für die Prozeßkostenrechnung nicht berücksichtigt. Demnach werden nur Primärkosten in die BAB-Variante übertragen. Ausnahmen bilden Kosten, die aufgrund fehlender Meßbarkeit auf Kostenstellen verteilt werden und in der Prozeßkostenrechnung als Primärkosten behandelt werden können, wie z.B. Raumkosten.

5.3 Funktionsanalyse

Bei der Funktionsanalyse werden die Kosten für das einmalige Abwickeln eines Teilprozesses bestimmt. Dafür werden die Kostenstellenkosten auf alle Funktionen einer Kostenstelle verteilt. Die Beanspruchung der Kostenstelle kann differenziert nach einzelnen Kostenarten durch die Prozeßleistung (PL) beschrieben werden. Die errechneten Prozeßkosten (PK) werden anschließend auf die Prozeßmenge (PM) bezogen, um den Prozeßkostensatz (PKS_{lmi}) für eine Funktion zu ermitteln. Dies kann sowohl im Ist als auch für einen Planungszeitraum geschehen.

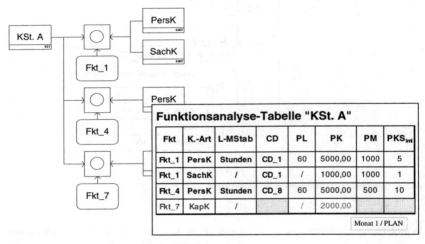

Abb. 5a: Prinzip der Funktionsanalyse in ARIS-Promt

Abbildung 5a zeigt ein kostenstellenspezifisches FA-Diagramm, aus dem die Funktionsanalyse-Tabelle generiert wurde. Der Kostenstelle "KSt. A" sind die Funktionen "Fkt_1", "Fkt_4" und "Fkt_7" zugeordnet. Da hier Prozeßkosten kostenartenweise bestimmt werden, wird die Funktion "Fkt_1" im Kostenmodell doppelt dargestellt: In einer Zeile für die Beanspruchung der Personalkosten und in der zweiten Zeile für die Inanspruchnahme von Sachmittelkosten. Demnach werden die Prozeßkosten und die Prozeßkostensätze jeweils auf die Kostenarten bezogen errechnet und getrennt ausgewiesen.

Beim Geschäftsprozeßmanagement lassen sich Funktionen zusätzlich danach unterscheiden, ob für sie Kosten prinzipiell anfallen oder ob sie durch die Prozeßmenge induziert werden, d.h. proportional abhängig zur Cost Driver-Menge verrechnet werden müssen [Horv95] Die Kosten, die leistungsmengenneutralen Funktionen zugeordnet sind, werden durch Prozeßoptimierungen nicht beeinflußt. Sie müssen daher entweder in der Kostenstellenergebnisrechnung als Fixkostenblöcke behandelt werden [CoFi91] oder können im Rahmen einer Prozeß(voll)kostenrechnung auf die leistungsmengeninduzierten Funktionen geschlüsselt werden. HORVÁTH schlägt hierzu das Schlüsseln über den Prozeßkostensatz der Funktionen vor [HoMa89]. Diese Verrechnung entspricht der Interpretation der leistungsmengenneutralen Funktionen als sekundäre Bereitschaftsfunktionen für alle leistungsmengeninduzierten Funktionen einer Kostenstelle.

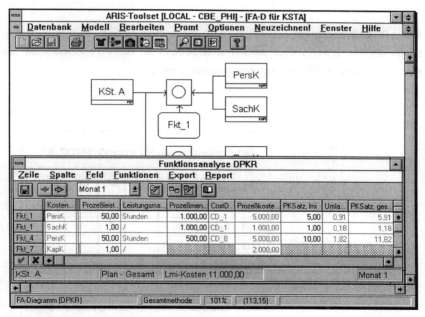

Abb. 5b: ARIS-Promt, FA-Diagramm mit FA-Tabelle

Beim erstmaligen Durchführen der Prozeßkostenrechnung muß die Prozeßleistung der Funktionen grundsätzlich gemessen werden, um die Kostenstellenkosten leistungsgerecht den einzelnen Funktionen zuzurechnen. Im Gegensatz zum Cost Driver stellt die Prozeßleistung den Funktionsinput dar. Um zu vermeiden, daß für die Prozeßkostenrechnung periodische Prozeßleistungsmessungen organisiert werden müssen, wird alternativ in ARIS-Promt unterstützt, Kostenstellenkosten ebenfalls über den Prozeßoutput zu verrechnen. Hierzu werden aus den Daten eines bereits berechneten Referenzabrechnungszeitraums Cost Driver-Vergleichsfaktoren quasi als Äquivalenzziffern [Berk95, S.217] bestimmt. Durch die Cost Driver-bezogene Verrechnung kann der Datenerfassungsaufwand für die Prozeßkostenrechnung signifikant reduziert werden, insbesondere dann, wenn Cost Drivers global wirken und dann gleichzeitig mehrere Funktionen beeinflussen. Die Abbildung 5b zeigt die Funktionsanalyse in ARIS-Promt für das Beispiel aus Abbildung 5a.

5.4. Prozeßkalkulation

Durch die Prozeßkalkulation werden anschließend an die Funktionsanalyse die Kosten eines ganzheitlichen Geschäftsprozesses ermittelt.

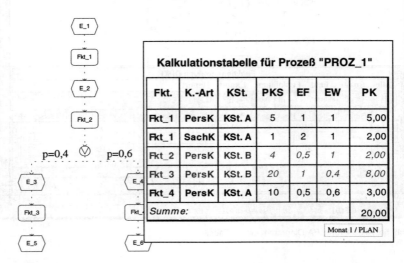

Abb. 6: Prozeßkalkulation

Für die Prozeßkalkulation wird die EPK verwendet. Entsprechend sind in der daraus generierten Kalkulationstabelle alle Funktionen aufgeführt, die zu einem Geschäftsprozeß gehören. Für die Prozeßkalkulation werden von allen Funktionen die auf den Gesamtprozeß bezogenen Mengen, die Einsatzfaktoren (EF), mit dem Prozeßkostensatz (PKS) multipliziert und die sich ergebenen Prozeßkosten (PK) über alle Funktionen addiert. Als Maßgröße der Prozeßmengen wird wieder der Cost Driver verwendet. Zur Ermittlung der Prozeßkosten eines Prozesses kann der Prozeßkostensatz$_{lmi}$ oder der Gesamtprozeßkostensatz einer Funktion verwendet werden. Entsprechend werden die Prozeßkosten lmi oder gesamt bestimmt. Mehrstufige Geschäftsprozesse werden in ARIS-Promt über einen Funktionsbaum beschrieben. Dabei sind den dargestellten Funktionen weitere Prozeßmodelle als EPKs zugeordnet. Zur Geschäftsprozeßbewertung wird dann die mehrstufige Hauptprozeßkalkulation verwendet, die die Hauptprozeßkosten einer Funktion aus den der Funktion zugeordneten EPK ermittelt und auf einen Hauptprozeß-Cost Driver bezieht. Zur Kalkulation eines Hauptprozesses werden die Hauptprozeßkostensätze mit den Hauptprozeßmengen multipliziert und entsprechend der Funktionsbaumstruktur aggregiert. Im ARIS-Toolset lassen sich die Funktionsbäume für mehrstufige Hauptprozesse automatisch generieren, indem die hierarchische Modellstruktur ausgewertet wird.

6. Zusammenfassung und Ausblick

Die Forderung, das Management von Geschäftsprozessen auf Kostendaten und Durchlaufzeiten zu fundieren, eröffnet für das Geschäftsprozeßmanagement die Nutzung quantitativer Modelle um die Effizienz von Prozeßabläufen skalierbar zu machen. Die aufgezeigte Systematik, die Methoden der Kostenrechnung, des Controlling und der Geschäftsprozeßmodellierung verknüpft, ist ein - wie die Praxis heute bereits bestätigen kann - erfolgversprechender Weg der Prozeßoptimierung. Es wird jedoch ebenfalls erkennbar, daß die Quanitative Bewertung von Geschäftsprozessen hohe Forderungen an die Modellbildung stellt. Hier ist das vollständige und überschneidungsfreie Modellieren zwingend einzuhalten, damit die ermittelten Prozeßkennzahlen im Sinne des Controlling aussagefähig sein können. Aus der Sicht der Prozeßoptimierung ist es sinnvoll, die bestehenden Prozeßstrukturen in der Realität wie im Modell so flexibel zu halten, wie es möglich ist. Nur ein DV-Werkzeug, bei dem die Strukturdaten, die sich nur auf Veranlassung variieren, in Modellen abgelegt werden und alle Bewegungsdaten, in daraus abgeleiteten Tabellen verrechnet werden, ist in der Lage, ein flexibles Prozeßcontrolling zu gewährleisten.

Literatur

[BeFl95]	Berkau, C.; Flotow, P.: Kosten- und mengenorientiertes Management von Prozessen mit ARIS-Promt, in: m&c Management und Computer, 3. Jg. (1995), Nr. 3, S. 197-206.
[BeHi96]	Berkau, C.; Hirschmann, P. (Hrsg.): Kostenorientiertes Geschäftsprozeßmanagement - Methoden, Werkzeuge, Erfahrungen. München 1996.
[Berk94]	Berkau, C.: Vernetztes Prozeßkostenmanagement - Konzeption und Realisierung mit einem Blackboardsystem. Wiesbaden 1994.
[Berk97]	Berkau, C.: Neue Kostenrechnungs-Methodik zur Optimierung von Geschäftsprozessen, in: Männel, W. (Hrsg.): Kongreß Kostenrechnung ´97, Lauf an der Pegnitz 1997, S. 25-42.
[CoFi91]	Coenenberg, A.G.; Fischer, T.M.: Prozeßkostenrechnung, Strategische Neuorientierung in der Kostenrechnung, in: DBW Die Betriebswirtschaft, 51. Jg. (1991), Nr. 1, S. 21-38.
[Hirs96]	Hirschmann, P.: Wertorientiertes Management unternehmensübergreifender Geschäftsprozesse, in: Berkau, C.; Hirschmann, P. (Hrsg.): Kostenorientiertes Geschäftsprozeßmanagement, München 1996, S. 229-254.
[HoMa89]	Horváth, P.; Mayer, R.: Prozeßkostenrechnung - Der Weg zu mehr Kostentransparenz und wirkungsvolleren Unternehmensstrategien, in: Controlling, 1. Jg. (1989), Nr. 4, S. 214-219.
[Horv96]	Horváth, P.: Controlling. 6. Aufl. München 1996.
[KüLo96]	Küting, K.; Lorson, P.: Benchmarking von Geschäftsprozessen als Instrument der Geschäftsprozeßanalyse, in: Berkau, C.; Hirschmann, P. (Hrsg.): Kostenorientiertes Geschäftsprozeßmanagement, München 1996, S. 121-140.
[Männel93]	Männel, W.: Einführende Thesen zur Bedeutung der Prozeßkostenrechnung. In: Männel, W. (Hrsg.): Prozeßkostenrechnung - Methodik, Anwendung und Softwaresysteme. Wiesbaden 1993, S. 1-4.
[Scheer92]	Scheer, A.-W.: ARIS Architektur integrierter Informationssysteme - Grundlagen der Unternehmensmodellierung. 2. Aufl., Berlin et al. 1992.
[Scheer95]	Scheer, A.-W.: Wirtschaftsinformatik. Referenzmodelle für industrielle Geschäftsprozesse, 6. Auflage, Berlin et al. 1995.
[Vikas91]	Vikas, K.: Neue Konzepte für das Kostenmanagement - Controllingorientierte Modelle für Industrie- und Dienstleistungsunternehmen. Wiesbaden 1991.

Business Performance Improvement - KPMG's globaler Ansatz zur Leistungssteigerung von Unternehmen

Von Dr. Detlef Hartmann,
KPMG Unternehmensberatung, München

Gliederung:

1. Einleitung

2. Business Performance Improvement - Ein Konzept zur Verbesserung der Unternehmensleistung
   2.1. Ausgangssituation
   2.2. Struktur des BPI-Ansatzes
   2.3. Die BPI Storyline

3. Zusammenfassung und Ausblick

1. Einleitung

Im heutigen Zeitalter sprunghafter Veränderungen müssen sich Unternehmen dem Wandel stellen, um im Wettbewerb langfristig zu bestehen. Schnellebige Märkte, globaler Wettbewerb, steigende Komplexität und neue Technologien erfordern eine permanente Neuausrichtung und Entwicklung der Unternehmen. Qualität, Kosten und Zeit sind dabei die entscheidenden Erfolgsfaktoren im Wettbewerb der Zukunft. Um sich diesen Herausforderungen unserer Zeit zu stellen, erhielten in den letzten Jahren Optimierungsansätze wie Business Reengineering [HaCh94; Cham95], KAIZEN [Imai93], Lean Management [PfWe94; WoJo97] oder Management of Change [DoLa95] Einzug in die Unternehmen. Mit unterschiedlichen Schwerpunkten dienen sie jedoch alle einem Ziel: Der Ergebnisverbesserung und Leistungssteigerung. Mit der Erfahrung in der Anwendung dieser Methoden, entwickelte die KPMG einen neuen, ganzheitlichen Lösungsansatz, das Business Performance Improvement (BPI)[1], der Unternehmen hilft, sich für die Zukunft zu rüsten. Das Ziel des nachfolgenden Artikels ist es zu zeigen, daß und mit welchen Mitteln die BPI-Methode die Produktivität von Unternehmen nachhaltig steigern kann. Dabei wird dargestellt, wie sich der BPI-Ansatz durch seine integrierte und ganzheitliche Vorgehensweise von anderen Optimierungsansätzen unterscheidet. Zahlreiche Projekte der KPMG mit Unternehmen belegen den Erfolg der BPI-Methode. Im Vordergrund dieser Ausarbeitung steht jedoch der konzeptionelle Aufbau des BPI-Ansatzes. Auf Praxisbeispiele sei nur der Vollständigkeit halber hingewiesen.

1. Business Performance Improvement - Ein Konzept zur Verbesserung der Unternehmensleistung

1.1. Funktion des BPI-Ansatzes

BPI (Business Performance Improvement) ist ein umfassender Ansatz für die Durchführung von tiefgreifenden Veränderungsprojekten. Als ein Methodenrahmen zur Leistungssteigerung von Unternehmen ermöglicht der BPI-Ansatz ein strukturiertes Vorgehen in Veränderungsprogrammen. Die BPI-Methode fungiert somit als Dach,

---

[1] Die BPI-Methode wurde von der internationalen KPMG Management Consulting Gruppe entwickelt und ist in Deutschland Eigentum der KPMG Unternehmensberatung. Es handelt sich bei dieser vorliegenden Form um eine weiterentwickelte Version der BPI-Methode, die Erfahrungen aus vielen Einzelprojekten zusammenfaßt.

unter dem verschiedenste Restrukturierungs- und Verbesserungsprojekte ablaufen können. Sie läßt das nötige Maß von Gestaltungsfreiräumen, um entsprechend angepaßt in vielen Projektsituationen angewendet zu werden. Das Unternehmen und die Bedürfnisse seiner Kunden stehen im Kern der BPI-Methode. In Zusammenarbeit mit den jeweiligen Unternehmen in der Initialisierungsphase werden generelle Maßnahmen an die Unternehmensanforderungen - d.h. Branchen, Funktionen und Prozesse - angepaßt und unternehmensspezifische Lösungskonzepte entwickelt und eingeführt. Ausgangspunkt für ein Veränderungsprogramm in einem Unternehmen ist oftmals eine Problemsituation, wie z.B. die Notwendigkeit der Steigerung des Umsatzes oder der Senkung der Kosten. Hieraus ergibt sich die Frage wie diese erforderlichen Veränderungen bewirkt werden können. Die BPI-Methode unterstützt das Unternehmen bei derartigen Problemanalysen und der Durchführung eines erfolgreichen Veränderungsprogramms.

Ziel der BPI-Methode ist die Leistungssteigerung des Unternehmens durch einen ganzheitlichen Lösungsansatz. Diese Verbesserung der Performance wird dabei sowohl strukturorientiert durch Veränderungen in der Aufbauorganisation als auch prozeßorientiert durch Veränderungen in der Ablauforganisation erzielt. Ausgangspunkt für die Entwicklung der BPI-Methode waren die zwei bekannten Optimierungsansätze des Business Process Reengineering (BPR) zur Reorganisation von Prozessen und des Management of Change (MoC) zur Umsetzung des Wandels in der Unternehmenskultur.

Im Jahr 1996 integrierte die KPMG diese zwei Ansätze zu der umfassenden Methode des Business Performance Improvement (BPI). Damit konnten die Vorteile beider Optimierungsansätze genutzt und unter Rückgriff auf das globale Know-how und die Erfahrung der KPMG zu einem ganzheitlichen Ansatz weiterentwickelt werden. Die BPI-Methode geht mithin weit über das Business Reengineering als Optimierung des Prozeßdesigns hinaus, in dem sie sowohl Human Resources und Management of Change als auch die Informationstechnologie einbezieht und somit tiefgreifende und nachhaltige Veränderungen herbeiführt.

1.2. Struktur des BPI-Ansatzes

Der BPI-Methodenrahmen umfaßt die im folgenden beschriebenen wesentlichen Aspekte des kontinuierlichen Wandels: Erstens die Phasen der Veränderung, zweitens die Ebenen der Veränderung und drittens die modularen Arbeitsergebnisse im Veränderungsprozeß. Die Phasen der Veränderung stellen den Ablauf des Veränderungsprozesses in zeitlicher Hinsicht dar. Die Ebenen der Veränderung spezifizieren die Ansatzpunkte, auf denen der Veränderungsprozeß in sachlicher Hinsicht abläuft. Die Arbeitsergebnisse im Veränderungsprozeß sind der Output des umfangreichen Maßnahmenpools bzw. der Techniken, über die der angestrebte Endzustand der Performance Improvement erreicht wird. Der Grad der Ergebnisverbesserung ist sodann noch über verschiedene Szenarien skalierbar.

1.2.1. Phasen der Veränderung

Der BPI-Methodenrahmen umspannt acht Phasen der Veränderung. Diese Phasen beschreiben die Zeit zwischen dem Moment, in dem der Kunde die Notwendigkeit zur Veränderung registriert und dem Zeitpunkt der Ergebnisrealisation. Die Phasen werden eingeteilt in Einsicht, Zielausrichtung, Fokussierung, Grobkonzeption, Feinkonzeption, Aufbau, Umsetzung und Steigerung. Mit Abschluß der letzten Phase kann ein neuer Kreislauf als erneute Bewußtmachung mit anderen Optimierungsschwerpunkten angestoßen werden. Ein Veränderungsprojekt durchläuft somit alle acht Phasen im Sinne eines Regelkreislaufs (s. Abbildung 1). Die jeweilige Phase der Veränderung, in der sich das Unternehmen befindet, kann anhand verschiedener Meilensteine identifiziert werden. Diese Meilensteine repräsentieren Ergebnisse, die erreicht sein müssen, um die nächste Phase der Veränderung einleiten zu können. Somit wird ein Fortschritt des Unternehmens im Veränderungsprozeß sichergestellt. Aus der Perspektive des Unternehmens entwickelt sich der Veränderungsprozeß entlang vier Projektabschnitten, denen die acht Phasen der Veränderung zugeordnet sind. Diese vier Projektabschnitte repräsentieren den Veränderungsprozeß des Unternehmens. Der erste Projektabschnitt stellt die Mobilisierung des Unternehmens dar, der zweite Projektabschnitt beinhaltet die Vorbereitung für Veränderungen, im dritten Projektabschnitt werden die Veränderungsmaßnahmen implementiert und der vierte Projektabschnitt endet mit der Anwendung bzw. Durchführung der neu geschaffenen Strukturen und Prozesse (siehe Abbildung 1).

Business Performance Improvement 357

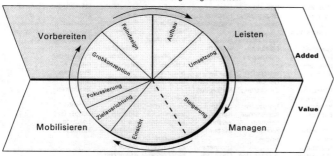

Abb. 1: BPI kontinuierlicher Veränderungszyklus

1.2.2. Ebenen im Veränderungsprozeß

Die BPI-Methodologie beinhaltet über alle Veränderungsphasen hinweg 62 Ergebnistypen, die modular zur Zielerreichung des Projektes beitragen. Die Ergebnistypen, wie z.B. Benchmarking *(siehe Maicher, Seite 125)*, kritische Erfolgsfaktoren oder Meßsysteme sind den jeweiligen Veränderungsphasen zugeordnet und können somit als Checkliste für das Projekt herangezogen werden. Durch ihre systematische Erarbeitung kann das Erreichen der Meilensteine und somit der Projektfortschritt sicher gestellt werden. Der Einsatz der Ergebnistypen muß jedoch nicht immer im vollem Umfang und in festgelegter Reihenfolge erfolgen, sondern kann in Abhängigkeit vom Nutzen und der Wertsteigerung für das jeweilige Projekt variieren. Durch die Auswahl bzw. Fokussierung bestimmter Module wird die Flexibilität der BPI-Methode in Bezug auf die Anpassung an die jeweiligen Unternehmensbedürfnisse und Problemstellungen gewährleistet. Zusammengefaßt ergibt sich eine Matrix, der die Ergebnistypen bzgl. Prozesse, Technologie und Mitarbeiter über alle Phasen zugeordnet sind (s. Abbildung 2).

	Einsicht	Zielausrichtung	Fokussierung	Grobkonzeption	Feindesign	Aufbau	Umsetzung	Steigerung
Prozesse, Infrastruktur, etc.	Gründe und Auslöser des Wandels	Mobilisierungsplan Überblick über die interne Organisation Ganzheitliches Unternehmensmodell Überblick über die Wettbewerbsposition (Abgestimmte) Unternehmensvision	Kommunikationsplan Kritische Erfolgsfaktoren Wesentliche Leistungsindikatoren Herausfordernde Zielsetzung Erfolgsversprechende Optimierungsbereiche Anforderung der Prozeßkunden Kurzfristige Verbesserungspotentiale Bewertung der IST-Abläufe Vorrangige Verbesserungsgebiete Leitlinien zur Prozeßgestaltung	Migrationsplan Best Practice Vergleiche SOLL-Prozeßmodell Validierung der SOLL-konzeption SOLL-Kennzahlensystem Business Case/Geschäftsszenario	Erforderliche physikalische Infrastruktur Detaillierte Prozeßbeschreibung Neue Verfahrensweisen und Richtlinien Abgestimmte Projektergebnisse / -budgets	Umsetzungsplan Umsetzung von Pilotanwendungen Neue/überarbeitete Grundsätze Meßsystem Leistungsmessung Umbaumaßnahmen Prozeß-/Benutzerhandbuch	Infrastruktur zur Unterstützung der Umsetzung Roll-out der neuen Prozesse und Strukturen Umsetzungs- und Leistungskontrolle	Kontinuierlicher Verbesserungsprozeß
Informationstechnologie			Bewertung der IST-Situation Technologie	SOLL-Technologiemodell Hardware/Software-Auswahl (Standardsoftware) Anforderungen an das IT-System	Technische Spezifikationen	Anpassung der SSW Datenmigration Entwicklung von Individualsoftware Test der IT-Systeme Akzeptanztest Benutzerhandbuch IT		

	Einsicht	Zielausrichtung	Fokussierung	Grobkonzeption	Feindesign	Aufbau	Umsetzung	Steigerung
Mitarbeiter			Bewertung der IST-Situation Personal	SOLL-Personalstrategie Umsetzung des neuen Personalmanagement	Aufbauorganisation Quantitative Personalbedarfsmessung Definition Rollen/Verantwortungsbereiche Erforderliche Mitarbeiterqualifikationen	Stellenbeschreibungen		
Management of Change		Prüfung der Veränderungsbereitschaft/ mögliche Widerstände Stellung und Einfluß der Sponsoren	Gemeinsame Werte und Leitprinzipien		Erforderliche Verhaltensweisen	Leistungsanreize/Entlohnungssystem Lernstrategien und Materialien	Lernprogramme	

Tab. 1: BPI-Ergebnistypen

1.2.3. Szenarien der BPI-Methode

Mit seiner modularen Struktur eröffnet die BPI-Methode den Unternehmen verschiedene Eintrittspunkte in den Veränderungsprozeß. Mit Rückwirkung auf den Grad der Effektivitätssteigerung kann durch diesen skalierten Methodenansatz jeder beliebig gewünschte Veränderungsgrad erzielt werden, von der kontinuierlichen bis zu stufenweisen Veränderung, von kleinen Veränderungsschritten bis hin zu umfassenden Restrukturierungen. Es sind drei allgemeine Szenarien zu unterscheiden, die den Bedürfnissen des jeweiligen Unternehmens angepaßt werden können:

- ressourcengesteuertes BPI
- technologiegesteuertes BPI
- strategiegesteuertes BPI

Mit jedem Szenario-Typ nimmt der Umfang der Veränderungsphasen und somit der Zeitaufwand, aber auch der Nutzen, d.h. die Wertsteigerung für das Unternehmen zu. Der höchsten Nutzengrad wird mit den umfassenden Restrukturierungsmaßnahmen des strategiegesteuerten BPI auf allen Ebenen erreicht (s. Abbildung 2).

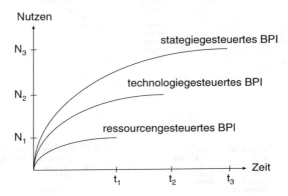

Abb. 2: Szenariotypen

Zu Beginn jedes Veränderungskreislaufes ist es somit notwendig festzulegen, auf welche Phase der Veränderung das Unternehmen den Schwerpunkt des Projektes setzen möchte. Werden die frühen Phasen des Veränderungszyklus sorgfältig abgearbeitet, kann die Produktivität um ein Vielfaches gesteigert werden. Es muß daher je nach Projektanlaß eine Entscheidung getroffen werden, die entweder schnelle Ergebnisse oder eine hohe Effektivität priorisiert. Die Entscheidung ist z.B. davon abhängig, welchem Erfolgsdruck das Unternehmen ausgesetzt, wie hoch das Budget kalkuliert und wieviel Zeit für das Projekt verfügbar ist. Ist der Leidensdruck eines Unternehmens bereits sehr hoch und sind schnelle sichtbare Erfolge entscheidend, sollte das ressourcengesteuerte BPI angewendet werden, welches sich auf das Redesign von Funktionen, Divisionen oder spezifischen Prozessen beschränkt. Hier müssen jedoch Effektivitätsverluste zu Gunsten von effizienten Suboptima in Kauf genommen werden. Es kann somit festgehalten werden: Je grundlegender und frühzeitiger der Ansatz erfolgt, desto größer ist die Hebelwirkung für die Steigerung des Output.

Abschließend können fünf Prinzipien herausgestellt werden, die die Grundlage der BPI-Methode bilden:
1. Aus jeder Phase muß eine Nutzen- bzw. Wertsteigerung für das Unternehmen hervorgehen.
2. Die Lösungsansätze müssen unternehmensspezifisch zugeschnitten sein.
3. In jedem Stadium muß erklärend dargestellt sein, welche Aktivitäten und Maßnahmen warum und in welcher Weise veranlaßt werden.
4. Die Inhalte müssen für das Unternehmen verständlich sein.
5. Der BPI-Ansatz ist als ein lernendes System gestaltet, so daß die kontinuierliche Weiterentwicklung durch Ergänzung von Know-how, Informationen und Referenzbeispielen gewährleistet werden kann.

1.3. Die BPI Storyline

Der Veränderungsprozeß der BPI-Methode besteht aus acht Phasen, die nacheinander durchlaufen werden müssen. Innerhalb jeder Phase müssen bestimmte Arbeitsergebnisse und Meilensteine erzielt werden, die den Fortschritt des Projektes gewährleisten. Beginnend mit der Visionsentwicklung, begleitet die BPI-Methode alle Phasen von der Analyse des Istzustandes bis zum Redesign von Strategien, Prozessen, Informationstechnologien und Unternehmenspotentialen, und endet mit der Implementierung und konsequenten Umsetzung der Restrukturierungsmaßnahmen im Unternehmen.

(1) Einsicht
Die erste Phase der Einsichtdient dazu, das Management des betroffenen Unternehmens auf die Notwendigkeit einer Veränderung aufmerksam zu machen. Auf Grund der hohen Bedeutung für den weiteren Verlauf des Veränderungsprogramms müssen alle Aktivitäten dieser Phase die Ebene des Topmanagement erreichen.

Das wesentliche Ergebnis dieser Phase ist der Auslöser bzw. der Grund für die Veränderung, die das Unternehmen anstrebt. Die Ermittlung des Auslösers beinhaltet eine Istanalyse des Unternehmens in Bezug auf seine Markt- und Wettbewerbssituation. Das Topmanagement muß mit den aktuellen und antizipierten Kernproblemen des Unternehmens konfrontiert werden, die seinen Fortbestand und den wirtschaftlichen Erfolg bedrohen. Um das Unternehmen in diesem Sinne 'aufzuwecken', kann es auch sinnvoll sein, verschiedene Techniken wie z.B. das Benchmarking anzuwenden, die späteren Phasen zugeordnet sind. Ziel dieser Phase muß es sein, ein Klima der Dringlichkeit zu kreieren. Sodann ist der Anlaß im gesamten Unternehmen zu kommunizieren, um sich des Verständnisses und der Unterstützung auf allen Organisationsebenen zu versichern. Die Phase des Erwachens endet mit der Aufstellung eines Projektteams, das die notwendigen Verbesserungsmaßnahmen koordiniert und anleitet.

(2) Zielausrichtung

Inhalt der zweiten Phase ist die Entwicklung eines gemeinsamen Kontexts und Verständnisses über das Unternehmen, seine aktuellen Herausforderungen und seine angestrebte Entwicklungsrichtung. Das Ergebnis muß der Aufbau einer gemeinsamen Perspektive sein, um mit vereinten Kräften die gleiche Zielausrichtung zu verfolgen. Ressourcenverzehrende Streuverluste werden somit gering gehalten. Ein Meeting mit dem Topmanagement dient dazu, die Erwartungen bezüglich der zeitlichen und inhaltlichen Projektierung zu fixieren und somit das BPI-Programm zu strukturieren. Die Festlegung der strategischen Grundkonzeption sowie wesentlicher Schritte garantiert, daß sich das Topmanagement des Projektes annimmt und ihm somit Bedeutung in der Unternehmensorganisation verleiht. Für den Erfolg des BPI-Programms ist es notwendig, eine Zukunftsvision für das Unternehmen und das Ziel des Veränderungsprojektes festzuschreiben. Obwohl viele Unternehmen bereits eine Vision haben, muß ihre Relevanz und Akzeptanz im Unternehmen überprüft werden. Die Kommunikation der Vision und des Projektziels bis auf die operative Ebene vermindert internen Widerstand und verbreitet Verständnis für die Veränderungsmaßnahmen.

Die Phase der Zielausrichtung ist beendet, wenn alle Organisationsmitglieder des Unternehmens eine Vorstellung davon haben, wohin das Unternehmen strebt. Die Bedürfnisse des Unternehmens sind klar und eine Einigung über die Zielausrichtung ist erzielt. Das BPI-Programm muß im gesamten Unternehmen publik sein.

(3) Fokussierung

Die dritte Phase stellt die Fokussierung dar, bei der zentrale Stellhebel und Ansatzpunkte für Veränderungsmaßnahmen im Unternehmen ausgewählt werden, über die das Projektziel erreicht werden kann. Es müssen zu fokussierende Bereiche identifiziert werden, innerhalb derer die Resourcen zu konzentrieren sind. Entscheidend ist dabei die Frage, welche Aktivitäten den größten Nutzen für das angestrebte Projektziel bringen. Hierfür werden erfolgskritische Faktoren identifiziert und Leistungsindikatoren erarbeitet, um den späteren Projekterfolg messen zu können. Notwendig ist ferner eine Bestandsaufnahme aller Prozesse, Technologien und Human Resources in den fokussierten Bereichen, um Schwachstellen des aktuellen Systems zu lokalisieren und in den nächsten Phasen darauf aufbauend abgestimmte Sollkonzeptionen erarbeiten zu können.

Des weiteren müssen die Mitarbeiter des Unternehmens auf die bevorstehenden Veränderungen vorbereitet werden, damit sie die Umsetzungsmaßnahmen unterstützen. Erste schnelle Erfolge durch kurzfristige Verbesserungen sind dabei eine gute Möglichkeit, die Motivation der Mitarbeiter zu gewinnen und die Zeitspanne bis zur Realisierung langfristiger Ergebnisse zu füllen.

Die Phase der Fokussierung ist beendet, wenn das Unternehmen zentrale Ansatzpunkte für Veränderungen identifiziert hat. Das Projektteam hat genaue Kenntnis über die aktuelle Unternehmensleistung, Verbesserungsansätze und den Grad der Unterstützung durch das Management und die Mitarbeiter.

(4) Grobkonzeption

Die Phase der Grobkonzeption dient der Entwicklung eines Zukunftsmodells des Unternehmens. Dabei werden die neuen Sollprozesse beschrieben und Veränderungen in Bezug auf Informationstechnologien und Human Resources erarbeitet, mit denen das Unternehmen bei einer Implementierung der neuen Lösung konfrontiert wird. Die Auswahl der Software und/oder Hardware, die die neuen Prozesse unterstützt, nimmt erfahrungsgemäß einen großen Teil des gesamten Implementierungsaufwands ein und muß daher frühzeitig angedacht werden. Auch sind Mitarbeiter behutsam auf anstehende Veränderungen vorzubereiten.

Für die Gestaltung der Zukunftsprozesse nehmen Best Practice-Vergleiche eine Schlüsselposition ein. Diese Vergleiche illustrieren, wie andere Weltklasseunternehmen ähnliche Aufgabenstellungen angehen. Dem Unternehmen wird somit eindrucksvoll aufgezeigt, welches Potential sich mit erfolgreichem Durchlaufen des BPI-Programms bietet.

Um eine übergeordnete Strategie und systematische Vorgehensweise sicherzustellen, die die einzelnen Aktivitäten zu einer abgestimmten Gesamtheit integriert, wird dem Management ein Projektplan vorgelegt. Dieser Plan antizipiert auch mögliche Hindernisse für das Veränderungsprogramm. Die Einhaltung des Projektplans und die Veränderungsbereitschaft der Mitarbeiter kann dadurch forciert werden, daß das Erreichen des Projektziels zu einem Bestandteil der Mitarbeiterbewertung wird. Hierfür ist jedoch eine Abkehr von traditionellen Meß- und Kennzahlensystemen hin zu neuen Leistungsindikatoren notwendig.

An Ende dieser Phase ist eine Modellösung für das Unternehmen hervorgebracht und ein Konsens in Bezug auf die grobe Vorgehensweise liegt vor. Management und Mitarbeiter kennen die wesentlichen Schritte und Maßnahmen, die zur Zielerreichung erforderlich sind und sind bereit, diese konsequent umzusetzen.

(5) Feindesign

In der Phase des Feindesigns wird der Grundriß aus der vierten Phase im Detail ausgearbeitet, um das Zukunftsmodell umsetzen zu können. Das BPI-Programm wird dabei zu einer Komposition aus einzelnen Subprojekten, auf denen Spezialistenteams parallel arbeiten und simultan eine Veränderung bewirken. Die Spezialistenteams haben eigenständig Aktivitäten, Wirkungen, Ergebnisse, Kosten und Zeit zu verantworten.

Auf Prozeßseite werden die neuen Arbeitsabläufe unter Berücksichtigung der zukünftigen Informationstechnologie im Detail erarbeitet und dokumentiert. Auch die physische Infrastruktur des Unternehmens muß daraufhin überprüft werden, ob sie den Anforderungen der neuen Prozesse genügt (z.B. Layout oder Equipment). Bei der Informationstechnologie werden weitere technische Spezifikationen für das neue IT-System festgelegt. Diese Parameter gewährleisten, daß das neue System die Funktionalität, Geschwindigkeit und Kapazität besitzt, um die Anforderungen der Zukunftsprozesse zu erfüllen.

Im Bereich der Human Resources muß die Organisationsstruktur an die neuen Prozesse angepaßt werden. Das Projektteam muß hierbei mit Barrieren und Widerständen rechnen, die z.B. aus Gebietsansprüchen und Ängsten der Mitarbeiter resultieren, und entsprechend umsichtig vorgehen. Die Aufstellung neuer Rollen und Verantwortlichkeiten der Schlüsselpositionen setzt dabei einen klaren Rahmen für die Pflichten jeder Position und reduziert damit Unsicherheiten und Doppelarbeiten. Eine

Analyse der aktuellen Fähigkeiten und Kompetenzen der Mitarbeiter, die für die Erfüllung der Zukunftslösung erforderlich sind, gibt Aufschluß über notwendigen Schulungsmaßnahmen. Mit dem Abschluß dieser Phase ist über Subprojekte ein detailliertes Zukunftsmodell erarbeitet worden, das nun für die Umsetzung freigegeben wird. Das Projektteam integriert, koordiniert und kommuniziert dabei zwischen den eigenständig konzipierten Subprojekten.

(6) Aufbau

Die Phase des Aufbaus dient der Erarbeitung und Dokumentation der Subprojekte durch die Subprojektteams. In dieser Phase werden Pilotprojekte implementiert, um zunächst unter kontrollierten Bedingungen den Ablauf und die Praktikabilität der Prozesse, Organisationsveränderungen und der neuen IT zu testen. Die Pilotprojekte dienen als Chance, so viele Umsetzungsprobleme wie möglich zu identifizieren und Fehler zu beseitigen, bevor die Prozesse im gesamten Unternehmen implementiert werden. Für die flächendeckende Umsetzung müssen detaillierte Umsetzungs- und Trainingspläne für die Mitarbeiter erarbeitet werden. Die IT stellt auch in dieser Phase eine kritische Komponente der Systemlösung dar. Die neue Standardsoftware muß an die Bedürfnisse des Unternehmens angepaßt und sowohl in funktionaler als auch in technischer Hinsicht getestet werden, um ihre fehlerfreie Anwendung in der gesamten Organisation sicherzustellen. Datentechnische Anforderungen für das neue System sind zu akquirieren bzw. aus alten Systemen zu konvertieren.

Ergebnis dieser Phase ist des weiteren die Dokumentation der detaillierten Sollprozesse in Form eines Prozeßhandbuchs zur Unterstützung der Mitarbeiter bei der Implementierung und als Anleitung zur Bewältigung der neuen Aufgaben. Ebenso stellt ein IT-Handbuch Informationen bereit, wie das Tagesgeschäft unter Rückgriff auf das neue IT-System abzuwickeln ist.

In dieser Phase des Lösungsaufbaus wird es notwendig, ein Meß- und Kennzahlensystem zu etablieren, das sowohl die Mitarbeiter als auch das Management mittels Indikatoren mit Informationen über den aktuellen und angestrebten Projekterfolg versorgt. Das Meßsystem muß dabei einfach, valide und objektiv bleiben und kann Bestandteil der Leistungsbewertung der Mitarbeiter sein.

Am Ende dieser sechsten Phase verfügt das Unternehmen über einen funktionsfähigen Prototypen der neuen Systemlösung, der den Erfolg des BPI-Programms protokolliert. Detaillierte Implementierungsprogramme jedes Subprojektes liegen vor.

(7) Umsetzung

In der Phase der Umsetzung setzt das Unternehmen die Sollkonzeption in Bezug auf Prozesse, Technologien und Human Resources flächendeckend im gesamten Unternehmen um.

Die Implementierung in der gesamten Unternehmensorganisation stellt das Projektteam und auch das Topmanagement als Träger des Projektes vor eine große Herausforderung. Die neuen Prozeß- und IT-Lösungen erfordern eine kontinuierliche Unterstützung von Seiten der Projektleitung, um deren Erfolg sicherzustellen. Neu auftretende Probleme müssen angegangen und gelöst werden, ohne dabei die Motivation und Unterstützung der Mitarbeiter zu verlieren. Für eine schnelle Problembehebung muß eine adäquate unterstützende Infrastruktur installiert sein, wie z.B. die Einrichtung eines User Help Desk zur Beantwortung auftretender Fragen oder einer Problem- und Problemlösungsdokumentation.

Nachdem der erste Enthusiasmus über notwendige Veränderungen abgeklungen ist, unterliegt das Unternehmen immer wieder der Gefahr eines Rückfalls in alte Strukturen. Dieser Rückfall zieht einen Leistungsverlust nach sich oder führt dazu, daß die angestrebte Performance gar nicht erreicht wird. Um die neu geschaffene Umgebung zu erhalten muß ein Mechanismus geschaffen werden, der das Ziel und den Zielerreichungsgrad für alle permanent visualisiert und notwendige Korrektursowie weitere Unterstützungsmaßnahmen einleitet. Es muß sichergestellt werden, daß die Mitarbeiter nicht in alte Strukturen zurückfallen, sondern durch eine intensive Schulung und permanentes Training in der Anwendung die neuen Wege verinnerlichen. Am Ende dieser Phase führen die Mitarbeiter ihre Aktivitäten nach den neuen Standards aus. Erste Erfolge werden dabei sichtbar und für alle visualisiert. Das Projektteam kontrolliert und koordiniert die Implementierungsmaßnahmen in sachlicher und zeitlicher Hinsicht und nutzt einen Mechanismus zur Messung der Leistungsverbesserung.

(8) Steigerung

In der letzten Phase der Steigerung werden die Leistungssteigerungen durch das Veränderungsprogramm an verschiedenen Stellen der Unternehmensorganisation bereits sichtbar. Darüber hinaus muß jedoch ein kontinuierlicher Verbesserungsprozeß (KVP) installiert werden, mit dem sich das Unternehmen kontinuierlich weiterentwickeln und weitere Detailverbesserungen erzielen kann. Ziel ist es, Mechanismen zu etablieren, die den Erfolg des BPI-Programms dauerhaft sicherstellen und weitere Verbesserungsmöglichkeiten offenlegen, die die Mitarbeiter selbständig umsetzen können. Der kontinuierliche Verbesserungsprozeß muß zum integralen Bestandteil der Unternehmenskultur werden. Das Unternehmen wird angehalten, sich permanent in einen Zustand der Bewußtmachung zu versetzen, um neue Anlässe für Veränderungsprojekte zu erkennen. Es muß dabei jedoch sorgfältig abgewogen werden, ob es sich bei einer Aktivität um einen weiteren Schritt im kontinuierlichen Verbesserungsprozesses handelt oder ob ein ganz neuer Kreislauf für Veränderungen angestoßen werden soll.

3. Zusammenfassung und Ausblick

Unternehmen stehen einer immer komplexer werdenden Umwelt und schnellen Veränderungen in globalen Märkten gegenüber. Die KPMG hat für diese Bedingungen die Business Performance Improvement (BPI)-Methode entwickelt, einen international erprobten Ansatz zur Leistungsverbesserungen komplexer Organisationen. Sie geht über die Ansätze des Business Reengineering als Optimierung des Prozeßdesigns hinaus, indem Management of Change, Human Resources und Informationstechnologie einbezogen werden und ist somit in der Lage, tiefgreifende Veränderungen herbeizuführen. Unterschiede zu anderen Methoden sind hierbei zum einen die globale Ausrichtung, um der Internationalität von Unternehmen und ihren Geschäftsprozessen gerecht zu werden, und zum anderen die Praxisorientierung durch die Einbeziehung vielfacher Projekterfahrung. Insbesondere ist zu beachten, daß der BPI-Ansatz durch seinen modularen Aufbau flexibel für die unterschiedlichen Aufgabenstellungen anzuwenden ist. Der Grad der Steigerung von Effektivität und Effizienz ist dabei skalierbar in Abhängigkeit des gewählten Zeitrahmens, der Intensität und des Schwerpunkts des Veränderungsprogramms im Unternehmen.

Literatur

[Cham95]   Champy, J.: Reengineering im Management, Frankfurt a.M. / New York, 1995.
[DoLa95]   Doppler, K.; Lauterberg, C.: Change Management, 4. Aufl., Frankfurt a.M. / New York, 1995
[HaCh94]   Hammer, M.; Champy, J.: Business Reengineering, 2. Aufl., Frankfurt a.M. / New York, 1994.
[Imai93]   Imai, M.: Kaizen, 2. Aufl., Berlin / Frankfurt a.M., 1993.
[PfWe94]   Pfeiffer, W.; Weiß, E.: Lean Management, 2. Auflage, Berlin, 1994.
[WoJo97]   Womack, J.P.; Jones, D.T.: Auf dem Weg zum perfekten Unternehmen, Frankfurt a.M. / New York, 1997

Erfahrungsbericht zu PROMET® BPR

Von Klaus Meyners / Rüdiger Specht,
KPMG Unternehmensberatung, Hamburg

Gliederung:

1. Prozeßorientierte Einführung von Standardsoftware mit Hilfe der Methode PROMET® BPR

2. Erfahrungsbericht A: BPR verbunden mit der Einführung von SAP R/3 mit Hilfe von PROMET® BPR für ein innovatives Unternehmen aus der Büromaschinenbranche

3. Erfahrungsbericht B: BPR in einem Unternehmen der Flugzeuginstandhaltung

1. Prozeßorientierte Einführung von Standardsoftware mit Hilfe der Methode PROMET® BPR

PROMET® BPR ist eine gemeinsam mit dem Institut für Wirtschaftsinformatik der Universität St. Gallen und ausgesuchten Partnern entwickelte Vorgehensweise zur Unterstützung der geschäftlichen Transformation. PROMET® BPR beinhaltet ein Vorgehensmodell in vier Phasen, ein umfassendes Dokumentationsmodell, einen Werkzeugkasten mit Modellierungstechniken sowie ein Rollenmodell, das zu besetzende Rollen und organisatorische Einheiten im konkreten Projekt vorschlägt. Im folgenden wird die Vorgehensweise von PROMET® BPR am Beispiel der Praxiserfahrungen in zwei Projekten dargestellt.

2. Projekt A: Business Process Reengeneering (BPR) verbunden mit der Einführung von SAP R/3 mit Hilfe von PROMET® BPR für ein innovatives Unternehmen aus der Büromaschinenbranche

2.1. Das Unternehmen

Europäische Konzernzentrale eines Herstellers für Kopiergeräte und Drucker, die für die Steuerung und Belieferung der europäischen Niederlassungen verantwortlich ist und sich zusätzlich mit dem Vertrieb und dem Verkauf derer Produkte in Deutschland beschäftigt. Das Unternehmen hat sich das anspruchsvolle Ziel einer bedeutenden Umsatzausweitung gesetzt. Dabei ist der besonderen Situation eines stagnierenden Kerngeschäftes und dem gleichzeitigem Aufbau von neuen Marktsegmenten (Produkte, Vertriebskanäle) Rechnung zu tragen.

2.2. Die Aufgaben

In vorgelagerten Workshops wurden folgende strategische Leitlinien für das BPR erarbeitet:
- Erhöhung der Profitabilität,
- Empowerment als Führungsleitbild,
- Trennung von Operation und Expertise,
- Teambildung,

- Strategisches Verkaufen,
- Neue Produkte vermarkten.

Diese strategischen Leitlinien bildeten die Grundlage für die Modellierung der Unternehmensprozesse und somit die Zielsetzung für den Projektauftrag an das BPR. Neben der Implementierung der Ergebnisse des BPR war die Einführung der Standardsoftware SAP-R/3 vorgesehen.

2.3. Die Lösung

Im Entwicklungsprozeß muß der Zusammenhang zwischen den Ebenen Geschäftsstrategie, Prozesse und Informationssystem sichergestellt werden:

Abb. 1: Interdependenzen bei PROMET® BPR [Öst95]

Die Geschäftsstrategie definiert die Unternehmensstruktur und die Marktsegmente des Unternehmens. Die Strategie legt die Rahmenbedingungen für die Konzeptentwicklung der Prozesse fest. Grundlage der Geschäftsstrategie für unseren Mandanten waren die oben genannten strategischen Leitlinien. Zusätzlich wurden im Rahmen des Projektes die definierten Marktsegmente des Unternehmens detailliert beschrieben und abgegrenzt. Diese Marktsegmente setzten sich im vorliegendem Fall im wesentlichen aus den nachfolgenden Vertriebswegen zusammen:
- Direktvertrieb - Vertrieb kleiner Stückzahlen mit unterschiedlichsten auf Endkunden ausgerichtete Anforderungen,
- Großkunden - wenige Kunden mit internen und externen Servicepartnern,

- Fachhandel - schlank, einfach mit intensivem Beziehungsmarketing,
- Handelsketten - große Einkaufsmacht mit speziellen Logistikdienstleistungen,
- Export - aufwendige Exportabwicklung für wenige Kunden.

Auf Ebene der Prozesse müssen die Prozeßleistungen der Strategie und den Besonderheiten der Geschäftsfelder folgen. Die Prozesse sind Bindeglied zwischen Strategie und Informationssystem. Das zu implementierende Informationssystem SAP R/3 muß die modellierten Prozesse unterstützen.

2.4. Die Vorgehensweise

Für die Modellierung der Prozesse mit PROMET® BPR wurden folgende allgemeine Grundsätze zugrunde gelegt:

- Eine konsequente Kundensicht: Geschwindigkeit, konkurrenzfähige Kosten und bedarfsgerechte Qualität beeinflussen den geschäftlichen Erfolg
- Eine abteilungs- bzw. unternehmensübergreifende Betrachtung der Prozesse: Einbeziehung der Prozesse beim Kunden bzw. beim Lieferanten
- Die vorhandene Aufbauorganisation war sekundär.

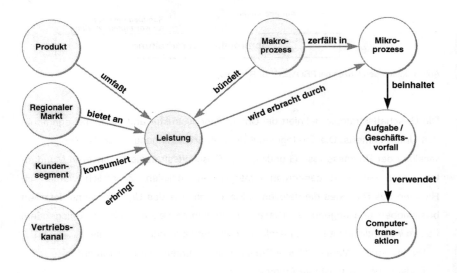

Abb. 2: Das Vorgehensmodell PROMET ®BPR [IMG97]

An das begleitende Beratungsunternehmen besteht daher die Anforderung, das Vorgehen in Form eines beherrschten Beratungsprozesses sicherzustellen. Da dieses Know-how bei den Mandantenmitarbeitern weitgehend nicht verfügbar ist, muß das Beratungsunternehmen diese Qualifikation nachweisen und als Projektleistung einbringen. Die fünf Kernaufgaben für dieses Projekt, die im Rahmen des Vorgehensmodells durchgeführt wurden, stellten sich wie folgt dar:

- Beschreibung der Marktsegmente

Die Marktsegmente wurden aus der Kombination von Vertriebskanal und Kundensegment gebildet und eingehend beschrieben. Dies entspricht in dem vorliegendem Fall den oben bereits aufgeführten Vertriebswegen. Die Eigenschaften der Marktsegmente setzten die Rahmenbedingungen für den Prozeßentwurf. Die Beschreibung der Marktsegmente gibt einen Überblick über die Geschäftstätigkeit eines Unternehmens.

- Identifizierung der Leistungen

Für die Abgrenzung der Prozesse müssen die Leistungen bekannt sein, die das Unternehmen seinen Kunden zur Verfügung stellen wollte. Natürlich mußte im Rahmen der Projektarbeit dabei schon heute die Leistungen von morgen eingehen.

- Prozeßlandkarte

Ziel der Prozeßmodellierung ist es, aus Sicht des Kunden, zusammenhängende Leistungen in Leistungsprozessen zusammenzufassen. Die Prozeßlandkarte gibt einen Überblick über die Prozeßstruktur eines Unternehmens. Gleichzeitig wird der Leistungsaustausch mit Kundenprozessen und zwischen internen Prozessen dargestellt. Die Prozeßlandkarte wurde bei vielen Diskussionen im Projekt herangezogen und stellte den Kern aller Ergebnisse dar. Für jeden Prozeß aus der Prozeßlandkarte wurde ein Verantwortlicher benannt, der für dessen Umsetzung verantwortlich ist.

- Zerlegung der Prozesse

Für die Prozeßzerlegung wurden Makro- in Mikroprozesse zerlegt. Dies erfolgte durch Gruppierung von zusammmengehörigen Leistungen. Ziel war es auch, auf unteren Ebenen zu einem definierten Leistungsaustausch zwischen den Prozessen zu kommen. Tradierte Prozesse (Abläufe) sollten zu definierten Prozessen werden, die anhand von Kennzahlen laufend optimiert werden. Diese Betrachtungsweise wurde von den Anwendern mit großem Interesse verfolgt, da hierbei kein Abteilungsdenken oder Funktionsdenken im Vordergrund stand, sondern ein sinnvoller ergebnisorientierter Leistungsaustausch zwischen den Mikroprozessen.

- Bildung von Ablaufketten

Nachdem die Prozesse festgelegt wurden und der Leistungsaustausch beschrieben war, wurden die Abläufe im Detail entwickelt. Die Ablaufketten wurden stets an der Zielsetzung der Marktsegmente, den Prozessen und dem Leistungsaustausch geprüft. Abweichungen von diesen Zielsetzungen wurden sofort allen Projektteilnehmern transparent.

- Grobkonzept und Implementierung

Die Ergebnisse des BPR wurden in einem Grobkonzept für SAP R/3 eingebracht und die spezifischen Ausprägungen für die Implementierung beschrieben. Schlanke Ablaufketten wurden mit detaillierten Geschäftsvorfallbeschreibungen die Basis für die Implementierung der Standardsoftware.

2.5. Das Resümee

In diesem Projekt wurden durchgängig positive Erfahrungen PROMET® BPR gemacht. Die Bausteine der Methode wurden als Werkzeugkasten verstanden, aus dem entsprechend des Bedarfs bestimmte Werkzeuge entnommen wurden. PROMET® BPR wurde mit dem Werkzeug ARIS-PROMET® verbunden, so daß eine einheitliche Darstellung zwischen den Teilprojekten entstand. Den Mitarbeitern der Projektgruppen wurde ein gemeinsames Verständnis über andere im Unternehmen vorhanden Prozesse nähergebracht. Alle eingesetzten Projektmitarbeitern brachten motiviert durch die gewählte Vorgehensweise, uneingeschränkten Einsatz und Gestaltungswillen mit. Strategische Diskussionen mit Entscheidern wurden an den Anfang der BPR-Phase gestellt. Diese bildeten die Basis für die weitere Projektarbeit. Aufwendige Diskussionen zwischen den Fachbereichen, die oftmals zu keiner

Lösung führen, wurden vermieden. Die betriebswirtschaftliche Erfahrung der eingesetzten Berater verbunden mit dem methodischem Wissen und der Kenntnis von SAP {siehe Kor, S. 201-225} waren Grundvoraussetzung für den Erfolg des Projektes. Von dem unterstützendem Beratungsunternehmen muß der durchgängige Prozeß von der Durchführung des BPR über die Implementierung der Standardsoftware bis in die organisatorische Umsetzung beherrscht werden. Nur dadurch ist der Beratungsprozeß zielorientiert und effizient und unserem Mandanten kann eine Sicherheit für seine Investition gewährleistet werden.

3. Projekt B: Business Process Reengineering in einem Unternehmen der Flugzeuginstandhaltung

3.1. Das Unternehmen

Der Auftraggeber für das Reengineering-Projekt ist ein großes Unternehmen in der Flugzeuginstandhaltung in Europa mit einem Full-Service-Angebot. Im einzelnen werden die Bereiche:
- Line Maintenance,
- Triebwerksinstandhaltung,
- Geräteinstandhaltung,
- Rumpfinstandhaltung,
- Engineering / Spezialkonstruktionen

sowie darauf aufbauende Verbundprodukte bis zu einer Komplettinstandhaltung einzelner Flugzeuge oder Flugzeugflotten angeboten. Die Auftragsabwicklung ist in den verschiedenen Bereiche stark unterschiedlich, jedoch dominieren zwei grundsätzliche Auftragstypen:
- Kurzlaufende, teilweise auch kurzfristige Aufträge, die ohne spezielle Organisation und umfassende Vorplanung abgewickelt werden. Hierunter fallen die Bereiche Line Maintenance (z.B. Reparaturen bei sog. Over-Night-Stops) sowie Teile der Geräteinstandhaltung (z.B. kleinere elektronische Geräte wie Navigationsempfänger).
- Langlaufende, komplexe Aufträge (Ereignisse), die teilweise über einen Zeitraum von einem Jahr oder länger vorgeplant sind und teilweise den Aufbau einer

speziellen Ereignisorganisation erfordern. Letzteres gilt u.a. für den Bereich der Rumpfinstandhaltung. Derartige Aufträge ergeben sich im Bereich der Geräteinstandhaltung (z.b. Fahrwerke), der Triebwerksinstandhaltung (Instandhaltung / Überholung kompletter Triebwerke) und insbesondere für den Bereich der Rumpfinstandhaltung.

Darüber hinaus können Aufträge nach geplanten (z.B. Austausch eines sog. Lifelimited-part) und ungeplanten Aufträgen (Schadensereignis) unterschieden werden.

Die Instandhaltungsprodukte werden weltweit vertrieben. Der Schwerpunkt im Vertrieb liegt dabei auf einzelnen Großereignissen wie Rumpfinstandhaltungen und Triebwerksüberholungen sowie flottenbezogenen Vereinbarungen sowohl über Großereignisse wie auch Instandhaltung von Einzelgeräten. Besondere Bedeutung haben weiterhin umfassende Produkte, die eine übergreifende Vereinbarung über die Komplettinstandhaltung einzelner Flugzeuge oder ganzer Flotten einschließlich der zugehörigen Logistik beinhalten.

Der Vertrieb erfolgt sowohl direkt über eigene Vertriebsmitarbeiter wie auch indirekt. Besondere Bedeutung für das Unternehmen liegt in der Verbindung vom Vertrieb zur Auftragsdurchführung. Die vertraglichen Vereinbarungen sind teilweise äußerst komplex und müssen bei jedem Auftrag im Rahmen der Vertragsabwicklung umgesetzt werden.

Die Durchführung der Instandhaltungsaufträge erfordert weiterhin eine exzellente Logistik, die aufgrund der umfangreichen Lagerhaltung einen bedeutenden Kostenfaktor darstellt.

Die Logistik wird insbesondere durch folgende Einflußfaktoren geprägt:

- Das notwendige Material wird weltweit geliefert und der Wareneingang erfolgt ggf. auch in ausländischen Außenstationen. Die Abläufe im Unternehmen müssen eine effiziente Bereitstellung gelieferten Waren für die zum Teil extrem zeitkritischen Aufträge sicherstellen.
- Die in den einzelnen Instandhaltungbereiche benötigten Materialien sind einerseits im wesentlichen disjunkt und erfordern andererseits eine bereichsspezifische Disposition, um die jeweilige Instandhaltungsabläufe optimal zu unterstützen.
- Die Materialbereitstellung erfolgt zum Teil auch im Kundenauftrag. Besondere Bedeutung hat daher ein sicherer und exakt auf die vertraglichen Vereinbarungen zugeschnittener Zugriff der Kunden auf die Materialbestandsdaten.

Die technische Dokumentation zur Durchführung von Instandhaltungsaktivitäten und die Dokumentation durchgeführter Instandhaltungsaktivitäten bilden das Rückgrat eines Instandhaltungsbetriebs in der Luftfahrt, da diese - neben der Sicherstellung einer qualitativ hochwertigen Instandhaltung -unverzichtbar für eine ordnungsgemäße Abwicklung und Nachweisführung gegenüber den Flugaufsichtsbehörden sind. Durch die enorme Vielzahl von konstruktiven Änderungen im Laufe der Produktionszeit eines Flugzeugtyps, die individuelle Ausgestaltung von Flugzeugen und schließlich weitere Änderungen in der Nutzungsphase eines Flugzeugs, sind für Instandhaltungsmaßnahmen die Grunddokumentation zu einem Flugzeugtyp sowie die Dokumentation der individuellen Änderungen erforderlich.

3.2. Ausgangssituation und Zielsetzung

Die aktuelle Situation im Unternehmen war geprägt durch eine Vielzahl von Individualentwicklungen, die teilweise bereits in den sechziger Jahren ihren Ursprung hatten und nur mit einem enormen Pflegeaufwand betriebsbereit gehalten werden konnten. Neue Anforderungen, die sich aus aktuellen Reorganisationsansätzen ergaben, waren in der Regel nicht abgedeckt und führten zu einer Entwicklung zusätzlicher Applikationen, die mit ihren Entwicklungs- und Wartungskosten zu einer Erhöhung des bereits enormen Grundkostenblocks führten und die Steuerung der IT-Landschaft zunehmend erschwerten. Hinzu kam, daß alle neuen Applikationen auf den teilweise nicht mehr ausreichenden Datenstrukturen der Altsysteme aufsetzten. In dieser Situation wurde deutlich, daß inkrementelle Schritte zur Verbesserung der Situation der Informationsverarbeitung nicht geeignet waren, sondern daß ein radikaler Neubeginn erforderlich war. Die Zielsetzung des Unternehmens für die durchzuführenden Projekte war daher die strategische Neuausrichtung der Informationsverarbeitung, die aufbauend auf einer organisatorischen Neugestaltung die Einführung einer Standardsoftware als strategischem Standardsoftwaresystem beinhalten sollte.

Zur Vorbereitung des Projektes wurde zunächst eine Studie mit dem Ziel erstellt, die Hauptansatzpunkte für eine strategische Neuausrichtung zu identifizieren. Im Ergebnis wurden folgende Bereiche identifiziert:

- Vertrieb mit den Teilbereichen
  - Marktbearbeitung
  - Angebotserstellung
  - Vertragscontrolling
- Logistik mit den Teilbereichen:
  - Wareneingang/-ausgang
  - Logistikverbindungen zu Kunden
  - Materialbewertung
  - Disposition und Bestandsführung
- Auftragsabwicklung mit dem Teilbereich:
  - kaufmännische Auftragsabwicklung
- Technische Dokumentation und Bauzustandsverfolgung mit den Teilbereichen:
  - Sammlung und Bereitstellung von Informationen zum Bauzustand
  - Bearbeiten/Erstellen und Publizieren von technischer Dokumentation
  - Verwaltung von Dokumenten
  - Retrieval von Dokumenten

Ein weiteres Ergebnis der Studie war, daß im Rahmen der Umsetzung ein maximaler Einsatz von SAP R/3 erfolgen sollte. Aufbauend auf den Ergebnissen der Studie waren für die weiteren Aktivitäten zwei Stoßrichtungen zu verfolgen. Die o.g. Bereiche wiesen nach den Erkenntnissen der Studie das größte Potential für die vorbereitenden organisatorischen Optimierungen im Rahmen eines Business Process Reengineering auf und sollten daher im ersten Schritt in einem BPR-Projekt einbezogen werden. Durch die BPR-Aktivitäten wurde jedoch nur ein Ausschnitt aller Prozesse betrachtet. Vor bzw. begleitend zur Einführung von SAP R/3 waren daher alle weiteren Prozesse zu modellieren, um die Grundlage für die Softwareeinführung zu schaffen.

3.3. Vorgehensweise

Die grundsätzliche Vorgehensweise von PROMET® BPR setzt auf den Ergebnissen der Strategieentwicklung eines Unternehmens auf. Die Strategieentwicklung determiniert unter anderem die grundsätzlichen Ziele des Unternehmens am Markt und bildet damit die Grundlage für die Ermittlung der Kernprozesse des Unternehmens.

Aufbauend auf der Prozeßmodellierung kann abschließend die Einführung unterstützender Informationssysteme durchgeführt werden. Die folgende Grafik verdeutlicht die Zusammenhänge:

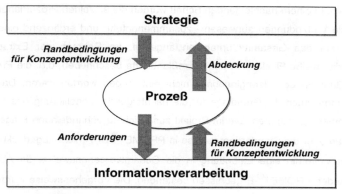

Abb. 3: Interdependenzen bei PROMET® BPR

Die Standardvorgehensweise war im Projekt aus folgenden Gründen nur teilweise anwendbar:
- Der Projektauftrag beinhaltete nicht eine umfassende Prozeßentwicklung für das Gesamtunternehmen.
- Innerhalb der Einzelprojekte waren die Prozesse nicht durchgängig zu entwickeln, sondern nur Teilprozesse zu untersuchen
- Neben den Kernfragestellungen, die systematisch mit PROMET® BPR entwickelt werden konnten, waren weitere Fragestellungen einzubeziehen, die parallel zum eigentlichen Vorgehen mit PROMET® BPR entwickelt werden mußten. Hierzu gehörte u.a. eine Analyse der Istauftragsnummernsystematik.

Um die Projekterfordernisse abdecken zu können, wurde die Vorgehensweise angepaßt und an einigen Stellen erweitert. Hervorzuheben sind folgende Aspekte:

Der erste wesentliche Ergebnistyp von PROMET® BPR ist die Prozeßlandkarte des Unternehmens. Die Prozeßlandkarte gibt einen Überblick über die Kern- und Unterstützungsprozesse, die wesentlichen Leistungen und die Leistungsbeziehungen zu Lieferanten und Kunden darstellt. Da die Einzelprojekte auf einer Ebene innerhalb des Unternehmens aufgesetzt wurden, konnte eine Prozeßlandkarte im ersten Schritt nicht entwickelt werden. Statt dessen wurde die Entscheidung getroffen den Bereich jedes Einzelprojekts als Unternehmen mit Lieferanten- und Kundenbeziehungen zu betrachten und je Einzelprojekt eine eigenständige Prozeßlandkarte zu entwickeln. In einem nachfolgenden Schritt wurden die einzelnen Prozeßlandkarten - soweit sie Verbindungen aufwiesen - zusammengeführt und ergänzend eine Extrapolation auf das Gesamtunternehmen angefügt. Im Rahmen der Extrapolation wurden die „weiße Flecken" in der Prozeßlandkarte beschrieben, d.h. die Prozesse, die im Rahmen des Reengineerings nicht einbezogen worden waren. Damit war insbesondere auch die Grundlage für die nachfolgende Modellierung des Gesamtunternehmens geschaffen. Die im Projekt zusätzlich zu behandelnden Fragestellungen waren über die Standardergebnisse in PROMET® BPR nicht abgedeckt und erforderten weiterhin eine Einbettung in die Gesamtvorgehensweise, da Abhängigkeiten zu den PROMET®-Ergebnissen bestanden. Die Vorgehensweise wurde daher um die zusätzlichen Arbeitsschritte und Ergebnisse projektspezifisch erweitert.

3.4. Resümee und Bewertung der Vorgehensweise

Die Anwendung von PROMET® BPR kann, bezogen auf die Projektziele, als insgesamt erfolgreich bezeichnet werden, da alle wesentlichen Projektergebnisse erreicht wurden. Hervorzuheben ist insbesondere, daß mit PROMET® einerseits eine systematische und effiziente Modellierung der Prozesse sichergestellt werden konnte und andererseits durch die festgelegten Ergebnistypen ein klarer Rahmen für die Projektdurchführung vorgegeben war, der in der Prozeßmodellierung zu einer effizienten Durchführung sehr hilfreich war. Einige weitere Anmerkungen seien stichpunktartig ergänzt:

Die Nutzung von PROMET® ist - wie das Projekt zeigt - auch möglich, wenn der Ausgangspunkt nicht das Gesamtunternehmen, sondern ein oder mehrere Teilbereiche innerhalb des Unternehmens sind. Einschränkend muß festgestellt werden, daß der Ansatz zunächst etwas „künstlich" zu sein scheint und innerhalb des Projektteams ergänzende Erläuterungen erfordert, um das Verständnis für die Vorgehensweise zu wecken. In der zum Zeitpunkt der Projektdurchführung eingesetzten Version 1.5 von PROMET® BPR war der Zusammenhang zwischen Aufgabenkettendiagrammen auf

Makroebene und auf Mikroebene nur eingeschränkt erkennbar, da die Zerlegung von Makro- zu Mikroprozessen ausschließlich über die Prozeßleistungen erfolgte. Zwangsläufig müssen jedoch auch Makroaufgaben in Mikroaufgaben zerfallen, um die Konsistenz in der Modellierung zu gewährleisten. Dieser Zusammenhang wurde im Projekt bei der Zerlegung ergänzend verwendet. Um weitgehend gleiche Prozesse auf Makroebene differenzieren zu können, wurde als zusätzlicher Ergebnistyp die Prozeßvariante eingeführt. Durch die Prozeßvarianten konnten auf Makroebene Prozesse unterschieden werden, ohne daß hierzu eine Zerlegung in Mikroprozesse erforderlich wurde. Die Anforderungen des Projekts bedingten eine weitgehend separate Durchführung der Einzelprojekte. Hierbei zeigte sich, daß die Zusammenführung von Prozeßlandkarten permanent sichergestellt werden muß, da ansonsten allein die Wahl der Begriffe zu einem sehr aufwendigen Abstimmprozeß führt. Der Kern der Projektdurchführung mit PROMET® war die Modellierung der Prozesse in den jeweiligen Einzelprojekten. Es zeigte sich jedoch sehr schnell, daß die Prozeßmodellierung eine Art Initialzündung für weitere Projekte darstellte. Durch die Modellierung wurde eine Vielzahl von Fragen aufgeworfen, die im Rahmen des Kernprojekts nicht beantwortet werden konnten und sollten. Ein Beispiel hierfür ist die Entwicklung des Konzepts für eine Dachmarke, das durch die PROMET®-Modellierung initiiert wurde und nachfolgend umgesetzt wurde. Die Nutzung von PROMET® BPR unterstützt in effizienter Weise die methodische Modellierung von Prozessen - sie ersetzt jedoch nicht das erforderliche Fach- und Branchenwissen. Anders ausgedrückt: PROMET® kann als Katalysator für die Entwicklung innovativer Prozesse dienen - ohne den Rohstoff Fach- und Branchenwissen ist der Katalysator wirkungslos.

Literatur

[Hess96] Hess, Th.: Entwurf betrieblicher Prozesse. Grundlagen - bestehende Methoden - neue Ansätze. Wiesbaden 1996.
[IMG97] IMG GmbH (Hrsg.): Seminarhandbuch ARIS-PROMET-BPR, Vaterstetten 1997.
[Öst95] Österle, H.: Business Engineering. Prozeß- und Systementwicklung, Band 1 Entwurfstechniken, 2. Auflage, Berlin u.a. 1995.

Durchgängige Prozeßmodellierung als Hilfsmittel für eine erfolgreiche Softwareimplementierung

Von Nicola Reitzenstein,
KPMG Unternehmensberatung, Stuttgart

Gliederung:

1. Das Vorgehensmodell

2. Das Kundenprojekt

3. Erste Erkenntnisse der Projektabwicklung

4. Pragmatischer Ansatz zum Vorgehen

1. Das Vorgehensmodell

Die Einführung einer Standardsoftware stellt das betroffene Unternehmen meist vor eine Fülle schwerwiegender Entscheidungen: nicht nur die Auswahl der Software selbst, sondern Hardware, Berater, Schulungen, neue Technologien, Vorgehensweisen.... all dies sind Bereiche, in denen weitere Beschlüsse gefaßt werden müssen.

Aus der Projekterfahrung heraus hat sich gezeigt, daß häufig der Auswahl der richtigen Vorgehensweise zu wenig Beachtung geschenkt wird, in der Annahme, daß das richtige Team das richtige Produkt wohl in angemessener Zeit „zum Laufen" bringen könne. Diese Fehleinschätzung hat nicht wenige Unternehmen eine sehr verdrießliche und letzten Endes teure Standardsoftwareeinführung beschert.

Wie ist aber das korrekte Vorgehensmodell für die einzelnen Projektschritte auszuwählen? Ist es zeitgemäß, erst die Prozesse zu standardisieren und darauf aufbauend, die Anforderungen an die Software zu definieren [LoLo93]? Oder sollten die durch das System abgedeckten Geschäftsvorfälle quasi als Vorlage für die Prozeßgestaltung dienen [BuGa95]?

Eine allgemeingültige Antwort ist weder möglich noch sinnvoll. Vielmehr muß einzelfallbezogen das geeignete Phasenmodell entwickelt und abgestimmt werden. Trotzdem fällt auf, daß es Gemeinsamkeiten im Ablauf der Projekte gibt, die schematisch in Abbildung 1 dargestellt sind.

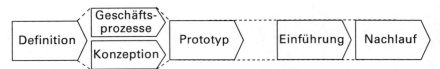

Abb. 1: Prinzipielles Phasenmodell zur Standardsoftwareeinführung

Dieses Schema zeigt als Ausgangsbasis die klare Definition des Projektes, seiner Ziele und Organisation. Auf dieser Basis können zum einen fachliche Konzepte (weiter-)entwickelt werden, zum anderen erfahren die Geschäftsprozesse eine detaillierte Analyse und (wo sinnvoll) ein Redesign. Die organisatorischen und fachlichen Ergebnisse beeinflussen danach den Aufbau eines Prototypen (am einzuführenden System/Standardsoftware), der durch immer weitere Verfeinerung und Detaillierung schließlich die Vorstufe zum eigentlich produktiven System darstellt. Nach Inbetriebnahme des Systems (nach sukzessiver, modulweiser Einführung mit Parallelbetrieben oder nach einem Big Bang) kann im Rahmen einer Nachlaufunterstützung weiter optimiert (getunt) und verfeinert werden.

Soweit die mehr oder weniger allgemein gültigen Tatsachen für das Management von EDV-Projekten. Wie ist es aber um die Verfahren und Methoden, vor allem aber um deren praktische Durchführbarkeit im Rahmen der Geschäftsprozeßanalyse und -gestaltung bestellt? Obwohl in den letzten Jahren eine Vielzahl unterschiedlicher Reengineeringansätze entwickelt wurden [HeBr96; KeMe94], ist in der Beratungspraxis leider festzustellen, daß gerade in diesem entscheidenden Gebiet, in welchem nachweislich die signifikantesten Projekterfolge realisiert werden konnten, kaum praxiserprobte Vorgehensmodelle existieren. Insbesondere die Instrumentalisierung der einzelnen Methoden, d.h. die DV-technische Unterstützung der einzelnen Ergebnistypen reicht von „kein methodenspezifisches Tool vorhanden" [vgl. HeBr96, S. 59] bis hin zu sehr dedizierten Entwicklungen, die sämtliche methodisch vorgegebenen Ergebnisse dokumentierbar machen [HeBr96, S. 109]. Aus dieser Unsicherheit heraus entschied sich die KPMG Unternehmensberatung GmbH dafür, ein solches Vorgehensmodell zur Prozeßanalyse und -gestaltung im Zusammenhang mit einer SAP-R/3-Einführung zu entwickeln und anzuwenden.

2. Das Kundenprojekt

Der Auftraggeber ist eine Gesellschaft innerhalb eines Konzerns mit Sitz in Südkorea, die elektronische Bauteile fertigt. Die Fertigung ist in mehreren Ländern angesiedelt, darunter neben Südkorea auch Deutschland, Mexiko, China, Brasilien und Malaysia. Im Spätjahr 1995 fällt in Südkorea die Entscheidung, SAP-R/3 als Standardsoftware innerhalb der gesamten Gesellschaft einzuführen, nicht zuletzt deshalb, weil innerhalb anderer Konzerngesellschaften ähnliche Überlegungen stattfinden bzw. die gleiche Entscheidung gefällt wurde. Für die Implementierung war die Prämisse ausgegeben, soweit als möglich im Standard von SAP-R/3 zu bleiben. Erweiterungen und Modifikationen sollen nicht befürwortet werden.

Parallel zur geplanten SAP-R/3 Einführung soll auch ein Reengineering der Prozesse durchgeführt werden, allerdings nicht nur fokussiert auf die von der Implemen-

tierung betroffenen Bereiche, sondern innerhalb des gesamten Unternehmens. Aus diesem Grund werden für das gesamte Vorhaben zwei Projektzweige gegründet:
- für das BPI (= Business Process Innovation) wird ein BPR-Team eingerichtet
- für die SAP R/3 Einführung werden vor allem Mitarbeiter aus der konzerneigenen IT (Schwestergesellschaft) rekrutiert.

Das Management des Kunden geht zu diesem Zeitpunkt noch davon aus, daß diese beiden Teams im ersten Schritt nahezu berührungsfrei arbeiten können ja sogar müssen, um sich nicht gegenseitig zu beeinflussen und zu beschränken. Erst nach einiger Zeit sollen Abstimmungsprozesse und schließlich eine Verschmelzung der beiden Teilprojekte stattfinden. So ergibt sich eine (theoretische) Strategie für die Projektabwicklung, wie sie in Abbildung 2 dargestellt ist.

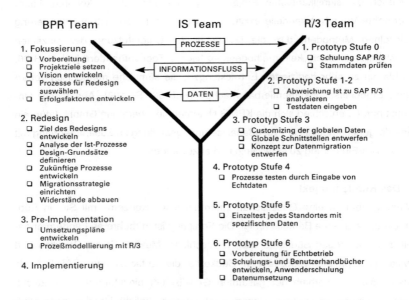

Abb. 2: Strategie für die Abwicklung von BPR- und Implementierungsprojekt in Südkorea

3. Erste Erkenntnisse der Projektabwicklung

Die schwierigste Aufgabe des Projektstarts ist die Zusammenführung von parallel erzeugten Ergebnissen aus dem BPR-Teilprojekt mit den Ideen, Konzepten und systemimmanenten Gegebenheiten des SAP-R/3-Projektes. Dabei ergeben sich sehr viele, zum Teil schon seit längerem anstehende, Abstimmungsprobleme und schließlich auch Dead-lock-Situationen. Aus diesem Grunde wird sehr schnell dem SAP-Projekt die Führung im Prozeßredesign übertragen, soweit es sich um Prozesse handelte, die auch tatsächlich mit SAP-R/3 bearbeitet werden sollen. Ausgenommen werden diejenigen Prozesse, bei denen bereits klar ist, daß sie mit dem Standard von SAP R/3 nicht abdeckbar sind bzw. nicht abgedeckt werden sollen. Diese Prozesse bleiben im Verantwortungsbereich des BPR-Teams und sollen von Grund auf überarbeitet werden im Sinne des Reengineering nach HAMMER/CHAMPY [HaCh93]. Trotz dieser Aufteilung gibt es immer noch sehr viele (Teil-)Prozesse und Funktionen, für die die Abdeckung durch SAP-R/3 noch in keiner Weise definiert werden kann. Demzufolge gibt es immer wieder sich gegenseitig beeinflussende Arbeitsergebnisse und selbstverständlich auch „weiße Stellen" in der gesamten Prozeßlandschaft, die oft genug gar nicht oder nicht intensiv bearbeitet werden. Da dieses Spannungsfeld in vielen Fällen auftritt, gilt es im Projektverlauf zu priorisieren gemäß der Fragestellung: Was kann bearbeitet werden und in welchen Themen sind die Unsicherheiten noch unüberschaubar?

4. Pragmatischer Ansatz zum Vorgehen

Der Auftraggeber stellt sowohl den BPR- als auch den SAP-R/3-Beratern die Aufgabe, solche Abläufe zu entwickeln, mit denen das Geschäft effizienter und effektiver abgewickelt werden kann. So ergibt es sich, daß das BPR-Team eine Phase des „Visioning", also der Entwicklung einer Prozeßvision mit der anschließenden Prozeßgestaltung einschiebt, wohingegen das SAP-R/3-Team bottom-up, gemäß der Fähigkeiten des SAP-R/3-Systems, die Abläufe zu verändern sucht. Die Vorgehensweise des SAP-R/3Teams, wie sie in Abbildung 3 skizziert ist, soll deshalb hier im weiteren beschrieben werden:

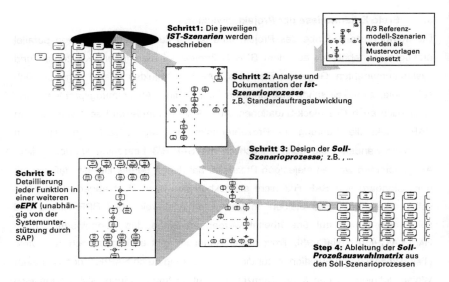

Abb. 3: Pragmatische Vorgehensweise der SAP-Teilprojektteams

Für die Dokumentation der einzelnen Ergebnisse kommt das ARIS-Toolset der IDS Prof. Scheer, Saarbrücken, zum Einsatz, wobei lediglich zwei Modelltypen[1] und jeweils wenige Symbole Verwendung finden. Damit sind die Dokumentationsrichtlinien[2] so transparent und verständlich gehalten, daß rd. 25 Projektmitarbeiter gleichzeitig in einer Datenbank (ARIS-Toolset als Netzwerklizenz unter Novell 4.0) dokumentieren können. Die Projektmitarbeiter werden in einer zweitägigen Schulung mit den Grundprinzipien der ARIS-Methodik, der unterstützenden Datenbanktechnik und mit der Handhabung des ARIS-Toolsets vertraut gemacht und während der gesamten Analyse- und Redesignphase von einem Prozeßberater (sowohl mit SAP-Modul- als auch mit ARIS-Kenntnissen) begleitet.

---

[1] Zu Projektbeginn werden aus der Vielzahl möglicher Modelltypen die Prozeßauswahlmatrix und die Ereignisgesteuerte Prozeßkette ausgewählt bzw. vom Berater als Dokumentationsstandard festgelegt.
[2] Ein ca. 20 Seiten umfassendes Konventionenhandbuch regelte neben den zu verwendenden Modelltypen und Symbolen auch die zu pflegenden Attribute, die Namensregelungen für Objekte und Modelle, Ablageplätze für einzelne Modelle sowie Graphik- und Layouteinstellungen.

4.1. Beschreibung der Istszenarien

Im ersten Schritt müssen die Berater mit den Mitarbeitern des Auftraggebers ein gemeinsames Verständnis des Geschäftes entwickeln. Zwar sprechen alle Beteiligten die Projektsprache (englisch), aber neben den ganz normalen Mißverständnissen, die eine Fremdsprache mit sich bringt, müssen die Berater noch viele auftraggeberspezifische Abläufe, Formalien und Sitten verstehen und akzeptieren lernen. Deshalb einigen sich die verschiedenen SAP-R/3-Teilprojekte darauf, gemäß der bestehenden (modulorientierten) Projektorganisation eine grobe Analyse der existierenden Abläufe durchzuführen. Um nicht auf einem abstrakten Niveau der Prozeßbeschreibung stehen zu bleiben (Auftragseingang - Verfügbarkeitsprüfung - Beschaffung (intern oder extern) - Versand - Fakturierung - ....), gilt es folgende Überlegungen anzustellen:

- Welche Kriterien beeinflussen die aktuellen Arbeits- und Verfahrensweisen?
- Warum gibt es unterschiedliche Bearbeitungsarten für ähnliche Geschäfte?
- Und wo sind die Prozeßschnittstellen in andere (funktionale) Bereiche?

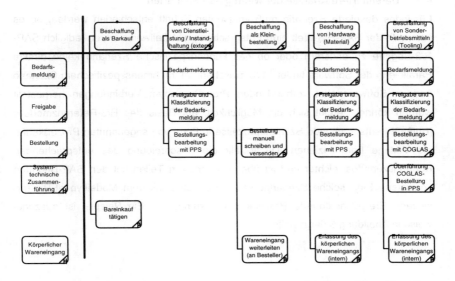

Abb. 4: Ausschnitt aus einer Prozeßauswahlmatrix

Die Ergebnisse für die einzelnen Funktionsbereiche Finanzen, Controlling, Materialwirtschaft, Vertrieb, Produktion, Instandhaltung und Qualitätssicherung werden als sogenannte Prozeßauswahlmatrizen (siehe Abbildung 4) dokumentiert. Dabei stehen die Spaltenköpfe (z.B. „Beschaffung als Barkauf") jeweils für ein Szenario; die Zeilenköpfe (z.B. „Bedarfsmeldung" oder „Bestellung") symbolisieren jeweils einen Hauptprozeß oder Prozeßschritt. Im Matrixfeld selbst ist also für jedes Szenario die (grobe) Folge der Prozeßschritte abzulesen, wobei auch parallele Schritte vertikal dargestellt werden. Die Besonderheit liegt nun darin, daß auf einen Blick sichtbar wird, in welchen Schritten sich die einzelnen Szenarien voneinander unterscheiden bzw. wo identische Schritte zum Zuge kommen. Die Entwicklung dieser Modelle führt in einem Zeitraum von ca. 2 Wochen zu einem recht vollständigen Überblick über sämtliche Geschäftsvorfälle, die für die Istabläufe relevant sind. Außerdem können in dieser Phase bereits erste Schwachpunkte (z.B. unlogische, unklare oder überkomplexe Szenarienbildung) und Begriffsverwirrungen aufgezeigt werden.

4.2. Detailliertere Analyse der wichtigsten Szenarien

Für jedes definierte Szenario muß im zweiten Schritt entschieden werden, ob es innerhalb der SAP-R/3-Welt eine Entsprechung gibt (teilweise waren lediglich SAP-R/3-Begriffe zu erklären) oder ob das kundenspezifische Szenario keine direkte Parallele in der Software findet.[3] Wo zwischen unternehmensspezifischem Szenario und im Softwarepaket vorhandenen Prozeßvarianten Verbindungen hergestellt werden können, ergibt sich die Möglichkeit, auf Basis des R/3-Referenzmodells [BuGa95] entsprechende Szenarioprozesse in Form von sogenannten Prozeßketten als Vorlage heranzuziehen. Damit fällt die Beschreibung des entsprechenden Kundenszenarios leichter und ist überdies schon in Teilen mit den SAP-Begriffen konsistent. Eine solche Szenarioprozeßkette wurde mit dem Modelltyp eEPK (erweiterte Ereignisgesteuerte Prozeßkette) dokumentiert. Ein Beispiel ist auszugsweise in Abbildung 5 dargestellt:

---

[3] An dieser Stelle wäre eine „prozessuale Anwendungsunterstützung" [LoLo93, S.139] einfacher zuzuordnen; da die Strukturen bei den meisten Unternehmen aber nach wie vor funktional organisiert sind, ist der Zuordnungsprozeß noch beherrschbar.

Prozeßmodellierung als Hilfsmittel für eine Softwareimplementierung 391

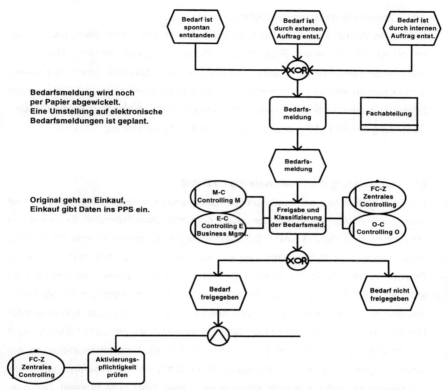

Abb. 5: Auszug aus der Szenarioprozekette „Beschaffung von externen Dienstleistungen und Instandhaltung"

4.3. Entwicklung/Redesign neuer Szenarioprozesse

Der nun folgende Schritt ist die eigentliche, kreative Leistung für die SAP-Teams; gilt es doch, zu entscheiden, welche Prozeßvarianten (Szenarios) in Zukunft sinnvoll und (wenigstens teilweise) mit SAP R/3 abdeckbar seien. An dieser Stelle sind dann auch die (ersten) Ergebnisse aus den allgemeinen BPR-Anstrengungen weiterzuverarbeiten bzw. auf ihre Machbarkeit im Hinblick auf die SAP-R/3-Software zu prüfen. Aus den entstandenen Sollszenarioprozessen leiten sich im folgenden zwei weitere (auch parallel ausführbare) Schritte ab.

4.4. Zusammenfassung der Sollszenarien

Für die im Schritt 3 entwickelten Szenarien können nun wieder (thematisch unterschieden) die einzelnen Prozeßauswahlmatrizen erzeugt werden. Das heißt: mehrere Szenarioprozesse wurden aus Gründen der Übersichtlichkeit und Gesamtdokumentation wieder zusammengefaßt. Die einzelnen Prozeßschritte werden pro Szenario wieder in Spalten dargestellt, woraus sich eine komprimierte Gesamtdarstellung der SAP-R/3-getriebenen Geschäftsprozesse ableitet.

4.5. Beschreibung der Prozeßschritte im Detail

Die im Schritt 3 neu entstandenen Szenarioprozesse spiegeln einen groben, neu gestalteten Ablauf wider, für den noch nicht mit abschließender Sicherheit die Umsetzung mit Hilfe des SAP-R/3-Systems festgestellt werden konnte. Im weiteren Projektverlauf sind die Stellschrauben zu identifizieren, die zur Umsetzung der neuen Prozesse beeinflußt werden müssen [Aug93]. Hierzu ist für jeden Teilschritt (also für jeden Prozeßschritt des Szenarios) zu klären, ob dieser mit Hilfe des SAP-Systems abgedeckt werden kann oder ob eine andere (evtl. manuelle oder systemfremde) Lösung eingesetzt wird. Sowohl die SAP-R/3-unterstützten Prozeßschritte als auch die anderweitig zu realisierenden Funktionen sind als Detailprozeßketten zu beschreiben, wobei für die SAP-R/3-spezifischen Schritte Vorschläge aus dem SAP-R/3-Referenzmodell zur Anwendung kommen können (aber nicht müssen). Die „non-SAP"-Schritte sind nach ihrer Umsetzbarkeit zu klassifizieren:

- Gibt es eine einfache, manuelle Lösung?
- Können sie mit einfachen Mitteln automatisiert werden (z.B. PC-Makros o.ä.)?
- Sind bestehende Anwendungen / verbleibende Altsysteme in der Lage, die Prozeßschritte auszuführen?
- Kann das SAP-R/3-System so erweitert / modifiziert werden, daß der Schritt machbar ist?

Die gewählte Lösung wird mit ihrem zugehörigen Ablauf als Prozeßkette dokumentiert. Nach Abschluß dieser Prozeßgestaltung unter Berücksichtigung der SAP-R/3-Referenzmodelle [BuGa95] steht dem Projektteam für die Einführungsphase eine detaillierte Dokumentation dessen zur Verfügung, was durch das Customizing des

SAP-R/3-Systems erreicht werden soll. Außerdem liegen Daten für die Anwenderschulung, den Integrationstest und den Echtbetrieb vor.

5. Kritischer Rückblick auf die gewählte Vorgehensweise

Die durchgängige Begleitung eines Projektes zur Einführung aller (!) SAP-Module mittels eines eigens hierfür entworfenen Vorgehensmodelles bietet die seltene Möglichkeit, eben diese Vorgehensweise kritisch zu beleuchten. Folgende negativen Effekte wurden beobachtet:

- Die Verwendung der SAP-R/3-Referenzmodelle als eine Art „Sammlung guter Ideen" verleitet die für die Istanalyse und Sollkonzeption Verantwortlichen, bequem zu werden und die SAP-R/3-Vorlagen als „ihre" Lösung zu verstehen ohne eigene Initiative und Kreativität einfließen zu lassen.
- Die Beschränkung auf nur zwei Modelltypen verlangt immer wieder ein Höchstmaß an Überzeugungs- und Motivationsfähigkeit, um die Mitarbeiter zum Mit- und Weitermachen zu Überreden.
- Das permanente Coaching aller Teilprojektteams ist zeitintensiv und aufreibend, da es von einer Person (aus Gründen der Informationskonsistenz) durchgeführt werden muß.
- Neun (modulgetriebene) Teilprojektteams neigen wieder zu einer verengten Betrachtungsweise. Wahre Prozeßorientierung fällt allen Beteiligten sehr schwer.

Trotz dieser recht schwerwiegenden (Negativ-)Effekte überwiegen aus Sicht der KPMG Unternehmensberatung GmbH die positiven Wirkungen der beschriebenen Vorgehensweise, von denen hier nur einige genannt seien:

- Die SAP-R/3-Referenzmodelle dienen immer wieder zur Anregung der Diskussion bzw. als Katalysator {vgl. *Meyner/Specht, S. 369*}. Die Projektteams beginnen nicht mit einem leeren Blatt Papier, sondern von vorneherein mit einem (wenn auch undifferenzierten) Ergebnis.
- Eine (zumindest grobe) Istanalyse informiert die Berater in kürzester Zeit über alle Geschäftsvorfälle und erleichtert damit den Einstieg in ein bis zum Projektstart noch völlig unbekanntes Unternehmen.

- Die Teilprojektteams (funktional) werden aus Prozeßgründen zur Kommunikation gezwungen und können bei richtiger Projektorganisation diesem Druck nicht entgehen.
- Die Orientierung an Standardabläufen hält die Projektmitarbeiter immer auf der richtigen Spur. „Vergoldete Wasserhähne", d.h. überflüssige Prozeßschritte können leichter vermieden werden.
- Der über alle Teilprojektteams agierende Coach hat die vollkommene Prozeßtransparenz und kann über massiven „Termindruck" das Projekt zügig voranbringen.
- Der Zwang zur einheitlichen Dokumentation gemäß einem gemeinsamen Vorgehensmodell liefert in kurzer Zeit abgestimmte, schriftliche Ergebnisse, die für spätere Projektphasen (z.B. das Customizing bzw. die Anwenderschulung) zur Verfügung stehen.

Abschließend bleibt festzustellen:
Die pragmatische Vorgehensweise hat im Bereich des SAP-R/3-getriebenen Prozeßredesigns gute Ergebnisse geliefert. Obwohl die einzelnen Projektmitarbeiter weder das Vorgehensmodell noch das unterstützende Tool (ARIS-Toolset) kannten, fand die Integration in ein gemeinsames Team sehr schnell statt. Wohl nicht allein deshalb, weil alle Beteiligten „neu" waren.

Literatur

[Aug93] Augustin, S.: Informationslogistik - worum es wirklich geht!, in: Müller, R. und Rupper, P. (Hrsg.), Lean Management in der Praxis, Verlag Industrielle Organisation Zürich, München - St. Gallen 1993.

[BuGa95] Buck-Emden, R. und Galimow, J., Die Client/Server-Technologie des Systems R/3: Basis für betriebswirtschaftliche Standardanwendungen, Bonn et al. 1995.

[HaCh93] Hammer, M.; Champy, J., Reengineering the Corporation. A Manifesto for Business Revolution, New York 1993.

[HeBr96] Hess, T. und Brecht, L., State of the art des Business process redesign: Darstellung und Vergleich bestehender Methoden, 2. Auflage, Wiesbaden 1996.

[KeMe94] Keller, G.; Meinhard, St.: DV-gestützte Beratung bei der SAP-Softwareeinführung, in: Handbuch der modernen Datenverarbeitung - Theorie und Praxis der Wirtschaftsinformatik, Jg. 21, (1994), Nr. 175, Seite 74-88.

[LoLo93] Lohoff, P. und Lohoff, H.-G., Ganzheitliche Optimierung der Administration, in: Müller, R. und Rupper, P. (Hrsg.): Lean Management in der Praxis, München - St. Gallen 1993.

[MüRu93] Müller, R. und Rupper, P. (Hrsg.): Lean Management in der Praxis, München - St. Gallen 1993.

Fremdbezug von Dienstleistungen - Koordination vieler Beteiligter durch Geschäftsprozeßmodellierung

Von Dr. Friedrich Augenstein,
KPMG Unternehmensberatung, Stuttgart

Gliederung:

1. Aufgabenstellung

2. Anforderungen

3. Vorgehen

4. Ergebnisse

5. Fazit

1. Aufgabenstellung

Make or buy - vor diese Fragestellung sehen sich nicht nur produzierende Unternehmen gestellt, wenn es gilt, Entscheidungen bezüglich der Eigen- oder Fremdfertigung von Produkten oder Teilen zu treffen. Diese Entscheidung muß auch getroffen werden, wenn administrative Prozesse eines Unternehmens auf Outsourcingpotential hin untersucht werden. Vor dieser Entscheidung sah sich auch ein Unternehmen gestellt, welches als Tochterfirma eines Großkonzerns Aktivitäten zur Bewirtschaftung der Gebäude und Infrastruktur der Konzernzentrale vereinte. Zu den Geschäftsfeldern des neu gegründeten Unternehmens - im folgenden der Einfachheit halber Standort GmbH genannt - gehören Dienstleistungen aus den Bereichen

- Infrastruktur,
- Technisches Gebäudemanagement,
- Büroservice und
- Soziales (Catering).

Strategische Vorüberlegungen bezüglich

- des Unternehmensleitbildes mit den Bestandteilen
  - Unternehmenszweck und -ziele,
  - Markt- und Geschäftsstrategie, sowie
- Überlegungen bezüglich einer Aufbauorganisation

bestanden und waren Grundlage unseres Projektes. Ebenso existierten Vorüberlegungen für die Geschäftsprozesse in den Bereichen

- Einkauf / Materialwirtschaft und
- Auftragsabwicklung,

die - soweit bereits verwendbar definiert - in die vorliegende Untersuchung einflossen.

Die KPMG Unternehmensberatung GmbH erhielt den Auftrag, das Design der Aufbau- und Ablauforganisation im Finanz- und Rechnungswesen zu unterstützen. Die erwähnten ersten Überlegungen zur Aufbauorganisation wurden - auch unter Einbezug der neu gestalteten Prozesse - weiter konkretisiert. In diesem Artikel soll auf den Entwurf dieser neuen Geschäftsprozesse fokussiert werden. Ziel unseres Projektes war darüber hinaus, die Verankerung der Geschäftsprozesse in bestehenden oder zu implementierenden Systemen zu entwerfen. Strategie des neu gegründeten Unternehmens ist, sich auf das oben beschriebene Kerngeschäft zu konzentrieren und administrative Aufgaben soweit möglich als Dienstleistungen extern zu beziehen. Unternehmerische Entscheidungen, wie sie auch bei administrativen Aufgaben zu treffen sind (z.b. die Festlegung von Zahlungskonditionen für Kunden), sollen jedoch bei der Standort GmbH verbleiben. Diese Strategie setzten wir in die folgenden Rahmenbedingungen für die Gestaltung der Geschäftsprozesse im Rechnungswesen um:

1. Die vorhandenen personellen und DV-technischen Ressourcen der entsprechenden Funktionseinheiten der Konzernmutter sollten für die Wahrnehmung der Finanz- und Rechnungswesenfunktionen genutzt werden.
2. Die Organisation des Rechnungswesens der Standort GmbH sollte soweit möglich zentral erfolgen, d.h. Rechnungswesenfunktionen, die bisher in den Bereichen der Leistungserstellung (z.B. Verpflegungsbetriebe) wahrgenommen wurden, sollten zukünftig zentral in der Standort GmbH durchgeführt bzw. bei Inanspruchnahme Dritter mit diesen koordiniert werden. Diese Organisationsform vermeidet Mehraufwand und Fehleranfälligkeit aufgrund redundanter Datenhaltung (z.B. Pflege von Debitoren bei verschiedenen Organisationseinheiten).
3. Das bei der Konzernmutter bereits im Einsatz befindliche SAP-R/3-System zur Abwicklung der Aufgaben im Finanz- und Rechnungswesen sollte genutzt werden.
4. Die Einbindung in die Abläufe des Finanz- und Rechnungswesens der Konzernmutter mußte sichergestellt werden:

    a) In das monatliche Berichtswesen sowie in die jeweiligen (Halb-)Jahresabschlußverfahren,

    b) In eine Nachweispflicht hinsichtlich der Kalkulationen, wie sie den Leistungsvereinbarungen des neu gegründeten Unternehmens mit der Konzernmutter zugrunde liegen.
5. Die vorhandenen Überlegungen hinsichtlich der Abläufe in Einkauf / Materialwirtschaft waren in unsere Überlegungen mit einzubeziehen.
6. Unternehmerische Entscheidungen sollten bei der Standort GmbH durchgeführt werden. Zu berücksichtigen waren unter anderem:

    - Festlegung von Zahlungskonditionen

    - Setzen und Aufheben von Zahlungssperren

    - Nutzung von Bewertungsspielräumen bei Erstellung der gesetzlich vorgeschriebenen Abschlüsse

    - Festlegung von Mahnstufen

- Setzen und Aufheben von Mahnsperren
- Sämtliche Abläufe im Bereich Kostenrechnung und Controlling wie
    -- Einrichtung und Pflege von Kostenarten, Kostenstellen, Kostenträgern
    -- innerbetriebliche Leistungsverrechnung
    -- Vor-, mitlaufende und Nachkalkulation
    -- Erstellung und Überwachung von strategischer und operativer Planung und daraus resultierender Budgets
    -- Design des Reportings (soweit nicht durch Konzernmutter vorgegeben)

Die resultierenden Informationsflüsse sind in Abbildung 1 dargestellt.

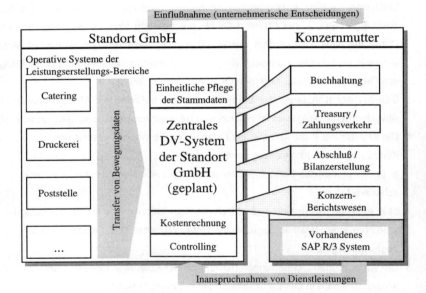

Abb. 1: Sollinformationsflüsse

2. Anforderungen

Aus dieser Aufgabenstellung heraus ergaben sich zum einen klare allgemeine Anforderungen an das Vorgehen im Projekt und zum anderen an die zu wählende Methodik der Ablaufbeschreibung:

Allgemeine Anforderungen:

Aus der Tatsache, daß die bestehenden Funktionseinheiten der Konzernmutter als Leistungserbringer für Aktivitäten im Bereich Finanz- und Rechnungswesen einbezogen wurden, auf der anderen Seite aber unternehmerische Entscheidungen bei der Standort GmbH verbleiben mußten, war über die Abläufe des Finanz- und Rechnungswesens eine Vielzahl an Beteiligten zu koordinieren. Die Beteiligten waren unter anderem:

- die Finanzbuchhaltung der Konzernmutter (inkl. Debitoren- und Kreditorenbuchhaltung), welche die Aufgaben

    - Sachkontenbuchung

    - Debitoren-Rechnungsbearbeitung

    - Kreditoren-Rechnungsbearbeitung

    - Anlagenbuchhaltung (Zu-/Abgang)

    in enger Abstimmung mit zuständigen Funktionseinheiten der Standort GmbH durchführen sollte,

- die Bilanzabteilung der Konzernmutter, die die Abschlußarbeiten durchführen sollte,

- die Bankenabteilung / Treasury der Konzernmutter, über welche der Zahlungsverkehr abgewickelt werden sollte.

Ferner dienten die Abläufe später als Grundlage für die Leistungsvereinbarungen zwischen den Funktionseinheiten der Konzernmutter und der Standort GmbH.

Methodische Anforderungen:

Die Methodik zum Ablaufdesign mußte daher die Abläufe

- transparent und

- beschränkt auf das Wesentliche

beschreiben, da nur so die Vielzahl der Beteiligten einfach und nachvollziehbar dokumentiert zu koordinieren war. Da bereits auf eingespielte Verfahren bei der Konzernmutter zurückgegriffen werden konnte, kam es weniger auf eine stark detaillierte noch auf eine im wissenschaftlichen Sinne präzise Definition der Abläufe an. Vielmehr wurde darauf Wert gelegt, für alle Beteiligten Art, Umfang und Zeitpunkt ihrer jeweiligen Einbindung in die Geschäftsprozesse einfach und nachvollziehbar zu dokumentieren.

3. Vorgehen

Die Projektergebnisse wurden in einem gemeinsamen Team aus Mitarbeitern des Mandanten und der KPMG Unternehmensberatung GmbH erarbeitet. Nach Auftragserteilung wurden die einzelnen Aufgaben der Funktionsbereiche des Rechnungswesens der Standort GmbH von KPMG in Abstimmung mit dem Mandanten weiter detailliert. Die Geschäftsprozesse wurden im Team erarbeitet und diskutiert. Als Vorlage dienten Prozeßmodelle, wie sie im SAP-R/3-Referenzmodell mit dem ARIS-Toolset [IDS96; Scheer92; Scheer94] implementiert sind. Dabei ergaben sich jedoch die folgenden Probleme:

- Die im R/3-Referenzmodell beschriebenen Prozesse heben sehr stark auf die in SAP implementierten Softwarefunktionalitäten ab. Dies sind allerdings zu einem nicht unerheblichen Anteil automatisierte Ablaufschritte, die bei der Dokumentation der Einbindung verschiedener Beteiligter keine herausragende Bedeutung haben.

- Die ARIS-Darstellung der Geschäftsprozesse im SAP-R/3-Referenzmodell als sogenannte ereignisgesteuerte Prozeßketten (eEPK) ist ohne weitere Überarbeitung wenig transparent und läßt für die verschiedenen Beteiligten nicht erkennen, wo sie in den Geschäftsprozeß eingebunden sind, welche Schritte automatisiert sind und welche nicht, wo Schnittstellen zu anderen Funktionsbereichen existieren usw. Die Referenzmodelle müssen daher an die jeweils individuelle Situation des Mandanten angepaßt werden.

Die Möglichkeit, die ARIS-Prozesse des SAP-R/3-Referenzmodells um entsprechende Beschreibungen zu ergänzen, besteht prinzipiell, wurde von uns aber wegen des damit verbundenen Aufwands verworfen. Statt dessen wurden die Geschäftsprozesse mit Hilfe eines einfachen, MS-Excel-gestützten Verfahrens beschrieben, welches

- die Prozeßschritte,
- die Beteiligten,
- die Hilfsmittel (insbesondere die verwendeten SAP-R/3-Module) und

Koordination vieler Beteiligter durch Geschäftsprozeßmodellierung

- den Dokumentenfluß

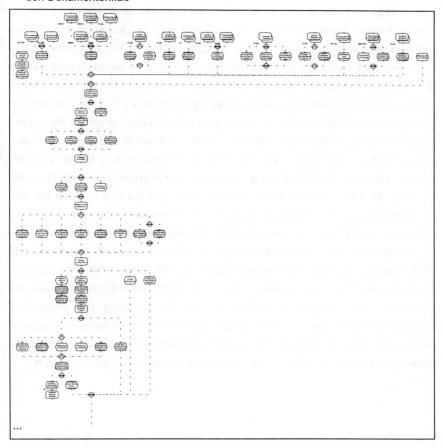

Abb. 2: Geschäftsprozeß „maschinelle Zahlung" im R/3-Referenzmodell (die Abb. zeigt nur ca. 50% des Geschäftsprozesses)

Legende
- ◆ nicht vollständig automatisierte Bearbeitung
- 🖥 automatische Bearbeitung (EDV)
- 💾 Datenträger
- 📄 Papier-Dokument
- ☎ mündliche Absprache

Abb. 3: Legende

auf einfache und transparente Weise wiedergibt ohne von der Präzisierung her unklar zu bleiben. Vergleichbare Beschreibungsverfahren, in welchen in den Spalten die einzelnen Ablaufbeteiligten und in den Zeilen die einzelnen Ablaufschritte beschrieben sind, werden in der Praxis häufiger angewandt (vergleiche beispielsweise [Wobi94]). In Abbildung 2 wird beispielhaft der Geschäftsprozeß der maschinellen Zahlung als SAP-R/3-Referenzmodell aufgezeigt. In Abbildung 3 wird der korrespondierende Geschäftsprozeß in der von uns gewählten Beschreibungsform dargestellt. In einem ersten Workshop mit Mitarbeitern der Standort GmbH wurden die Geschäftsprozesse auf Basis des SAP-R/3-Referenzmodells abgestimmt und anschließend in die in Abbildung 3 gezeigte Beschreibungsform überführt. In einem weiteren Workshop wurden die Geschäftsprozesse und Verfahrensweisen mit den Verantwortlichen der Standort GmbH und der Konzernmutter (Buchhaltung, Bankenabteilung, Bilanzabteilung) sowie dem bei der Konzernmutter vorhandenen SAP Competence Center zu Themenstellungen der Materialwirtschaft abgestimmt. Im Projektteam wurde eine Umsetzungsplanung erarbeitet. In einzelnen Organisationseinheiten der Konzernmutter wurden für die Aufgaben des Rechnungswesens der Standort GmbH Ressourcen bereitgestellt. Für die Ermittlung des personellen Ressourcenbedarfs als Grundlage einer entsprechenden Leistungsvereinbarung wurde ein Fragebogen und eine Auswertungsmethode entwickelt. In einer Abschlußpräsentation wurden die Projektergebnisse den genannten Beteiligten vorgestellt.

Koordination vieler Beteiligter durch Geschäftsprozeßmodellierung

Nr. Aktivität	kaufmänn. Bereich VIS Standort-GmbH	Leistungs-erstellung Standort-GmbH	Konzern-Buch-haltung	Konzern-Banken-abteilung	Konzern-Personal-abteilung	Bank	Hilfs-mittel
Vorgelagerte Aktivitäten: Bsp. "Rechnungsprüfung"							
(1) Rechnung auf Grundlage hin prüfen (Gegenleistung korrekt erbracht);	◆						(s. separaten Ablauf)
Rechnung sachlich (Abgleich mit Bestellung, Skonto etc.) und rechnerisch prüfen, Zahlung freigegeben	◆	→💾					SAP-MM
Vorgelagerte Aktivitäten: Bsp. "Finanzdisposition"							
(1) Finanzdisposition durchführen und Bankkontenparameter pflegen				◆			SAP-FI/TR
Vorgelagerte Aktivitäten: Bsp. "Personalabrechnung"							
(1) Personalabrechnung durchführen und maschinelle Zahlung anfordern					◆		SAP-HR
maschinelle Zahlung durchführen							
(2) angegebenes Konto auf Zulässigkeit prüfen			📇				SAP-FI
(3) Fälligkeit feststellen			📇				SAP-FI
(4) fällige Posten nach Zahlungsempfänger, Zahlungsverfahren, Bankengruppe, Fälligkeit etc. gruppieren			📇				SAP-FI
(5) falls Sperren (z.B. Posten, Konto): Posten in Ausnahmeliste übernehmen			📇				SAP-FI
...							
(9) wenn alle Posten bearbeitet: Zahlungsvorschlagsliste erstellen	📄💾 ←		📇				SAP-FI
(10) Zahlungsvorschlagsliste bearbeiten	◆						
(11) Zahlung buchen			📇				SAP-FI
(12) Zahlungsträger u.a. Dokumente erstellen und Zahlung veranlassen				◆		→📄💾	BCS

Abb. 4: Geschäftsprozeß „maschinelle Zahlung" nach Projektmodellierungsverfahren

4. Ergebnisse

Die folgenden Geschäftsprozesse wurden in der in Abbildung 4 gezeigten Methodik beschrieben:

Finanzen: - maschinelle Zahlung

Buchhaltung: - Sachkontenbuchung
- Abschlußarbeiten (für externes Rechnungswesen)
- Debitoren-Rechnungsbearbeitung
- Kreditoren-Rechnungsbearbeitung
- Anlagenbuchhaltung (Zu-/Abgang)

Kostenrechnung: - Vorkalkulation
- mitlaufende Kalkulation
- innerbetriebliche Leistungsverrechnung

Controlling: - Unternehmensplanung, Budgetierung
- Reporting

Die Umsetzungplanung beinhaltete

- Maßnahmen, die sofort, d.h. innerhalb der zwei der Abschlußpräsentation nachfolgenden Monate, umzusetzen waren (z.B. Einrichtung von Bankkonten, Treffen der entsprechenden Leistungsvereinbarungen),
- Maßnahmen, die innerhalb 3-5 Monate nach der Abschlußpräsentation umzusetzen waren (z.B. Einrichten eines Buchungskreises für die Standort GmbH im SAP-System der Konzernmutter, Anpassung des Kontenplans) und
- Maßnahmen, die im Folgejahr umzusetzen waren (z.B. Konzeption und Implementierung von Kostenrechnung und Controlling).

5. Fazit

Die Methodik zur Beschreibung von Geschäftsprozessen muß abhängig von der Aufgabenstellung gewählt werden. Müssen technische Funktionalitäten präzise beschrieben werden - etwa vergleichbar einem Pflichtenheft für die Softwareentwicklung - sind stark softwaretoolgestützte Methoden zu empfehlen. Ebenso empfiehlt sich eine solche Vorgehensweise bei umfangreichen Analysen z.B. im Rahmen von Reorganisationen. Hier bieten Softwaretools wie ARIS oder darauf aufbauende Methoden wie PROMET® [IMG97] wertvolle Unterstützung. Für technisch bereits klar definierte Verfahren (z.B. durch Systemdokumentation) machen jedoch auch „kleinere" Lösungen Sinn. Insbesondere für die Koordination vieler Beteiligter an Geschäftsprozessen bieten sich einfache, aber übersichtliche Beschreibungsverfahren an.

Literatur

[IDS96]:	IDS Prof. Scheer GmbH, Handbuch zum ARIS-Toolset, Saarbrücken, 1996
[IMG97]	IMG AG: PROMET® Methodenhandbuch für den Entwurf von Geschäftsprozessen, St. Gallen, 1997
[Scheer92]	Scheer, A.-W.: Architektur integrierter Informationssysteme - Grundlagen der Unternehmensmodellierung, 2. Aufl., Berlin, 1992
[Scheer94]	Scheer, A.-W.: Wirtschaftsinformatik - Referenzmodelle für industrielle Geschäftsprozesse, 4. Aufl., Berlin, 1994
[Wobi94]	Wobido, K.: Wie die J.M. Voith GmbH die Durchlaufzeit eines Kundenauftrages halbiert hat, in: Horváth, P. (Hrsg.): Kunden und Prozesse im Fokus, Stuttgart, 1994, S. 249-264

Die neue ARIS Toolset Familie: die zukünftige Art der Modellgestaltung, -auswertung und -ausführung

Von Dr. Christian Houy
IDS Prof. Scheer GmbH, Saarbrücken

Gliederung:

1. Einleitung

2. Die 4-Ebenen-Architektur von ARIS
    2.1. Die neue Art der Prozeßgestaltung und -präsentation in ARIS
    2.2. Prozeßanalyse, -überwachung und -optimierung
    2.3. Einfache und flexible Prozeßsteuerung durch ARIS-Workflow

3. ARIS Toolset-Unterstützung im Umfeld von Standardsoftwaresystemen
    3.1. ARIS for R/3: Unterstützung und Beschleunigung der R/3-Einführung
    3.2. ARIS for BAAN: Zugriff auf die Prozeßabläufe im BAAN-System

4. Zusammenfassung

1. Einleitung

Es besteht weiterhin der Trend, die Gestaltung und Optimierung von Geschäftsprozessen als wichtigste organisatorische Aufgabe zu betrachten. Diese Erkenntnis wird auch von der Geschäftsführung vieler Unternehmen getragen, da man dadurch die Chance sieht, sehr viel flexibler auf sich verändernde Herausforderungen auf dem Markt zu reagieren. Für den Begriff Geschäftsprozeß gibt eine Vielzahl von Definitionen. Die Definition von Scheer lautet: „Ein Geschäftsprozeß beschreibt den Ablauf eines für die Wertschöpfung einer Organisation wichtigen Ablaufs von seiner Entstehung bis zu seiner Beendigung" [Scheer97, S.1].

2. Die 4-Ebenen-Architektur von ARIS

Die von Scheer entwickelte Architektur für Geschäftsprozesse „ARIS – House of Business Engineering" (vgl. Abbildung 1) bildet vier Ebenen ab, in denen Zuordnungen definiert werden: [Scheer95]

- Prozeßoptimierung (Process Design)

  In der 1. Ebene erfolgt die Definition und das Design der Geschäftsprozesse. Im ARIS-Konzept wird dies durch eine Vielzahl von unterschiedlichen Methoden unterstützt. Dabei spielt die Methode „Ereignisgesteuerte Prozeßkette (EPK)" die tragende Rolle, da in ihr die zeitlich-logische Abfolge von Aktivitäten/Funktionen dargestellt wird.

- Prozeßmanagement (Process Management)

  In dieser Ebene werden die geplanten Geschäftsprozesse geplant und verfolgt. Dies wird durch den Prozeßverantwortlichen durchgeführt, dem hierzu Verfahren zur Zeit- und Kapazitätssteuerung sowie zur Kostenanalyse zur Verfügung gestellt werden.

- Workflow (Process Workflow)

  Auf der Basis der modellierten Geschäftsprozesse werden anhand von konkreten Ausprägungen wie z.B. der Reisekostenabrechnung des Herrn Müller in dem Unternehmen ABC GmbH oder der Beantragung eines Kredits von Fr. Meier bei der Darlehensbank – der Prozeß mit allen individuellen Daten mit höchst möglicher Automatisierung durchlaufen. Elektronisch vorhandene Dokumente, die in

einer „Mappe" gesammelt werden, werden von einem Arbeitsplatz bzw. Sachbearbeiter zum nächsten mit einem Workflowsystem transportiert.
- Bearbeitung (Process Application).
In dieser Ebene erfolgt die Verarbeitung der Daten (Dokumente) am Arbeitsplatz. Im Zusammenhang mit einem Geschäftsprozeß bedeutet dies, daß nun konkrete Funktionen ausgeführt werden. Diese ausgeführten Funktionen können sowohl Aufrufe von Programmen aus der Officewelt, Internetanwendungen oder gezielte Aufrufe von Modulen einer Standardsoftware sein.

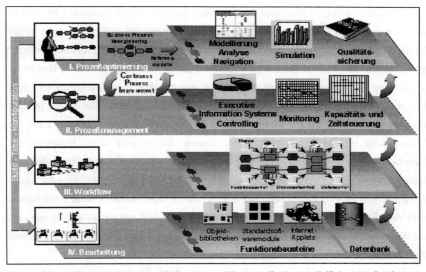

Abb. 1: Geschäftsprozeßarchitektur „ARIS – House of Business Engineering" [Scheer97, S.21]

Die Ebenen des „ARIS – House of Business Engineering" sind durch Regelkreise miteinander verbunden. Analyseergebnisse aus der Ebene II über die ablaufenden Geschäftsprozesse beeinflussen die Anpassung der Geschäftsprozesse in der Ebene I im Sinne eines „Continuous Process Improvement". Das Workflowsystem in der Ebene III führt die Geschäftsprozesse auf Basis der Beschreibung der Prozesse in Ebene I aus. Die dabei anfallenden Zeit- und Mengendaten, sowie organisatorische Daten können in verdichteter Form an die Ebene II für Analysen weitergegeben werden. Die Verbindung zwischen der Ebene III und IV besteht darin, daß Anwendungen der Ebene IV von dem Workflowsystem (Ebene III) aufgerufen werden können. Das Workflowsystem wird seinerseits durch Änderung der Geschäftsprozeßmodelle durch die Ebene I konfiguriert. Im folgenden wird auf die einzelnen Aspekte näher eingegangen und auch am Ende aufgezeigt, welche Beziehungen aus dem „ARIS – House of Business Engineering" zu anderen Systemen bestehen.

2.1. Die neue Art der Prozeßgestaltung und –präsentation in ARIS

Das ARIS-Toolset, das seit dem Jahre 1993 auf dem Markt ist und zum meist verkauftesten High-end Business-Process-Reengineering-Tool geworden ist, wurde einem kompletten Redesign unterzogen. Ziele bestanden nicht nur darin neue Technologien zu integrieren, sondern auch die Zielgruppe von dem Spezialanwender zu Anwender in den Fachabteilungen zu verschieben. [EiPi97, S.374-376] Das neue ARIS-Easy-Design zeichnet sich durch eine vereinfachte Benutzerinteraktion aus. Hauptprämisse beim Konzept und Design von ARIS-Easy-Design war es, die gleiche Benutzerschnittstelle zu schaffen, die durch Windows95, Windows NT 4.0 bzw. die Officepakete von Microsoft vorgegeben waren. Damit wird unter anderem der Einarbeitungsaufwand für Neueinsteiger drastisch reduziert. Neben den gleichen Mechanismen und Einstellungen wie „Short-Cuts" und Konfiguration aller funktionalen Teile im Programm hat man auch analoge Oberflächen benutzt, mit denen sich viele Funktionen durchführen lassen, die vorher nur durch eine Vielzahl von verschiedenen Dialogen erreichbar waren. Bestes Beispiel hierfür ist der ARIS-Explorer (vgl. Abbildung 2).

Mit dem ARIS-Explorer lassen sich die folgenden ARIS-Objekte verwalten und visualisieren:

- ARIS Server (lokaler oder „echter" Server),
- ARIS Datenbanken,
- Gruppen,
- Objekte,
- Modelle,
- Benutzer, Benutzergruppen und –rechte,
- Schriftformate,
- Sprachen.

Die neue ARIS Toolset Familie 411

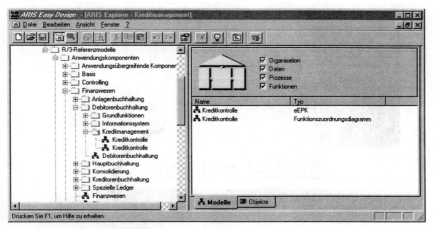

Abb. 2: Explorersicht im ARIS-Easy-Design

Die Sichtbarkeit verschiedener ARIS-Objekte kann dabei über Optionenmenüs konfiguriert werden. Die verschiedenen ARIS-Objekte stellen dem Benutzer im objektorientierten Sinne ihre speziellen Dienste in Form von Kontextmenüs zur Verfügung. So hat man z.B. beim ARIS-Objekt „Benutzer" nur die Funktionen einen „Benutzer/-gruppe neu anzulegen", das „Kennwort zu verändern" und die „Eigenschaften abzufragen", während man z.B. beim „Modell" eine Vielzahl anderer Funktionen angeboten bekommt. Im Explorer können neben neu anlegen und löschen von ARIS-Objekten auch die Namen direkt editiert und damit auch modifiziert werden. Eine neue Möglichkeit dem Anwender komplexe Aufgaben leichter zu präsentieren bzw. ihn bei derer Abarbeitung zu unterstützen wird durch den Einsatz von Assistenten erreicht. Assistenten, die in der Office-Welt in vielen Programmen eingesetzt werden, leiten den Benutzer durch vordefinierte Fragen von einem Schritt zum nächsten. Diese Unterstützung findet Einsatz bei der Erstellung von Reports (vgl. Abbildung 3), beim Anmelden an eine Datenbank (je nach Optioneneinstellung), bei der Methodenkonfiguration u.a.

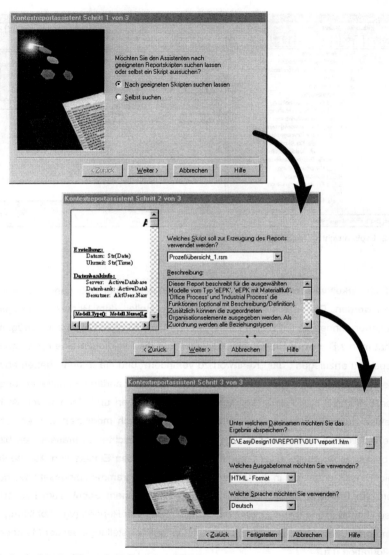

Abb. 3: Assistentenführung beim Report von Modellen

Die neue ARIS Toolset Familie

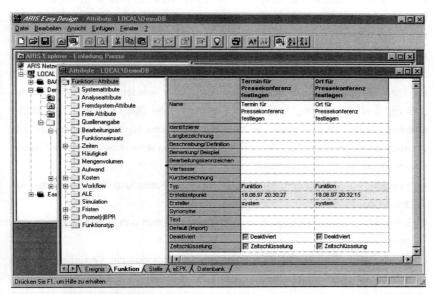

Abb. 4: Attributedialog in ARIS-Easy-Design

Angepaßt an das Windowshandling wurde auch der Attributedialog. In diesem können nun einerseits über die „Reiter-Dialog-Technik" die Attribute von unterschiedliche Objekttypen, Kantentypen und auch anderen ARIS-Objekten, z.B. von Datenbanken angezeigt und modifiziert werden (vgl. Abbildung 4). Zusätzlich kann man mit der „Drag&Drop"-Technik Daten aus Excel-Tabellen in den Attributedialog kopieren. Dies ist auch in der umgekehrten Reihenfolge möglich. Attribute können logisch zu Attributgruppen zusammengefaßt werden und werden im linken Fenster mit der Explorer-Technik dargestellt.

Eine andere zentrale Anwendung innerhalb von ARIS Easy Design ist der Designer. In ihm werden Modelle grafisch erstellt und modifziert. Hier wurde das Handling des Plazierens der Objekte sowie auch das Ziehen der Kanten verbessert. Objekte können per Drag&Drop von einem anderen Modell oder auch aus dem Explorer in dieses Modell gezogen werden. Zur Dokumentation können zusätzlich Annotationen mit Hilfe der OLE-Technik integriert werden. Dabei werden die Integrationsarten „Linking" und „Embedding" unterstützt. Es können alle OLE-Objekte in das Modell geladen werden, die innerhalb von Windows als solche registiert werden, wie z.B. Word-Dokumente, Excel-Tabellen u.a. Für Präsentationen wurden folgende Erweiterungen im Designer vorgenommen:

- Symbole können beliebig in ihrer Größe, ihrer Farbe und ihrer Randlinie verändert werden;
- Linien können beliebig bzgl. ihrer Strichdicke, Linienart und –farbe angepaßt werden;
- zum Anzeigen der Modellgrafik steht ein Vollbildmodus zur Verfügung, in dem man mit einer erweiterten Mausfunktionalität über den Bildschirm navigiert.

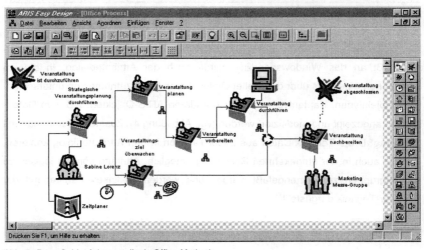

Abb. 5: Prozeßablauf dargestellt als Office-Methode

Für eine ansprechende Präsentation von Abläufen und auch anderen Sichten wurden neue Modelltypen – sogenannte Office-Methoden – definiert. In diesen werden die Symbole durch Piktogramme ersetzt, um den erstellten Modellen eine höhere grafische Aussagekraft zu geben (vgl. Abbildung 5).

2.2. Prozeßanalyse, –überwachung und –optimierung

Integriert in ARIS ist die Prozeßkostenrechnungskomponente PROMT {*siehe Berkau, Seite 333ff.*}. Sie bildet eine tragende Rolle für die permanente Verbesserung von Prozessen. Die Prozeßkostenrechnung in PROMT bewertet Prozesse in Form von Prozeßketten. Dazu werden die Funktionen bzw. Teilprozesse, die in einem solchen Prozeß vorkommen, mit Prozeßkostensätze versehen. Ein Prozeßkostensatz drückt aus, wie teuer die einmalige Ausführung einer Funktion ist. Wenn man jetzt die Einsatzmengen der einzelnen Funktionen in einer Prozeßkette kennt, können die Kosten der Kette errechnet werden. In PROMT werden zwei Vorgehensweisen angeboten:

2.2.1. Dispositionsbezogenen Prozeßkostenrechnung

Die Prozeßkostensätze errechnen sich aus den Prozeßkosten einer Funktion dividiert durch die Prozeßmenge. Die Prozeßkosten ergeben sich wiederum aus der Verteilung der Kostenartenkosten nach einem bestimmten Schlüssel, der Prozeßleistung. Die Kostenartenkosten sind die Kosten einer Kostenstelle, die aufgegliedert nach bestimmten Kostenarten anfallen. Die einzelnen Analysen erfolgen jeweils kostenartenweise.

2.2.2. Analytische Prozeßkostenrechnung

Für Arbeitsplätze werden Zeiten erfaßt. Diese werden auf das Jahr hochgerechnet. Die Zeiten von mehreren Arbeitsplätzen werden an die übergeordnete Kostenstelle aggregiert. Für sie werden Mengen erhoben. Aus Zeit durch Menge ergibt sich der Leistungsstandard. Das Produkt aus Leistungsstandard und Gesamtplankostensatz (Kosten pro Zeiteinheit) ergeben den Prozeßkostensatz. Nach Ausführung einer Prozeßkostenanalyse mit PROMT lassen sich durch grafische Aufbereitungen des errechneten Zahlenmaterials sehr schnell und einfach Verbesserungspotentiale erkennen.

2.3. Einfache und flexible Prozeßsteuerung durch ARIS-Workflow

Heutige Unternehmen sind gezwungen hoch flexibel ihre Abläufe an sich verändernde Märkte anzupassen. Zur technischen Unterstützung benötigen sie DV-Systeme, die diese Anpassungen mitmachen. Monolithische Anwendungssysteme besitzen eine fest verdrahtete Ablaufsteuerung während ein Workflowsystem eine eher schlanke Steuerungskomponente besitzt. ARIS-Workflow koordiniert die Prozeßbearbeitung durch den Aufruf von Anwendungsfunktionen. Damit ist die Möglichkeit gegeben, Abläufe flexibel anzupassen. Abläufe werden modifiziert, indem das zugehörige Prozeßmodell geändert wird. Die Prozesse sind nicht mehr direkt in den Anwendungssystemen repräsentiert, somit sind keine Änderungen in der Implementierung von Anwendungssystemen notwendig. Standardsoftware kann nur an verschiedenen Stellschrauben an die individuellen Belange des Unternehmens angepaßt werden. Eine externe Workflowsteuerung ermöglicht es, Prozeßbausteine in beliebiger Reihenfolge aufzurufen. Die Zielsetzung von ARIS-Workflow ist, die Ergebnisse der Geschäftsprozeßoptimierung für die Steuerung der Abläufe zu verwenden. Im Umkehrschluß sollen die Daten aus der konkreten Prozeßbearbeitung für eine dauernde Schwachstellenanalyse genutzt werden. Dies ermöglicht die kontinuierliche Optimierung der Abläufe. [IDS97]

Die neue ARIS Toolset Familie 417

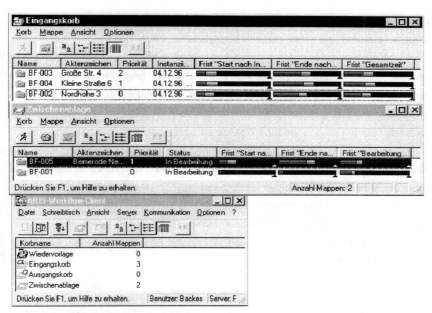

Abb.6: Oberfläche des Workflow-Client von ARIS-Workflow

ARIS-Workflow ist als Client-Server-System konzipiert. Für die Kommunikation zwischen dem Client und dem Server wird eine CORBA-Implementierung eingesetzt. Der Workflowserver ist vollständig mit dem ARIS-Toolset über eine gemeinsame Datenbank integriert. Modelle, die im ARIS-Toolset modelliert wurden, sind somit direkt in ARIS Workflow verfügbar. Die Oberfläche des Workflowclient gibt die Oberfläche eines Schreibtisches mit Eingangskorb, aktuellem Arbeitsstapel (Zwischenablage) und Ausgangskorb wieder (vgl. Abbildung 6). Entlang des Prozeßablaufes werden von Funktion zu Funktion sogenannte „Mappen" weitergeleitet. In diesen befinden sich die bis zu diesem Zeitpunkt angefallen Daten. Dabei kann es sich sowohl um einfache Werte handeln, z.B. die Lieferantennummer, als auch um komplette Dokumente, z.B. die Bestellung bei einem Lieferanten als Word-Dokument. ARIS-Workflow kann auch auf unvorhergesehene Zustände im Ablauf durch Ausnahmebehandlungen wie z.B. Rückfragen stellen, Mappen abbrechen, Mappen aus dem Ausgangskorb zurückholen, Mappen reklamieren, Prozesse abbrechen, u.a. reagieren. Neben dem Weiterleiten von Mappen und Aufruf von Office-Anwendungen kann

ARIS Workflow Funktionen (Module, Transaktionen) von beliebigen Anwendungssysteme aufrufen und diese dadurch entsprechend steuern. Zusätzlich werden aus diesen Systemen auch Daten gelesen bzw. auch übergeben. Die Integration wird realisiert, ohne in den Quellcode von ARIS-Workflow eingreifen zu müssen. Mit einem „Application Integration Adapter" werden Koppelbausteine für Anwendungssysteme erstellt, die generische Funktionen zur Verfügung stellen, um Anwendungen zu starten, Daten an ausgewählte Objekte zu übergeben bzw. auszulesen.[IDS97b] So existiert auch ein Adapter, um Transaktionen im SAP R/3-System aufzurufen und diese mit Daten zu versorgen bzw. auch Daten aus dem R/3-System zu erhalten und diese an andere Anwendungen weiterzugeben. Für den Prozeßverantwortlichen stellt ARIS-Workflow Monitoringfunktionalitäten zu Verfügung, die es ihm gestatten, den Zustand von laufenden Prozessen und auch den Inhalt deren Mappen sich anzusehen. Weiterhin lassen sich auch statistische Analysen von Laufzeitinformationen durchführen.

2.4. ARIS-Applikation: Die modellgestützte Erstellung von Individuallösungen

Derzeit werden auch große Softwaresysteme komplett restrukturiert und reimplementiert. Hier will man zu kleinen selbständigen Einheiten („Business Objekten") kommen, die über Nachrichtenbeziehung miteinander Nachrichten austauschen. Eine Gesamtsteuerung durch einen kompletten Ablauf übernimmt ein Workflow-Programm, das Funktionen der Business Objekte in einem richtigen zeitlichen Ablauf aufruft und mit Daten versorgt. ARIS Applikation greift diesen Gedanken auf und entwickelt ein Framework, mit dessen Hilfe es zur „Build-Time" möglich ist, durch Definition von verschiedenen Modellen (Daten-, Funktions-, Masken-, Prozeßmodelle), sowie durch das Angebot eines betriebswirtschaftlichen Klassensystems nach einem Generierungslauf eine Applikation zu erstellen.

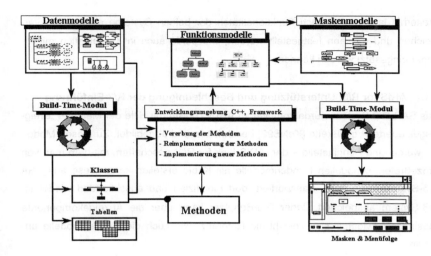

Abb. 7: Methoden und Vorgehensweise bei ARIS Applikation

Diese setzt dann auf generiert und angepaßte Datenstrukturen, ein Menübaum und auf individuell angepaßte Benutzeroberflächen auf. ARIS-Applikation schließt die Lücke zwischen Standardsoftware-Systemen und kompletten Individuallösungen und bietet für die Branchen stückorientierte Fertigung, Energieversorger, Papierindustrie und öffentliche Verwaltung schon vorgefertigte Lösungen an.

3. ARIS-Toolset-Unterstützung im Umfeld von Standardsoftwaresystemen

Das ARIS-Toolset bietet durch Schnittstellen zu Standardsoftwaresystemen – dem R/3-System der SAP und BAAN IV von BAAN Möglichkeiten an, Systembeschreibungen in Form von Modellen aus den Systemen zu laden, kundenspezifischen Gegebenheiten anzupassen und wieder in das entsprechende System zurückzuschreiben. Bei den Softwaresystemen wird derzeit massiv in die Entwicklungen von Konfigurationsumgebungen investiert, in denen sich durch Modellveränderungen das Verhalten des Systems automatisch mit verändert. Hier leistet das ARIS-Toolset bei beiden Systemen Hilfe und Unterstützung.

Weiterhin lassen sich auch Funktionalitäten der beiden Systeme miteinander vergleichen und es kann festgestellt werden, wie beide auch in Kombination miteinander eingesetzt werden können.

3.1. ARIS for R/3: Unterstützung und Beschleunigung der R/3-Einführung

Das SAP-R/3-System wurde komplett im ARIS Toolset mit Hilfe der Methode „Ereignisgesteuerte Prozeßkette"[KeNS92] beschrieben und abgebildet. Zu diesen Modellen wurde eine Schnittstelle – der „ARIS Link for R/3" geschaffen, mit dem man von Prozeßreferenzmodellen Kundenmodelle als Kopie erstellen kann, diese aus dem R/3-System nach ARIS transportiert, dort modifiziert und anschließend wieder im R/3-System abspeichert. Jeder R/3-Benutzer kann über die Anzeigekomponente „Business Navigator" sich sowohl die Referenz- wie auch die Kundenmodelle ansehen.

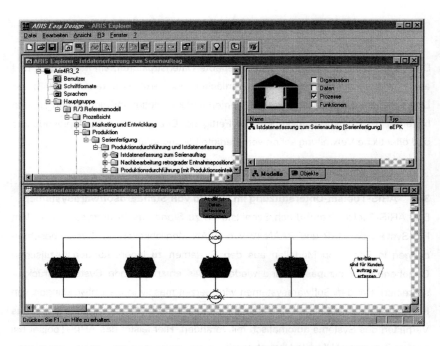

Abb. 8: Prozeßsicht und Prozeßvariante entnommen aus dem R/3-Repository im ARIS-Easy-Design

Einsatz findet diese Schnittstelle in der R/3-Einführung und Implementierung, bei der vor allem kritische Abläufe und Kerngeschäftsprozesse beschrieben und als Dokumentation im R/3-System hinterlegt werden. Auf dieser Basis können SAP-R/3-Prototypen erstellt und Anwenderschulungen durchgeführt werden. Für die neue Modellwelt im R/3-System (enthalten als Pilotversion im R/3 3.1G/H und als vollständige Version im R/3 4.0), in der Branchen und Varianten von Modellen unterstützt werden, ist die Lücke zwischen Modelldokumentation und –veränderung einerseits und das Einstellen des Systems darüber anderseits geschlossen. Diese Aufgabe wird mit dem SAP-Produkt „Business Engineer" durchgeführt, der aufgrund von Fragen, die dem R/3-Einsteller gestellt werden und deren Antworten, die Komplexität des R/3-Systems reduziert. Dieses eingeschränkte Kundenmodell ist die Grundlage des eigentlichen „Customizing" des R/3-Systems. Sind Erweiterungen oder Modifikationen notwendig, können diese mit dem Produkt „ARIS for R/3" sehr effizient durchgeführt und dem Business Engineer wieder zur Verfügung gestellt werden.

3.2. ARIS for BAAN: Zugriff auf die Prozeßabläufe im BAAN-System

Für das BAAN IV-System wird von der IDS eine Schnittstelle zum „Dynamic Enterprise Modeller (DEM)" {siehe Brockmann, Seite 275ff.; Kohl/Schimm, Seite 291ff.} entwickelt, mit dem man bi-direktional Modelle zwischen den beiden Repositories austauschen kann. Dieses sind die Modelltypen „Business Function Model", Business Process Model" (Petrinetze) und „Organization Model". Um schnell diese Schnittstelle auf dem Markt bereitzustellen, werden die Methoden des DEM in ARIS-Easy-Design integriert. In einem zweiten Schritt werden, z.B. bi-direktional Transformation zwischen der DEM-Methode „Petrinetz" und der ARIS-Methode „EPK" angeboten. In der Abbildung 9 wird die in ARIS Easy Design eingestellte Methode „Petrinetz" abgebildet.

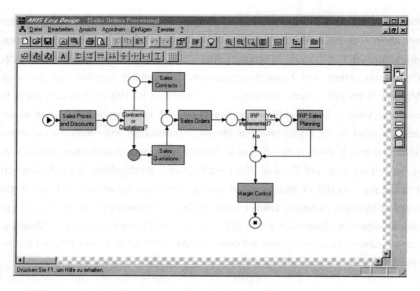

Abb. 9: DEM-Modell (Petrinetz-Methode) im ARIS-Easy-Design

4. Zusammenfassung

Mit der neuen Toolset-Familie ARIS-Easy-Design und den zusätzlichen Applikationen, die dazu entwickelt wurden, erhält der Endbenutzer einerseits Werkzeuge, die einfach und intuitiv bedienbar sind, aber andererseits durch die komponentenartige Zusammensetzung unterschiedliche Benutzergruppe optimal unterstützen. Dies reicht von dem Fachanwender, der Wissen über seine internen Abläufe einfach beschreiben will bis zum Einführer eines Standardsoftwaresystems, der einerseits effiziente Unterstützung bei der Einführung und der Customizingphase erhält und andererseits durch Analysen und Simulation zu optimierten Abläufen kommt.

Literatur

[EiPi97]   Eichacker, St.; Pielen, A.: Von der Unternehmensmodellierung zum Wissensmanagement, in: ZWF 92 (1997) 7-8, Seite 374-376, München 1997.
[IDS97]   IDS Prof. Scheer GmbH (Hrsg.): Solutions Paper ARIS-Workflow - internes Papier, Saarbrücken 1997.
[IDS97a]   IDS Prof. Scheer GmbH (Hrsg.): White Paper ARIS-Workflow - internes Papier, Saarbrücken 1997.
[KeNS92]   Keller, G.; Nüttgens, M.; Scheer, A.-W.: Semantische Prozeßmodellierung auf der Grundlage „Ereignisgesteuerter Prozeßketten (EPK)", Arbeitsbericht des Instituts für Wirtschaftsinformatik, Heft 89, Saarbrücken 1992.
[Scheer95] Scheer, A.-W.: Wirtschaftsinformatik - Referenzmodelle für industrielle Geschäftsprozesse, 6. Aufl., Berlin et al., 1995.
[Scheer97] Scheer, A.-W.: ARIS - House of Business Engineering, Seite 1, Saarbrücken, 1997.

Werkzeuggestützt modellieren mit Bonapart®

Von Prof. Dr. Hermann Krallmann / Gay Wood-Albrecht
UBIS Unternehmensberatung für integrierte Systeme GmbH, Berlin

Gliederung:

1. Einleitung

2. Was sind Modelle?

3. Auswahl eines Werkzeuges

4. Methoden

5. Bonapart® als Modellierungswerkzeug

6. Fazit

1. Einleitung

Das Hauptproblem bei der Gestaltung erfolgreicher Organisationen oder Informationssysteme ist nicht, was Analytiker und Manager wissen, sondern was sie nicht wissen. Diese unbekannten Informationen sind verantwortlich für erhebliche unerwartete Kosten während jeder Phase der Analyse, der Planung, Implementierung und Pflege. Werkzeuge, die unbekannte Informationen zugänglich machen - vor allem in frühen Phasen der Planung - sparen Zeit und Geld und tragen zum Projekterfolg insgesamt bei. Werkzeuge zur Modellierung, Simulation und zur dynamischen Analyse stehen Managern, IT-Verantwortlichen, Beratern und anderen Experten bei der Organisationsgestaltung zur Seite, indem sie Daten über existierende oder geplante Organisations- und Prozeßstrukturen sammeln und verarbeiten, so daß Informationsflüsse, Arbeitsabläufe und Kontrollstrukturen des Managements zur Erreichung organisatorischer Zielstellungen optimiert werden können.

2. Was sind Modelle?

Seitdem Höhlenmenschen begonnen haben, Jagdszenen an Höhlenwände zu zeichnen, haben Menschen versucht, ihre Arbeit abzubilden, um ihre Aktivitäten besser koordinieren zu können und andere mit der Schönheit ihres Modells zu inspirieren. Modelle sind Darstellungen dessen, wovon wir glauben, daß es sich ereignet, was wir gerne als Ereignis hätten oder in einigen Fällen einfach nur elegante Darstellungen von Informationen. Da Modelle abstrakte Bilder von Aktivitäten sind, gibt es zwei grundlegende Perspektiven: Die Sicht des Modellierenden auf die modellierte Situation und der Versuch des Betrachters, das Modell auf die eigenen persönlichen Erfahrungen zu beziehen.

Wenn wir von bildlicher Information sprechen, hat jede Person ihren eigenen Blickwinkel. Betrachter von Modellen interessieren sich nicht nur für den Inhalt, sondern auch für Farben, Formen, historische Relevanz und syntaktische Klarheit. Was wahrgenommen wird, steht oft in keinem Zusammenhang mit der Absicht des Modellierenden. Wertschätzung und Verständnis von Modellen erfordert mehr als nur klare und vollständige Modelle, sondern auch Übung, Erfahrung und effektive wechselseitige Kommunikation zwischen Modellierer und Betrachter.

Erfolgreiche Modellierungsprojekte erfordern:
- erfahrene Modellierer und Bearbeiter
- Unterstützung durch das Topmanagement
- ausreichende Projektressourcen
- Offenheit innerhalb der Organisation und
- ein Werkzeug, das die relevante Information präzise darstellt und damit die Kommunikation optimiert.

Wenn Modelle Strukturen und Informationsflüsse nicht so zeigen können, daß Betrachter sie verstehen, können diese nicht das nötige Feedback geben, um genaue und verwendbare Modelle zu erzeugen. Kommunikation wird oft erschwert, wenn die Werkzeuge und/oder das Modellierungsteam zu stark durch bestimmte fachbezogene, gruppenspezifische Sprach- und/oder Schreibgewohnheiten beeinflußt werden. Fachbezogene Sprach- und Schreibgewohnheiten sind dort hilfreich, wo sie komplizierte Informationen effektiv kommunizieren, werden allerdings auch benutzt, um Autonomie und Macht zu erhalten. So kommunizieren zum Beispiel Systemanalytiker miteinander unter Verwendung von Datenflußtabellen, Manager mit Grafiken und Tortendiagrammen, und Facharbeiter entwickeln spezifische informelle Kommunikationsstrategien. Die Leichtigkeit und Effektivität von Kommunikation nimmt umso mehr zu, je homogener die Teilnehmer sind. Kommunikationsprobleme beginnen erst, wenn der Computerspezialist dem Verkaufsleiter seine Datenflußtabelle zeigt oder der Manager seiner Sekretärin die ökonometrische Studie zur Abteilungseffektivität präsentiert oder wenn der Buchhalter die Datenverarbeitung für eine zusätzliche Änderung im Materialverwaltungsprogramm aufruft. Organisationen haben außerdem formelle und informelle Kommunikationsstrategien. Den Erfolg der einzelnen Teilnehmer bestimmen die Machtstrukturen der Organisation. Einzelpersonen, die Informationen gemäß dem akzeptierten organisatorischen Standard darstellen können, sind erfolgreicher. Dabei hat dieser Erfolg nicht unbedingt etwas mit der Relevanz oder Genauigkeit der Information zu tun. Da Informationsflüsse häufig mehr politisch, als strategisch oder rationell entschieden werden, erhalten Werkzeuge, die selektiv die Mitteilungsstrategien zur Information einer bestimmten Gruppe unterstützen, die bestehende politische Position dieser Gruppe innerhalb der

Organisation. Werkzeuge, die die Kommunikation zwischen allen Mitgliedern einer Organisation ermöglichen, bedrohen vorhandene Machtstrukturen. Die erfolgreiche Einsetzung eines Modellierungsinstruments ist nur dann möglich, wenn das Management deutlich die Darstellung der Information durch das Modellierungswerkzeug befürwortet und bereit ist, Entscheidungen anhand der modellierten Information zu treffen.

Die Fähigkeit eines Produktes, Kommunikation zu fördern, ist nicht nur eine der Einsatzgrundlagen von Werkzeugen zur Modellierung und Simulation, es ist auch die Basis für gravierende Produktunterschiede. Wenn Manager, Computerspezialisten, Buchhalter und Sekretäre wichtige Beteiligte des in Betracht gezogenen Prozesses sind, sollten Vertreter jeder Gruppe in der Lage sein, Modelle zu verstehen und zu korrigieren oder in einigen Fällen, ganz direkt die Tätigkeiten der jeweiligen Gruppe zu modellieren. Bei der Beurteilung verschiedener Werkzeuge ist es wichtig, alle Beteiligten bei der Auswahl des Werkzeuges einzubeziehen, um die Klarheit und leichte Anwendung des Modells sicherzustellen. Nachfolgend sind einige Werkzeugmerkmale genannt, die sowohl den Modellierer, als auch den Betrachter bei der Vorbereitung und Überprüfung der Modelle unterstützen:

- begrenzte Informationen im einzelnen Modell
- Integration der Unternehmensterminologie
- entscheidende Informationen können individuell gezeigt werden (z. B. Kosten, Zeit, benutzerdefinierte Attribute)
- dieselben Modelldaten können in beliebigem Format dargestellt werden
- grafische Möglichkeiten
- einmalige Vergabe von Namen für Klassen und Instanzen
- vertraute Benutzeroberfläche (z.B. Pull-down-Menüs, Online-Hilfe, Ausschneiden und Einfügen, Anklicken und Verschieben)
- Kompatibilität mit anderen Informationstypen (z.B. Bitmaps, Dokumente, Videos, Ton)
- minimale Anforderungen an die Schulung
- Schnittstellen zu anderen üblichen Anwendungen
- intuitive Zugriffsstrategie für Modellverzeichnisse
- wiederverwendbare Modellobjekte

- technische Modellgrenzen (z.B. Größenbegrenzungen, Verfeinerungen, Modellverzeichnisse)
- Simulationsfaktoren (z. B. Simulationsdauer, Beschränkungen der Modellgröße, Grafiken)
- einfaches Zusammenfügen verschiedener Modelle

3. Auswahl eines Werkzeuges

Die meisten potentiellen Werkzeugbenutzer haben spezielle Probleme oder suchen Möglichkeiten zur Optimierung, die zusätzliche Verarbeitungs- und Organisationsinformationen benötigen. Je klarer die Projektziele definiert sind, desto leichter sind die Vor- und Nachteile der verschiedenen Werkzeuge zu beurteilen. Problemorientes Vorgehen hilft, die Werkzeugauswahl auf diejenigen Produkte zu reduzieren, die die konkret anstehenden Fragen lösen können. Manager suchen also nicht nur nach Werkzeugen, die ihr gegenwärtiges Problem modellieren, sie benötigen spezifische Unterstützung, um Lösungen für ihre Probleme zu erkennen. Schließlich wollen sie maximalen Gewinn bei Einsatz minimaler Ressourcen. Werkzeughersteller, die diese Bedürfnisse erkannt haben, fügen häufig Lösungskomponenten in ihre Werkzeuge ein. Typische beigefügte Lösungskomponenten sind Referenzbibliotheken (mit oder ohne Benchmarks), spezialisierte Nischenmodellierungswerkzeuge zur Planung von Produktionssystemen, spezifische Schnittstellen für vorhandene Anwendungen oder Servicepakete für Berater für bestimmte Geschäftsstrategien wie beispielsweise Total Quality Management oder ISO 9000. Daher sollte in der Auswahl eines Werkzeuges neben der leichten Anwendung geprüft werden, ob es für das aktuelle Projekt bereits ein passende Anwendungslösung gibt. Ist das der Fall, und bestehen keine wichtigen externen Schnittstellen im Organisationsprozeß, und sind auch die Modelle jedem Teilnehmer im Projektteam verständlich, dann ist es sinnvoll, das Know-how dieser spezialisierten Anwendungslösungen und Dienstleistungen zu nutzen. Wenn auf der anderen Seite die Prozeßinformationen unklar sind, es viele komplizierte Interaktionen zwischen Prozessen und/oder Organisationseinheiten gibt, die nicht beschrieben sind, oder wenn die Sprache des Werkzeuges sich nicht in die existierende Organisationssprache einfügt, dann kann es problematisch sein, zu versuchen, die Organisation in ein vorhandenes Referenzmodell oder in eine vordefinierte Alternativstruktur zu pressen. Referenzmodellbibliotheken tendieren zu statischer statt zu dynamischer Sichtweise der Organisation. Außerdem müssen die systemdefinierten Prozeßbegriffe zum besseren Verständnis in die Organisationsterminologie übersetzt werden. Da Referenzmodelle selten ausreichend spezifische Details über die Organisation enthalten, ist die Korrektur von Fehleinschätzungen oder die Entwicklung gangbarer Alternativen für Modellbearbeiter meist schwierig. Wird ein Modell von Grund auf neu entwickelt, besteht der größte Vorteil darin, daß jeder einzelne in der Prozeßkette beteiligt werden kann. Diese Beteiligung und der damit verbundene Austausch bereiten die Organisation auf Änderungen vor und deuten frühzeitig im Projekt auf mögliche Fehlentwicklungen hin. Individuelle Organisationsmodelle werden mit Hilfe von Werkzeugen erstellt. Da die meisten Werkzeuge verschiedene Methoden zur Gestaltung von Organisationen und Informationssystemen gleichermaßen unterstützen, muß eine geeignete Methode ausgewählt werden, um die Modellierungsproduktivität zu maximieren. Tabelle 1 zählt einige gängige Paradigmen der Modellierungsmethoden bei Werkzeugen zur Modellierung und Simulation auf {siehe Meyners/Specht, Seite 369}.

- Enterprise Modeling (e.g. TOVE [Fox93], PERA [Will92])
- Process and Attribute Design
- BPR (Business Process Reengineering) [Hamm90]
- Grammatical models [Malo97])
- SSD (Structured System Design [Your89])
- UML (Unified Modeling Language [Broo94], [Rumb91])
- OOIE (Object-Oriented Information Engineering [Jaco94] [Odell94])
- IDEF (Integrated Computer Aided Manufacturing Definition)
- ISD (Instructional Systems Design)
- TQM/CPI (Total Quality Management/ Continuous Process Improvement)

Tab. 1: Beispiele Szenariobezogener Methoden

Methoden reichen in ihrer Komplexität von einfachen schrittweisen Anweisungen bis hin zu hochkomplexen, theoriebasierten Forschungsinstrumenten. Komplexe Methoden erfordern häufig die Unterstützung eines spezialisierten Beraters. Wenn Beratung erforderlich ist, sollten die Berater in die Auswahl des Werkzeuges miteinbezogen werden. Bei der Berücksichtigung von Beratern im Auswahlprozeß ist jedoch Vorsicht angezeigt, denn die gleichen Risiken, die für den Einsatz vordefinierter Lösungen gelten, können auch auf die Nutzung von Beratungsleistungen zutreffen.

4. Methoden

Methoden wurden geschaffen, um Aktivitäten zu bündeln, Anweisungen für einzelne Vorgehensschritte anzubieten und um die interne und externe Gültigkeit von Projektergebnissen zu verbessern. Daher ist Modellieren am produktivsten, wenn es durch eine Methode gesteuert wird, die die unmittelbaren Anforderungen der Organisation am besten abbildet. Außerdem sollte diese Methode mit dem Wissen und dem Erfahrungshintergrund der Mitglieder des Modellierungteams kompatibel sein. Soll eine neue Methode eingeführt werden, muß zusätzliche Zeit eingeplant werden, damit alle Teammitglieder ein angemessenes Training in dieser Methode erhalten können, bevor das Modellierungsprojekt beginnt. Dieses frühe Training ist notwendig, weil der Input aller Teammitglieder benötigt wird, um das beste Werkzeug auszuwählen und eine realistische Implementierungsstrategie dafür vorzubereiten. Eine Methode sollte:

- dem Detaillierungsgrad und der Komplexität des Projektziels angemessen sein (z.B. Prozeßkostenanalyse, ISO 9000, Datenmodellierung für CASE-Tools)
- die Vorteile bisheriger Organisationserfahrungen nutzen
- stärker strukturiert sein, wenn der Erfolg von dem modellierten Prozeßwissen abhängt oder versucht wird, eine virtuelle Organisation zu schaffen
- weniger stark strukturiert sein, wenn die Identifikation von Alternativen das Ziel ist, oder wenn das Modellierungsziel isoliert ist
- dem Maß an Vertrauen in die Mitarbeiter entsprechen, ihre eigene Arbeit darzustellen
- das Niveau an Vorgangskontrolle bieten, das von einem Werkzeug erwartet wird.

Selbst mit methodischer Unterstützung sind Modellierungsprojekte oftmals schwer steuerbar. Das ist durch den ständigen Organisationswandel und die Gefahr, sich in Details zu verlieren, begründet. Der Projekterfolg und die entsprechende Planung hängen davon ab, die Aktivitäten so zu bündeln, daß sie unmittelbar auf die Erreichung der vorher definierten Projektziele abstellen. Der einfachste Weg dorthin ist, eine Liste mit konkreten Fragen zu entwickeln, die das Modellierungsprojekt beantworten können muß. Nur die Sachverhalte, die sich direkt auf diese Liste bzw. auf die gewählte Methode beziehen, sollten modelliert werden. Während des Projektes und zu den einzelnen Teilabnahmen muß mit den jeweiligen Erwartungen vorsichtig umgegangen werden. Wenn das Management mit dem Projektfortschritt oder -resultat nicht zufrieden ist, könnte jegliche Unterstützung entzogen werden. Sowohl Werkzeuge als auch Methoden haben ihre Schwächen. Modelle stellen eine spezifische Zeitspanne und eine individuelle Allokation von Ressourcen dar. Sie ändern sich auch kontinuierlich, indem die Organisationseinheiten um die begrenzten Ressourcen konkurrieren. Aufgrund der Gefahr sofortigen Veraltens müssen alle Analyse- und Simulationsdaten sorgfältig ausgewertet werden und die Entscheidungen, die auf diesen Informationen beruhen, mit Bedacht getroffen werden. Sind die Restriktionen von Anfang an klar, können Projektziele besser definiert und bewältigt werden. Grundsätzlich sollten die Methoden und Werkzeuge ausgewählt werden, die die am meisten relevanten Risiken minimieren helfen. Im folgenden werden die häufigsten Probleme aufgeführt, die sich im Zusammenhang mit Modellierungsprojekten ergeben:

- Es wurde keine Methode angewandt, die Modelle sind inkonsistent, und die Simulationsresultate sind daher nicht aussagekräftig.
- Die Modellierungsprojekte sind zu umfassend, um effizient bearbeitet zu werden oder überschreiten die technischen Grenzen der Simulationskomponenten.
- Zu viele Informationen (mehr als 7 Kernaktivitäten) sind auf einem einzigen Bildschirm gleichzeitig dargestellt.
- Zusätzliche Informationen für denselben Objekttyp wurden mehrfach eingegeben.
- Modellierungsprojekte wurden nur auf einen Teil der Organisation beschränkt und versagen dabei, destruktive oder synergetische Interaktionen zu erkennen.
- Die Mitarbeiter erkennen, daß das Mitteilen von Informationen negative Konsequenzen haben könnte, wie z. B. Verlust des Arbeitsplatzes oder Machtverlust, und sie untergraben wissentlich oder unwissentlich die Genauigkeit der Modelle.
- Um funktional anwendbare Modelle zu schaffen, werden diese so weit vereinfacht, daß sie keine nützlichen Informationen mehr bieten.

- Die Modellierer haben keine ausreichenden Kenntnisse im Modellieren oder sind nicht in der Lage, die entsprechenden Informationen innerhalb der Organisation zu sammeln bzw. diese Datensammlung zu koordinieren.
- Falsche Kernprozesse wurden gewählt.
- Bei der Neustrukturierung von Prozessen werden bewährte, funktionierende Prozesse durch neue, disfunktionale Prozesse ersetzt, da der Istzustand nicht ordnungsgemäß aufgezeichnet worden ist oder die Kommunikation fehlerhaft war.
- Teile der Organisation können nicht modelliert werden, weil sie einzigartige, begrenzte Strukturen aufweisen oder Ereignisse sind oder weil die Prozesse von Reaktionen abhängig sind, die auf Intuition und Berufserfahrung beruhen.
- Die Werkzeuge sind so komplex, daß niemand in der Organisation in der Lage ist, sie zu benutzen.
- Die Modelle sind so technisch, daß nur Spezialisten sie verstehen oder auf Genauigkeit überprüfen können.

5. Bonapart® als Modellierungswerkzeug

Bonapart®, eine Eigenentwicklung der UBIS Unternehmensberatung für integrierte Systeme GmbH, ist ein universell einsetzbares Instrument zur Modellierung, Simulation und dynamischen Analyse von Geschäftsprozessen. Es wurde zur Unterstützung von Experten und Laien, als organisatorische Entscheidungshilfe und zu strategischer Planung entwickelt. Bonapart®s Objektorientierung unterstützt die wichtigsten organisatorischen und auf Informationssysteme bezogenen Methoden, so daß es besonders gut für die Organisationsgestaltung, zur Reorganisation (z. B. Business Process Reengineering), zur Kommunikation, zum organisatorischen Wissensmanagement, zur IT-Planung und -Implementierung, zur Kostenkontrolle (z.B. Prozeßkostenanalyse) {siehe Berkau, Seite 333ff.} und zur Dokumentation (z. B. ISO 9000) eingesetzt werden kann. Spezielle Schnittstellen zu weiteren wichtigen aufgaben- und IT-bezogenen Anwendungen erhöhen den Nutzen der mit Bonapart® modellierten Daten bei der Implementierung von Workflowmanagementsystemen, CASE-Tools, Data Warehouse und übergreifende Anwendungslösungen (z. B. SAP). Dadurch, daß sowohl prozeß- als auch personenbezogene Abläufe modelliert werden, wird die Informationsverarbeitung sowohl aus der technologischen als auch aus der organisatorischen Perspektive betrachtet. Die Informationen innerhalb einer Organisation werden so besser sichtbar und leichter nachvollziehbar.

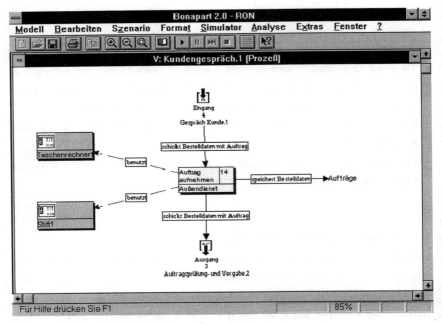

Abb. 1: Darstellung Prozeßmodell in Bonapart®

Bonapart® faßt die Informationen in Diagrammen zusammen, die als Objektbibliotheken der unternehmensspezifischen Strukturen fungieren (z. B Aufgaben, Stellen, Bearbeiter, Leiter, Sachmittel, Speicher und Informationsarten). Objekten werden dabei Informationen zugeordnet, wie beispielsweise Kosten- und Zeitprofile, Verarbeitungsstrategien und/oder andere benutzerdefinierte Eigenschaften (z. B. Qualitätsmaßstäbe). Unter Verwendung von wissensbasierten Komponenten werden valide und konsistente Firmenmodelle entwickelt. Der Modellierungsvorgang wird durch festgelegte Regeln unterstützt. Je nach Anwendungszusammenhang können konzeptionelle Hilfen oder Zuordnungssystematiken eingesetzt werden. Die Konsistenz der Modelle wird durch ein zugrunde liegendes Regelwerk, Kontrolle des verwendeten Vokabulars und durch Überprüfungen der Konsistenz gewährleistet. Die Modelle werden ereignisgesteuert simuliert. Die Animation wird durch die grafische Hervorhebung der Objekte in den Prozeßmodellen dargestellt. Eine histografische Darstellung der Bearbeitungszeiten, von Rüst- und Wartezeiten ist während des Simulationsdurchlaufes für alle simulierten Objekte verfügbar. Diese Informationen ermöglichen einen visuellen Vergleich zwischen Arbeitsanforderungen an Bearbeiter und Sachmittel vor und nach einer Optimierung. Dynamische Analysen werden direkt mit Bonapart® ausgeführt bzw. über die OLE-Schnittstelle zu Microsoft EXCEL.

Die Vorzüge der Objektorientierung können die Modellierung von Geschäftsprozessen einfacher, effektiver, natürlicher und realitätsnaher gestalten. {siehe Nüttgens/Zimmermann, Seite 23-35} Im Vordergrund stehen dabei die gegenüber herkömmlichen Modellierungsmethodiken erleichterte Wartbarkeit der Modelle sowie die Aspekte der Wiederverwendung. Tool-basierte Modellierung ermöglicht die Visualisierung der Unternehmensstruktur und die Ausführung bzw. Simulation der erstellten Modelle. Die animierte Simulation von Unternehmensmodellen erleichtert das Verständnis komplexer Unternehmensprozesse sowie das Erkennen der Auswirkungen von Veränderungen in der Ablauforganisation auf die betrieblichen Prozesse und auf konkrete Kennziffern. Bonapart® ermöglicht durch die Vielfalt der während der Simulation erfaßten Kenngrößen die effiziente Bewertung alternativer Simulationsläufe.

Da in die Entwicklung von Bonapart® umfangreiche Erfahrungen aus der unternehmensberaterischen Praxis der UBIS GmbH eingeflossen sind, hat der Anwender damit ein effektives Werkzeug zur betrieblichen Reorganisation in der Hand. Die Vielzahl der durchführbaren Analysen der Simulationsdaten ermöglicht es, verschiedene Optimierungskriterien wirkungsvoll und vernünftig gegeneinander abzugleichen. Nicht unerwähnt bleiben sollte, daß durch die Simulation auch Fehler im Modell erkannt werden können, was besonders in dem Fall von Bedeutung ist, wenn das Unternehmensmodell als Grundlage für die Einführung eines Workflowmanagementsystems genommen werden soll. Bonapart® unterstützt dies durch die Bereitstellung von Schnittstellen zu bekannten Workflowmanagementtools.

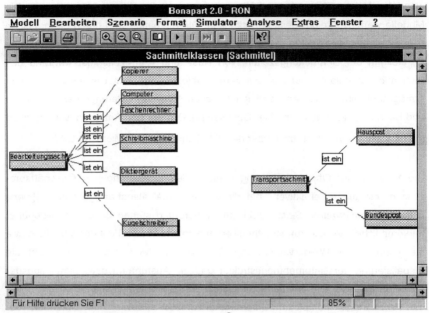

Abb. 2: Darstellung der Sachmittelklassen in Bonapart®

6. Fazit

Wenn die Transparenz einer Organisation verbessert werden soll, gibt es wenige Werkzeuge auf dem Markt, die Bonaparts leichte Handhabung mit den Vorteilen der objektorientierten Technologie verbinden und dabei Möglichkeiten bieten, entscheidende, neue Technologien unmittelbar zu integrieren oder über Schnittstellen anzubinden. Modellbetrachter werden auch nicht mit mehr Informationen als gewünscht konfrontiert. Große, komplexe Modelle sind leicht separat voneinander zu betrachten und in der Organisation zu verteilen. Weil die Modelle leicht zu erzeugen und zu verstehen sind, können die Prozeßverantwortlichen und diejenigen, die übergreifende Entscheidungen bezüglich der Verteilung von Ressourcen treffen, Informationen über die Organisation gleichermaßen produktiv nutzen. Das Potential der Organisation wird kontinuierlich weiterentwickelt, Kunden und Mitarbeiter sind zufriedener und die sich daraus ergebenden flexiblen Organisationsstrukturen sind eher dazu geeignet, sich ändernden Marktbedingungen schnell anzupassen.

Literatur

[Andr96] Andrews, D. "Choose the Right Recipe for Success" Enterprise Reengineering June 1996 (http://www.reengineering.com/articles/jun96/nutsbolt.htm)

[AsFr88] Ashforth, B. E. and Y. Fried (1988), "The Mindlessness of Organizational Behaviors," Human Relations, 41, 305-329.

[Barr96] Barrett, R. "Chasing the BPR Tool Market" Enterprise Reengineering, March, 1996 (http://www.reengineering.com/articles/mar96/)

[BeDMQ95] Bernstein, A., Dellarocas, C., Malone, T. W., & Quimby, J. (1995). "Software tools for a Process Handbook". IEEE Bulletin on Data Engineering, 18, 1 (March), pp.41-47.

[Boo93] Booch; G. "Practical objects: Patterns", Object Magazine, 3(2), July-August 1993.

[Boo94] Booch, G. Object-Oriented Analysis and Design with Applications, Second Edition, Addison-Wesley, 1994.

[DaBe95] Davenport, T.H. & Beers, M.C. (1995). "Managing Information About Processes," Journal of Management Information Systems, 12(1), pp. 57-80.

[Daven93] Davenport, T.H. (1993). "Process Innovation: Reengineering Work through Information Technology", Harvard Business School Press: Boston, MA.

[FoChF93] Fox, M., Chionglo, J.F., and Fadel, F.G., (1993), "A Common Sense Model of the Enterprise", Proceedings of the 2nd Industrial Engineering Research Conference, pp. 425-429, Norcross GA: Institute for Industrial Engineers.

[Hamm90] Hammer, M. (1990), "Reengineering Work: Don't Automate, Obliterate," Harvard Business Review. 104-112.

[IBC] International Benchmarking Clearinghouse. World Wide Web: http://www.apqc.org/apqchome/ibc-pcf.htm)

[Jaco95] Jacobsen, Ivar, et. al. The Object Advantage[2] Business Process Reengineering with Object Technology. Addison Wesley. 1995.

[King95] King, W.R.: "Creating a Strategic Capabilities Architecture," Information Systems Management, 12(1), pp. 67-69, (1995, Winter).

[Krall90] Krallmann H. et. al. Die Kommunikationsstrukturanalyse (KSA) zur Konzeption einer betriebswirtschaftliche Kommunikationsstruktur, Interaktive betriebswirtschaftliche Informations- und Steuerungssysteme. Berlin New York 1990.

[LCKNCJ94] Levitt, R. E., Cohen, G., Kunz, J.C., Nass, C.I., Christiansen, T., and Jin, Y. (1994) "The Virtual Design Team: Simulating how organizations structure and information processing tools affect team performance". In Carley, K.M. and Prietula, M.J. (Eds.) Computational Organization Theory, Erlbaum: Hillsdale, N.J.

[MaCrP93] Malone, T.W., K. Crowston, J. Lee and B. T. Pentland (1993), "Tools for Inventing Organizations: Towards a Handbook of Organizational Processes," Proceedings of the 2nd IEEE Workshop on Enabling Technologies Infrastructure for Collaborative Enterprises. Morgantown, WV.

[New83] Newmeyer, F. J. (1983), Grammatical Theory: Its Limits and Its Possibilities. Chicago: University ofChicago Press.

[Odell94] Odell, J., "Six Different Kinds of Composition" Journal of Object-Oriented Programming 6:8, January, 1994: Seite 10-15.

[Palm96] Palmer, N., "Business Process Simulation and Modeling: An Introduction and Survey of Tools" Enterprise Reengineering Jan/Feb 1996 http://www.reengineering.com/articles/janfeb96/)

[Pent] Pentland, B.T. "Grammatical Models of Organizational Processes" Accepted for publication in Organization Science, http://ccs.mit.edu/CCSWP176.html

[Rumb91] Rumbaugh, James, et al. Object-Oriented Modeling and Design, Prentice Hall, 1991.

[Will92] Williams, Theodore J., The Purdue Enterprise Reference Architecture, Purdue Laboratory for Applied Industrial Control, Purdue University, West Lafayette, Indiana 47907, USA, March 16, 1992.

[Your89] Yourdon, E.: Modern Structured Analysis. Englewood Cliffs, NJ, (1989).

[Yu92] Yu, E. S. K. (1992). "Modelling organizations for information systems requirements engineering". Proceedings of the IEEE.

Nutzen der Modellierung für die Einführung von SAP R/3

Von Dr. Stephan P. Sanoff,
IntelliCorp Inc.

Gliederung:

1. Welche Vorteile bietet ein Modell gegenüber einer Zeichnung ?
    1.1. Definition von Modell
    1.2. Modelle beschreiben und erlauben Aussagen über Verhalten

2. Die Anwendung von Modellen

3. LiveModel verbessert die Implementierung des SAP-R/3-Systems

4. Die Architektur von LiveModel

5. SAP-R/3-Implementierung mit LiveModel

1. Welche Vorteile bietet ein Modell gegenüber einer Zeichnung?

1.1. Definition von Modell

Definition: Modell[1] (Substantiv):

1. Eine schematische Beschreibung eines Systems, einer Theorie, oder eines Phänomens, das eigene bekannte oder abgeleitete Eigenschaften besitzt und für weitere Untersuchungen dieser Eigenschaften verwandt werden kann: z. B. das Modell eines Atoms; ein wirtschaftswissenenschaftliches Modell.

2. Ein Arbeitsschritt oder eine Konstruktion, die als Plan dient, um ein endgültiges Produkt zu erstellen: z. B. ein Modell aus Ton. Ein solcher Arbeitsschritt oder eine solche Konstruktion, die im Test oder zur Verbesserung eines endgültigen Produktes verwandt wird: z. B. der Prototyp eines solarbetriebenen Fahrzeuges.

1.2. Modelle beschreiben und erlauben Aussagen über Verhalten

Sie beschreiben die Realität mit ausreichender Detailtiefe und ermöglichen dadurch, das Verhalten des modellierten Systems zu verstehen und daraus neue Informationen abzuleiten. Zeichnungen allein leisten das nicht (in diesen Ausführungen wird eine Zeichnung als eine Abbildung betrachtet, die nicht mit einem Modell verbunden ist, während ein Diagramm die schematische Darstellung eines Modells bezeichnet, das dazu dient, dieses Modell zu visualisieren und zu editieren). Eine Analogie für den Unterschied zwischen Modellieren und Zeichnen ist der Unterschied zwischen einem "Spreadsheet" und einer Tabelle in einem Dokument. Die Tabelle kann das Ergebnis einer Kalkulation anzeigen, wobei die Werte einzeln vom Autor geändert werden müssen. In einem "Spreadsheets" hingegen sind die Zellen der Tabelle durch Funktionen miteinander verbunden. Ändert der Autor hier Werte in der Tabelle, werden zugehörige Daten in der Tabelle automatisch aktualisiert. Dies reduziert den benötigten Arbeitsaufwand und stellt sicher, daß die im Spreadsheet hinterlegten Formeln und Bedingungen Berücksichtigung finden. Durch die Anwendung von Diagrammen innerhalb eines Modells geht die Zielstellung der Modellierung niemals verloren. So muß z.B. die Umbenennung eines Begriffs in einem Diagramm sich in

---

[1] *The American Heritage® Dictionary of the English Language, Third Edition* copyright © 1992 by Houghton Mifflin Company. Electronic version licensed from InfoSoft International, Inc. All rights reserved.

allen verbundenen Diagrammen wiederfinden. Zeichenprogramme verwenden keine modellhafte Abbildung einer Zielstellung des Anwenders, der die Beschreibung eines komplexen Systems erreichen will. Kommt ein Modell zum Einsatz, so können verschiedene Diagramme angezeigt werden, die unterschiedliche Aspekte derselben Information darstellen, z.b. durch Verbergen von irrelevanten Details je nach gestellter Anforderung. Zusätzlich reichern Modelle die Qualität der verfügbaren Informationen an. Dies unterstützt z. B. die Navigation zwischen einzelnen Diagrammen.

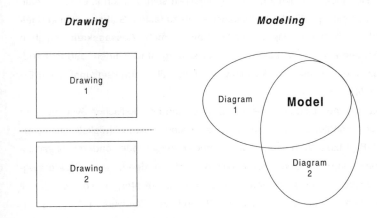

Abb. 1: Unterscheidung zwischen Drawing und Modeling

Abbildung 1: Links sieht man zwei einzelne Zeichnungen, deren Inhalte in keinem Bezug zueinander stehen. Das Modell auf der rechten Seite bildet dagegen eine gemeinsame Bezugsebene; mit Hilfe von Visualisierungswerkzeugen kann der Anwender das Modell betrachten und ändern, indem er Diagramme benutzt. Um Konsistenz zu gewährleisten, wird jede Änderung angezeigt, die einer oder mehrere Benutzer vornehmen.

2. Die Anwendung von Modellen

In der Ingenieur- und Bauindustrie sind Modelle seit jeher eingesetzt worden, um die Auswirkungen von Naturereignissen auf geplante Strukturen abzubilden. Modelle von Gebäuden, Fahrzeugen und Flugzeugen sind dort üblich, wo der Widerstand gegen Erdbeben, Auswirkungen des Windes usw. vorhergesagt werden sollen. Ein Modell zu bauen, ist weitaus kostengünstiger, als das eigentliche System fertigzustellen. Das bedeutet, daß Ideen an einem Modell getestet werden können. Grundlegende Modelle mögen zunächst nur wenig detailliert sein, werden aber stetig realistischer, wenn es gilt, spezifische Verhaltensweisen zu testen. So kann dem endgültigen Produkt durch einen anspruchsvollen Entwurf mehr Aussagekraft verliehen werden. Außerdem kann durch einen Test eher sichergestellt werden, daß das endgültige System wie gewünscht funktionieren wird und alle Voraussetzungen und Erwartungen erfüllt.

Immer stärker kommen Computer bei der Entwicklung physikalischer Systeme zum Einsatz. Wissenschaftler und Ingenieure haben Technologien entwickelt, die es ermöglichen, daß präzise Vorhersagen von Luftbewegungen oder anderen physikalischen Phänomenen durch Computermodelle gemacht werden können. Dies ermöglicht eine verbesserte Anpassungsfähigkeit, denn es ist leichter, ein solches Modell zu verändern als ein Modell in natürlicher Größe. In letzter Zeit wurden Systeme entwickelt, die auf Modellen basieren, die wiederum mit Hilfe von CAD-gestützten Systemen entwickelt wurden. Das wurde z. B. durch Roboter oder Laserradierungen umgesetzt. Ein Teil der industriellen Forschung und Entwicklung orientiert sich an dem Ziel, Produkte direkt aus den Modellen der CAD-Systeme zu erzeugen.

Obwohl es die Hauptfunktion eines Modells ist, zu beschreiben und Aussagen über sein Verhalten zu erlauben, erweitert sich der Begriff der Modellierung schnell um die Möglichkeiten des Definierens und Konstruierens. Bis jetzt beziehen sich diese Ausführungen auf die traditionellen Fachgebiete des Ingenieurwesens. Ebenso ist jedoch die Softwareentwicklung eine Ingenieurstätigkeit - oder sollte es zumindest sein. Die Vorteile, die Modelle im Ingenieurwesen bieten, sind ebenfalls für die Gestaltung von Informationssystemen gültig. Oftmals wird behauptet, daß Softwaresysteme komplexer und schwieriger zu erstellen seien als physikalische Systeme, bei denen es weniger Abhängigkeiten zwischen verschiedenen Komponenten zu berücksichtigen gäbe als bei der Softwareentwicklung. Schon bei einer einfachen Anwendung ist es daher erstaunlich, daß sie überhaupt funktioniert! Das Betriebssystem wird mit einem Assembler und einem Compiler geschrieben, der selbst vielleicht mit Hilfe eines weiteren Complilers erstellt wurde. Die Anwendung selbst wird wahrscheinlich wiederum mit Hilfe eines anderen Compilers geschrieben. Auf jeder Ebene dieser Struktur steigt der Grad der Komplexität und zwar unter der Annahme, daß die darunterliegende Ebene stabil ist. Denoch bleibt bei vielen Anwendungen kaum mehr als die Hoffnung, daß alle Entwicklungsschritte ordnungsgemäß durchlaufen wurden. Viele CASE-Tools bieten z.b. zur Unterstützung von Softwareingenieuren nur eine grundlegende Überprüfung der Syntax von Diagrammen. Von wenigen Ausnahmen abgesehen, können CASE-Tools die geplante Anwendung nicht simulieren, da die Anwendungen nicht modellbasiert erstellt werden. Einige Softwareanbieter haben die Bedeutung der modellbasierten Softwarekonfiguration erkannt. Das beste Beispiel hierfür ist die SAP, die ein Modell ihres R/3-Systems entwickelt hat. SAP-R/3 ist vielfältig in seiner Funktionalität (es bietet mehr als 5.000 anpassbare Transaktionen), hoch integriert und frei konfigurierbar.

Das SAP-R/3-Referenzmodell besteht aus Tabellen innerhalb einer relationalen Datenbasis und kann unter Verwendung einiger einfacher Diagrammtypen visualisiert werden. Diese Diagramme beschreiben das SAP-R/3-System. Jedoch erlauben diese Diagramme allein den Programmierern nicht, Aussagen über das Systemverhalten eines voll konfigurierten SAP-R/3-Systems zu treffen und darüber zu kommunizieren. Live Model™: SAP-R/3-Edition verwendet daher alle verfügbaren Modelldaten und ergänzt die Diagramme durch:

- Animation (Ausführung eines Modells, gekennzeichnet durch die Markierung des aktivierten Teils eines Diagramms)
- Simulation (wie oben, aber inklusive des Abrufens von SAP-R/3-Transaktionen, was das Prototyping von SAP-R/3-Transaktionen *(Instance)* erlaubt).

3. LiveModel verbessert die Implementierung des SAP-R/3-Systems

Anwender können gleichzeitig verschiedene SAP-R/3-Fenster betrachten und Modelle bearbeiten, um die Gestaltungs- und die funktionalen Aspekte des SAP-R/3-Systems zu bewerten. Durch ein leichteres Verständnis des SAP-R/3-Systems wird der oftmals kritische Prozeß der Rückkopplung und Freigabe durch Anwender und

Management verbessert. So besteht das Ergebnis aus einem schlüssigen Design, das die Anforderungen des Geschäftsbetriebes berücksichtigt. Anwender haben mit LiveModel unmittelbaren Zugriff auf den Implementation Guide (IMG), so daß alle Konfigurationen innerhalb einer einheitlichen Tool-Umgebung korrekt umgesetzt werden können. LiveModel ermöglicht die Tool-gestützte Navigation durch Prozeßmodelle, wodurch das Verständnis der Funktionlität des SAP-R/3-Systems verbessert wird und um die Bereiche zu identifizieren, in denen bestehende oder optimierte Geschäftsprozesse von den SAP-R/3-Prozessen abweichen. Die Navigationsfunktion stellt automatisch sicher, daß die Bearbeitung schrittweise und basierend auf vorab getroffenen Entscheidungen erfolgt. Selbst Anfänger können sofort navigieren und die Prozeßmodelle verstehen, da die EPK-Semantik durch das Werkzeug vorgegeben ist. Ein detailliertes Verständnis der Methode ist nicht Voraussetzung. Anders als im Business Navigator können Änderungen des Prozeßmodells vorgenommen und anschließend mit dem SAP-R/3-System getestet werden. Unterschiedliche Modelle können erstellt und gespeichert werden, um verschiedene Geschäftsfälle zu testen. Altanwendungen (Legacy-Systeme) und extern erstellte Software können in diese Modelle miteinbezogen werden, um die Schnittstellen zu markieren und den Datenfluß zwischen Systemen zu dokumentieren.

Analysten können mit LiveModel kundenspezifische Testbeispiele entwickeln, die einzelne Module zu Process WalkThroughs™ zusammenfassen. Diese Process WalkThroughs™ werden erstellt, indem innerhalb der Prozeßmodelle Entscheidungen hinterlegt werden, die die betriebswirtschaftlichen Anforderungen der SAP-R/3-Implementierung insgesamt berücksichtigen. Analysten können die jeweiligen Entscheidungsgründe unmittelbar in den Geschäftsfällen hinterlegen. Dadurch bleibt das der Implementierung zugrunde liegende Wissen erhalten. Die kundenspezifischen Testbeispiele werden auf den SAP-R/3-Systembildschirmen simuliert, und die Ergebnisse können dokumentiert werden. Process WalkThroughs™ können während des gesamten Implementierungsprozesses gespeichert, verändert und wiederverwendet werden, um betriebswirtschaftlichen Anforderungen zu berücksichtigen und um das erworbene Wissen zu bewahren. Die funktionsübergreifende Animation dieser Process WalkThroughs™ ist ein geeignetes Medium, um Entscheidungen des Implementierungsteams mit Anwendern und Management abzustimmen; sie ist außerdem geeignet zu überprüfen, daß bestehende Geschäftsprozesse während der R/3 Einführung berücksichtigt werden.

Die modulare Architektur von LiveModel ermöglicht eine reibungslose Integration zwischen dem SAP-R/3-Referenzmodell und Anwendungen mit OLE-Anbindung (Object Linking and Embedding), wie z. B. Microsoft Word und Power Point. Optimierte Geschäftsprozesse und Testbeispiele können leicht in hochwertige Dokumente und Präsentationen eingebunden werden. Individuelle Auswertungen werden im LiveModel-Report-Generator erstellt; dieser wird als ausführbares Microsoft Visual Basic Programm mitgeliefert. Für eine bessere Benutzerdokumentation können Hilfedateien zum Austausch mit dem SAP-R/3-System in Windows generiert werden.

Das ModelStore-Repository von LiveModel ist ein vollständiger Multi-user-Speicher, der alle Dokumente mit Relevanz für die Implementierung speichert. Implementierungsteams können wie gewohnt separat an den Modellen arbeiten und den ModelStore mit Hilfe der Check-in / Check-out Funktion auf den jeweils aktuellen Stand bringen. Das ModelStore ist ein Werkzeug, das das Management von Dokumenten und die Implementierung jederzeit unterstützt. Unternehmen, die LiveModel einsetzen, erhalten das gesamte der SAP-R/3-Implementierung zugrunde liegende Wissen. Das betrifft auch Entscheidungshintergründe für jede einzelne Aktivität, wodurch die Kontrolle über ein Implementierungsprojekt zu jeder Zeit gewährleistet bleibt. Dieses Wissen kann als ein Basisverständnis für zukünftige Versionsänderungen und Implementierungen des R/3 Systems dienen.

4. Die Architektur von LiveModel

Die Produktfamilie um LiveModel ist modular angelegt, nutzt die Microsoft-Technologie des Object Linking and Embedding (OLE) und verbindet Anwendungswerkzeuge mit einem robusten Speicher (Repository). Die Produktfamilie zielt darauf ab, die Anforderungen jedes R/3 Interessenten (von Studenten über Berater bis zu Unternehmen) zu erfüllen. Die Produktfamilie um LiveModel besteht aus:

- **R/Viewer:**

    Entwickelt für Studenten, Berater und Anwender in Unternehmen. Der R/Viewer ermöglicht die Prüfung von SAP-R/3-Prozeßmodellen und Geschäftsfällen. Er ermöglicht zusätzlich, das Systemverhalten durch Animation zu simulieren, Anmerkungen zu hinterlegen und Berichte zu generieren. Der R/Viewer kann sowohl direkt an das SAP-R/3-System eines Kunden oder an das jeweilige ModelStore-Repository angebunden werden, um das SAP-R/3-Referenzodell und die Modelle des Kunden (User Models) zu importieren.

- **LiveModel:**

    Eine vollständige Entwicklungsumgebung für Analysten und Implementierungsteams. LiveModel verfügt über die Funktionalität des R/Viewer und über die Fähigkeit, Modelle und Geschäftsfälle zu gestalten und zu editieren. LiveModel testet den Implementierungsentwurf mit Hilfe der Animation über mehrere Diagramme und Prozeßketten hinweg. Modelle können im ModelStore-Client oder im ModelStore-Repository gespeichert werden.

- **ModelStore Client:**

    Lokale Speicherung auf einem PC. Ermöglicht Anwendern, eine importierte Kopie des Referenzmodells und eigene Modelle inklusive ihrer Anmerkungen zu speichern.

- **ModelStore Repository:**

    Wird von Entwicklern genutzt. Der ModelStore Server läuft auf einem NT-Server und bietet vollständige Multi-user Funktionalität wie z.B. Check-in / Check-out, Versionskontrolle und das Speichern von zusammengefügten Dokumenten.

5. SAP-R/3-Implementierung mit LiveModel

Die Implementierung von SAP-R/3 ist ein komplexer Vorgang, den Projektteams in verschiedenen Phasen gestalten: Projektvorbereitung und Management, Analyse und Design, Konfiguration des SAP-R/3-Systems, Test, Anwendertraining und Produktivstart. Beratungsfirmen, die Dienstleistungen im Rahmen der Implementierung anbieten, haben ihre eigenen Methodologien und Vorgehensweisen, doch folgen sie im allgemeinen ähnlichen Schritten innerhalb der Projektabwicklung. LiveModel wird während der gesamten Implementierung des SAP-R/3-Systems eingesetzt. Die Annahme, das Werkzeug sei ausschließlich für die frühen Phasen, Analyse und Entwurf, geeignet, ist nicht richtig. Anwender erlangen wesentliche Vorteile, wenn sie LiveModel über die gesamte Lebensdauer des SAP-R/3-Systems einsetzen. SAP und IntelliCorp empfehlen die Benutzung des SAP-R/3-Referenzmodells (Business Navigator) als Ausgangspunkt der Modellierung. SAP hat das R/3-System mit „Best Practice" Modellen ausgestattet. In einigen Bereichen wird es von Firmen möglicherweise verlangt, die eigene Organisation umzustrukturieren, damit alle Vorteile der gewünschten Geschäftsabläufe zum Tragen kommen. Obwohl LiveModel das eigenständige Generieren und Modellieren von neuen Geschäftsprozessen ermöglicht, wird empfohlen, daß Firmen, die das SAP-R/3-System einsetzen, die vorgeschlagenen Geschäftsfälle aufnehmen und die Unternehmensstrukturen entsprechend anpassen. Es besteht ein hohes Risiko bezüglich der Kompatibilität zwischen zukünftigen R/3-Versionen für die Programme und Prozesse, die nicht von SAP unterstützt werden. In vielen Fällen ist es möglich, spezifische Funktionen zwischen Modellen wiederzuverwenden, um neue Geschäftsprozesse im SAP-R/3-System zu entwerfen, die mit der vorhandenen Funktionalität auskommen. Durch die Wiederverwendung von Funktionen in einer überarbeiteten Form können Firmen sicherstellen, daß die Anforderungen ihres Geschäftsbetriebes erfüllt und vollständig durch SAP unterstützt werden.

Mit LiveModel 2.0 (in Verbindung mit der nächsten Generation des SAP-R/3-Referenzmodells) wird das Modell außerdem zur Unterstützung für "Smart Redlining" erweitert. Hier werden Änderungen innerhalb des Modells und über die Diagramme hinweg weitergegeben, wodurch die Vollständiggkeit des Modells erhalten bleibt. Das SAP-R/3-Referenzmodell hat eine zunehmende Anzahl von Restriktionen (Constraints), die nur von einer speziellen Modeling Engine ausgeführt werden können. Ohne diese Technologie besteht die Gefahr, inkonsistente Modelle zu erzeugen. Die Restriktionen sind innerhalb der Diagramme nicht erkennbar, da sie kein Teil der EPK-Methodologie selbst sind. Inkonsistenzen im Modell ohne Werkzeugunterstützung zu finden, erfordert detailliertes R/3 Wissen und sehr viel Zeit. Diese Inkonsistenzen sind eigentlich Designfehler und viel aufwendiger zu beheben als die Fehler, die während späterer Phasen der Realisierung auftreten können.

Zusätzlich zum Umgang mit Restriktionen (Constraint management) bietet LiveModel einen Multi-user Speicher, der sicherstellt, daß verschiedene Mitarbeiter, die an demselben Projekt beteiligt sind, ein gemeinsames Modell des zu erstellenden Systems benutzen. Änderungen in einem Teil des Modells können nur dann vorgenommen werden, wenn sie die Vollständigkeit des Modells nicht beinträchtigen. Andere, die an demselben Teil des Modells arbeiten, werden sofort über Änderungen benachrichtigt. Das gewährleistet, daß das gesamte Team über eine aktuelle Sicht des Modells verfügt und daß das Modell ein implementierungsfähiges R/3 System abbildet. Jeder Anwender kann sich jedes Diagramm zu jeder Zeit ansehen, wobei nur ein Anwender in der Lage ist, ein bestimmtes Diagramm zu bearbeiten. Dies wird technisch durch das Sperren der Diagramme (Write/Lock Funktion) erreicht. Von der Warte des Anwenders ist die Bearbeitung eines Diagramms entweder erlaubt oder nicht. Die weitere Entwicklung wird einen Modellabgleich, Check-in / Check-out und Versionskontrolle umfassen. Wenn ein Anwender mit dem Repository verbunden ist, wird er Diagramme bearbeiten können, auch wenn er ohne Netzanbindung arbeitet. Die Diagramme sind während dieser Zeit gesperrt, so daß andere Anwender sie betrachten, aber nicht ändern können. Für das Einfügen (Check-in) der Diagramme wird durch Ver- und Abgleich mit dem Modell überprüft, ob die Änderungen der Diagramme mit dem aktuellen Stand des Repositories kompatibel sind. Alle Änderungen, die die Vollständigkeit des Modells im Repository nicht beeinträchtigen, werden automatisch in das Repository zurückgeschrieben. LiveModel 2.0 unterstützt Prozeßvarianten. Das sind Varianten eines Modellbereiches wie z. B. ein Flußdiagramm, das eingesetzt wird, um Industrie- oder firmenspezifische Abweichungen für diesen Modellbereich abzubilden. Zum Beispiel kann ein Unternehmen eine Vorlage (Template) entwickeln, die das im Unternehmen favorisierte Vorgehen für die Angebotsbearbeitung festschreibt (und zwar als eine Unterkategorie sämtlicher Vorgänge, die von SAP-R/3 unterstützt werden). Für einen bestimmten R/3 Geschäftsfall kann dann der gewünschte Prozeß von der Vorlage übernommen werden. Im Gegensatz zu der Kopie einer Zeichnung erbt eine Prozeßvariante alle Änderungen aus der Vorlage, von der sie entnommen wurde. Das ist wichtig, um sicherzustellen, daß die eigentlichen Prozesse synchron mit den Vorlagen des Unternehmens bleiben und wird dadurch gewährleistet, daß das zugrunde liegende Modell alle Varianten miteinander verbindet. Wenn man ein Modell anstelle beziehungsloser Zeichnungen verwendet, wird auch die Durchführung einer Gapanalyse möglich. Hier werden Modelle verglichen, um Unterschiede zwischen ihnen festzustellen. Eine Gapanalyse kann völlig neue Prozesse, die hinzugefügt wurden, identifizieren sowie Unterschiede zwischen Prozessen, die in zwei Modellen existieren und sogar Änderungen, die an einzelnen Funktionen vorgenommen worden sind, anzeigen. Zeichnungen allein können das nicht. Die Modelle, die in einer Gapanalyse verwendet werden, können typischerweise mit Soll-/Istzuständen bezeichnet werden, die verglichen werden, um den besten Übergang zwischen ihnen zu bestimmen. Die Modelle können auch eine bereits konfigurierte und eine neue Version des SAP-R/3-Systems bezeichnen, wobei die Gap-analyse zu einem wertvollen Hilfsmittel wird, wenn eine bestehende SAP-R/3-Installation auf einen neuen Versionsstand aktualisiert wird. Dieses Beispiel zeigt, daß ein Modell während der gesamten Lebensdauer einer SAP-R/3-Implementierung ein unerläßliches Hilfsmittel ist. LiveModel^{TM}: SAP-R/3-Edition bietet eine Vielzahl einzigartiger Funktionen, die Projektteams dabei unterstützen, das Verhalten eines zu installierenden SAP-R/3-Systems zu beschreiben und vorherzusagen. Es ist wichtig, die Unterscheidung zwischen Zeichnungen und Modellen geistig zu vollziehen. Für sich allein betrachtet können Zeichnungen, die nicht Bestandteil eines Modells sind, unausführbare Prozesse darstellen. Existiert ein Modell, so sind Diagramme einfache Darstellungen, welche den Anwendern helfen, das Modell zu verstehen und zu bearbeiten. Es ist das Modell, das ein System beschreibt und es ermöglicht, Aussagen über das Verhalten zu treffen. LiveModel ist auf die Arbeitserfordernisse von Implementierungsteams zugeschnitten und bietet umfassende Möglichkeiten für ein verbessertes Verständnis des SAP-R/3-Systems. Das Modellieren einzelner Prozesse, die vom SAP-R/3-System ausgeführt werden sollen, resultiert in einem Prototyp des gesamten zu implementierenden Systems. Implementierungsteams, die Modelle einsetzen, werden schneller auf zukünftige Verbesserungen oder Implementierungserfordernisse für neue Versionen reagieren können. Unternehmen, die die besten Geschäftsprozesse für ihre Organisation nutzen können und diese in einem flexiblen Informationssystem integrieren, erlangen den Wettbewerbsvorteil der schnellen und flexiblen Adaption an ein sich stetig änderndes Unternehmensumfeld.

Verzeichnis der Autoren und Herausgeber

Dr. Friedrich Augenstein

ist Senior Consultant bei der KPMG Unternehmensberatung GmbH in Stuttgart. Er ist seit 4 Jahren in der Unternehmensberatung tätig, davon mehr als 3 Jahre bei der KPMG. Sein Fokus liegt hier in den Bereichen Performance Improvement- /Unternehmensorganisation und Controlling. Er bringt Branchenerfahrung von Technischen Dienstleistern, Telekommunikations- und Maschinenbauunternehmen in die Beratungstätigkeit ein. Sein funktionaler Schwerpunkt liegt im Bereich des Rechnungswesens. Vor seiner Beratungstätigkeit war Herr Augenstein 4 Jahre als wissenschaftlicher Assistent am Institut für Informatik der Universität Freiburg tätig. Hier entwickelte er Multimediaanwendungen, insbesondere für die Aus- und Weiterbildung. Herr Augenstein ist Diplom-Wirtschaftsingenieur (Universität Karlsruhe) und Dr. rer.nat im Bereich der Informatik (Universität Freiburg).

Prof. Dr. Jörg Becker

studierte von 1977 bis 1982 Betriebswirtschaftslehre an der Universität des Saarlandes sowie von 1980 bis 1981 Betriebs- und Volkswirtschaftslehre an der University of Michigan, Ann Arbor, USA. Von 1982 bis 1990 war Prof. Becker wissenschaftlicher Mitarbeiter am Institut für Wirtschaftsinformatik (IWi) der Universität des Saarlandes unter Leitung von Prof. Dr. A.-W. Scheer. Seit 1990 ist Prof. Becker Universitätsprofessor und Inhaber des Lehrstuhls für Wirtschaftsinformatik und Informationsmanagement an der Westfälischen Wilhelms-Universität Münster. Des weiteren ist er Direktor des Instituts für Wirtschaftsinformatik und Handelsmanagement. Seine Forschungsschwerpunkte sind: Informationsmanagement, Informationsmodellierung, insbesondere Referenzmodellierung, Datenmanagement, Logistik und Handelsinformationssysteme.

Prof. Dr. Carsten Berkau

Studium des Maschinenbaus an der Universität Hannover, Vertiefungsrichtung Produktionstechnik, Diplom 1989, Assistent bei Prof. Dr. A.-W. Scheer und Promotionsstudium an der Universität des Saarlandes, Institut für Wirtschaftsinformatik, Promotion 1994 (Vernetztes Prozeßkostenmanagement), Bereichsleiter bei der IDS Prof. Scheer GmbH, Bereich Controlling, 1996: Ruf an die Fachhochschule Osnabrück, Standort Lingen für Allgemeine Betriebswirtschaft und Controlling, seit 1997: Gründungsdekan des Fachbereichs Technische Betriebswirtschaft und Kommunikation.

Manfred Brockmann

1989 BWL-Studium an der Georg-August-Unversität, Göttingen. 1989 Werkstudent bei Space GmbH im Bereich Fertigungsplanung (Projekt JIT-Leitstand (RHW /R&N), chaotische Lagersteuerung (MINIMAX) etc.). 1992 Gründung und Geschäftsführung einer Body-leasing Firma im Bauwesen (HCB Construction Ltd.). 1993 Übernahme von Projektmanagement Aufgaben bei Overseas Construction Services Inc. in Houston, Texas. 1994 MBA in der Babcock Graduate School of Management (Wake Forest University, North Carolina). 1996 Tätigkeit im Bereich Research and Development des Solution Center Automotive der Baan Company.

Thomas Erdmann

studierte Informatik an der Universität Karlsruhe. Seit 1993 ist er Mitarbeiter bei PROMATIS Informatik, Karlsbad, und zunächst für die Entwicklung der INCOME Produkte im Bereich GEschäftsprozeßmanagement verantwortlich. Anschließend war er als Berater und Projektleiter in Entwicklungsprojekten Oracle-basierter Informationssysteme tätig. Derzeit ist Thomas Erdmann Leiter des Unternehmensbereichs Applications.

Manfred Esser

Dipl.-Wirt.-Ing., Studium der Elektrotechnik, Fachrichtung Informationsverarbeitung, sowie Aufbaustudium Wirtschaftsingenieurwesen an der Fachhochschule Niederrhein. Studium der Elektrotechnik, Fachrichtung Informatik an der Technischen Hochschule Zittau. Manfred Esser war von 1983 bis 1992 in verschiedenen Funktionen der Datenverarbeitung bei der RWE Energie AG tätig. Seit 1992 ist er Leiter der Informationsverarbeitung bei der Stadtwerke Düsseldorf AG.

Dr. Manfred Fidelak

Studium der Informatik an der Universität Bonn. Promotion auf dem Gebiet der Petrinetze (Integritätsbedingungen) an der Universität Koblenz-Landau. Seit Anfang 1994 ist Dr. Fidelak mit den Schwerpunktthemen Methodik der Informationsmodellierung und Informationssystemgestaltung sowie deren unternehmensweiter Einführung beschäftigt. Leiter Prozeßmanagement in der Informationsverarbeitung der Stadtwerke Düsseldorf AG.

Dr. Detlef Hartmann

Maschinenbaustudium mit den Schwerpunkten Fabrikbetriebslehre und Energietechnik. Promotion über den Energieverbrauch industrieller Produktionsprozesse. 15 Jahre Berufserfahrung in Engineering, Lehre und Beratung. 19 Jahre DV-Erfahrung in Großrechnersystemen, Mittlerer Datentechnik, PC-Systemen und PC-Netzwerken. Seit 1. Oktober 1991 im Bereich Produktion und Logistik der KPMG Unternehmensberatung. 1995 wurde Dr. Hartmann zum Partner in der KPMG Gruppe nominiert. Derzeit ist er verantwortlich für eine Gruppe von 20 Beratern und Managern im Bereich Organisation und Informationstechnologie für die Fertigungswirtschaft sowie Telekommunikationsindustrie. Dr. Hartmann koordiniert bundesweit für die KPMG Unternehmensberatung den Core Service Performance Improvement. Bisher schwerpunktmäßig tätig in den Bereichen Energiewirtschaft, Maschinenbau, Computerherstellung und -vertrieb, in der Halbleiterindustrie sowie in verschiedenen Unternehmen des verarbeitenden Gewerbes (Brauerei, Kunststoffverarbeitung, Elektromotorenherstellung, Blechverarbeitung, Kleb- und Dichtstoffe u.a.).

Dr. Christian Houy

Studium der Informatik an der Universität des Saarlandes, Saarbrücken. 1996 Promotion in Saarbrücken bei Prof. Dr. A.-W. Scheer, Thema: "Geschäftsprozeßbasiertes Datenmanagement im verteilten industriellen Umfeld-Vorbereitung und Unterstützung von Workflowmanagementsystemen beim Austausch operativer Daten" (erschienen im Gabler Verlag). Von 1989-1993 war Dr. Houy als wissenschaftlicher Mitarbeiter am Institut für Wirtschaftsinformatik bei Prof. Dr. A.-W. Scheer beschäftigt. Seit 93 Angestellter bei der IDS Prof. Scheer GmbH, Saarbrücken. Seit 1995 ist Dr. Houy Bereichsleiter "ARIS-Varianten" und zuständig für Schnittstellen von ARIS-Toolset zu ERP-Systemen (R/3, BAAN) sowie Sonderlösungen.

Dr. Gerhard Keller

besitzt ein abgeschlossenes Studium der Elektrotechnik, speziell der Nachrichtentechnik, und der Betriebswirtschaftslehre, speziell Organisation und Personalwesen. Seine Promotion hat er an der Universität des Saarlandes in Saarbrücken im Bereich der Betriebswirtschaftslehre, speziell der Wirtschaftsinformatik, erlangt. Er beschäftigte sich dort in verschiedenen, anwendungsnahen Forschungsprojekten mit der organisatorischen Integration von CAD- und PPS-Systemen. Darüber hinaus leitete er die Entwicklung von Methoden zur Abbildung von Geschäftsprozessen im Rahmen eines Auftragsprojekts bei der Firma SAP AG. Nach mehr als einjähriger Beratung der Firma SAP AG ist Dr. Keller 1992 als Mitarbeiter zur SAP AG gewechselt. Er ist dort verantwortlich für die Entwicklung von Modellarchitekturen, speziell Geschäftsprozessen, diese zum Ziel haben, die Transparenz der von der SAP AG angebotenen betriebswirtschaftlich orientierten Anwendungssoftware R/3 zu erhöhen und die Einführung des R/3-Systems zu beschleunigen.

Ullrich Kohl

Studium der Wirtschaftsinformatik an der Fachhochschule Harz. Studienschwerpunkte Medieninformatik und Marketing. Weitere Interessengebiete Geschäftsprozeßmodellierung und Datenbanken. Seit 1997 Development Engineer Baan Company, Solution Center Automotive EMEA.

Dr. Alp Kor

ist seit 1995 als Berater im Bereich Standardsoftware bei der KPMG Unternehmensberatung, Hamburg, tätig. Dr. Kor ist einerseits auf die Analyse und das Design von betriebswirtschaftlichen Kernprozessen in den Bereichen Produktion, Logistik und Controlling spezialisiert. Andererseits beherrscht er die zugrundeliegenden SAP-Module sowie die ABAP-Programmierung. Die Schwerpunkte seines betriebswirtschaftlichen Studiums waren: Produktion, Logistik, Controlling, Materialwirtschaft, IT und Wirtschaftsrecht. Danach war Dr. Kor 4 Jahre lang wissenschaftlicher Mitarbeiter am Institut für Informatik der Universität der Bundeswehr. Dort betreute er die Fächer Allgemeine Betriebswirtschaftslehre und Wirtschaftsinformatik. In seiner Dissertationsschrift (Gabler-Verlag) integrierte er PPS-Systeme mit Controlling-Systemen.

Prof. Dr. Herrmann Krallmann
UBIS Unternehmensberatung

Michael Maicher

ist seit seinem Studium der Wirtschaftsinformatik an der Universität - GH Essen 1995 Mitarbeiter der KPMG Unternehmensberatung. Seine Beratungsschwerpunkte sind Dienstleistungsunternehmen, insbesondere Versorgungsunternehmen sowie Projekte zur Verbesserung der Unternehmensperformance und Benchmarking. Des weiteren leitet Michael Maicher gemeinsam mit Nicola Reitzenstein das ARIS-Kompetenzcenter der KPMG und beschäftigt sich in dieser Funktion mit Methoden (Vorgehensmodellen) und Einführungswerkzeugen für SAP R/3 sowie mit anderen Modellierungswerkzeugen. Darüber hinaus ist Michael Maicher Lehrbeauftragter der Fachhochschule Harz, Wernigerode, und hält im Rahmen dieser Tätigkeit Veranstaltungen zum Thema Branchenreferenzmodelle.

Klaus Meyners

hat das Studium der Informatik (Nebenfach Betriebswirtschaft) an der Christian-Albrechts-Universität in Kiel 1984 mit dem Diplom in Informatik abgeschlossen. In den ersten Jahren der Berufstätigkeit bis 1990 war er in einem Systemhaus in den Bereichen Softwareentwicklung und Softwarequalitätssicherung tätig. Die Aufgaben bestanden in der Entwicklung von Konzeptionen für die Bereiche Softwaretest und Qualitätssicherung sowie der Betreuung von Großprojekten. Seit 1990 ist Klaus Meyners für die KPMG Unternehmensberatung GmbH tätig. Die Schwerpunkte seiner Beratungstätigkeit liegen in der Durchführung von Organisationsprojekten, insbesondere im Business Process Reengineering, und der Einführung von Standardsoftware. Seine heutige Tätigkeit als Senior Manager umfaßt insbesondere in Entwicklung von Vorgehensweisen für die Integration von Business Process Reengineering mit der Einführung von Standardsoftware sowie die Akquisition und Leitung von Beratungsprojekten.

Dr. Markus Nüttgens

studierte Betriebswirtschaftslehre an der Universität des Saarlandes und befaßte sich in seiner Promotion u.a. mit Informationssystemarchitekturen, Vorgehensmodellen und Werkzeugen auf der Grundlage der ARIS-Architektur. Er ist seit 1989 wissenschaftlicher Mitarbeiter und seit 1995 wissenschaftlicher Assistent am Institut für Wirtschaftsinformatik (IWi) der Universität des Saarlandes unter Leitung von Prof. Dr. August-Wilhelm Scheer.

Dr.-Ing. Gerold Prescher

studierte Maschinenbau an der Technischen Universität Dresden. Nach Tätigkeiten in der Industrie, einem postgradualen Studium der Informatik und Lehrtätigkeit auf den Gebieten Datenbanken und Software Engineering 1986 Promotion. Bis 1992 Dozent an der Technischen Hochschule Zittau. Seit 1992 beratend tätig auf den Gebieten CASE und Geschäftsprozeßmodellierung.

Nicola Reitzenstein

Dipl. Wirtschaftsingenieur, begann 1986 nach einer Lehre im elterlichen Handwerksbetrieb an der TU Karlsruhe ihr Studium des Wirtschaftsingenieurwesens, mit den Schwerpunkten Organisation und Unternehmensplanung. Nach dem Studium erfolgte 1991 der Einstieg in die internationale Nachwuchsgruppe der Daimler Benz AG. Nach mehreren Projekteinsätzen im In- und Ausland übernahm sie innerhalb der zentralen Organisation Funktionen als EDV-Controllerin, Systemgestalterin und Projektleiterin. Nach mehreren Jahren in der Industrie begann sie ihre Tätigkeit bei der KPMG Unternehmensberatung als SAP-Beraterin. Dort besetzte sie die Themengebiete Geschäftsprozeßanalyse und deren Dokumentation. Bis zur Geburt ihres ersten Kindes leitete Nicola Reitzenstein gemeinsam mit Michael Maicher das ARIS-Kompetenzcenter der KPMG Unternehmensberatung. Heute berät sie als Freiberuflerin Kunden und (ehemalige) Kollegen bezüglich Vorgehensweisen und Tools zur Prozeßanalyse sowie Prozeßdokumentation.

Verzeichnis der Autoren und Herausgeber

Dr. Michael Rosemann

arbeitet als Wissenschaftlicher Assistent am Institut für Wirtschaftsinformatik der Westfälischen Wilhelms-Universität Münster. Dr. Michael Rosemann studierte in Münster Betriebswirtschaftslehre und ist seit 1992 an der Universität Münster beschäftigt. Seine besonderen Arbeitsgebiete sind Prozeß- und Workflowmanagement sowie die damit in Zusammenhang stehenden Aufgaben der Informationsmodellierung sowie des Controlling. Er ist Mitarbeiter im BMBF-geförderten Verbundprojekt 'Grundsätze ordnungsmäßiger Modellierung' und Autor diverser Publikationen zu den genannten Bereichen. Im Rahmen von Praxis-projekten betreute Dr. Rosemann u.a. die Einführung von SAP R/3 in einem Handelsunternehmen, ein umfassendes Modellierungsprojekt bei einem Facility-Management-Dienstleister sowie die Einführung von Workflowmanagement bei einem Energieversorgungsunternehmen.

Dr. Stephen P. Sanoff

Intellicorp, UK.

Prof. Dr. August-Wilhelm Scheer

ist Direktor des Instituts für Wirtschaftsinformatik (IWi) der Universität des Saarlandes sowie Honorarprofessor an der Universität Wien und beratender Professor der Tongji-Universität Shanghai. Schwerpunkt seiner Forschungstätigkeit ist das Informations- und Prozeßmanagement in Industrie, Dienstleistung und Verwaltung. Er war Mitglied des Rates für Forschung, Technologie und Innovation der Bundesregierung und Mitglied des Sachverständigenkommission für Forschung und Technologie im Saarland. 1996 Verleihung der höchsten Verdienstmedaille des polnischen Ministeriums für Bildung und Wissenschaft in Warschau und Verleihung des „TMBE´96 Award for Achievement and Contribution to the Industry" in Washington. Prof. Scheer ist Gründer und Hauptgesellschafter der IDS Prof. Scheer, Gesellschaft für integrierte Datenverarbeitungssysteme mbH, mit Sitz in Saarbrücken. Er ist Mitglied des Aufsichtsrates der SAP AG in Walldorf.

Prof. Dr.-Ing. Hans-Jürgen Scheruhn

mehrjährige Tätigkeit bei der Siemens Nixdorf Informationssysteme AG in den Bereichen Anwendungsprogrammierung und Marketing, danach leitende Funktion bei Baan Deutschland und Leitung VDI-EKV Hannover. Seit April 1994 ist Dr.-Ing. Hans-Jürgen Scheruhn Professor an der Fachhochschule Harz in Wernigerode und baute dort den Studiengang Wirtschaftinformatik auf. Seine speziellen Forschungsgebiete sind: Modellierung betrieblicher Anwendungssysteme, High End-BPR-Werkzeuge sowie die Entwicklung von multimedialen Informationssystemen. Darüber hinaus veröffentlichte Prof. Scheruhn zahlreiche Beiträge zum Thema Einführung betrieblicher Informationssysteme, bspw. in der Reihe „Harzer wirtschaftswissenschaftliche Schriften" veröffentlichte er 1997 den Sammelband „Modellbasierte Einführung betrieblicher Anwendungssysteme", erschienen im Gabler Verlag.

Guido Schimm

Ausbildung zum staatl. geprüften Betriebswirt, Schwerpunkt Produktionswirtschaft. Seit 1994 ist Guido Schimm Student der Fachhochschule Harz im Fachbereich Wirtschaftswissenschaften mit den Studienschwerpunkten Wirtschaftsinformatik, Controlling und Marketing. Seit 1997 Werkstudent Baan Company, R&D Solution Center Automotive EMEA.

Dr. Carla Schneider

war nach Ihrem Studium der Handelswissenschaften an der Wirtschaftsuniversität Wien in der Wirtschaftsprüfung, vorwiegend von Versicherungsunternehmen, tätig. Seit Oktober 1991 ist Sie Beraterin bei der KPMG Management Consulting GmbH, Wien. Sie ist für den Bereich Effizienzsteigerung in Versicherungsunternehmen verantwortlich und leitet Projekte zur Geschäftsprozeßoptimierung und Kostensenkung. Ein weiterer Schwerpunkt der Beratungstätigkeit des von Ihr geleiteten Beraterteams stellt die Definition der Anforderungen an eine versicherungstechnische Software und die Durchführung von Ausschreibungen dar. Für die effiziente Projektabwicklung wurde gemeinsam mit der KPMG Unternehmensberatung, München, das Referenzmodell für Versicherungen entwickelt.

Dr. Reinhard Schütte

ist wissenschaftlicher Assistent des Instituts für Wirtschaftsinformatik (Prof. Dr. Jörg Becker) der Westfälischen Wilhelms-Universität Münster. Seine Forschungsschwerpunkte sind: Informationsmodellierung, insbesondere Grundsätze ordnungsmäßiger Modellierung und Referenzmodellierung, Handelsinformationssysteme sowie Wissenschaftstheorie. Dr. Schütte war Projektleiter bei diversen IT-Projekten in Handelsunternehmen und der Entwicklung unternehmensweiter Daten- und Prozeßmodelle für Handelsunternehmen.

Rüdiger Specht

Diplom-Informatiker, studierte Wirtschaftsinformatik an der FH Wedel. Von 1986 bis 1988 war er Berater der Software AG und dort für die Konzeption und Entwicklung von Produktionsplanungs- und -steuerungssystemen zuständig. Rüdiger Specht ist heute Manager im Bereich Standardsoftware (SSW) bei der KPMG Unternehmensberatung in Hamburg und für Projekte zur Auswahl und Einführung von Standardanwendungssoftware in Verbindung mit Business Process Reengineering verantwortlich.

Prof. Dr. Magret Stanierowski

studierte Mathematik und Datenverarbeitung in der Wirtschaft und schloß dieses 1979 ab. Anschließend promovierte Sie an der Hochschule für Ökonomie in Berlin (Abschluß 1983). Von 1983 bis 1988 war Dr. Stanierowski Projektleiter im Rechenzentrum eines Industrieunternehmens im Bereich Entwicklung und Einführung betriebswirtschaftlicher DV-Anwendungen. Von 1988 bis 1991 war Sie tätig als wiss. Assistentin im Fachbereich Wirtschaftsinformatik der Hochschule für Ökonomie Berlin. Ihr Forschungsschwerpunkt hier waren der Einsatz von Softwareentwicklungsmethoden und -tools sowie Einführungsstrategien für CASE-Systeme. 1991 bis 1992 wirkte Sie mit beim Aufbau des Studienganges Wirtschaftsinformatik an der 1992 neu gegründeten FH für Technik und Wirtschaft (FHTW) Berlin. Dort wurde Sie 1993 zum Professor für Wirtschaftsinformatik berufen und beschäftigt sich mit den Themen Modellierung betrieblicher Anwendungssysteme, Methoden und Tools zur Entwicklung datenbankorientierter DV-Anwendungen.

Thomas Teufel

besitzt ein abgeschlossenes Studium der Wirtschaftsinformatik. Erste Praxiskontakte erlangte er während seiner Diplomarbeit im Themengebiet der Planung von PPS-Systemen. Nach seinem Studium wechselte er 1993 zu der Firma SAP AG. Thomas Teufel führte dort verschiedene Einführungsprojekte durch. Darüber hinaus leitete er die Modellierung der Geschäftsprozesse im Bereich des Qualitätswesens innerhalb der Logistik. Die in der Praxis gemachten Erfahrungen veranlaßten Thomas Teufel dazu, eine Methode zur prozeßorientierten Einführung des R/3-Systems zu entwickeln, diese er in verschiedenen Einführungsprojekten einsetzt. Die Methode des *Iterativen Prozeßprototypings* hat Thomas Teufel zusammen mit Dr. Keller 1996 beschrieben und 1997 in Form des Buches *SAP R/3 prozeßorientiert anwenden* publiziert.

Gay Wood-Albrecht

UBIS Unternehmensberatung

Volker Zimmermann

Dipl.-Kfm., studierte in Trier und Saarbrücken Betriebswirtschaftslehre mit den Schwerpunkten Wirtschaftsinformatik und Organisation. Seit Juli 1994 ist er wissenschaftlicher Mitarbeiter am Institut für Wirtschaftsinformatik IWi, Lehrstuhl Prof. Scheer, an der Universität des Saarlandes. Hier beschäftigt Volker Zimmermann sich im Rahmen von Forschungsprojekten mit internetbasierten Dienstleistungen schwerpunktmäßig im Umfeld von Bildung und Verwaltung. Sein Forschungsschwerpunkt ist die objektorientierte Modellierung von Geschäftsprozessen, um komponentenbasierte Informationssysteme für Dienstleistungsorganisationen zu planen und zu realisieren.